인간행동과 사회환경

머리말

'인간행동과 사회환경(Human Behavior and Social Environment)' 교과목은 사회복지 교육의 필수과목으로서 사회복지학의 핵심이 되는 영역에 있다. 사회복지학의 궁극적 목적이 인간의 다양한 문제를 해결하여 행복을 추구하도록 돕는 것이라면, 우리는 먼저 인간의 삶의 조건(the human condition)이 무엇이며, 무엇이 그들을 행복하게 하고 절망하게 하는지, 그들이 진정 소망하는 것이 무엇인가의 문제에 대한 깊은 탐구가 선행되어야 한다. 따라서 '인간행동과 사회환경'은 전 세계적으로 사회복지실천가에게 인간의 발달과 성격의 형성, 그리고 사회적 환경에 대한 이론적 기반을 실천에 옮기는 데 중요한 역할을 하도록 요구하고 있다.

어느 시대에 있어서나 인간의 본질과 기원에 관한 여러 가지 견해가 있어 왔다. 그러나 오늘날보다 더 불확실하고 애매하고 다양한 시대는 없었던 것 같다. 근대 후기에 이르러 과학·기술이 모든 진리의 준거점이 되고 자본주의적 세계관은 무한히 확대되었다. 따라서 이때의 인간은 진리를 추구하는 인간이거나 완성을 향한 존재가 아닌, 계몽주의적 시민이 근대성에 의해 구현된 과학·기술과 자본주의의 원리를 실현하고, 그 혜택을 누리는 주체로 자신을 이해하는 급격한 변혁, 특히 인성의 변화를 부채질하는 와중에 있기 때문이다. 그러기에 오늘의 사회에서 사회복지실천에 있어서 인간의 가치가 최우선이기를 지향하기 위해서는 다양한 인간에 대한 이해가 선행되어야 한다. 인간의 자기이해가 인간형성의 방향은 물론 삶의 방식과 내용을 이끌어 가기 때문이다.

인간은 바로 사회적이고 사회적인 삶을 살아가는 삶의 존재, 즉 삶의 창조자이며 동시에 삶의 피조물이다. 따라서 인간은 '사회적 존재'이다. 모든 인간됨과 삶의 내용은 사회적으로 형성된 것이기 때문이다. 인간은 불변적 본질을 가지고 있는 것이 아니다. 인간의 이해와 지식, 세계관과 신체적인 발전까지도 사회적 현실에 의해서 전적으로 제약되는 것이기에 인간은 사회적 현실의 피조물이다. 그러기에 인간행동과 사회환경의 이해를 중심 주제로 삼고 있는 '인간행동과 사회환경'은 인간을 '됨의 움직임', '열린 가능성', '인간됨', 열려져 있는 물음', '아직 고정적으로 완성되지 못한 동물', '불변하는 완성된 존재구조를 갖지 못한 존재' 등의 인간으로 이해한다. 그러기에 인간은 언제나 불완전하다. 인간이 '완전한 인간'으로 된다는 것은 기대할 수 없다. 그것은 인간이 '고정적 형태의 모습'을 가질 수 없으므로 '완전한 모습'에 대한 규정이 불가능하고, 따라서 인간(human being)의 인간됨(being human)은 일생 동안 그의 삶을 통해서 '되어져 가는 과정'이기 때문이다. 결국 인간은 그의 육체적 기관들과 그 기본적인 기능들을 태어나면서 자연으로부터 얻었지만, 이 주어진 토대 위에 어떤 인간을 형성하느냐는 것은 그 자신에 맡겨진 과제이다. 자기 자신을 형성해야 하는 것이 바로 인간의 책임이다.

인간의 '인간됨'은 또한 필연적으로 사회적인 것이다. 사회복지학에서 강조하는 인간관인 환경 속의 인간(Person-In-Envoronment : PIE)이라는 점에서 인간은 '사회-내-존재'로 파악된다. '사회 안에 있음'은 공간적 수용을 뜻하는 것이 아니고 인간존재와 사회가 구조적으로 편합되어 있어 떨어질 수 없음을, 그리고 인간존재와 그 사회와의 관계는 필연적이고 불가분적임을 말한다. 따라서 인간존재는 공동존재이며 현 존재의 사회는 '공동사회'이다. 이 '공동'의 사회-내-존재를 근거로 해서, 사회는 그때마다 이미 언제나 내가 타자들과 함께 나누는 그런 사회이다. 이는 구조에 있어서 다른 존재들과 편합되어 있다는 것을 뜻한다. 즉, 인간존재는 근본적으로 사회 안에서 다른 사람들과의 관계, 즉 같은 시대의 사람들뿐만 아니라 문화와 전통을 이룩한 과거의 사람들도 포함하는 관계에서 형성되고 이해된다는 것이다.

이 책은 Part 1에서 '인간행동의 이해와 사회복지실천'에 대한 총론적인 논술을, Part 2에서 인간의 성격형성에 관련된 심리학적 이론에 근거한 사회복지실천을, Part 3에서 생애주기에 관련된 인간발달과 사회복지실천을, 그리고 Part 4에서 생태체계이론에 기반한 사회환경과 사회복지실천을 탐색하였다. 그러나 여러 번의 토의과정을 거치며 걸어오는 동안 '나는 네가 아니다', '너는 나가 아니다'를 고집하면서도 어느새 '우리'라는 이름으로 움직여 왔다. 그러나 횔덜린(F. Holderlin)이 읊은 '시간의 저녁'을 맞이하기에는 좀 더 기다려야 하는 시간으로서의 천착(穿鑿)이 필요할 것 같다. 이 책이 갖는 중요한 특징으로 삼았던 한국사회라는 사회적 환경의 특성을 기반으로 인간행동을 이해하고자 한 점에서 체계성과 일관성을 지키기가 어려웠기 때문이다. 우리 사회의 사회복지실천의 고유성과 토착성에 도움을 줄 수 있는 인간행동의 성격과 발달, 그리고 복잡하게 얽혀 있는 체계이론에 입각하여 사회환경에 대한 이해의 기반을 형성하는 데 도움을 주고자 하였으나 여전히 아쉬운 점이 있다. 이는 결국 한국인이 생각하는 행복한 삶이란 오늘의 우리 상황에서 과연 무엇인가에 대한 물음에 충분한 답변을 하지 못한 아쉬움으로 끊임없는 수정과 보완으로 이어질 것이기도 하다.

2016년 더운 여름의 끝자락에서

집필자들

차례

PART 1

인간행동의 이해와 사회복지실천

Chapter 1 인간행동과 사회환경의 이해

Human Behavior and Social Environment

CHAPTER 1

인간행동과 사회환경의 이해

CHAPTER 1

사회복지현장에서 만나는 클라이언트의 문제해결을 돕기 위해서는 '사람들이 왜 그렇게 행동하지?'라는 인간행동의 이해를 바탕으로 인간을 이해할 수 있어야 한다. 인간의 행동을 형성하고 발현하는 것은 개인의 신체생리적 · 심리적 · 발달적 요인에 영향을 받을 뿐 아니라 사회환경에 의해 영향을 받으므로 사회복지사는 인간과 환경을 분리된 실체가 아니라 하나의 통합된 총체로 이해하는 환경 속의 인간(person-in-enviornment)이라는 관점을 취하고 있다. 따라서 본 장에서는 인간의 행동 자체를 중심으로 인간을 이해하려는 미시적 관점과 인간을 둘러싸고 있는 환경과의 관계를 중심으로 인간을 이해하려는 거시적 관점의 관련성을 살펴보아 인간행동과 사회환경의 기본적 이해를 도모하고자 한다.

1. 인간행동과 사회환경

사회복지현장에서 접하는 클라이언트는 한 가지 문제만이 아니라 여러 가지 문제를 복합적으로 지니고 있는 경우가 많아 인간의 행동을 관찰하고 이해할 수 있는 능력은 효과적인 사회복지실천에 기반이 된다. 클라이언트의 문제해결을 돕는 첫 번째 단계가 사정인데, 인간행동에 대한 전문적 지식은 클라이언트에 관한 모든 사항을 평가하고 사정할 수 있게 해준다. 사회복지실천과정에서 평가와 사정은 클라이언트의 상황에 관한 정보를 수집, 분석, 해석하는 과정으로, 클라이언트의 상황을 전체적인 맥락에서 이해하고, 클라이언트에게 도움을 주기 위해 무엇에 초점을 두고, 어떻게 개입을 진행할 것인지를 구체적으로 결정하는 데 청사진을 제공해 준다.

인간행동은 겉으로 드러난 인간의 신체적 움직임을 말한다. 그러나 인간행동은 외부로부터 관찰할 수 있는 신체적 행동뿐 아니라 쉽게 관찰하기 어려운 정서나 사고와 같은 정신적 행동도 포함한다. 신체적 행동으로는 언어, 얼굴 표정, 몸의 자세, 가벼운 손놀림, 목소리, 일, 놀이 등을 들 수 있으며, 정신적 행동으로는 성격, 충동, 본능, 소망, 동기, 열망, 불안, 스트레스, 우울, 느낌, 생각, 사고과정 등 여러 가지를 들 수 있다. 이러한 행동은 특정한 목적을 위해 의식적으로 일어나기도 하고 무의식적으로 나타나기도 한다.

인간행동은 두 차원, 즉 개인과 사회환경의 차원에서 설명되어 왔다. 즉, 개인이 행동과 발달을 형성한다는 것과 개인의 행동과 발달은 개인을 둘러싼 환경에 의해 영향을 받아 특별한 행동이 특별한 상황이나 환경적 맥락에서 일어난다는 것이다(Messick, 1983). 이러한 관점은 인간의 행동을 신체생리–심리–사회적 요인이 통합된 전체biopsychosocial approach로서 이해해야 한다는 틀을 제공해 준다. 따라서 사회복지사들은 초기 면담과정에서 클라이언트의 문제를 파악하기 위해 주로 신체생리–심리–사회 모델을 사용한다그림 1–1.

또한 이러한 관점은 인간의 행동을 미시적–거시적 체계 간의 상호작용과정에서 나타난 것으로 이해하게 해준다(김동배 · 권중돈, 2005 ; Zastrow & Kirst-Ashman, 2013). 미시적 관점에서는 인간 자체에 초점을 두고 인간이라는 유기체가

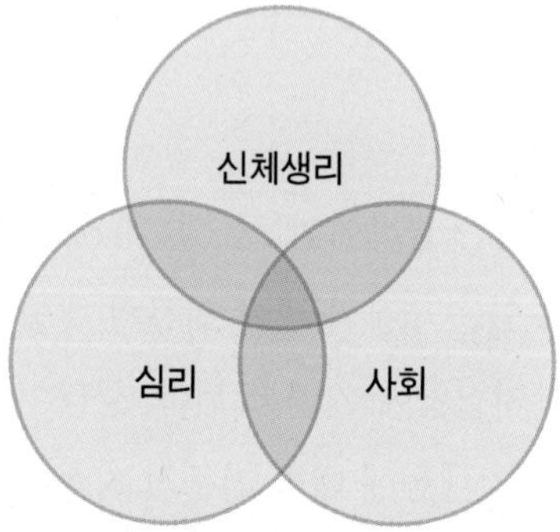

그림 1-1 | 인간행동의 신체생리-심리-사회적 모델

어떤 요인들로 구성되며, 어떻게 변화하는지, 각 구성요소의 기능과 요인들이 어떻게 상호작용하여 행동으로 나타나는지를 설명해 준다. 즉, 미시적 관점에서는 인간의 행동을 중심으로 인간을 이해한다. 거시적 관점에서는 인간 자체보다는 인간을 둘러싸고 있는 환경과의 관계를 중심으로 인간을 이해하려 한다. 즉, 인간이 환경에 어떠한 영향을 미치며, 환경으로부터 어떠한 영향을 받는가를 중심으로 인간을 이해하려고 한다.

2. 인간행동의 이해

사회복지학의 궁극적 목적은 사회복지사가 돕고자 하는 클라이언트의 특성을 파악하여 클라이언트로 하여금 더 원만하고 만족스러운 행복한 삶을 영위할 수 있도록 도와주는 것이다. 그러므로 클라이언트의 문제해결에 도움을 주기 위해서는 인간행동에 대한 정확한 이해가 선행되어야 한다.

인간행동을 정확히 이해하기 위한 방법으로는 인간행동에 영향을 미치는 신체생리적 요인, 인간행동의 주된 결정요인인 성격, 또한 인간의 수정에서부터 사망에 이르기까지의 변화와 안정성에 관심을 두는 인간발달에 대한 접근법이 있다.

1) 인간의 신체생리적 요인에 대한 접근법

1990년대에 시작된 게놈 프로젝트는 인간의 생리적 기능에 유전인자가 중요한 기능을 가진다는 것을 밝혀내었다. 심장병, 당뇨, 암, 알츠하이머, 우울, 조현병, 자폐증은 유전적 요인과 관련이 높다고 한다(Weiss, 2004). 또한 정신장애, 신체건강 문제, 공격성, 기질적 수줍음, 위험행동, 중독행동, 노화과정도 유전적 요인의 영향력이 큰 것으로 알려져 있다(Rauch, 1997). 예를 들어, 물이 좋은 나라에서는 알코올을 이겨낼 유전자가 거의 없는 대신 물이 나빠서 술을 마셔야 하는 곳은 알코올을 이겨낼 수 있는 유전자가 있다고 밝혀졌다(Ginsberg, Nackerud, & Larrison, 2004). 또한 기능적 자기공명영상fMRI의 발달로 인해 밝혀진 두뇌기능은 인간의 행동을 만드는 신체기관이 뇌brain라는 것을 확증해 주었다(박분호, 2013).

유전인자와 두뇌기능이 인간의 행동과 정신건강문제에 미치는 영향은 미래연구에서 더 명확하게 밝혀질 전망이다. 신체생리적 요인이 인간행동에 미치는 영향은 주로 의학적 모델medical model로 개입하고 있다. 그러나 사회복지사는 클라이언트의 신체생리적 요인을 더 악화시키는 불행한 경험이나 환경요인을 탐색하여 개입할 필요가 있다.

특히, 신체생리적 요인과 삶의 과정에서 겪게 되는 여러 가지 불행한 경험들로 인해 더 악화된 이상행동과 정신장애는 당사자뿐만 아니라 가족, 배우자, 주변 사람과 더불어 우리 사회에 여러 가지 고통과 불행을 초래한다. 우리 사회에는 이상행동과 정신장애로 인하여 가정폭력, 이혼, 청소년비행, 각종 폭력과 범죄, 자살과 살인, 도박 및 다중채무, 대형사고와 같은 사회적 문제가 발생한다. DSM-5에 제시된 이상행동과 정신행동은 표 1-1에 나타난 바와 같다(권석만, 2014).

표 1-1 DSM-5에서 분류된 장애 유형

장애범주	개념과 특성
신경발달장애	중추신경계, 즉 뇌의 발달지연 또는 뇌 손상과 관련된 것으로 학령기 이전의 발달단계에서 발생하는 정상적 발달에 장애를 유발하는 발달적 결핍장애로서 지적장애, 의사소통장애, 말소리장애, 아동기 발병 유창성장애(말더듬), 사회적(실용적) 의사소통장애, 자폐스펙트럼 장애, 주의력 결핍/과잉행동장애(ADHD), 특정 학습장애, 운동장애 등이 포함됨
조현병 스펙트럼 및 기타 정신병적 장애	조현병은 망상, 환각, 사고 및 언어혼란, 비정상적 행동, 의욕 상실, 감정 둔화, 비사회적 행동의 주요 증상을 나타내는 장애로서 망상장애, 단기 정신병적 장애, 조현양상장애, 조현병, 조현정동장애, 긴장증, 조현형(성격) 장애, 기타 정신병적 장애 등이 포함됨
양극성 및 관련 장애	질병 경과 중에 우울증상과 기분이 매우 고양된 조증이 번갈아 나타나는 기분장애로서 제1형 양극성 장애, 제2형 양극성 장애, 순환성 장애(cyclothymic disorder) 등이 포함됨
우울장애	우울감, 무기력감, 불안, 흥미 저하, 식욕저하, 수면장애, 자살 생각 등을 주요 증상으로 하는 장애로서 파괴적 기분조절부전장애, 주요 우울장애, 지속성 우울장애, 월경 전 불쾌감장애 등이 포함됨
불안장애	다양한 종류의 불안과 공포가 적어도 6개월 이상 지속되는 장애로서, 분리불안장애, 선택적 무언증, 특정 공포증, 사회불안장애(사회공포증), 공황장애, 광장공포증, 범불안장애 등이 포함됨
강박 및 관련 장애	자신의 의지와는 상관없이 어떤 특정한 사고나 행동을 떨쳐버리고 싶은데도 반복적으로 하게 되는 장애로서, 강박장애, 신체이형장애, 저장장애, 모발뽑기장애, 피부벗기기장애 등이 포함됨
외상 및 스트레스 관련 장애	신체적인 손상과 생명의 위협을 받은 사고에서 심리적 외상이나 강한 두려움, 무력감, 혹은 공포감을 일으키는 스트레스를 경험한 후 보이는 장애로서, 반응성 애착장애, 탈억제성 사회적 유대감장애, 외상 후 스트레스장애, 급성스트레스장애, 적응장애 등이 포함됨
해리장애	의식, 기억, 정체감 및 환경 지각 등이 평소와 달리 급격하게 변화하는 장애로서 해리성 정체성 장애, 해리성 기억상실증, 이인성/비현실감 장애 등이 포함됨
신체증상 및 관련 장애	심리적 원인으로 인해 다양한 신체증상을 나타내는 장애로서 신체증상장애, 질병불안장애(건강염려증), 전환장애(기능성 신경학적 증상장애), 허위성 장애, 다른 의학적 조건에 영향을 미치는 심리적 요인 등이 포함됨
급식 및 섭식장애	음식을 먹는 행동과 관련된 장애로서 이식증, 되새김장애, 회피적/제한적 음식섭취장애, 신경성 식욕부진증, 신경성 폭식증, 폭식장애 등이 포함됨
배설장애	아동이 고의든 아니든 대・소변 가리기를 제대로 하지 못하는 장애로서 유뇨증, 유분증, 기타 특수 배설장애 등이 포함됨

장애범주	개념과 특성
수면-각성장애	수면 및 각성상태와 관련된 여러 가지 부적응적 문제를 포함하는 장애로서 불면장애, 과다수면장애, 기면증, 호흡 관련 수면장애, 중추성 수면무호흡증, 수면 관련 환기 저하, 일주기 리듬 수면-각성장애, 사건수면, 악몽장애, REM 수면 행동장애, 하지불안증후군, 기타 특수불면장애 등이 포함됨
성기능부전	성과 관련된 역기능이나 장애로서 사정 지연, 남성 성욕감퇴, 발기장애, 조루증, 지루증, 여성 성적 관심/흥분장애, 여성 절정감 장애, 성기-골반 통증/삽입 장애 등이 포함됨
성별 불쾌감	출생 시 부여받은 성별이나 특정 성역할에 대해 심한 불쾌감을 느끼는 장애로서 성정체감 장애나 성전환증으로도 불리며, 성별 불쾌감 및 기타 특수한 성별 불쾌감 장애가 포함됨
파괴적, 충동조절 및 품행장애	자신이나 타인에게 해가 되는 행동을 반복하며 이러한 충동과 욕구를 스스로 억제하거나 조절하지 못하는 장애로서, 적대적 반항장애, 간헐적 폭발장애, 품행장애, 반사회적 성격장애, 병적 방화, 병적 도벽 등이 포함됨
물질 관련 및 중독장애	알코올, 담배, 마약 등과 같은 중독성 물질을 남용하거나 물질에 의존하는 장애로서 물질 관련 장애(물질사용장애, 물질로 유발된 장애)와 알코올 관련 장애(알코올사용장애, 알코올 중독, 알코올 금단), 카페인 관련 장애(카페인 중독, 카페인 금단), 대마 관련 장애, 환각제 관련 장애, 흡입제 관련 장애, 아편제 관련 장애, 진정제, 수면제 또는 항불안제 관련 장애, 자극제 관련 장애, 담배 관련 장애, 비물질 관련 장애(도박장애) 등이 포함됨
신경인지장애	의식, 기억, 언어, 판단 등의 인지적 기능에 심각한 결손이 나타나는 장애로서 섬망, 주요 및 경도 인지장애(알츠하이머, 루이소체, 혈관성, 외상성 뇌손상, 파킨슨병, 헌팅턴병 등에 의한 신경인지장애) 등이 포함됨
성격장애	성격상의 문제로 인하여 사회에 어긋나는 이상행동을 지속적으로 나타내는 장애로서 A군 성격장애(편집성 성격장애, 조현성 성격장애, 조현형 성격장애), B군 성격장애(반사회성 성격장애, 연극성 성격장애, 경계선 성격장애, 자기애성 성격장애), C군 성격장애(회피성 성격장애, 의존성 성격장애, 강박성 성격장애), 기타 성격장애 등이 포함됨
변태성욕장애	비전형적인 대상, 상황 또는 개인에 대해 강한 성적 흥분을 경험하는 장애로서 관음장애, 노출장애, 접촉마찰장애, 성적 피학장애, 성적 가학장애, 아동성애장애, 물품음란장애, 복장도착장애, 기타 특수 도착장애 등이 포함됨
기타 정신장애	다른 의학적 조건에 기인한 것으로 밝혀진 또는 밝혀지지 않은 기타 정신질환, 약물치료로 유발된 운동장애 및 약물치료의 기타 부작용 등이 포함됨

2) 인간의 성격에 대한 접근법

성격이란 한 사람의 독특한 행동 패턴을 결정짓는 특성으로(Zastrow & Kirst-Ashman, 2001), 영어의 'personality', 그리스의 'persona'에서 유래되었으며, 고대 그리스 연극에서 배우가 쓰던 가면을 의미한다. 또한 사회적 역할을 수행할 때 개인이 취하는 피상적이면서 사회적 이미지를 나타내는 말로서 자기 주위 사람들에게 표명하는 공적인 성격public personality을 의미한다.

사람들은 대화, 사랑, 일, 우정, 습관, 자녀양육, 대처방식, 고통을 대하는 태도 등 삶의 주요 영역과 더불어 일상생활의 소소한 것에서도 자신의 성격에 따라 동일한 행동 패턴을 보인다. 그러므로 개인의 성격을 이해하게 되면 사람들의 행동에 대한 동기의 뿌리를 찾을 수 있어 왜 사람들이 그런 방식으로 행동하는지 그 원인을 이해할 수 있다. 또한 앞으로의 행동변화를 예측하고 바람직한 행동으로 변화시키는 방법까지도 모색할 수 있게 된다. 즉, 인간의 성격을 이해하게 되면 인간행동을 있는 그대로 기술하고, 그 행동의 원인을 설명할 수 있게 된다. 그리고 미래의 행동을 예측할 수 있고, 그 행동을 바람직한 형태로 변화 또는 통제하는 방안을 찾을 수 있다(Hall & Lindzey, 1978).

이 책의 제2부에서는 인간의 성격을 설명하는 다양한 이론들 중 사회복지실천에 주로 적용되는 정신역동이론, 행동주의이론, 인본주의이론, 인지발달이론 등을 소개하고 있다. 주요 성격이론을 간략하게 살펴보면 다음과 같다.

(1) 정신역동이론

정신역동이론은 행동을 유발하는 역동적 · 구조적 · 생득적인 내적 요인의 이해를 통해서 인간행동을 파악하는 것이다. 여기에는 프로이트의 정신분석이론, 에릭슨의 심리사회이론, 아들러의 개인심리이론, 융의 분석심리이론 등이 있다.

프로이트Freud의 정신분석이론은 인간의 정신세계 중에서 무의식에 초점을 두어 무의식적인 성적 · 공격적 충동에 의해 발생하는 갈등을 파악하고 분석한 이론이다. 이것은 사회복지실천에서 클라이언트의 행동을 이해하는 데 초기 아동기에 부모와의 경험의 중요성을 강조하고 있으며, 클라이언트가 가지고 있는 내면적인 문제를 정확히 사정할 수 있는 기틀을 마련해 준다. 또한 정신분석이론은 안나 프로이트에 의해 체계화된 자아의 방어기제를 통해 클라이언트의 행동을 이해하는 데 유용하게 활용되고 있다.

에릭슨Erikson의 심리사회이론은 자아의 발달과 기능에 큰 관심을 갖고, 인간행동의 발달에 사회문화적 요인의 중요성을 강조하고 있다. 또한 점성원칙에 의해 지배되는 인간의 전 생애 발달 변화를 강조한 이론이다. 이것은 사회복지실천에서 전 생애를 통한 인간행동의 발달과업에 관심을 가지게 하였으며, 클라이언트에게 영향을 미치는 중요한 타자들의 역할에 대해 주목하도록 하였다. 특히, 심리사회이론은 청소년기 자아정체감 확립의 중요성을 강조하여 청소년과 함께 일하는 사회복지사에게 정체감 확립에 기여할 수 있도록 주변 환경을 조성하는 데 도움을 준다.

아들러Adler의 개인심리이론은 인간이 열등감을 극복하고 우월성을 추구하면서 개인적으로 삶의 방식을 선택할 수 있다고 본다. 이것은 사회복지실천에서 클라이언트가 낙관적인 태도를 가지고 자신의 삶을 지각하며, 스스로 더 나은 삶을 영위하고, 더 발전하기 위해 노력할 수 있는 원동력과 동기를 갖게 한다. 특히, 개인심리이론은 자신의 열등한 측면을 인식하고, 그것을 극복하기 위한 노력과 용기를 삶의 원동력으로 인식하게 하며, 자녀에 대한 부모의 역할을 보다 충실하게 하는 데 기여할 수 있다.

융Jung의 분석심리이론은 무의식의 본질에 주된 관심을 두면서 성격 기능의 다양한 체계를 포괄하는 이론이다. 이것은 사회복지실천에서 클라이언트로 하여금 무의식에 대한 관심을 통해서 성격의 안정과 발전을 기할 수 있게 하며, 반대의 성에 대한 이해와 화합을 촉진하여 가족관계의 원활함을 기할 수 있게 한다. 특히, 분석심리학은 인간의 성격발달에서 중년기의 중요성을 강조하고 있어서 사회복지사에게 중년기의 위기와 문제에 대해서도 관심을 갖게 한다.

(2) 행동주의이론

행동주의이론은 인간의 행동이 환경에 의해 습득된다고 본다. 즉, 인간행동은 주변의 환경자극에 의해서, 조작적 조건이나 관찰학습을 통해서 형성된다고 본다. 이러한 행동주의이론은 사회복지실천에서 상당히 유용하게 활용되고 있다. 고전적 조건형성의 원리를 이용하여 클라이언트가 적응행동을 하는 자신의 모습을 머릿속에 반복해서 그리는 연상학습을 유도해 적응행동을 습득하게 한다. 조작적 조건형성이론의 원리를 활용하여 행동의 변화를 추구하는 행동수정은 아동복지, 장애인복지, 정신보건사회복지 등 다양한 분야에서 활용되고 있다. 행동수정은 관찰이 가능한 클라이언트의 문제행동을 대상으로 정적 강화, 부적 강화, 소거, 변별, 적응 등 다양한 기법을 활용하여 문제행동을 수정한다.

사회학습이론은 사회적 상황 속에서 학습되는 행동에 초점을 두고 있으며, 인간행동의 습득에서 관찰학습의 중요성을 강조한다. 이것은 사회복지실천에서 클라이언트가 접하는 환경의 중요성을 인식하게 하여 환경의 변화를 통해서 문제를 해결할 수 있게 한다. 그러므로 사회학습이론은 클라이언트가 문제행동과 접할 수 있는 기회를 차단하고, 바람직한 행동을 접할 수 있는 기회를 증진시켜 문제를 해결하는 데 기여할 수 있게 한다.

(3) 인본주의이론

인본주의이론은 로저스Rogers의 현상학이론과 매슬로Maslow의 욕구이론이 있다. 이 이론은 인간을 건전하고 자발적이며, 자신의 행동에 대해 책임을 지고, 합리적이며 건설적인 방향으로 나아가는 미래지향적 존재로 본다. 현상학이론은 개인의 독특한, 주관적인 경험을 강조하여 개인이 자신의 실체가 무엇인지에 대한 주관적인 자각에 따라 자신의 성격을 변화시키고 향상시킬 능력이 각 개인 내에 있다는 것이다. 이러한 인간에 대한 관점은 사회복지실천에서 클라이언트가 자신의 문제를 인식하고 스스로 해결해 나가도록 하는 데 유용하게 활용될 수 있다. 즉, 공감적 이해와 수용의 분위기를 조성해주면 클라이언트가 자기가치감과 자기이해를 증진시키고, 사회적 기능을 향상시켜 자신의 문제를 스스로 해결할 수 있다는 것이다.

매슬로의 욕구이론은 인간에게 자신의 잠재력을 최대한 발휘할 수 있는 환경을 조성해 주면 성격의 성숙은 물론 자신의 성장과 발전을 기할 수 있으며, 인간행동은 자신의 욕구를 충족시키려는 동기로 나타난다고 본다. 이러한 관점은 사회복지실천에서 클라이언트의 욕구와 문제를 해결하는 데 기여할 수 있다. 즉, 사회복지사가 클라이언트에게 자신의 잠재력을 최대한 발휘할 수 있는 환경을 조성해 주면, 클라이언트가 자신의 사회적 기능을 향상시키고, 성장 동기를 유발하여 스스로 자신의 문제를 해결하고 욕구를 충족시킬 수 있게 된다.

(4) 인지발달이론

인지발달이론은 피아제Piaget의 인지발달이론과 콜버그Kohlberg의 도덕성발달이론이 있다. 피아제의 인지발달이론은 아동이 적극적으로 환경과 상호작용하는 과정에서 사고하는 틀도식을 만들고, 도식schema의 틀을 바탕으로 생각하고 배우며, 동화와 조절의 적응과정 속에서 문제해결에 필요한 사고를 발달시킨다고 본다.

인지발달이론은 어른들의 사고와는 다른 아동의 사고발달에 초점을 둠으로써 아동의 인지발달에 대한 이해를 넓혀주었다. 이것은 사회복지실천현장에서 아동을 이해하고, 아동의 인지발달을 촉진시킬 수 있는 환경을 조성해 주는 데 유용하게 활용될 수 있다. 또한 인지발달이론은 벡Beck과 엘리스Ellis의 인지치료에 기본 틀을 제시해 주어 클라이언트가 직면하고 있는 현실 혹은 사건에 대해 합리적인 사고와 태도를 가지고 문제를 직면하고 해결하는 데 많은 도움을 준다.

도덕성발달이론은 인간의 도덕성발달이 인지발달 수준에 따라 단계별로 이루어진다고 보는 견해이다. 이것은 아동과 청소년의 도덕교육의 방향과 내용을 설정하는 데 크게 기여하고 있다.

3) 인간의 발달에 대한 접근법

인간의 신체생리-심리-사회적 요인과 인간행동 간의 상호작용은 수정에서 사망에 이르기까지의 전 생애에 걸쳐 성장, 성숙 그리고 노화라고 하는 역동적 과정을 거치면서 변화한다. 그러므로 인간의 발달에 대한 이해는 생애주기에 따라 클라이언트의 행동을 예측하고 개입하는 데 중요한 지표가 된다. 또한 각 단계마다 요구되는 발달과업을 달성하는 데 도움을 줄 뿐만 아니라 생애주기에 따른 클라이언트의 욕구와 문제를 해결하는 데 방향을 제시해 준다.

이 책의 제3부에서는 인간의 생애를 태아기와 영유아기, 아동기, 청소년기, 성인기, 중년기, 노년기로 나누어 각 발달단계의 특징과 발달과업을 소개하고 있다.

(1) 인간발달의 개념

인간발달은 수정하는 순간부터 죽음에 이르기까지 전 생애를 통해서 역동적이고 체계적으로 일어나는 끊임없는 변화를 말한다. 이러한 인간의 발달은 신체 · 인지 · 언어 · 정서 · 사회적인 측면에서 일어나는 모든 발달을 포함하며, 노년기의 퇴행도 발달의 한 과정으로 여긴다. 인간발달은 생물학적 과정에 의한 성장 및 성숙, 환경적 영향에 의한 학습과 관련이 있다.

① 성장

성장growth은 연령의 증가에 따라서 신체나 정신적 능력이 양적으로 증가하는 것을 의미한다. 주로 신체적인 변화에 초점을 두지만 정신적 성장 등 긍정적인 심리적 변화를 표현하는 데 사용되기도 한다(오창순 외, 2015).

② 성숙

성숙maturation이란 유전적 메커니즘에 의하여 발현되는 변화를 의미한다. 즉, 성숙은 성장하는 동안 어느 기간에 이르면 환경의 영향이나 외부의 자극 없이도 자연적으로 그 기능을 발휘하게 되는 과정이다. 예를 들면, 뇌기능의 분화나 태아의 발달, 영아의 목 가누기, 영구치의 돌출, 사춘기 2차 성징의 출현 및 폐경기의 도래 등이 있다.

③ 학습

학습은 직접 또는 간접적 경험이나 연습을 통하여 지속적으로 변화시켜 가는 행동 변화이다. 학습의 결과는 매우 개별적이며 특수하다. 예를 들면, 외국어나 운전기술 습득은 특정한 훈련에 의하여 습득되는 학습된 행동이다. 학습은 신체생리적 변화인 성숙에 따라 좌우된다. 즉, 성숙은 행동발달의 기본조건이 되므로 충분히 성숙되지 않았을 때 학습시키는 것은 역효과를 가져온다. 따라서 성장, 성숙, 학습은 서로 분리된 개념이 아니라 서로 연결되어 있으며, 인간의 발달은 성장, 성숙, 학습이라는 세 가지 과정이 공존할 때 이루어지는 변화이다.

(2) 인간발달의 원리

인간발달의 양상에는 보편적이고 일반적으로 나타나는 원리가 있다. 인간발달의 보편적인 원리는 다음과 같다.

① 인간발달의 순서와 방향성

인간발달은 일정한 순서와 방향성이 있어 발달의 변화는 예측이 가능하다. 예를 들어, 모든 아동은 앉기 시작한 후에 설 수 있으며, 동사를 사용하기 전에 명사를 사용하여 말을 한다. 즉, 발달이 진행되는 세 가지 기본 법칙이 있다. 첫째, 두미발달의 원칙 cephalocaudal principle은 상부에서 하부로, 즉 머리에서 발끝 방향으로 발달한다는 것이다. 둘째, 근원발달의 원칙proximodistal principle은 몸의 중심부에서 말초로 발달하는 원리이다. 신체는 몸통이 먼저 발달이 이루어진 후 팔, 다리, 손, 발의 신체지부로 발달한다. 셋째, 세분화발달의 원칙general to specific은 단순한 것에서 복잡한 것으로 발달하는 것을 말한다.

② 인간발달의 개인차

인간발달의 속도는 모든 사람이 동일하게 발달하는 것은 아니다. 신체적 구조나 운동능력의 발달이 일정한 순서를 따르기는 하지만 특정 기술을 습득하고 완성하는 시기는 개인에 따라서 많은 차이가 나타난다. 예를 들어, 아기가 언어를 획득하는 한 단어 시기는 평균 월령이 12개월이지만 언어발달이 빠른 아기는 10개월부터 한 단어 언어를 시작하기도 한다.

③ 인간발달의 상호관련성

인간발달은 신체 · 인지 · 언어 · 정서 · 사회성발달이 각각 분리되어 이루어지는 것이 아니라 서로 연결되어 통합적으로 이루어진다. 즉, 인간발달의 한 측면은 다른 측면의 발달과 각기 독립적으로 이루어지지 않고 상호 간에 밀접하게 관련되어 영향을 미친다. 예를 들어, 신체발달은 지적 발달, 도덕성발달, 사회성발달 등과 관련되어 있으며, 정서발달은 성격발달, 사회성발달 등과 관련되어 있다.

④ 인간발달의 연속성

인간발달은 서서히 계속적으로 나타나는 점진적이고 연속적인 변화과정으로 어느 한 시기에 발달한 부분이 다음 시기에 발달하지 않고 멈추는 것이 아니라 계속적으로 발달이 진행된다. 즉, 인간발달은 어느 시기에는 특정한 부분이 급격히 발달되고결정적 시기, 어느 시기에는 발달이 느리게 진행되는 것노년기의 기억력 감퇴시기과 같이 발달의 속도가 일정하지 않지만 시간의 경과에 따라 발달이 점진적이고 계속적으로 이루어진다.

⑤ 인간발달의 분화와 통합의 원리

아동의 신체적 운동발달과정을 보면 처음에는 각 부분들이 분화되지 못하여 미숙한 모습을 보이다가 점차로 각 기관이 분화되면서 세련되고 필요한 부분만 사용하게 되는 것을 알 수 있다. 각 기관들의 분화가 이루어지고 각각으로 분화된 이후 다시 통합할 수 있는 능력이 생길 때 비로소 발달이 완성되므로 인간발달은 분화와 통합을 통해 이루어진다.

⑥ 인간발달의 유전과 환경의 상호작용

인간은 부모로부터 받은 유전적 영향과 외부로부터 받은 환경의 영향에 의해 발달한다. 부모로부터 물려받은 유전인자는 환경의 영향을 받아 잠재력을 발휘할 수 있으며 환경은 그 유전인자를 확장시키거나 통제할 수 있다. 예를 들면, 음악적 재능을 가지고 태어나는 아동은 환경의 자극에 의하여 타고난 잠재력을 개발시키거나 확장시킬 수 있다. 즉, 유전적 소질도 환경적 자극을 어느 정도 받지 못하면 발현이 불가능하고, 유전적 준비가 되어 있지 않은 상태에서 환경적 자극만 받는 것도 발달에는 무의미하다. 발달에 영향을 미치는 환경은 영양이나 의료시설의 혜택, 교육 등과 같은 물리적 환경과 가족, 친구, 학교, 대중매체와 같은 사회적 환경으로 나눌 수 있다.

⑦ 인간발달의 결정적 시기

인간발달은 계속적인 과정이지만 발달의 속도는 연령에 따라 다르다. 그리고 특정한 시기에 어떤 기관이나 기능의 발달이 급격히 진행되는데, 이러한 시기를 '결정적 시기critical period'라고 한다. 즉, 발달은 어느 시기에나 가능한 것이 아니라 발달영역에 따라 가장 용이하게 이루어지는 최적의 시기가 있다(Papalia, Olds & Feldwan, 1998). 이러한 시기에 정상적인 발달이 이루어지지 않으면 영구적인 결함을 초래할 수 있으므로 특정시기에 특정발달과업을 성취하는 것이 중요하다. 예를 들면, 어머니에게 애착을 형성하는 시기에 애착을 형성하지 못하면 지적 발달과 정서적 발달의 지체는 물론 인간관계에 있어서 부적응결과를 초래할 수 있다.

⑧ 인간발달의 점진성

인간발달의 점진성은 지금까지 이루어진 발달의 기초 위에서 다음 단계의 발달이 이루어지게 되는 것이다. 즉, 발달은 특히 이전 단계의 발달들이 함축되어 전반적으로 영향을 미친다는 원리이다. 인간은 전 생애를 통해서 반드시 과거와의 연결고리를 가지고 변화하면서 현재와 미래를 향해 점진적으로 나가는 존재이다.

3. 사회환경의 이해

개인과 사회는 긴밀하게 연계되어 있어 개인은 사회 없이 존재할 수 없고, 사회 역시 개인들의 집합체이므로 개인 없이 존재할 수 없다. 개인들의 총합체인 사회는 공동생활을 하는 사람들의 집단이나 세계로 이루어져 있고, 환경은 사회집단이나 세계에 영향을 미치는 자연적 · 사회적 조건이나 상태를 말한다.

인간을 둘러싸고 있는 환경은 물리적 환경physical environment과 사회환경social environment으로 분류할 수 있다. 물리적 환경은 자연적 환경과 인위적 환경으로 구분되는데, 자연적 환경은 기후와 지리적 조건 등이 포함되고, 인위적 환경에는 건축물, 대중매체, 교통체계 등과 같이 자연적 환경 내에서 인간이 만들어 낸 구조나 대상이 모두 포함된다. 인간은 자연적 환경과 인위적 환경의 요구에 순응하거나 자연적 환경을 자신이 생활하기에 적합하게 바꿈으로써 환경에 적응해 나간다. 따라서 자연적 환경과 인위적 환경을 포함한 물리적 환경은 인간의 삶과 행동에 영향을 미치고, 인간의 삶이나 행동으로부터 영향을 받기도 하며, 인간의 생존을 좌우하는 필요조건이라고 할 수 있다.

사회환경이란 인간의 삶과 행동에 직접 또는 간접적인 영향을 미치는 조건, 상황 그리고 인간 존재 간의 상호관계를 의미한다(Zastrow & Kirst-Ashman, 2001). 가족, 학교, 회사, 지역사회와 같은 집단생활과 전통, 가치관 등으로 이루어진 문화가 모두 사회환경이다. 사회환경은 물리적 환경의 기초 위에 형성되기 때문에 다양한 인간의 삶이 펼쳐질 수 있게 하는 충분조건이라고 할 수 있다. 따라서 인간을 둘러싸고 있는 물리적 환경과 사회환경은 인간의 삶과 행동에 직접적인 영향을 미치며 또한 인간으로부터 직접적인 영향을 받는다. 그리고 물리적 환경과 사회환경 역시 상호 분리된 체계가 아니라 서로 상호작용하는 하나의 통합된 체계로서의 속성을 지닌다.

그러므로 자신이 속한 사회 속에서 살아가는 인간의 생존과 번영은 환경과 맺는 다양한 체계들 간의 상호작용의 질에 의해 결정된다. 즉, 한 개인의 삶은 주어진 환경의 요구에 얼마나 효과적으로 적응하고, 주어진 환경이 개인의 요구에 얼마나 적절하게 반응해 주는가에 의해 결정된다. 이와 같이 인간과 환경은 서로 영향을 주고받는 상호관계를 가지고 있어 '인간'이라고 지칭할 때 편의상 그 앞에 '환경 속의'라는 용어가 생략된 것으로 '인간'이라는 용어의 보다 정확한 표현은 '환경 속의 인간Person In Environment : PIE'인 것이다.

이러한 환경의 상호 관련성을 고려하여, 인간과 환경 간의 상호작용을 설명해 주고 있는 이론이 체계이론과 생태학적 이론이다. 최근에는 이 두 가지 이론을 총칭하여 생태체계ecological system라는 용어로 개념화하고 있다.

1) 체계이론

생물학자인 버틀란피Ludwig Von Bertalanffy는 생물학적 유기체가 서로 연결되어 있다는 법칙, 즉 아주 작은 한 세포가 모여 세포조직을 이루고, 조직이 모여 기관을 이루며, 기관이 모여 한 생물체를 이룬다는 법칙을 모든 생태계에 적용할 수 있다고 보아 일반체계이론을 도입하였다. 일반체계이론이 사회과학에 도입되면서 인간과 환경 간의 관계를 체계라는 개념으로 이해하기 시작하였다.

체계system란 서로 영향을 주고받는 요소의 복합체이고, 총합체이다. 체계는 여러 부분으로 이루어져 있고, 각 부분들은 서로 영향을 주고받아 체계의 한 부분의 변화는 전체로서의 체계와 체계 내의 모든 부분에 영향을 미친다.

체계는 여러 가지 하위체계로 구성되어 있고, 상호작용을 통해 외부 체계와 관계를 맺는다. 예를 들어, 학교라는 체계는 학생, 교사, 행정가의 하위체계로 구성되어 있고, 각 하위체계는 상호작용하면서 학교체계가 잘 기능할 수 있도록 각자의 역할을 한다. 학생, 교사, 행정가의 하위체계는 서로의 경계를 규정짓는 역할을 수행하고, 서로의 관계를 유지하기 위해 규칙을 지키면서도 서로 간에 정보를 교환한다. 학생, 교사, 행정가가 서로 정보를 개방적으로 교환할 때 학교체계는 개방적인 체계가 되고, 정보를 교환하지 않을 때는 폐쇄적 체계가 된다. 체계에 정보교환이 필요한 이유는 체계 자체가 변화하는 속성을 지니고 있기 때문이다.

그러나 체계는 외부 체계와의 정보교환을 통해 변화하면서도 일관성을 위해 항상성을 유지하려 한다. 이러한 항상성은 기능적일 수도 있고, 역기능적일 수도 있다. 예를 들어, 클라이언트가 알코올 문제를 해결하기 위해 도움을 요청한다면 긍정적으로 여겨지겠지만 변화하는 클라이언트는 자신이 속한 체계를 불안정하게 만들 수 있다. 클라이언트의 알코올 문제가 여러 해 동안 지속되면서 가족들은 클라이언트가 술을 마신 상황에서의 언어적 · 비언어적 신호를 금방 알아차리고, 그 상황에 적합한 행동을 하면서 안정감을 꾀한다. 그러나 클라이언트가 변화하면 가족들은 술을 마시지 않는 클라이언트의 행동에 적응할 필요가 있고, 술에 취하지 않을 때 클라이언트와 상호작용하는 방식을 새롭게 찾아야만 한다. 이러한 변화를 받아들이지 못한 가족들은 클라이언트와 대화를 회피하면서 클라이언트가 다시 술을 마시게 하거나 자신들이 오히려 술을 마시면서 불안정성을 안정화시키려 한다.

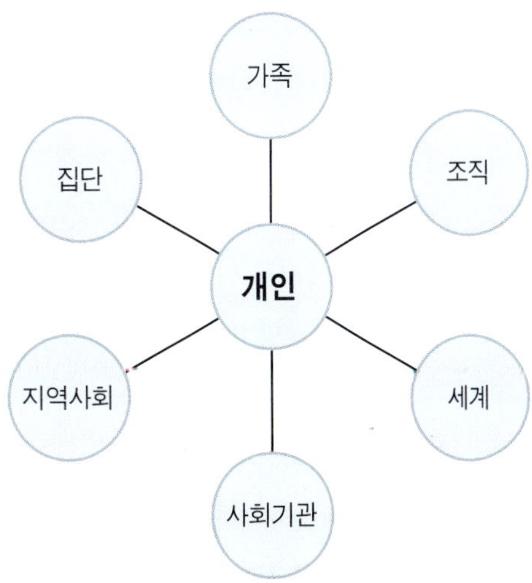

그림 1-2 | 개인을 둘러싼 주요 사회체계

이와 같이 체계이론은 인간과 환경 간의 상호작용과 상호의존성을 설명해주고, 변화하는 주변 환경과의 상호작용을 통하여 인간행동이 어떻게 변화하고, 안정화되면서 체계를 유지시키는가를 설명해 주고 있다. 발달이론이나 성격이론과 달리 체계이론은 인간행동을 예측하기보다는 환경체계와의 상호작용 안에서 인간행동을 이해하는 데 기본 틀을 제공해 준다. 개인을 둘러싼 주요 사회체계는 그림 1-2에 나타나 있다.

2) 생태이론

생태이론은 개인과 그 개인을 둘러싼 여러 환경체계들이 끊임없이 상호교류를 하면서 인간이 자신들이 접하는 물리적 · 사회적 환경을 변화시키기도 하고, 환경과의 지속적인 상호적응과정을 통하여 인간이 변화하기도 하는 상호영향력을 설명해준다. 인간을 둘러싼 환경체계를 생태학이론에서는 네 가지 수준의 위계체계들과 각 체계들에 속하는 구성요소를 포함한다.

가장 작은 단위의 환경체계인 미시체계micro system에는 인간이 가장 밀접하게 상호작용하는 가족, 친구, 학교, 이웃, 종교단체 등이 여기에 속한다. 중간체계mezzo system에는 개인이 접촉하고 관계를 맺고 있는 두 가지 이상의 환경, 즉 가정생활과 학교생활, 가정생활과 친구관계, 가정생활과 종교생활 등이 상호작용을 하는 것을 말한다. 외체계exo system에는 지역사회 수준에서 기능하고 있는 주요 기관들로서 개인이 직접 접촉하고 관계를 맺고 있지는 않지만 개인의 발달에 간접적으로 영향을 주는 학교제도, 언론매체, 정부기관, 교통 · 통신시설, 의료기관, 직업세계 등의 환경체계를 말한다. 거시체계macro system에는 개인이 속한 사회의 이념이나 제도의 일반적인 형태로 정치, 경제, 사회, 법, 종교, 문화, 관습, 윤리, 가치관 등이 포함된다(Bronfenbrenner, 1979, 그림 1-3).

이러한 환경체계는 상호 관련성을 지니며, 상호영향을 주고받는다. 따라서 개인을 둘러싸고 있는 사회환경, 즉 다양한 수준의 환경체계는 인간의 삶과 행동에 직접 또는 간접적으로 영향을 미치며, 인간으로부터 영향을 받기도 한다.

개인을 둘러싼 환경과 인간은 항상 변화하기 때문에 생태이론에서는 적응을 주요한 문제로 본다. 가족이나 친구와의 적응에서부터 세계화에 대한 적응, 심지어는 갑작스러운 기후 변화에 대한 적응까지 인간과 환경과의 관계에서 적응은 중요한 문제이다. 아버지의 직장근무시간의 탄력적인 운용이나 육아휴직은 환경이 인간에

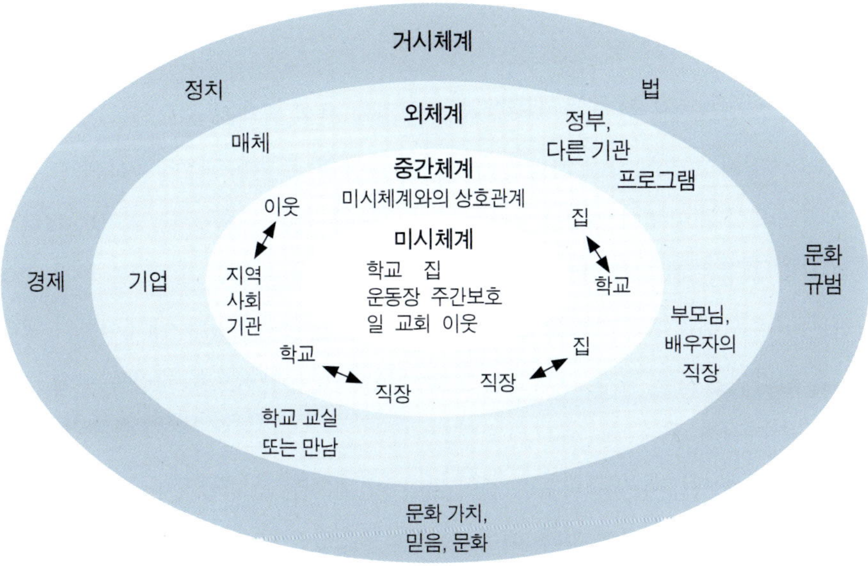

그림 1-3 | 브론펜브레너(Bronfenbrenner)의 생태이론

대한 적응의 실례이다.

그러므로 사회복지사는 클라이언트가 환경에 대한 변화에 적응할 수 있도록 하고, 개인의 변화와 욕구도 환경에 부응하여 적응할 수 있도록 도움을 줄 수 있어야 한다. 예를 들면, 사람들은 직장에서의 이동, 결혼, 승진 등에 대해서도 적응을 해야 하지만 법과 정책도 사람들의 욕구에 부응할 수 있도록 적응해야 한다는 것이다.

또한 생태이론에서는 다양한 환경체계 안에서 인간이 살아가면서 직면할 수밖에 없는 삶의 부정적인 사건을 어떻게 인식하고 대처하는지에 대해서도 관심을 둔다. 예를 들면, 사람들은 질병, 죽음, 스트레스, 위기 등에 대해 긍정적으로 인식하거나 긍정적인 대처방안을 가지고 있어야 환경에 더 잘 적응할 수 있다. 그러나 인간이 삶의 부정적인 사건을 부정적으로 인식하거나 잘 대처하지 못하면 인간과 환경체계 간의 균형이 깨져버려 상호의존하기보다는 일방적인 영향만을 미치게 된다. 즉, 인간이 환경에 지배를 받거나, 환경이 인간에 의해 지배를 받아 상호교류의 균형을 잃어버리게 된다(Rogers, 2010). 따라서 사회복지사는 인간이 환경에 의해 일방적으로 지배받지 않도록 환경체계를 조성해 주어야 하고, 인간에 의해 환경체계가 불건전해지거나 오염되지 않도록 예방해 줄 필요가 있다.

3) 생태체계이론

사회복지전문직은 인간과 그들을 둘러싼 환경 간의 관계가 중요하다는 점을 인식하고, 어떻게 개인이 다른 사람들과 그리고 그들의 환경과 상호작용하며, 어떻게 그 상호작용이 개인에게 영향을 미치는지에 관심을 갖는다(Rogers, 2010). 그러므로 인간과 환경을 분리된 실체가 아니라 하나의 통합된 총체로 이해하는 환경 속의 인간은 이미 오래전부터 사회복지실천의 초석으로 간주되어 왔다. 체계이론과 생태이론은 클라이언트를 '환경 속의 인간'으로 이해하고, 통합적으로 개입하는 데 구조적인 틀을 마련해 준다.

체계이론과 생태이론은 비슷한 점이 많아 이 두 이론을 병합하여 생태체계이론이라고 하여 널리 활용하고 있다. 이 두 이론의 공통점은 다음과 같다.

- 두 이론 모두 인간과 환경 간의 상호작용과 상호의존성에 대해 설명해 준다.
- 두 이론 모두 상호작용과 관계를 역동적으로 변화하는 과정으로 보고 있다.
- 두 이론 모두 체계와 이 체계를 유지하는 것, 다른 체계에 영향을 미치는 것, 체계 전체가 어떻게 함께 기능하는가에 초점을 두고 있다.

이 두 이론은 인간과 환경은 분리될 수 없으며, 인간과 환경이 서로 상호작용하고 상호의존하면서 인간에게 영향을 준다는 점에서 공통된 관점을 지니고 있다. 그러나 체계이론은 체계에 질서를 가져오기 위하여, 즉 체계가 기능하기 위하여 개인이 어떤 역할을 하는가에 더 초점을 두는 반면, 생태이론은 사람들이 역할을 수행하는 과정에서 보이는 적응과 대처방안이 환경과의 교류에 영향을 미친다는 점에서 약간의 차이를 보인다. 이 두 이론의 병합은 체계 안에서 개인이 어떠한 역할을 할 때 체계에 질서를 가져오는지**체계이론**, 사람들이 주어진 환경체계에 어떻게 적응하고, 문제에 어떻게 대처하며, 환경체계와 균형적으로 교류하는지**생태이론**를 함께 설명해 줄 수 있다. 이 책의 제4부에서는 체계이론, 생태이론, 생태체계이론의 개념을 살펴보고, 인간의 주요 환경체계인 가족, 집단, 조직, 지역사회, 문화, 사이버문화 등이 지닌 특성을 논의한 후 사회복지실천에 대한 적용을 소개하고 있다.

PART 2

인간성격과 사회복지실천

CHAPTER 2

정신역동이론

CHAPTER 2

정신역동이론은 인간의 행동을 '마음(정신)의 움직임(정신역동)'으로 이해하고자 하는 이론으로, 인간의 정신이 행동을 어떻게 자극하는지, 인간의 정신과 행동이 개인의 사회환경과 어떻게 서로 영향을 주고받는지를 강조한다. 정신역동이론은 프로이트에 의해 창시된 정신분석이론과 자아의 중요성을 강조한 에릭슨의 이론, 그리고 그의 성욕설에 반대하여 독자적인 이론을 펼친 아들러와 융을 중심으로 살펴보고자 한다.

1. 프로이트의 심리성적 발달이론

프로이트Sigmund Freud는 20세기의 가장 위대한 과학자 가운데 한 사람으로 현재를 살아가는 우리들에게 자신이 모르는 마음의 세계가 있다는 것을 가르쳐 주었다. 프로이트의 정신분석이론은 인간 정신의 무의식을 탐구하는 학문으로 인간을 괴롭히는 정신의 내적 갈등을 치료하는 치료법이다. 이 이론은 인생의 초기 경험이 인간의 성격발달에 미치는 영향을 강조하면서 인간발달이 뚜렷한 몇 개의 단계를 거쳐 이루어진다는 발달의 단계설을 주장하고 있다.

1) 프로이트의 생애

프로이트는 1856년 오스트리아 모라비아의 프라이베르크에서 태어났지만 주로 오스트리아 빈에서 생활하였고, 영국 런던에서 사망하였다. 프로이트의 어머니인 아말리에는 19세에 20년이나 연상인 프로이트 아버지인 제이콥 프로이트와 결혼을 했다. 프로이트의 가족배경은 그의 정신분석을 이해하는 데 고려해야 할 중요한 요소라고 할 수 있다. 아버지 프로이트는 상처했던 사람이고 장성한 두 아들이 있었다. 프로이트는 이복형의 아들과 비슷한 나이여서 경쟁심을 느끼며 자랐다고 한다. 이복형의 나이가 어머니의 나이와 비슷해서 프로이트는 어머니와 이복형을 오해하기도 했다. 어머니가 젊기 때문에 프로이트의 오이디푸스 콤플렉스가 더욱 심했을 것이라는 추측도 있다.

프로이트는 25세에 빈 의과대학을 졸업했다. 이 무렵에 그의 인생에서 아주 중요한 브로이어Joseph Breuer를 만나게 된다. 이때 브로이어는 26세의 젊은 프로이트에게 아주 흥미로운 환자의 이야기를 들려주었다. 최면술과 카타르시스로 치료한 환자 안나 오의 이야기를 듣고 프로이트는 히스테리에 대해서 강한 인상을 받았다.

그러다가 29세 때 프랑스 유학의 기회를 잡은 프로이트는 파리에 있는 살페트리에 병원의 신경의학자인 샤롯 교수에게 4개월 동안 연수를 받았다. 프로이트는 샤롯 교수가 최면을 통해 환자를 고치는 것을 보고 경이로워했다. 최면을 통해서 손,

발의 마비가 풀리기도 하고 마비를 일으키기도 하는 것이었다. 신경에 이상이 없어도 사지에 마비가 올 수 있다는 것은 신기한 일이었다. 당시에는 이런 환자를 꾀병을 부리는 것으로 취급했다. 그러나 그것은 꾀병이 아니었고, 정신의 숨겨진 힘에 의한 것이었다. 정신이 육체를 지배하는 것을 시각적으로 확인했던 것이다. 프로이트는 샤롯 교수에게서 정신질환이 심리적인 원인에서 발생한다는 것과 정신기능이 의식과 무의식의 두 가지 면을 가지고 있다는 것을 배웠다.

30세인 프로이트는 결혼을 했고 개업도 했다. 프로이트는 최면술을 이용하면서 흥미로운 환자들을 많이 만났다. 증세의 발생이 상처받은 기억과 관계가 있는 환자들이었다. 그런데 그 기억들은 항상 어린 시절에 받은 마음의 상처와 부모와의 관계에서 찾을 수 있다고 하였으며, 무의식의 세계에 관심을 갖고 행동을 유발하려는 과정을 설명하려고 하였다. 그것을 찾아내는 것이 치료였다. 브로이어식의 치료를 했고, 좋은 결과를 얻었다. 환자들은 치료되었고 수년 동안 고생하던 증세들도 극적으로 좋아졌다.

프로이트는 브로이어와 함께 신경증적 환자들의 사례를 모아 《히스테리아 연구》를 출판하였으나 히스테리아 환자들이 의식으로부터 차단하고 있는 중심 정서가 '성'이라는 프로이트의 결론에 브로이어가 동의하지 못하고 결별을 함으로써 독자적인 연구를 시작하였다. 프로이트도 상당수의 환자들에게 최면이 효과적이지 않다는 것을 발견하게 되었다.

• 최면에 걸리지 않는 사람이 있었다.
• 최면으로 치료해 놓아도 그 효과가 일시적이거나 만족스럽지 않았다.
• 최면술로 치료하면 환자가 의사에게 성적 감정을 많이 느끼게 되었다.

최면으로 통증을 치료받은 한 여자 환자는 최면도 잘 걸렸고 치료도 잘 되었다. 그러나 최면에서 깨어나면 프로이트의 목을 껴안았다. 이것이 최면을 버리게 된 결정적인 이유였다.

프로이트는 1896년 10월에 아버지가 81세의 나이로 세상을 뜨자 아버지를 잃고 알 수 없는 죄책감과 신경증 증세에 시달렸다. 치료가 필요했지만 그를 치료해 줄 사람이 없었다. 그는 최초의 유일한 정신분석가였기 때문이다. 그래서 프로이트는 자기분석을 시작했다. 주로 꿈과 유년기의 기억을 이용했다. 애매한 유년기의 기억은 어머니에게 물어보았다. 그의 뇌리에 떠오르는 7세 이후의 한 장면을 해석하면서 '오이디푸스 콤플렉스'라는 중요한 개념을 발견했다.

2) 주요 개념

(1) 정신결정론

프로이트 정신분석이론에서 중요시하는 기본적 가설은 정신결정론이다. 정신결정론은 인간의 모든 정신적 활동은 그 이전의 행동이나 사건에 의해 결정된다는 것으로, 현재의 행동에는 반드시 그 원인이 있다는 것이다. 즉, 우연한 것으로 보이는 인간의 어떤 행동도 특정한 동기와 이유를 가지고 있으며, 반드시 과거의 일과 연결되어 발생한다는 것이다. 이 원칙은 아동이 태어난 이후 5~6세 사이의 어린 시절에 경험한 무의식 속에 잠재되어 있는 심리성적인 사건에 의해 결정되는 것으로 본다. 예를 들어, 성인이 되어 사업에 성공을 거두었음에도 불구하고 자신감이 없고 우울한 성격을 가진 것은 어린 시절 부모와의 관계에서 경험한 갈등을 어른이 된 후에도 반복하고 있는 것이다. 이러한 견해는 기본적 성격구조가 성인기가 되어서도 변하지 않고, 충분히 독립적으로 살 수 있는 나이임에도 불구하고 그의 생활은 어린 시절의 지배를 받고 있는 것으로 본다.

- 무엇을 잃어버렸을 때 우연히 일어난 것이라고 보지만, 사실은 개인의 소망이나 의도에 따른 것이라고 본다.
- 운전 중 잠시 한눈을 팔다가 파란 신호등에 멈춰 있는 것도 목적지에 가고 싶지 않은 무의식 속의 소망에 따른 것으로 본다.

(2) 지형학적 모형

인간의 정신세계는 의식, 전의식, 무의식이 커다란 땅덩어리를 나눈 것 같이 자리 잡고 있다고 하여 '지형학'이란 이름이 붙여졌다. 그중 일상생활에서 인간을 지배하는 많은 부분은 우리가 의식할 수 없는 무의식에 의해 동기유발이 된다. 의식과 무의식이 나뉘는 것은 억압repression 때문이다. 무의식에 억압되어 있던 것이 움직여서 의식으로 나오는 것을 마음이 움직인다고 하고, 이를 정신역동이라고 한다.

① 의식

의식consciousness은 우리가 자신에게 주의를 기울이는 바로 그 순간에 알아차릴 수 있는 경험과 감각들**지각, 감각, 언어, 감정표현**, 즉 보고, 듣고, 만지고, 냄새 맡고, 맛보는 것과 같은 여러 가지 감각을 의식하고, 슬픔과 고통 같은 것을 쉽게 알아차릴 수 있는 정신생활의 영역을 말한다. 이러한 경험은 잠시 동안 의식될 뿐 주의를 다른 곳으로 돌리면 대부분 전의식, 무의식으로 사라지는 것으로 의식은 빙산의 일각에 불과하다.

② 전의식

전의식preconscious은 의식의 바로 아래에 있으며 우리가 즉시 깨닫지 못하나 쉽게 기억할 수 있는 '이용 가능한 기억'이라고 할 수 있다. 즉, 현재는 의식에 어떤 내용이 없지만 주의를 기울이면 쉽게 의식적으로 떠오르는 내용들이 있는 장소다. 예를 들어, 지난주에 맛있게 먹었던 음식, 친구가 입었던 옷 등의 내용은 관심이 사라지면서 전의식이 되지만, 조금만 노력하면 바로 의식될 수 있는 경험이다.

- 점심식사는 무엇을 드셨습니까? 하고 물었을 때, 질문을 받기 전까지는 점심식사의 내용이 의식에 없었지만 곧 생각나는 것은 전의식에 있다가 곧 의식화되기 때문이다.
- 화가가 그림이 그려지지 않아서 고민하다가 어느 순간에 어떤 자극을 받자 화상이 확 열리는 경우가 있는데, 이것은 화상이 전의식에 있다가 풀려나온 것이다.
- 어려운 문제가 풀리지 않을 때 자고 나면 의외로 쉽게 풀린다. 우리가 쉬는 동안에 무의식적 작업이 진행되고 전의식에 올라왔기 때문에 쉽게 문제가 풀린 것이다.

③ 무의식

무의식unconsciousness은 정신세계의 가장 깊은 곳에 감추어져 있는 부분이다. 인간이 기억하지 못하는 부분으로 감정, 행동을 일으키는 동기, 죄책감, 열등감, 상처받은 경험, 성적 욕구, 공격 욕구 등이 잠재되어 있는 곳이다. 무의식은 인간의 정신세계에 대부분을 차지하지 있어 의식되지 못한 채 사고와 행동을 결정한다.

무의식은 금지된 욕망, 즉 드러내 놓지 못하고 눌러야 하는 성욕이나 공격성이 살고 있는 곳으로, 이러한 욕망들은 기회가 있으면 의식 속으로 나오려고 하는데, 억압이라는 기제가 있어 쉽게 의식의 세계로 나오지 못한다. 더구나 아동기의 성적이고 공격적인 행동이 벌을 받고 억눌리게 되면 불안을 일으키게 되고, 불안은 다시 억압을 일으키고, 원치 않는 불안이 고통스럽기 때문에 이를 자꾸 무의식 속으로 밀어 넣게 된다. 이렇게 밀어 넣은 불안은 성인이 되어서도 없어지지 않아 분명히 손해보고, 문제가 있다는 것을 알면서도 건강하지 못한 행동을 자꾸 되풀이하게 된다. 이를 프로이트는 강박적 반복repetition compulsion이라고 했다. 한 이야기 또 하고 또 하는 것, 잘못된 행동을 알면서도 되풀이하는 것 등이 강박적 반복의 실례이다.

또한 무의식 속의 충동이나 생각들은 '자아'가 약화되었을 때 증세의 형태로 의식 세계로 뛰쳐나온다. 프로이트는 증세뿐만 아니라 인간행동의 어느 하나도 무의식의 영향을 받지 않는 것이 없다고 하였다. 무의식이 작용하는 증거로 잘 아는 사람의 이름이나 인상, 생활상의 경험 등을 잊어버리는 것, 말실수, 실수로 잘못 쓴 문장, 글자를 잘못 읽는 것, 행동상의 실수 등을 들고 있다. 또한 꿈을 '무의식적인 어떤 것을 왜곡하여 대피한 것'으로 간주하고, 무의식을 파악하기 위해서는 꿈을 해석해야 한다고 보았다.

결국, 정신분석은 분석을 받는 사람과 대화를 해서 그 사람의 무의식 세계를 이해하고, 이해한 무의식을 의식과 연결시켜 정신적인 문제를 치료하는 것을 말한다. 즉, 무의식 자체를 발견하는 것이 아니라 무의식을 체계적으로 탐색할 수 있는 자유연상이나 꿈의 해석을 통해 무의식을 의식 수준으로 끌어올리는 것이다.

- 인간의 실수가 무의식의 존재를 보여 준다.
  (예 : 파란신호등에 멈춰선 신랑, 회의를 진행해 본 경험이 없는 회장(지금부터 이사회를 마치겠습니다))
- 꿈이 무의식의 존재를 보여 준다.

(3) 성격의 구조

1920년대 초반, 정신기능에 대한 프로이트의 견해에 중요한 변화가 일어났다. 그 당시에 프로이트는 지정학설로 정신분석이론을 통합하는 것이 부적절하다는 것을 느끼게 되었다. 무의식의 죄책감이 환자의 마음속에서 작용하고 있는 것을 보았다. 지정학설만으로는 이 죄책감을 설명할 수 없었기 때문에 성격구조론을 내놓게 되었다. 예를 들어, 환자들이 자신의 무의식에 근친상간의 소망이나 살인 소망이 있다는 것을 발견했을 때 증세가 악화되었다. 이 증세의 악화가 무의식 속에 있는 죄책감 때문이라는 것을 알게 되면서 구조론을 생각했고, 초자아 개념을 설정했다. 마음의 구조 중 하나인 초자아에서 죄책감을 일으킨다는 것이다.

프로이트는 인간의 마음속에 이드id, 자아ego, 초자아superego라는 세 요소가 성격을 구성한다고 하였다. 이드는 욕구를 주장하고, 초자아는 금지된 일을 못하게 막거나 이상을 추구하고, 자아는 이 두 요소 사이에서 타협을 찾는데, 이 세 요소가 서로 잘 지내면 별 문제가 없지만 이 세 요소 사이에 문제가 생기면 인간은 정신적 문제로 내적 갈등을 겪는다고 하였다.

① 원초아

원초아id는 성격의 핵심이면서 무의식적으로 움직이는 본능적 충동의 집합체다. 이는 무의식 안에 감추어져 있는 일차적인 정신의 힘으로 즉각적이고 본능적인 욕구를 충족하고자 한다. 원초아는 인간이 긴장을 느꼈을 때 긴장 해소를 위해 무엇인가 행동하게 하는 내재적인 힘**성욕이나 공격성, 식욕, 수면 · 운동 · 배설욕 등**이 현실을 고려하지 않고 생물적인 쾌락과 충동에 따라 행동하려 하는 본능적 욕구가 저장되어 있다.

이 부분은 외부 세계와 상관이 없고 어떠한 법칙, 논리가 통하지 않기 때문에 매우 노골적이며 동물적이다. 또한 조직적이지 못하며 시간이 지나고 경험을 많이 쌓아도 변화되지 않는 특징을 가진다. 그래서 원초아의 지배를 많이 받는 성인은 성적 · 공격적 충동과 같은 본능적인 욕구를 거의 통제하지 못하기 때문에 유치하고 충동적이며, 비합리적 행동을 보이게 된다(Greene & Ephross, 1991).

원초아는 두 가지 특성을 가지고 있는데, 첫째, 1차적 사고과정primary thought process이 일어난다는 것이고, 둘째, 쾌락원칙pleasure principle에 의해 지배된다는 것이다.

- 1차적 사고과정 : 개인이 언젠가 자기의 기본적인 욕구를 만족시켜준 적이 있는 어떤 대상물의 심상을 떠올려 긴장을 감소시키는 것이다. 예를 들어, 목이 마를 때 물을 마시는 상상이나 꿈을 꾸는 것을 의미한다. 그러나 1차적 사고과정은 일시적 만족은 줄 수 있지만 근본적 긴장을 감소시킬 수 없으므로 자아의 2차적 사고과정이 필요하다.
- 쾌락원칙 : 고통은 최소화하고 쾌락을 최대화하려는 속성으로 참을성 없이 즉각적 만족을 구하고자 하는 특성을 의미한다.

② 자아

자아ego는 원초아로 하여금 충동을 지연시키고 현실 세계의 욕구를 잘 타협할 수 있도록 돕는 정신세계이다. 즉, 자아는 성격의 조정자로서 인간의 생각과 행동을 통제한다. 현실원칙에 지배를 받는 자아는 이성적인 차원에서 행동의 결과를 평가하고, 그 행동의 과정을 결정한다. 원초아가 인간이 원하는 것과 필요한 것이 무엇인지에 관련된다면 자아는 그것을 어떻게 획득할 것인지를 발견하도록 해준다.

- 2차적 사고과정 : 1차 과정에 이어 일어나며, 자아가 만족을 가장 적절히 지연시킬 수 있는 행동계획을 수립하는 정신과정으로, 현실적인 계획을 세울 때까지 만족을 지연하는 논리적 사고과정이다. 자아는 이러한 행동이 효과적인지 아닌지를 알아보기 위해 현실세계의 사건과 자기 마음속의 사건이 서로 관계가 있는가를 알아보는 현실검증의 기능을 수행한다. 예를 들어, 사탕이 먹고 싶을 때 꿈에 사탕을 보거나 단순히 사탕을 먹는 상상을 하는 것이 아니라 현실적으로 사탕을 먹을 수 있는 방법을 찾기 위해 객관적인 실체 세계와 타협하는 것이다.
- 현실원칙 : 사회적으로 수용될 수 있을 때까지 긴장의 방출을 지연시켜 궁극적인 만족을 얻기 위해서 욕구를 지연할 줄 아는 행동원칙이다.

이러한 자아는 생후 1년경에 발달하기 시작하며, 생애 초기부터 강하게 원초아를 통제하여 원초아와 갈등관계에 놓이게 된다(Brenner, 1987). 자아는 지속적인 원초아의 요구와 외적 현실의 압력 사이에서 갈등을 경험하게 되며, 이러한 갈등은 불안을 유발하는 긴장상태를 만들어 낸다. 불안은 자아에게 위험신호를 보냄으로써 미리 위험처리 대책을 세울 수 있도록 하는 정상적인 기능이다. 그러나 자아가 이러한 위험 신호에 반응하여 불안을 적절히 해결하지 못하면 신경증이 유발된다.

③ 초자아

초자아superego는 4~5세경부터 발달하기 시작하는데, '해서는 안되는 것과', '해야 하는 것'의 모음이며, 프로이트의 성격구조 중에서 마지막으로 발달하는 정신구조이다. 초자아의 형성은 부모의 칭찬이나 꾸중 등에 담겨져 있는 사회적 가치와 이상을 동일시identification함으로써 발달한다. 특히, 오이디푸스oedipus complex를 해결하는 과정에서 초자아가 발달하지만, 성장하면서 위인이나 지도자의 위대한 삶을 동일시하면서 초자아는 계속 발달하게 된다.

초자아의 주요 기능은 무엇이 옳고 그른 것인지를 결정하는 것이다. 초자아가 인정할 수 없는 본능적인 욕구가 표출되려고 할 때 초자아는 자아가 그러한 본능을 표출하지 못하도록 경고하는 표시로 불안을 유발한다. 죄책감도 초자아에서 비롯된다. 옳고 그름을 판단하는 초자아가 없다면, 인간은 다른 사람에게 미칠 영향을 고려하지 않고 자신이 원하는 바를 얻기 위해 이성적으로만 판단하고 행동을 결정한다.

프로이트는 초자아를 자아 이상과 양심이라는 두 가지 하위체계로 나누었다. 부모의 상칭찬으로부터 발달하는 '자아 이상'은 도덕적으로 바람직하다고 간주하는 것과 관련되며, 부모에게 받은 벌꾸중은 '양심'을 형성하게 하여 도덕적으로 나쁜 것에 대한 판단을 하고, 이를 통해 죄의식을 경험하게 한다. 초자아가 발달한 사람들은 법이 없어도 살 수 있고, 정직성, 배려, 이타심이 많은 사람들이다. 반면, 범죄자, 범법자, 양심불량자 등은 초자아의 형성에 문제가 있는 사람들이다.

프로이트의 성격의 지형학적 모형과 구조적 모형과의 관계를 그림으로 표현하

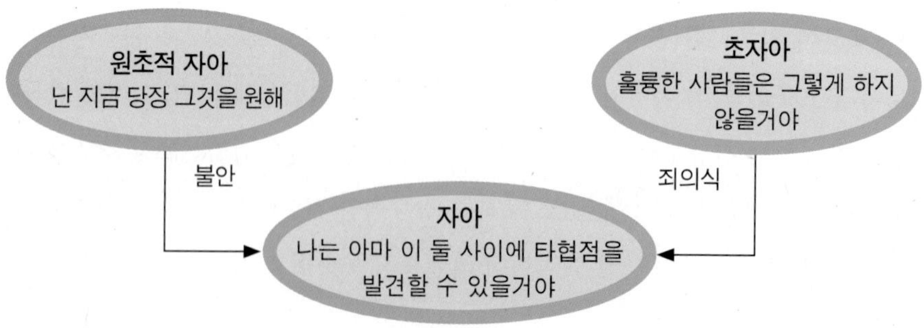

그림 2-1 | 원초아, 자아, 초자아 간의 상호관계

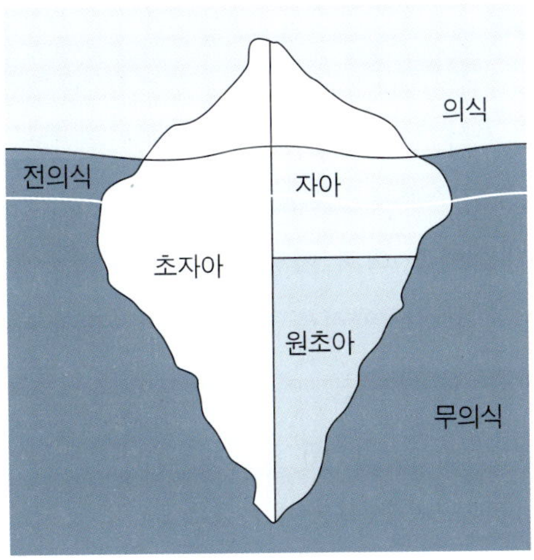

그림 2-2 | 프로이드의 성격의 지형학적 모형과 구조적 모형

면 그림 2-2와 같다. 원초아는 모두 무의식에 위치하고 있지만, 자아와 초자아는 의식, 무의식, 전의식 전반에 걸쳐 위치한다.

3) 인간의 본능

정신분석이론에서는 인간의 두 개의 상반된 본능instinct을 강조한다. 즉, 삶의 본능life instinct과 죽음의 본능death instinct이다. 삶의 본능은 에로스eros라고도 하고, 배고픔과 같이 삶을 유지시켜 주는 것과 종족을 보존시키는 성과 같은 충동을 말한다. 성 본능은 개인의 정신구조에서 상당히 중요한 역할을 하므로 프로이트는 이것이 가장 영향력이 큰 삶의 본능이라고 생각했다. 성 본능에 내재하는 힘은 리비도libido로 라틴어의 소망, 욕구에서 유래되었다. 죽음의 본능인 타나토스thanatos는 인간 모두가 타고나는 죽음과 파괴에 대한 경향을 말한다. 이런 죽음의 본능은 가끔 소리를 지르거나 욕을 함으로써, 또는 운동을 하면서 평상시에 조금씩 해소해야 한다고 프로이트는 말한다. 만약 그렇지 않으면 댐 둑이 무너지듯이 한꺼번에 폭발하게 되어 폭력이나 살인, 그리고 정신병에 걸리게 된다고 말한다(오창순 외, 2015).

4) 자아의 방어기제

자아의 방어기제란 자아가 원초아의 요구와 초자아의 압력, 그리고 과거의 기억과 외부세계의 요구로부터 스스로를 보호하기 위해 무의식 속에서 이루어지는 심리적 기제로 갈등의 원천을 왜곡, 대체, 차단하여 갈등의 해결에 방해가 된다. 자아는 원초아와 초자아의 요구, 현실의 압력을 끊임없이 다루어야 한다. 이러한 요구와 압력이 현실적으로 통제하거나 제어하기 어려울 정도로 과하면 자아가 이를 해결하지 못하여 불안을 일으킨다. 자아는 이러한 불안으로부터 벗어나기 위하여 방어기제를 사용하고, 현실을 왜곡시킴으로써 갈등의 위험으로부터 벗어나고자 한다.

방어기제는 모두 무의식 속에서 이루어지며, 두렵거나 불쾌한 상황이나 욕구불만에 처해 있을 때 스스로를 방어하기 위하여 자동적으로 사용한다. 그러나 위기 시에 어떤 방어기제를 두드러지게 사용하느냐에 따라 그 사람의 성격특성을 알 수 있다. 방어기제의 과도한 사용은 정서적 문제를 발생시킬 수 있지만 모든 방어기제가 병적인 것은 아니다. 유머, 승화, 이타적 행동, 활동 등과 같이 성숙한 방어기제는 불안을 감소시킬 뿐만 아니라 긍정적인 사회적 결과를 가지고 오기도 한다. 자아의 방어기제는 프로이트의 딸 안나 프로이트에 의해 체계화되었는데, 대표적인 방어기제를 소개하면 표 2-1과 같다.

표 2-1 자아의 방어기제

종류	개념(예)
퇴행 (regression)	심한 좌절을 당했을 때 그동안 이루었던 발달의 일부를 상실하고 안정적이었던 과거의 수준으로 후퇴하는 것이다. 예) • 동생이 태어나고 부모의 관심이 동생에게 집중되자 갑자기 대소변을 가리지 못하는 유아 • 실의에 찬 아이가 아기처럼 손가락을 빠는 행동 • 부부싸움을 할 때 문제를 해결하기보다 청소년처럼 상대방에게 반항하면서 적대적인 태도를 보이는 것
동일시 (identification)	다른 사람의 성격이나 역할을 따라하면서 자기의 일부로 삼는 과정이다. 예) • 아버지를 무서워하는 아들이 그 아버지를 닮는 것 • 드라마의 주인공을 따라하면서 특별한 사람이 된 것처럼 느끼는 것

종류	개념(예)
억압 (repression)	억압은 자아가 불안할 때, 특히 죄의식, 창피 또는 자존심의 손상 등과 같이 고통스러운 경험을 할 때 무조건 무의식 속으로 밀어 넣어버리는 것이다. 억압으로 불안을 방어하려다가 실패하면 투사, 상징화 등의 다른 방어기제가 동원되며, 그 결과로 신경증적 행동이나 히스테리, 위궤양 등의 증세가 나타나기도 한다. 억압이 많을수록 편견이나 선입견이 많아지는데, 그 이유는 억눌린 생각들이 풀려나오지 못하고 억눌려 있기 때문이다. 억압이 성공적일 때, 본능적인 욕구나 사회적으로 금지된 욕망의 노골적인 표현을 막는 것이 가능해지므로 사회적 · 도덕적으로 순응하고 잘 적응된 생활을 영위하게 된다. 예) • 눈 가리고 아웅하기 : 하기 싫고 귀찮은 과제를 하지 않고 '깜빡 잊었다'고 말하는 경우 • 전화를 꺼두는 것
반동형성 (reaction formation)	반동형성이란 겉으로 드러나는 태도나 언행이 마음속의 욕구와 반대인 경우이다. 무의식의 밑바닥에 흐르는 생각, 소원, 충동이 너무나 부도덕하고 받아들이기에 두려운 것일 때, 이와 정반대의 것을 선택함으로써 불안을 감소시키려는 현상이다. 예) • 미운 놈 떡 하나 더 준다(미워하거나 증오하는 대상에게 오히려 예의 바르게 행동하고 충성스럽게 대하는 태도) • 선생님에게 극심한 반감을 가진 학생이 선생님의 말씀에 복종하는 것 • 안나 프로이트에 따르면 7~10세 남녀 아동들의 경우 실제로는 이성에게 관심이 있으면서 겉으로는 "여자들하고 노는 것은 정말 재미없어", "남자들 진짜 무식해" 등 진짜 속마음을 감추려는 것이 반동형성의 예이다.
투사 (projection)	투사란 스트레스와 불안을 일으키는 원인인 자신의 감정이나 사고의 책임을 다른 사람에게 전가함으로써 자신의 열등감을 방어하려는 것이다. 예) • 무슨 일이 생기면 무조건 상대방 탓 • 어떤 사람이 자기를 미워하기 때문에 자신도 그 사람을 미워한다고 말함으로써 죄의식이나 불안에서 벗어나려는 행동
합리화 (rationalization)	합리화는 아주 빈번히 사용되는 방어기제로서 자신의 부적응행동이나 실패를 받아들이기 어려울 때 자아가 의식에서 용납할 수 있는 '그럴 듯한 이유'를 대는 것이다. 예) • 신포도형 : 어떤 목표를 달성하려고 했으나 실패한 사람이 자신은 처음부터 그것을 원하지 않았다고 변명함 • 달콤한 레몬형 : 자기가 현재 가지고 있는 것이 남들이 볼 때는 별 볼일 없는 것이지만 본인은 그것이 바로 자신이 원하던 것이라고 스스로 믿는 것 • 투사형 : 자신의 결함이나 실수를 자기 이외의 다른 대상에게 책임을 전가시키는 것 • 망상형 : 원하는 일이 마음대로 되지 않을 때 자신의 능력에 대해 허구적 신념을 가짐으로써 실패의 원인을 합리화시킴
승화 (sublimation)	승화는 의식적으로 용납되지 않는 충동(욕구)을 억압할 수 없을 때 사회적으로 바람직한 일로 대체되는 경우를 말한다. 방어기제들 중에서 가장 능률적이고 건강한 기제다. 승화는 다른 기제와는 달리 이드의 충동을 억제하지 않고 자아의 억압이 없으며, 충동에너지가 그대로 사회적으로 쓸모 있게 사용된다. 예) • 권투선수가 되어 시합을 하는 것은 타인에 대한 공격성을 대체하는 것 • 성적 충동이나 폭력에 대한 충동을 각종 예술, 종교, 문화, 과학 등으로 나타내는 것
분리 (isolation)	고통스러운 생각이나 기억을 그에 수반된 감정상태와 분리시키는 것으로 고통스러웠던 사실은 기억하지만 감정, 정서는 억압함으로써 지각하지 못하게 된다. 예) 사람들을 무조건 좋은 사람과 나쁜 사람으로 분리하는 것

종류	개념(예)
부정 (denial)	의식화된다면 도저히 감당하지 못할 어떤 생각, 욕구, 충동 등을 거부함으로써 현실적인 사실을 없는 것처럼 생각하거나 자기가 바라는 대로 공상해 버려서 정신적 고통을 피해 보려는 것이다. 예) • 어머니가 아이의 죽음을 부정하며 마치 아이가 살아 있는 것처럼 행동 • 어머니가 사망했음에도 불구하고 며칠 동안 여행을 갔다고 믿는 경우
해리 (dissociation)	마음을 편치 않게 하는 성격의 일부가 그 사람의 지배를 벗어나 마치 하나의 독립된 성격인 것처럼 행동하는 경우를 해리라고 말한다. 예) 이중인격자, 몽유병, 잠꼬대, 건망증, 지킬 박사와 하이디
내면화=내사=투입 (introjection)	외부의 대상을 자기 내면의 자아체계로 받아들이는 기제이다. 공격적인 충동이 타인이 아닌 자신에게로 향하는 것을 말한다. 예) • 엄마에게 야단맞은 아이가 화가 나서 자기 머리를 벽에 부딪치는 것 • 다른 사람에게 향했던 분노가 자기를 향하는 자기공격이 되어 결국에는 우울증에 빠지게 되는 것
대치 (substitution)	대치란 목적하던 것을 갖지 못하게 되면서 생기는 좌절감을 줄이기 위해 원래의 것과 비슷한 것을 취해 만족을 얻는 것을 말한다. 대치와 전치는 비슷하지만 대치는 대체물이 되는 '대상'에 중점을 두고 전치는 '감정'에 중점을 두어 말한다는 데 차이가 있다. 예) • 오빠에게 매력을 느끼는 여동생이 오빠와 비슷한 외모를 가진 오빠의 친구와 사귀는 것 • 꿩 대신 닭
전치 (displacement)	원래의 무의식적 대상에게 주었던 감정을, 그 감정을 주어도 덜 위험한 대상에게로 표현하는 것이다. 즉, 실제로 있는 어떤 대상에 향했던 감정 그대로를 다른 대상에 표현하는 것을 말한다. 예) • 자기의 도덕적 타락에 대해 무의식적인 죄책감을 강하게 느끼는 사람이 하루에도 몇 번씩 옷을 갈아입으며, 수십 번씩 손을 씻고, 시내버스 손잡이도 장갑을 끼어야 잡는 것 • 일상생활에서 무의식적인 공격성을 농담으로 표현한다든가, 언니를 미워하는 여동생이 언니의 공책을 찢어버리는 것
보상 (compensation)	보상이란 신체적 구조, 성격적 특성, 지적 성취 등에 대한 실체적 또는 상징적 결함을 자신의 다른 강점이나 특기를 내세움으로써 그 결함을 극복하려는 심리기제이다. 보상작용을 지나치게 이용하면 병적인 상태에 이르거나 편협한 성격이 형성되기 쉽고, 수단과 방향이 잘못될 때에는 비행이나 범죄로 연결될 수 있음 예) • 매력이 없는 여자가 화려한 옷을 입는다든지, 공부에 자신이 없는 아이가 운동에 전념하는 것 • 보상작용은 주로 개인 내에서 이루어지지만, 개인 간에도 나타난다. 즉, 부모가 학력이 낮아 사회적으로 성공하지 못했을 경우 자녀를 대학까지 교육시킴으로써 자신의 처지에 대하여 보상받고자 하는 것 등
신체화 (somatization)	심리적 갈등이 감각기관, 수의근계를 제외한 기타 신체부위의 증상으로 표출될 때 사용되는 기제를 말한다. 예) • 사촌이 땅을 사면 배가 아픈 경우 • 오랫동안 입원한 환자가 119 자동차 소리만 들어도 심장이 뛰는 것
전환 (conversion)	심리적 갈등이 신체 증상으로 바뀌는 것을 말한다. 예) • 글을 쓰는 데 갈등을 느끼는 소설가가 원고를 쓰는 오른팔에 마비증세를 느끼는 것 • 군에 입대하기 싫어하는 사람이 입영영장을 받아보고 시각장애를 보이는 경우
지성화=주지화 (intellectualization)	고통스러운 감정과 충동을 누르기 위해 그것들에 대해 지성적으로 다루려고 하는 것, 즉 감정을 이성으로, 혹은 지성으로 다루려고 하는 것을 말한다. 예) • 감정을 보이기보다 쿨해서 감정을 억제하고 상황을 이성적으로 바라보는 경우 • 건강염려증을 인터넷으로 찾아본 정보로 무장하는 것

5) 치료법

프로이트는 마음속의 무의식을 이해할 수 있으면, 이해한 것을 의식과 연결시켜 심리적 문제를 해결할 수 있다고 하였다. 심리적 문제를 일으키는 원천은 첫째, 억압과 같은 방어기제를 사용해야만 해결할 수 있는 무의식 속 어린 시절의 트라우마trauma를 자아가 효과적으로 대처하기 어렵기 때문이고, 둘째, 해결되지 못한 오이디푸스 콤플렉스가 다양한 성적 문제를 일으킬 수 있으며, 셋째, 발달단계에서의 고착이 바람직하지 못한 성격발달을 야기하여 문제가 일어날 수 있고, 넷째, 불안과 이를 극복하려는 병적 방어기제가 건강한 성격의 발달을 저해하기 때문이라고 보았다(Zastrow, 1995).

따라서 정신분석의 목표는 문제를 일으키는 무의식 속의 정서를 의식 속에서 자각하게 하고, 비정상적 행동에 대한 통찰력insight을 갖도록 하는 것이다. 이러한 과정을 통해 의식 속에서 카타르시스를 경험하고 그 문제를 해결하도록 하는 것이다. 이러한 목표를 달성하기 위하여 프로이트가 사용한 치료적 방법은 자유연상, 꿈의 분석, 해석 등이 있다.

(1) 자유연상

자유연상free association은 환자에게 마음속에 떠오르는 생각을 아무런 방해 없이 이야기하게 하여 무의식 속의 사고와 감정이 의식으로 떠오르게 하고, 정신분석가는 이렇게 연상된 자료들의 연관성을 해석해 줌으로써 환자가 무의식 세계에 대한 통찰력을 가질 수 있도록 돕는 것이다.

(2) 꿈 분석

프로이트는 꿈에서 보았던 현시적 내용을 무의식 속에 있어서 보이지 않는 내용으로 바꾸기 위해 꿈 분석dream analysis을 하였다. 꿈에서 본 현시적 내용은 표피적인 의미이거나 꿈꾼 사람이 의식 속에서 해석한 것이다. 꿈의 현시적 내용은 꿈을 꾼 사람이 깨어 있을 때 기억하는 것으로 꿈꾼 사람에게 무언가를 말하려는 것처럼 보인다. 그러나 정신분석은 꿈을 통하여 무의식적 욕구를 찾아내고, 내담자의 해결되지 않은 문제에 대한 통찰을 얻을 수 있도록 해주는 기법이다. 꿈에 잠재되어 있는 내용은 무의식의 자료이기 때문이다.

프로이트의 꿈 분석에 대한 기본 가정은 거의 모든 꿈이 소망을 성취하는 것이다(Muckenhoupt, 1997/2002). 어떤 바람은 분명한 내용으로 꿈에 표현되어 배가 고픈 채로 잠이 들었는데, 맛있는 음식을 많이 먹는 꿈을 꾼다. 그러나 대부분의 소망성취는 꿈에서 분명하게 드러나지 않고 숨어 있어 해석을 통해 알 수 있게 된다.

(3) 해석

해석은 꿈, 자유연상, 저항, 전이 등의 의미를 내담자에게 설명하고 가르치는 것이다. 이러한 상담자의 해석을 통해 내담자는 몰랐던 무의식의 내용을 의식으로 이해하고 받아들일 수 있게 된다(최영희 · 김영희 · 심희옥 · 심미경, 2009).

해석은 내담자의 저항과 전이에 대한 것이다. 저항이란 분석적 상담에서 치료를 방해하는 내담자 내부의 모든 힘이다. 즉, 자유연상을 방해하고, 내담자가 기억해 내려는 노력을 방해하며, 통찰하려는 것을 방해하고, 자아가 합리적으로 기능하고 변화하고 싶은 욕구에 반대하는 모든 힘이 저항이다(이숙 · 정미자 · 최진아 · 유우영 · 김미란, 2004).

전이란 과거에 해결되지 못하고, 무의식에 감추어 있던 욕구들을 다시 경험하는 것으로, 문제에 결부된 과거의 대상이 아니라 현재의 치료자에게 향하는 심리기제이다. 즉, 어떤 사람에 대한 느낌, 욕구, 태도, 환상, 방어 등이 다시 치료자에게 경험되는 것이다. 긍정적으로 전이될 때도 있고, 부정적으로 전이될 때도 있는데, 치료자는 내담자가 자신을 어떻게 대하는지, 어떤 생각을 품고 있는지를 주의 깊게 관찰하여 그 의미를 이해하고 분석해야 한다.

6) 심리성적 발달단계

프로이트는 인간에게 선천적으로 부여된 에너지의 모양과 형태는 변하지만 그 총량은 변하지 않는 에너지 보존법칙이 적용된다고 주장하면서 인간이 가지는 이러한 에너지를 심리성적 에너지psychosexual energy, 혹은 리비도libido라고 하였다. 인간이 성장함에 따라 이 에너지가 신체의 어느 부위에 집중되는가에 따라 인간의 성격발달이 결정되고, 그 에너지가 얼마나 원만하게 해결되는가에 따라 결과적으로 성격특성이 결정된다. 심리성적 발달은 리비도가 어린 시절 입에 집중되는 구강기0~2세, 배설물의 보유와 배설에 집중되는 항문기2~3세, 성기와 이성 부모에게 집중되는 남근기3~6세, 리비도가 잠복하는 잠복기6~13세, 이성과의 사랑과 성관계로 향하는 성기기13세 이후로 구분된다.

사람들이 리비도의 심리성적 욕구충족에 과도하게 몰두하거나 지나치게 불만족하면 나이가 들어도 발달이 이루어지지 않아 그 단계에 머무르려는 경향이 있는데, 이를 고착이라고 한다. 이에 비해 발달이 진행된 경우라도 심리적 어려움이나 좌절을 겪게 되면 욕구충족이 쉬웠던 이전의 발달단계로 되돌아가려는 퇴행의 경향이 발생한다.

(1) 구강기

구강기oral stage는 출생에서 대략 2세에 이르는 시기이다. 이 시기를 구강기라고 부르는 것은 유아의 일차적인 활동이 젖을 먹는 것에 집중되어 있으며, 그 활동이 입으로 빨고 깨무는 입, 입술, 혀 같은 기관에서 주로 이루어지기 때문이다. 그래서 유아가 젖을 빨지 않거나 어머니가 젖을 무리하게 떼는 경우에는 성적 불만족으로 엄지손가락 빨기, 손톱 물어뜯기 등의 행동을 하여 성격이나 행동의 이상으로 발전하게 된다. 유아는 6개월이 지나면서 어머니의 존재를 인식하고 자신의 욕구를 채워주는 사람인 어머니가 존재한다는 것을 인지한다. 이때부터 어머니가 보이지 않으면 불안을 느끼게 되고, 이유기가 시작되면서 어머니에 대해 욕구충족과 욕구불만을 같이 가지면서 양가감정을 느낀다. 이 시기에 고착된 성인은 심리적 갈등에 처하게 되면 음식에 집착하거나 연필과 같은 사물을 물어뜯거나 구강기적 쾌감을 위해 흡연이나 음주에 몰두하는 경향, 날카롭고 비난하는 말투 등 다양한 구강기 고착 형태를 보인다.

(2) 항문기

항문기anal stage는 생후 2~3세까지이며, 유아의 성적 에너지인 리비도가 구강

영역에서 항문영역으로 옮겨간다. 이 시기의 유아는 배변을 스스로 조절할 수 있는 능력을 갖게 되어 대·소변의 배설행위에서 만족을 얻는다. 항문기에는 대·소변 가리기 훈련이 시작된다. 배변훈련과정에서 유아는 처음으로 자기의 본능적인 충동을 부모로부터 통제받는 경험과 함께 쾌락을 지연시키는 방법을 배우게 된다. 유아의 배변훈련 시에 부모가 너무 조급하거나 억압적이면 성인이 되어서도 항문기 고착 성격을 보여 준다. 이 시기의 고착된 성격은 폭발적 성격과 항문 강박적 성격으로 구분된다. 항문 폭발적 성격은 보통 지저분하고 정돈되지 않으며 낭비벽이 있는 행동특성을 보이고, 항문 강박적 성격은 고집이 세고 완고하며 검소하지만 인색한 특성으로 나타난다. 그러나 적절한 배변훈련은 생산적이고 창의적인 성격의 성인을 만드는 데 중요한 바탕이 된다.

(3) 남근기

남근기phallic stage는 3~6세까지로 성적 에너지인 리비도가 유아의 성기로 이동한다. 이 시기의 주요 활동은 자신의 성기를 자세히 관찰하고 장난을 하기도 하며, 자신의 몸을 보여 주거나 다른 사람의 몸을 보면서 쾌감을 얻고 성별에 대한 신체적 차이를 인식하게 된다. 이러한 특성으로 이 시기의 유아는 자기중심적 성향이 강하며, 사랑하고 사랑받고 칭찬받기를 원하기도 한다.

이 시기에 남자아이와 여자아이는 서로 다른 콤플렉스를 경험한다. 남자아이가 경험하는 것은 오이디푸스 콤플렉스Oedipus complex이다. 이것은 남자아이가 어머니를 성적으로 사랑하게 되면서 아버지를 라이벌로 생각하여 아버지에게 적대적인 감정을 갖는다. 그러나 아버지는 너무 크고 결국 아버지로부터 보복을 당할지도 모른다는 '거세불안'을 갖게 된다. 거세불안이란 자신의 어머니와의 '성적 관계'를 아버지가 알게 되면 자신의 성기를 제거할지도 모른다는 두려움이다. 오이디푸스 콤플렉스는 적절한 방어기제를 사용함으로써 성공적으로 해결할 수 있다.

여자아이는 이 시기에 엘렉트라 콤플렉스Electra complex를 경험하는데, 이것은 여자아이가 아버지를 사랑하고 어머니를 경쟁상대로 생각하여 어머니에게 적개심을 갖는 것이다. 여자아이도 이때 거세불안에 시달린다. 그러나 여자아이의 거세불안은 본질적으로 남자아이의 불안과 다르다. 여자아이의 거세불안은 남근이 없다는 것에서부터 출발한다. 여자아이는 유아기에 자신의 남근이 거세되었다고 믿게 되어 어머니를 비난한다. 그리고 남근이 없다는 이유로 남자아이들보다 열등하다고 생각하는데, 이를 남근 선망이라고 한다. 남자를 선망하면서 여자아이는 자신의 삶에서 해야 할 역할은 남자에게 순종하고 남자를 돕는 것이라고 받아들인다. 이 시기에 고착되면 남성은 대부분 경솔하고 과장되며 야심적이고 항상 남자다움을 과시하려고 노력한다. 여성은 유혹적이고 경박한 기질을 갖게 되거나 강하고 당돌하게 자기주장을 하면서 남성을 능가하려고 한다.

(4) 잠복기

잠복기latent stage는 6세부터 사춘기 이전의 12~13세까지로 초등학교 재학 시기에 해당한다. 이 시기에는 아동의 성적 욕구에 대한 흥미가 약해지고, 성적 욕구와 갈등이 무의식 속에 잠복하여 리비도가 특정 신체부위에 집중되지 않는다. 이 시기의 에너지는 아동의 지적 활동인 학업과 운동 등에 집중되어 지적인 탐색이나 주위 환경에 대한 탐색을 활발히 한다. 잠복기의 아동은 동성의 친구와 친하게 놀면서 집단을 이루어 돌아다니며 놀이나 게임을 통해 규칙을 알게 되고, 원초아가 약해지며 자아와 초자아가 강해진다. 이 시기에 고착되면 성인이 되어서도 이성에 대한 친밀감을 갖지 못하고, 동성 간의 우정에 집착할 수 있다.

(5) 생식기

생식기는 사춘기부터 성인기 이전까지의 시기이다. 사춘기가 되면 생식기관이 발달하고 성호르몬의 분비가 많아지면서 그동안 억압되었던 성적 감정들이 크게 강화되어 성적 에너지가 성인의 수준에 이른다. 이 시기는 이성으로부터 성적 만족을 얻으려고 하기 때문에 이성애착시기라고도 한다. 이 단계에 이르기까지 순조롭게 발달한 사람은 이타적이고 원숙한 성격을 지니게 되며, 이성에 대한 성적 욕구를 독서, 운동, 사회활동 등과 같은 대체 활동으로 승화시킬 수 있다. 또한 이상적인 생식기적 발달을 위해 근면을 배우고, 즉각적인 만족지연능력과 책임감을 기르기도 한다. 이 시기에 청소년들이 성적 에너지를 잘 처리하지 못하면 권위에 반항하거나 비행행동으로 성적 에너지를 표출하거나 이성에의 적응에 문제를 보인다.

프로이트는 사춘기 이후 중요한 과제는 부모에게서 정신적으로 독립하고, 한 개인으로서 자신에게 부과된 역할을 맡으며 생활하는 것이라고 하였다. 정신분석이론에서는 생식기적 성격을 가장 이상적인 성격 유형으로 보고, 이런 성격의 사람은 일하고 사랑할 수 있는 능력을 갖추어 사회적 · 성적 인간관계가 원만하며, 책임감이 잘 발달되어 이성과의 사랑이 만족스럽다고 하였다.

7) 프로이트이론의 평가

프로이트의 인간 성격에 관한 체계적인 관심은 개인과 사회를 다루는 많은 학문 분야에 영향을 미쳤으며, 인간발달에 관한 이론적이고 경험적인 그의 연구태도는 과학적이라는 평가를 받고 있다. 프로이트는 심리문제를 지닌 사람에 대한 이해와 통찰력을 높여 주었고, 상담기법에 지대한 영향을 미쳤으며, 발달이론을 형성하여 사회복지사가 인간행동을 사정하는 데 실천이론으로 활용하게 한 반면 한계점도 있다. 홀과 린지(Hall & Lindzey, 1985)는 정신분석이론의 한계점을 다음과 같이 제시하고 있다.

첫째, 모든 인간을 성적 자극에 의해 지배당하는 존재로 보았고 환경은 무시했다는 비판을 받고 있다. 특히, 어린아이조차 성적 욕구를 가진 존재로 보았다는 것에 대한 비판이 컸다.

둘째, 사회복지의 이중적 초점이라고 할 수 있는 인간과 환경 중에서 인간의 정신 내적 현상을 지나치게 강조하여 사회복지전문직의 정체성 확립에 방해를 초래하였다는 비판이 있다.

셋째, 프로이트는 결국 자신이 속한 사회의 여성에 대한 편견을 극복하지 못했다는 점을 비판받았다. 즉, 여성이 남근 선망을 하고 있다는 것과 초자아의 발달이 남성보다 부족하다는 것은 남성 지배적 사회에서 동등한 권리가 부여되지 않은 탓이지 여성의 문제가 아니라는 여권주의자들의 강한 반론을 받았다.

넷째, 프로이트의 이론은 정신병리를 가진 성인의 기억, 환상, 꿈을 통해 보편적 아동발달이론을 정립하였다는 점에서 비판을 받았다. 즉, 이는 단지 개인적 견해일

뿐 과학적 이론이 될 수 없다는 것이다.

2. 에릭슨의 심리사회적 이론

에릭슨Erik H. Erikson, 1902~1994의 심리사회적 이론은 사회적 힘이 성격에 미치는 영향과 자아의 기능을 강조하므로 자아심리이론ego psychology으로 분류된다. 이러한 에릭슨의 이론에서는 인간행동이 의식 수준에서 통제가 가능한 자아에 의해 동기화된다고 보며, 인간을 합리적이고 창조적인 존재로 보고 있다. 그는 자아를 개인이 직면하는 갈등이나 문제에 대한 합리적인 해결방안을 탐색하고, 현실을 검증하며, 창조적으로 문제를 해결해 나가고, 실패하였을 경우에는 새로운 대안을 모색할 수 있는 존재로 규정하고 있다.

에릭슨은 인간을 전체적인 존재로 보고 있으며, 환경 속의 존재person in environment로 규정하고 있다. 그는 인간을 신체생리 · 심리 · 사회적 존재의 총합으로 보았으며, 어떠한 심리적 상태에 처해 있더라도 모든 인간을 반드시 생물학적 · 행동적 · 경험적 · 사회적 요인 간의 상호작용으로 이해해야 한다고 하였다. 이러한 에릭슨의 심리사회적 이론의 특성은 인간의 발달단계를 전 생애로 확대하여 자아와 사회환경 간의 상호작용에 심리적 위기에 따른 발달과업을 설명하였다. 따라서 에릭슨은 발달과 변화 가능성의 강조, 병리적인 것보다는 정상적이고 건강한 측면의 강조, 자아정체감 확립의 중요성, 문화적 · 역사적 요인과 성격구조의 관련성을 중시하였다(Hjelle & Ziegler, 1976).

1) 에릭슨의 생애

에릭슨은 1902년 독일 프랑크푸르트에서 덴마크인 아버지와 유대인 어머니 사이에서 태어났다. 부모는 에릭슨이 태어나기 전에 이혼하였고, 에릭슨이 3살 되던 해에 어머니는 지방의 소아과 의사인 유태인과 재혼하였다. 전형적인 덴마크인의 외모를 가진 에릭슨은 유태인 사이에서 이방인으로 취급당하였고, 학교에 잘 적응하지 못한 채 형식적으로 다녔다. 고등학교 졸업 후 1년간 유럽여행을 하였고 잠시 미술공부를 하다가 다시 여행을 하였다. 그는 스스로 이 기간을 '유예기'라고 하였다.

1927년 25세 때는 안나 프로이트가 설립한 어린이연구소에서 예술 · 역사 · 지리를 가르치면서 정신분석에 입문하게 되었으며, 정신분석가가 되기 위한 수련을 쌓게 되었다. 그 후 정신분석 수련을 마치고 1933년 빈 정신분석연구소에 들어갔다. 27세에 결혼한 후 미국에 정착하여 아동분석가로 활동하였으며, 여전히 여행에 대한 충동으로 예일대학교에 재직하면서도 인디언 보호지역에 들어가 살면서 그들에 대한 연구를 하였다. 샌프란시스코로 이주하여 캘리포니아대학교에서 연구하면서 또 다시 다른 인디언 족을 연구하였는데, 이것이 프로이트와 달리 아동들의 생활과 성격에 영향을 미치는 상이한 문화 여건에 대한 연구를 하게 된 배경이다. 이런 사회적 요소의 중요성 때문에 그의 이론을 심리사회적psychosocial 성격이론이라고 한다.

2) 주요 개념

에릭슨은 인간을 합리적이면서 더 나아가 창조적 존재로 본다. 또한 인간행동이 의식 수준에서 통제할 수 있는 자아에 의해 동기화된다고 본다. 에릭슨의 이론은 프로이트의 정신분석적 이론에 바탕을 두고 있지만 프로이트와 달리 성격이 일생을 통해 발달한다고 가정하며, 자아의 발달에 영향을 미치는 사회적 환경을 고려한다는 점에서 차이가 있다. 에릭슨은 프로이트와 같이 기본적으로 인간의 행동이 생물학적 요인에 의해 동기화된다고 보지만, 발달은 사회적 관심에 대한 욕구와 환경을 통제하고자 하는 욕구 등의 사회적 요인에 의해 자극받는다고 보았다. 그렇다고 하여 무의식적 갈등이 없다는 것은 아니며, 다만 성격발달의 주요 초점이 환경과의 상호작용에 있다고 본다. 자아는 환경에 영향력을 행사하는데, 자아가 환경을 지배하고자 하는 자아통제ego mastery가 에릭슨의 주요 개념이다.

에릭슨은 정신병리가 심리사회적 발달에서 오는 신체생리, 심리, 사회적 측면의 갈등에 적절히 대처하지 못했기 때문에 발생한다고 보고, 자신의 발달 위기에 적절히 대처하지 못했다는 것을 깨닫는 통찰력 증진이 치료의 일차적 목표라고 하였다.

이러한 통찰력을 바탕으로 환경과 활발하고 긍정적으로 상호작용하며 환경에 대한 자아지배력을 회복함으로써 증상으로부터 벗어날 수 있다는 것이다.

치료자는 클라이언트와 친밀한 관계를 형성하여 면담하면서 증상과 주요 갈등, 그리고 일상생활의 중요한 측면들의 관련성을 클라이언트 스스로가 깨달을 수 있도록 해석interpretation해 준다. 주로 꿈과 전이를 해석하여 클라이언트의 정신병리와 치료자와의 관계, 어린 시절의 주요 갈등, 현재의 일상생활들이 연결되는 특정 주요 주제를 찾는 것이다. 또한 에릭슨은 클라이언트가 자신의 발달사를 거슬러 올라가 통찰력을 갖는 자기 분석을 시도하였는데, 오늘날 노인들의 회상요법에 많은 영향을 주었다. 회상요법은 노인들로 하여금 의식적으로 과거를 회상해 그것들을 통합하여 자아통합이라는 위기를 극복하도록 돕는 기법이다(Greene & Ephross, 1991).

(1) 자아

프로이트는 자아의 역할을 원초아와 초자아 간의 갈등을 해결하는 것으로 설명했지만, 에릭슨은 자아의 발달이 부모를 비롯한 사회적 환경 및 가치체계와 밀접하게 관련되어 있다고 보고, 자아가 형성되는 과정에 영향을 미치는 사회적 · 문화적 배경과 환경에 관심을 가진다. 즉, 자아의 자율적 기능으로 인해 인간의 성격은 본능에 의해 영향을 받기보다는 부모, 형제, 다른 사람들을 포함한 사회의 모든 구성원에 의해 영향을 받는다고 본다. 따라서 인간의 성격은 지속적인 사회적 관계 속에서 발달한다고 볼 수 있다.

(2) 자아정체감

자아정체감은 개인이 '나는 누구이며 어느 위치에 있는가'를 알고자 하는 인식과 노력의 결과로 형성된다. 에릭슨은 자아정체감을 찾으려는 노력이 본격적으로 청소년기에 시작되기는 하지만, 일생 동안 지속되는 과정이라고 보았다. 자아정체감이 형성되었다는 것은 다른 사람과 같은 동기, 흥미, 가치 등을 공유하고 있더라도, 자기의 성격, 능력, 가치관 등에 대해 비교적 명료하게 이해하고 있으며, 다른 사람과 분리된 독특한 개인으로 자각하여 자기일관성 내지는 그러한 이해가 지속적이고 통합적인 상태를 말한다. 이것은 개인의 이상과 행동, 그리고 사회적 역할을 통합하는 자아의 기능에 의해서 이루어진 결과로 볼 수 있다.

(3) 점성원칙

에릭슨은 전 생애에 걸쳐 이루어지는 인간발달의 과정이 성숙의 점성원칙에 의해 지배된다고 보았다. 인간은 생물학적으로 수태되면서 이미 기본적인 요소를 가지나 시간의 경과에 따라 이 요소들이 결합, 재결합하여 새로운 구조를 형성하듯이 심리사회적 성장도 각 요소가 다른 모든 요소에 체계적으로 관련되면서 연속적으로 발달하는 원리를 따른다는 것이다.

점성원칙epigenetic principle이란 인생주기의 각 단계는 이 단계가 우세하게 출현되는 최적의 시간이 있고, 모든 단계가 계획대로 전개될 때 완전한 기능을 하는 성격이 형성될 수 있다는 것이다. 즉, 이것은 각 단계의 발달이 전 단계의 심리사회적 갈등해결과 통합을 토대로 이루어진다는 것이다. 건강한 성격은 각 요소가 다른 모든 요소에 체계적으로 관련되면서 적절하게 연속적으로 발달하게 된다(Erikson, 1959). 예를 들어, 1단계에서 기본적 신뢰감이 발달되지 않으면 부모와 떨어져 독립적으로 자율성과 도덕성을 발달시키기 어렵다는 것이다(Crain, 1983 ; Erikson, 1992).

표 2-2 프로이트와 에릭슨의 성격발달이론의 비교

프로이트	에릭슨
환경을 고려하지 않았기 때문에 폐쇄체계에 근거한다.	환경을 고려하기 때문에 개방체계에 근거한다.
강력한 성적 · 공격적 충동에 의해 추진된다.	약간의 성적 충동은 인정하지만, 사회적 요소가 더욱 중요하다.
원초아가 지배적이다.	자아가 지배적이다.
불안과 무의식적 요구에 의해 위협받는다.	사회적 상호작용이 중요한 영향을 미친다.
충동은 통제하기 어렵다.	자아통제력과 사회적 지지에 의해 형성된다.
초기 아동기에 형성되어 성인 초기에 절정에 이른다.	전 생애를 걸쳐서 형성된다.
	다음 세대에 사회적 질서의 원리를 전달하고자 한다.

출처 : Greene & Ephross(1991).

3) 심리사회적 발달단계

에릭슨은 인간 생애의 성격발달과정을 8단계로 구분하고 각 단계마다 극복해야 할 심리사회적 위기를 제시하고 있다. 이러한 위기는 모든 사람들에게 보편적인 현상이지만 문화에 따라 이를 해결하고 지시하는 방식이 다를 수 있다. 각 단계의 모든 위기는 긍정적 측면과 부정적 측면을 한 쌍으로 제시되어 있는데, 긍정적 측면이 더 많이 발달해야 하지만 부정적 측면 역시 전혀 없어서는 안 된다. 또한 심리사회적 위기를 극복하면 그 결과 각 단계마다 자아의 특질, 즉 기본적 강점을 얻지만 반대로 이러한 위기를 적절히 해결하지 못했을 경우 병리적인 문제가 나타난다고 하였다. 각 발달단계를 살펴보면 다음과 같다.

(1) 기본적 신뢰감 대 불신감 : 희망

기본적 신뢰감 대 불신감basic trust vs mistrust은 생후 1년간 영아가 경험하는 심리사회적 위기로 프로이트이론의 구강기에 해당된다. 이 단계에서 유아의 신뢰감truct은 자신을 돌봐주는 사람이 배고프거나 추울 때 혹은 젖어 있을 때 자신의 욕구를 충족시켜 줄 것이라는 확신에서 기인한다. 이 시기의 발달은 절대적 양육자인 어머니와의 관계의 질에 의해 결정된다. 어머니가 일관성 있고 스스로 확신 있는 양육태도를 보일 때 유아는 내적 확실성과 외적 예견력을 갖게 되어 자신이 배고프거나 힘들 때 누군가 자신을 돌봐줄 것이고, 지금 당장은 아니라도 조금 기다리면 해결될 것이라고 믿는다. 이러한 신뢰가 형성된 유아는 어머니와 떨어져 있어도 불안이나 분노를 표현하지 않고, 자신의 욕구가 즉시 만족되지 않아도 보채지 않으며 기다릴 수 있다. 그러나 유아에 대한 어머니의 보살핌이 적절하지 못하여 일관성이 없고 거부적인 경우에 영아는 불신감을 형성하게 된다.

에릭슨은 각각의 심리사회적 위기를 해결하게 되면 기본적 강점 또는 자아특질ego quality이 형성된다고 보았다. 에릭슨은 이 시기에 나타나는 심리사회적 강점은 희망, 즉 기본적 소원을 성취할 수 있다는 신념이라고 하였다. 희망은 확신감과 관련이 있으며, 어머니가 제공하는 보호의 질에 의해 결정된다. 에릭슨은 첫 번째 위기의 부정적 결과를 사회적 관계로부터의 철퇴 경향이라 하면서, 위기를 적절히 극복하지 못하면 사회적 관계의 위축withdrawal이 나타나 나머지 생애 동안 낮은 자존감, 우울증 등의 문제를 야기할 수 있다고 하였다.

(2) 자율성 대 수치심 : 의지

자율성 대 수치심autonomy vs shame은 2~3세의 유아가 경험하는 심리사회적 위기로 프로이트이론의 항문기에 해당된다. 이 시기의 유아는 자기통제와 주위 사람부모 등에 의한으로부터의 통제라는 두 가지 요구에 직면하게 된다. 이때 자존감을 상실하지 않고 자아통제를 발휘하거나 타인의 통제에 적응할 수 있게 되면, 자율성이 발달하게 된다. 이에 비하여 다른 사람의 눈에 자신이 좋지 않게 보이지 않을까 하는 두려움도 갖게 되는데, 이것이 바로 수치심이다. 특히, 부모가 아이의 고집을 꺾기 위하여 지나치게 수치스럽게 만드는 경우에는 부모와 소원한 감정을 갖게 되고 자기확신을 얻는 데 실패하기 때문에 수치심이 강화된다.

에릭슨은 이 단계가 배변훈련시기로, 유아는 괄약근의 발달로 스스로 변의 배설과 보유를 조절할 수 있고 걷거나 움직임이 자유로워지면서 자율적이고 독립적인 존재가 된다고 하였다. 이때 유아의 행동양식은 보유와 방출인데, 보유는 소유하는 것과 보살피는 것이고, 방출은 파괴적인 힘으로 밀쳐 내는 것과 적대적인 행동이다. 따라서 이 단계에서 타인에 대한 호의good will와 고집스러움willfulness의 비율이 결정된다. 이 시기의 유아는 외부의 통제를 강하게 거부하면서 "아니야", "내 거야", "내가 할 거야" 등 무엇이든 스스로 하려고 하고 무엇이든 자신이 소유하려고 한다. 그러므로 부모가 유아에게 생활공간 내에서 선택의 자유를 보장하여 자율성을 경험할 수 있도록 노력하면 자율성이 강화될 것이다. 반면에 부모가 인내심을 갖지 못하고 유아를 대신하여 일을 처리하거나 유아가 할 수 없는 것을 혼자서 해야 한다고 지나치게 요구할 경우 수치심을 갖게 된다. 에릭슨은 이 시기의 심리사회적 위기를 잘 극복하면 의지will라는 긍정적 자아특질을 얻지만, 적절히 극복하지 못하면 수치심이 내면화되어 자신의 결정을 믿지 못하고 불안해하는 강박적 행동 혹은 피해의식 등이 나타난다고 하였다.

(3) 주도성 대 죄의식 : 목적

주도성 대 죄의식initiative vs guilt은 4~5세의 유아가 경험하는 심리사회적 위기로 프로이트이론의 남근기에 해당된다. 이 단계는 아동들이 언어를 획득하고 개념을 이해하게 되며 또한 신체적 움직임이 많아지면서 더욱 많은 것을 행할 수 있고 자신의 활동에 대한 목표와 계획을 세우는 주도성이 발달하게 된다.

아동의 주도적 행동이 바람직하지 못할 때 부모의 제재를 받을 수 있는데, 부모의 제재가 일관적이지 못하거나 따뜻함이 결여되어 있으면 아동은 자신의 주도적인 행동에 자신감을 잃을 뿐 아니라 나쁜 짓을 한다는 죄책감이 발달하게 된다. 따라서 부모의 역할이 아동의 주도성발달에 중요하며, 부모의 제재로부터 아동은 충동적인 행동을 억제하는 데 도움을 받기도 한다. 이 단계의 아동은 동성부모를 동일시함으로써 갈등을 해결하고 자신의 행동을 주도적으로 수행할 방안을 발견하게 되는데, 이 갈등을 해결하는 과정에서 상상으로 이성 부모에 대한 소유욕을 갖게 된다. 그러나 이 갈등이 잘 해결되지 않으면 이성 부모에 대한 성충동으로 인해 생긴 두려움 때문에 죄의식을 가질 수 있다.

이 시기의 심리사회적 위기를 잘 극복하면 자아는 목적purpose이라는 자아특질을 얻지만, 위기를 적절히 극복하지 못하면 목표달성에 대한 의지와 용기가 부족하고, 좌절되어 자유로운 사고와 표현을 제한하는 억제inhibition의 감정을 지닌다. 이 단계의 위기를 성공적으로 극복한 성인은 세계의 다양한 측면에 정열적으로 관여하게 되는 반면, 죄의식이 깊은 성인은 소극성, 성적 무기력, 불감증 등의 정신병리를 유발하게 된다.

(4) 근면성 대 열등감 : 능력

근면성 대 열등감industry vs inferiority은 6~12세 아동이 경험하는 심리사회적 위기로 프로이트이론의 잠복기에 해당된다. 이 시기는 아동이 가정이라는 좁은 울타리에서 벗어나 집 밖에서 새로운 영향력을 받아 아동의 세계가 확대된다. 아동이 초등학교에서 주어진 학습을 수행하면서 타인으로부터 인정을 받고 과제 완수로부터 오는 즐거움을 느낀다면 건전한 근면성을 개발하는 반면, 계속적인 실수를 하게 되거나 성취할 기회를 주지 않으면 자신감과 근면성이 개발되지 않고 열등감을 느낀다. 이러한 새로운 기능들은 주로 부모나 교사의 태도에 의해 길러지는데, 건설적이고 교훈적인 칭찬이나 강화는 근면성을 길러준다. 그러나 어른들이 아동을 친구와 비교한다든지 조롱하거나 비난하고 거부적인 태도를 보이면 아동들은 부적합감이나 열등의식을 발달시킨다.

한편, 학교 과제를 준비시키는 가정의 역할도 중요하지만 무엇보다 중요한 것이 교사의 태도이다. 아동들이 자신의 능력 이외의 다른 요소, 피부색, 집안의 경제력, 자신의 옷차림 때문에 자신의 가치를 결정하여 열등감을 가지지 않도록, 그리고 학교 성적에만 의존하여 자신을 무능력하게 평가하지 않도록 아동의 특수한 재능을 찾아내어 격려하는 것이 필요하다. 이 시기에 자신에 대한 가치결정은 이후 자아정체감에 결정적인 영향을 미친다. 이 단계의 심리사회적 위기를 잘 극복하면 자아는 능력이라는 자아특질을 얻지만 적절히 위기를 극복하지 못하면 생산적인 일을 하지 못하는 사고와 행동의 마비, 즉 무력감을 느낀다(최옥채 외, 2013).

(5) 자아정체감 대 역할혼란 : 성실

자아정체감 대 역할혼란identity vs identity confusion은 13~20세의 청소년이 경험하는 심리사회적 위기로 프로이트이론의 생식기에 해당되는 시기이다. 에릭슨은 8단계의 발달단계 중에서도 아동기와 성인기 사이의 전환이 일어나는 청소년기의 발달특징을 가장 중시하였다. 그 이유는 이 단계에서의 심리사회적 위기 해결이 성인기의 성격에 가장 중요한 의미를 지닌다고 보기 때문이다. 이 시기 청소년들은 급격한 신체 변화와 함께 진학, 이성문제 등의 선택과 결정을 해야 한다. 또한 부모로부터 정서적으로 독립할 수 있게 되면, 청소년들은 '나는 누구인가', '일생을 어떻게 살아가야 하는가', '무슨 일을 하고 살아야 하는가' 등 자신의 존재에 대해 의문과 탐색을 하면서 자아정체감 형성을 위한 노력을 한다. 에릭슨에 의하면 사춘기 동안의 급격한 신체적 변화는 정체감의 혼란을 가져오며 너무나 급격한 성장과 자신 앞에 놓인 무한한 가능성 때문에 오히려 압도당하기도 한다.

에릭슨에 따르면 자아정체감이란 자기 자신의 독특성에 대한 비교적 안정된 느낌으로 내가 누구인가를 아는 것이며, 이는 타인이 나를 보는 방식과 일관성이 있어야 한다. 이러한 정체감을 형성하기 위하여 청소년은 자기 자신을 과거로부터 현재까지 동일한 존재로 지각해야 하며, 다른 사람이 자기를 지각할 때 자기 자신과 동일한 모습으로 지각한다는 사실에 대해 확신을 가져야 하며, 이러한 일관성에 대해 자신감을 가져야 한다.

이 단계에서의 발달 위기를 성공적으로 극복하게 되면 성실, 즉 충성심을 유지할 수 있는 능력이 형성되는 반면, 정체감 혼란은 정체감을 형성하지 못해 자기가 속한 집단이나 군중의 영웅에게 감정적으로 과잉 동일시한다. 자아정체감 대 혼란 단계에서의 심한 갈등은 거절, 즉 생소한 역할과 가치를 거부하는 성격적 특질을 낳는다.

(6) 친밀감 대 고립감 : 사랑

친밀감 대 고립감intimacy vs isolation은 21~34세 사이에 성인 초기에 경험하는 심리사회적 위기이다. 성인 초기의 사람들은 청소년기에 확립한 자아정체감을 바탕으로 타인과 상호관계를 형성하여 타인에 대한 보살핌과 사랑을 넓혀 가고 심화시키는 단계에 있다. 이 시기의 가장 중요한 과업이 친밀감이며, 이는 성적 사랑을 통해 확고해진다.

이 단계의 위기를 만족스럽게 극복하지 못하면, 자아도취 상황이나 친밀한 사회적 관계를 회피하는 고립감이 일어난다. 자아도취 상황에 부딪치는 사람은 공격적이고 피상적 인간관계를 추구하며, 친밀한 관계를 형성하는 것에 대해 위협을 느끼기 때문에 다른 사람으로부터 자신을 고립시킨다. 이 시기의 심리사회적 위기를 잘 극복하면 자아는 상호 헌신하는 사랑이라는 자아특질을 얻는다. 그러나 위기를 적절히 극복하지 못하면 다른 사람을 밀쳐 내는 배척을 함으로써 고립감을 경험한다 (Newman & Newman, 1987).

(7) 생산성 대 침체 : 배려

생산성 대 침체감generativity vs self-stagnation은 35~64세 사이의 성인이 경험하는 심리사회적 위기이다. 가정에서는 자녀를 낳아 교육하고, 사회적 전통을 전수시키며 가치관을 배양시켜 전달하는 부모로서의 역할을 하게 되어 생산성을 획득한다. 사회적으로는 직장에서 다음 세대를 지도하고 양성하는 데 관심과 노력을 기울이며, 창의적인 학문적 성취, 기술적 생산품, 예술적 업적 등을 통해서 생산성을 획득하게 된다. 이러한 생산성은 후세대를 양육하고 가르치며, 지도 감독하는 활동을 함으로써 이전 세대의 문화와 역사를 후세대로 연결되게 만든다. 그러나 생산성이 결핍되면 성격이 침체stagnation되어 자신의 에너지와 기술을 오로지 개인적인 욕구충족과 자기만족을 위해 사용한다. 이렇게 되면 사람들은 젊은 시절의 목표를 달성하지 못했다는 무능력감, 그리고 사회에 의미 있는 기여를 못했다는 회의로 인해 침체를 경험하고 자신의 인생에 보람을 느끼지 못해 따분함을 느끼며 삶이 잘못된 것이라고 인식하여 '중년의 위기'를 겪는다.

이 단계의 심리사회적 위기를 잘 극복하면 자아는 타인을 돌보는 능력, 즉 배려care라는 자아특질을 얻는다. 그러나 위기를 적절히 극복하지 못하면 타인에게 충분한 관심을 표현하지 못하는 부정적인 자아특질인 거부 또는 권위주의에 빠지게 될 가능성이 높다.

(8) 자아통합 대 절망감 : 지혜

심리사회적 마지막 단계인 자아통합 대 절망감integrity vs despair은 65세 이후 노년기에 해당한다. 이 시기에는 지금까지 자신이 살아온 삶을 되돌아보면서 보람이 있었고 가치가 있었다는 것을 인식하고 오랜 삶을 통해 노련한 지혜를 획득하게 되면서 자아통합을 얻게 된다. 자아통합ego integrity이란 자신의 삶을 되돌아보면서 자신의 인생을 수용하고 갈등, 실패, 실망 등을 성공, 기쁨, 보람 등과 함께 전체의 삶 속에 포함시키는 것으로 이것이 이루어져야 죽음을 두려움 없이 맞이할 수 있다. 이는 개인의 전 생애를 조망하는 방식을 결정한다. 만일 성취감과 만족감으로 생을 회고하며 성패에 잘 적응했다면 자아통합의 정체감을 갖게 된다. 자아통합은 자신의 현 상황과 과거의 삶을 수용하는 것을 의미한다.

그러나 자아통합달성에 실패하면 노인들은 인생의 황혼기에 다시 시작하기에는 너무 늦었다는 것을 깨닫고, 지나온 생애를 후회하며 절망한다. 절망감은 자신의 인생이 실패의 연속이라는 인생의 후회에서 비롯된다. 또한 이들은 죽음의 두려움과 실패에 대한 미련으로 고통받는다. 노년기의 심한 절망감과 후회는 노인성 정신병, 우울증 그리고 매우 심술궂고 과대망상의 증상을 가져올 수도 있다. 이 시기의 심리사회적 위기를 잘 극복하면 자아는 삶에 대한 적극적인 관심과 지혜wisdom라는 특질을 얻게 되지만, 위기를 극복하지 못하면 나약함과 자신에 대한 경멸감disdain을 경험한다.

에릭슨의 전 생애에 걸친 심리사회적 발달의 8단계를 모두 살펴보았다. 심리사회적 발달단계의 단계별 특징을 요약하면 표 2-3과 같다.

표 2-3 에릭슨의 심리사회적 발달단계

단계	심리사회적 위기	시기	자아 강점	주요 병리	주요 관계 범위	프로이트 발달단계
1	기본적 신뢰감 대 불신감	출생~1세	희망	위축	어머니	구강기
2	자율성 대 수치심	2~3세	의지	강박행동	부모(부성)	항문기
3	주도성 대 죄의식	4~5세	목적	억제	핵가족	남근기
4	근면성 대 열등감	6~12세	능력	무력	학교, 이웃	잠복기
5	자아정체감 대 역할혼란	13~20세	성실	거절	또래집단	생식기
6	친밀감 대 고립감	21~34세	사랑	배척	우정, 성, 경쟁, 협동상대	
7	생산성 대 침체	35~64세	배려	거부	직장과 확대가족	
8	자아통합 대 절망감	65세~사망	지혜	경멸	인류	

4) 에릭슨이론의 평가

에릭슨의 이론은 정신분석이론을 확대시켜 자아의 성장 가능성을 제시해 주었고, 인간의 건강한 발달에 관한 새로운 통찰력을 부여했다는 점에서 기여하는 바가 크다. 에릭슨이론의 특징은 프로이트의 리비도 개념을 전제로 하며 프로이트에 대한 다양한 비판을 자아의 개념으로 포괄하면서 독자적인 이론화를 탐색하였다는 점에서 신프로이트학파로 분류되기도 한다. 이처럼 정신분석학적 틀에서 발전된 에릭슨의 심리사회이론은 인간의 생애주기를 통한 발달적 변화와 사회적 · 역사적 요인을 배경으로 인간의 성격을 이해하는 것이 중요하다고 강조하였다. 프로이트는 인간행동의 근원을 원초아id라고 주장하였고, 에릭슨은 자아ego의 자율적 기능이라고 한 점에서 차이가 있다. 또한 프로이트의 5단계 심리성적 발달단계를 8단계로 확대하였다는 점은 발달시기와 각 시기에 달성해야 할 과제에 대한 교육과정을 설계하는 데도 적용되며, 성격발달에서의 초기 실패는 이후에 교정될 수 있다는 희망을 제공해 주었다.

그러나 에릭슨의 개념은 과학적 · 논리적 정확성이 결여되어 있다는 한계가 있다. 예를 들어, 노년기에 성장의 가능성이 있다는 새로운 통찰력을 제시해 주고 있지만 그러한 과정이 구체적으로 어떻게 일어나는지, 성숙이 어떻게 성인기의 다른 단계에 영향을 미치는지를 설명하지 못하고 있다. 과학적 분석이 부족했기 때문에 심리사회적 이론의 개념적인 문제를 명확하게 설명해 주지 못하고, 이론체계가 명료하지 못하여 모호한 개념을 제시하고 있다는 비판이 있다(Crain, 1983).

3. 아들러의 개인심리이론

아들러Alfred Adler의 '개인심리학individual psychology'은 프로이트에 비해 성격형성에 있어서의 사회적 영향을 더욱 중시하며, 인간행동이 사회적 힘에 의해 동기화된다는 사회목적론적 관점을 취하고 있어 신프로이트학파로 분류되고 있다. 그리고 인간의 성격은 각 개인의 주관적 결정에 의해 창조되며, 열등에서 우월로 상향 이동하는 존재로 인간을 보고 있다는 점에서 그의 이론을 인본주의 또는 현상학적 이론의 선구자로 보는 견해도 있다(장수한 · 김현주 · 임혁, 2014).

아들러는 개인의 열등감은 어린 시절 열등의식을 경험하고 이를 보상하려는 경향을 가진다고 하였다. 이 때문에 사람들은 우월에 대한 추구로 그들의 삶을 보내게 되며, 이러한 완전이나 우월을 포함한 가상적인 최종 목표를 위해 노력하는 자기 고유의 생활양식을 발달시킨다. 한 개인의 생활양식은 세 가지 주된 인생과업, 즉 일, 우정, 사랑과 결혼에 관한 그의 태도와 행동에서 가장 잘 나타난다고 믿었다. 개인의 생활양식을 발달시키는 데 있어 가장 중요한 것은 아들러의 최상의 성격학적 개념인 창조적 자아이며, 아들러는 생활양식은 개인의 창조적인 힘에 의해 발전된다고 가정하였다.

아들러는 인간을 통합적이고 분리할 수 없는 전체로 보았고, 목적을 이루기 위해 독특한 행동 유형을 보인다고 하였다. 또한 인간을 완전을 추구하는 능동적으로 노력하는 사람으로, 창조적이고 자기 결정적인 실체로, 사회적인 소속체로서 자기 주관성을 가진 사람으로 간주한다.

1) 아들러의 생애

아들러는 1870년 2월 7일 오스트리아의 비엔나에서 6남매 중 둘째로 태어났다. 아들러는 출생 후 2년간은 어머니로부터 따뜻한 사랑을 독차지했으나 곧 어린 동생이 태어나 응석받이의 위치를 잃게 되었고, 큰 형의 질투심으로 인해 자신의 어린 시절을 매우 불행한 시기로 회상하였다. 그의 어린 시절에는 죽음과 병고가 끊임없이 찾아왔다. 그가 세 살 때 어린 동생이 바로 옆 침대에서 죽었고, 아들러 자신도 거리에서 우연한 사고로 두 번씩이나 죽을 고비를 넘겼으며, 다섯 살 때에는 심한 폐렴에 걸려 거의 죽음의 문턱까지 갔었다. 아들러는 어린 시절을 끊임없이 죽음에 부딪힌 것 외에, 구루병으로 인해 일이 서툴고 행동이 느린 신체적으로 병약한 아이였다. 이러한 죽음에 대한 공포 때문에 그는 의사가 되기를 결심하였다.

아들러는 1895년에 의과대학을 졸업한 후 안과 의사를 거쳐 내과 전문의를 하다가 신경학과 정신의학으로 관심을 돌렸다. 1902년 프로이트를 알게 되었지만 자신을 프로이트의 제자로 생각하지 않았고 오히려 동료로 생각했다. 1910년 비엔나정신분석학회의 초대 회장으로 임명되었지만 프로이트의 성적 본능의 강조, 무의식의 중요성, 자아ego의 방어역할 등의 주요 이론에 반론을 제기하면서 1911년에 회장직을 사퇴했다.

아들러는 자유정신분석학회라는 모임을 결성하였으며, 1912년 개인심리학회로 명칭을 변경하였다. 《신경증의 형성》1917이라는 저서를 통해 자신의 신념 중 가장 중요한 '열등감'과 '우월성의 추구'를 정신건강에 도입하기 시작했으며, 1920년대에는 사회적 관심과 아동지도 및 교육에 관심을 가지면서 비엔나의 공립학교에 아동보호상담소를 설립하여 정서불안 아동과 부모들을 대상으로 가족상담을 시작하였으며, 주된 상담기법은 민주적인 원리와 격려, 자기책임의 강조 등이었다. 1934년 미국으로 이주하여 롱아일랜드 의과대학의 교수로 임명되었으며, 1937년 순회강연 중 심장마비로 사망하였다. 그의 대표적인 저서로는 《개인주의 심리학의 이론과 실천》1927, 《인간본성의 이해》1927, 《생활양식》1930 등이 있다.

2) 주요 개념

아들러1956는 유전적 요인과 환경적 요인이 성격형성에 미치는 영향을 인정하고 있지만 각 개인이 지닌 창조적 힘이 인간의 본성을 결정하는 데 더 중요하다고 보았다. 아들러는 인간이 창조적인 능력이 있기 때문에 자신들의 인생목표를 직시할 수 있고, 스스로 결정을 내리며, 자신들의 목적과 가치와 일치되는 여러 삶의 방식을 선택할 수 있는 합리적인 존재로 보았다. 그러나 사람들은 대부분 가상적 목표를 깨닫지 못하거나 일상생활 속에서 그것의 참된 중요성을 모른다는 점을 인정하고 있기 때문에 모든 인간이 반드시 합리적인 존재는 아니라는 점도 인정하고 있다. 아들러는 인간을 주관적 존재로 규정하고 있는데, 개인의 일상적인 삶은 객관적 사실에 근거하여 이루어지는 것이 아니라 개인이 그 사실을 어떻게 지각하고 어떻게 반응하는가에 따라 달라질 수 있다고 본다.

(1) 열등감과 보상

아들러는 인간행동이 열등감을 보상하려는 욕구에서 생겨난다고 하였다. 열등감inferiority은 개인이 잘 적응하지 못하거나 해결할 수 없는 문제에 직면했을 때 생긴다. 인간은 누구나 태어나면서부터 열등감을 지닌다. 그러나 인간은 자아실현의 강한 의지를 가지고 있어 이러한 열등감을 극복하려고 항상 노력하기 때문에 열등감이 약점이나 비정상적으로 작용하기보다는 오히려 성장 추구에 대한 동기유발의 근거가 된다. 그러므로 열등감은 모든 인간이 성숙해지고 자신의 잠재력을 실현하는 데 필요한 것이다.

보상은 열등감을 극복하기 위한 노력의 기본적인 힘으로, 인간이 열등감을 극복하려고 노력을 하면 자신을 개선하고 발전해나갈 수 있지만, 열능감을 극복하기 위한 보상활동을 하지 못할 경우에 절망하고 포기하게 된다.

아들러는 보상과의 부조화에서 생기는 '열등감 콤플렉스inferiority complex'의 원인을 세 요인으로 설명하였다. 첫 번째 요인은 신체적 결함에서 오는 열등감이다. 신체적 열등감은 그 자체로서는 어떤 의미나 중요성이 없으나 신체의 결함이 주관적인 열등감을 자극할 때 그 중요성이 생긴다. 아들러는 열등감이 완전이나 완성을 향한 힘으로, 즉 개인을 더 높은 수준으로 자기 발달을 하도록 동기 유발시킨다고 하였다. 이런 인간의 속성 때문에 신체의 결함을 가진 사람은 자신의 결함을 연습이나 훈련을 통해서 보상받게 되지만, 이러한 보상의 과정에서 실패할 경우에는 병적 신경장애나 정신장애를 초래하게 된다.

두 번째는 응석받이spoilt의 상황이다. 응석받이는 자신이 세상에서 가장 중요한 인간이며 자신이 원하는 것은 무조건 다 채워주어야 한다고 생각한다. 그래서 인생의 어려운 고비가 닥칠 때 본인 스스로 할 수 있는 일이 없다고 믿고 깊은 열등감에 빠지게 된다.

마지막은 거부당하는 아동의 상황이다. 거부된 아동은 자신을 다른 사람들이 좋아하지 않고, 필요로 하지 않는다고 믿고 있기 때문에 타인을 신뢰하지 못하고 또한 자신감을 상실하게 되어 사회에서 고립되며, 타인을 적대시하고 공격적인 성격이 되기 싶다. 결국 타인과 관계를 맺지 못해 함께 협력하여 살아가는 데 도움이 되는 일에는 완전 무력하게 되어 병적 열등감에 빠질 수 있다.

(2) 우월에 대한 추구

아들러는 인간의 모든 행동을 동기화하는 힘은 완전성, 우월성, 자아실현에 있다고 하였다. 여기서 완전성striving for perfection과 우월성striving for superiority이라는 의미는 다른 사람보다 완전하고 우월하다는 것이 아니라 자기 자신의 가능성을 더 많이 실현한다는 것을 의미한다. 즉, 완전성과 우월성은 낮은 데서 높은 데로 움직이려는 역동적인 방해물을 극복하기 위한 강한 동기가 되는 힘으로 현재보다 더 나은 미래를 추구하는 관심을 말한다. 그러므로 인간은 완전성과 우월성을 추구하기 위한 노력을 계속하는데, 이러한 노력은 타고난 열등감이나 부적절함을 극복하기 위한 의도에서 비롯된다고 하였다. 즉, 모든 사람은 위대한 향상의 동기, 각 개인이 자신의 상황을 마이너스에서 플러스로, 미완성에서 완성으로, 열등감 극복의 소극적 입장에서 보다 적극적으로 향상과 완성으로 나아가는 것이다. 우월에 대한 추구는 선천적으로 타고난 것으로 실재가 아닌 잠재력으로 존재하며, 이 잠재력을 현실화하는 것은 각 개인에게 달려 있다.

우월에 대한 추구의 본질과 그 기능은 다음과 같다. 첫째, 우월에 대한 추구는 기본 동기의 하나로서, 유아기 때 자기가 주위 사람들보다 무력하고 열등하다는 것을 인식하는 것에 근거한다. 둘째, 이 위대한 향상의 욕구는 사실 보편적이고 정상적인 사람이나 신경증인 사람 모두가 공통으로 가지고 있는 것이다. 셋째, 우월의 목표는 부정적인 경향이나 긍정적인 경향을 취할 수 있다. 넷째, 아들러는 완성을 위한 노력은 상당한 노력을 요구한다고 주장한다. 다섯째, 우월을 향한 추구는 개인과 사회의 두 수준에서 일어나기 때문에 개인으로서 완성을 향해 노력하고, 사회의 일원으로서 우리의 문화를 완성하기 위해 노력한다. 프로이트와 달리 아들러는 개인과 사회가 근본적으로 서로 조화를 이룬 것으로 보았다.

(3) 생활양식

사람들은 성장과정에서의 경험을 토대로 자신에게 의미를 주는 삶의 목표를 추구하기 위해 독특한 생활양식을 발달시킨다. 생활양식은 바로 성격의 통합체로서 가족들과의 상호작용을 통해 출생 후 5~6년 동안에 형성되는데, 이는 사회적 상호

표 2-4 아들러의 생활양식 유형

구분	내용
지배형	독단적이고 공격적이며 활동적이지만 사회적인 인식이나 관심이 거의 없는 사람들이다. 인생과업에 공격적이고 반사회적으로 대처하며 활동 수준은 높으나 사회적 관심은 낮은 유형이다.
기생형 (의존형)	기생적인 방법으로 외부세계와 관계를 맺으며, 다른 사람에게 의존하여 대부분의 욕구를 충족하는 생활 유형이다. 이들의 활동 수준은 중간 정도이며 사회적 관심의 정도는 낮은 수준이다.
회피형	사회적 관심도 적고 활동도 하지 않는 유형으로 실패를 두려워하며 이들의 삶은 인생과업으로부터 도피하는 유형이다.
사회 유용형	사회적 관심과 활동 수준이 모두 높아서 자신과 타인의 욕구를 동시에 충족시키는 한편, 인생과업을 완수하기 위해 다른 사람들과 협력한다. 심리적으로 건강한 사람의 표본이 된다.

작용의 기초가 된다.

아들러가 아동 초기는 성격형성의 결정적인 시기이고, 이 시기의 부모와의 상호작용이 아동의 성격이나 사회적 상호작용에 영향을 준다고 한 것은 생활양식의 개념을 설명해준다.

아들러는 개인의 생활양식은 인생문제에 접근하고 해결하는 방법을 통해 알 수 있다고 보았다. 또한 개인의 일과 직업, 우정과 사회적 관계, 사랑과 결혼의 세 가지 주요 인생과업에 대한 태도와 행동에 따라 생활양식의 유형론을 제시했다. 이 분류는 '사회적 관심'이 한 차원이 되고 '활동 수준'이 또 다른 차원이 되는 2차원 모형이다. 사회적 관심은 개인의 이익보다 사회발전을 위한 다른 사람과 협력하는 것을 뜻하며, 활동 수준은 인생문제를 해결하려는 개인의 움직임을 말한다. 아들러에 의하면 생활양식은 네 가지 유형이 있는데, 지배형, 기생형의존형, 회피형, 사회적으로 유용한 형이다.

(4) 사회적 관심

아들러의 개인심리학은 인간을 사회적 존재로 보고, 타인과 협력할 줄 알며, 이상적인 공동사회의 목표를 달성할 수 있도록 원조하는 존재로 규정한다. 사회적 관심이란 각 개인이 이상적인 공동사회의 목표를 달성하고자 할 때 사회에 공헌하려는 성향이다. 사회적 관심social interest은 심리적 성숙의 주요한 기준이 되며, 이기적 태도와는 상반된 것이다(오창순 외, 2015). 아들러는 인간이 본질적으로 사회적 동물이므로 사회적 관심은 타고나는 것이고, 사회의 이익을 위해서 개인적 이익을 포기하는 선천적 · 사회적 본능을 가지고 있다고 믿었다.

이러한 사회적 관심의 발달은 최초에는 어머니, 다음에는 다른 가족 성원, 그리고 마지막으로 가족 이외의 사람들과의 진실한 관심으로부터 발달하는데, 사회적 관심의 발달에 가장 큰 영향을 주는 사람은 어머니이다. 이처럼 사회적 관심이 어머니와의 관계에서 주로 발생하므로 어머니는 아이의 폭넓은 사회적 발달을 자극하고 어머니 이외의 다른 사람과의 관계로 아동의 관심이 확대될 수 있도록 격려해야 한다. 이러한 과정에서 아동은 일차적 사회적 관심의 잠재성이 발달한다. 아들러는 사회적 관심에 영향을 미치는 두 번째 중요한 인물로서 아버지를 들고 있는데, 아버지는 아내, 일, 사회에 대해 긍정적인 태도를 지녀야 하고, 자녀 모두를 동등한 인격체로 대하며, 정서적 격리나 가부장적 권위주의와 같은 잘못된 태도는 버려야 한다고 하였다. 즉, 어머니와 아버지의 사회적 관심이 부족해서 가족 안에서 소속감을 느끼지 못하는 아동은 심한 열등감에 사로잡히거나 자기실현을 위한 성취에 실패한다는 것이다. 그렇기 때문에 인간은 생존과 발달을 위해 사회적 관계 안에서 살아가야 하며, 누구나 가족과 또래, 사회집단의 구성원으로 소속되려는 욕구, 즉 사회적 관심을 가지고 있다.

(5) 창조적 자아

아들러는 개인의 창조적인 힘에 의해 생활양식이 발달한다고 주장했다. 창조적 자아는 목표를 직시하고 결정하며 선택하고 개인의 목표와 가치관에 부합하는 모든 종류의 배려를 나타내는 능력을 의미한다. 즉, 창조적 자아는 인생의 목표와 그 목표를 추구하는 방법을 결정하고, 사회적 관심의 발달에도 공헌하며, 지각, 기억, 상상, 환상, 꿈에도 영향을 주어 각 개인을 자주적인 사람이 되게 만든다.

아들러는 인간을 유전적인 조건과 환경, 경험 등에 의해 결정되는 존재가 아닌, 자신이 스스로 자신의 삶을 만들어 가는 삶의 창조자로 보았다. 그러므로 생활양식은 자신의 환경을 독특하게 해석한 개인의 창조적 행위이며, 인간은 자신의 운명을 스스로 통제한다. 따라서 성격형성은 유전과 환경이라는 원료를 사용하여 각자 나름대로 창조적 자신을 만들어 가는 것이기에 개인마다 성격적 차이가 생긴다는 것이다.

(6) 출생순위

아들러는 사회적 요인이 성격에 미치는 영향을 강조하면서 개인의 출생 순위가 생활양식형성에 영향을 준다고 하였다. 가족 내에서의 출생순위가 상당히 중요하며, 특히 각 출생순위에 수반되는 상황에 대한 지각이 중요하다고 하였다. 아들러는 가족구성원 사이의 상호작용이 아이들의 성격형성에 가장 중요한 요인이라고 보고, 아이들은 출생순위에 따라 다른 환경 속에서 자라가면서 차이를 보인다고 하였다. 즉, 부모가 같고 비슷한 가정환경 속에서 자란 아동들이지만 가족 내에서의 출생순위에 따라 또한 출생순위에 따른 상황을 아동이 어떻게 바라보느냐에 따라 서로 다른 환경을 갖는다는 것이다. 출생순위에 따른 성격적 특성은 다음과 같다.

① 맏이

맏이는 처음 태어나서 주위의 많은 관심과 보호와 애정을 경험하며 자신이 가족의 중심이라는 것에 익숙해진다. 하지만 둘째가 태어나면 자신의 지위를 빼앗기는 새로운 상황을 맞게 되는데, 아들러는 첫아이를 '폐위된 왕'에 비유하였고, 이것이 마음의 상처가 될 수도 있다고 하였다. 이때 맏이는 자신의 부모에게 관심을 끌기 위해 퇴행적인 행동을 할 수 있다.

그러나 부모가 맏이에게 사랑과 관심에 대한 확신을 주고, 동생을 받아들일 수 있는 훈련을 한다면 이러한 위기는 잘 극복될 수 있다. 또한 맏이의 이런 상황은 긍정적인 면으로도 표출되는데, 동생을 사랑하라는 주위의 교육으로 인해 다른 사람을 보살피고 돕는 자세를 몸에 익히고, 자신의 동생들에게 부모의 역할을 하면서 동생들에 대해 책임을 느끼게 된다.

② 둘째

둘째는 태어나면서 첫째보다 빨리 말하고 걷는 등 빠르게 성장하면서 첫째와의 경쟁, 그리고 막내가 태어나면서 막내와 경쟁적인 관계에 있게 된다. 둘째의 가장 큰 특성은 '경쟁'이다. 아들러는 이들이 공통적으로 달리는 꿈을 꾼다고 하였다. 둘째는 대체로 경쟁심이 강하고 대단한 야망을 가진 성격이 되기 싶다. 이는 유전적 요소보다는 성공지향적이고 야망을 갖기 위해 노력한 결과이다.

③ 막내

막내는 동생에게 자리를 빼앗겨 본 일이 없기 때문에 가정 내에서 대체로 응석받이로 자라게 된다. 막내는 과잉보호될 가능성이 크며 과잉보호 때문에 의존적이 된다. 자기보다 크고 힘이 세고 특권이 있는 형제에게 둘러싸여 있어서 독립심이 낮고, 강한 열등감을 경험하기 쉽다.

(7) 가상적 목표

가상적 목표는 개인의 행동을 이끄는 마음속의 중심 목표라고 한다. 아들러는 우리가 일생을 통해 하는 일은 우월성과 완전성을 위한 노력이라고 생각했다. 그는 우월을 향한 추구는 최상의 목표를 추구할 때 구체적인 형태로 나타난다고 생각했다. 즉, 가상의 목표가 우리의 현재 행동을 결정한다는 가상적 목표론을 제시하고 있다. 가상의 목표는 자기결정적이며, 자신의 창조력에 의해 형성되고, 각 개인에게 독특한 것이다.

아들러는 인간의 성격은 과거의 경험보다 가상적이며 또는 미래의 기대로부터 영향을 받고, 우리의 행동은 가상적 목표에 대한 지각에 의해 결정된다고 하였다. 목표는 미래에 있는 것이 아니라 미래에 대한 현재의 지각에 있다는 것이다. 그러므로 사람들은 진실에 의해서가 아니라 진실이라고 믿는 것에 의해 동기유발된다는 것이다. 우리의 가상적 목표는 객관적 실체가 아님에도 불구하고 삶의 방향에 많은 영향을 준다.

4) 아들러이론의 평가

아들러의 개인심리학은 가족구성원의 생활양식, 가족의 서열순위 등에 초점을 두고 있어 사회복지실천에 있어 가족상담에 유용한 기반을 마련해 주고 있다. 또한 아들러는 전체주의적 관점에서 인간발달을 볼 수 있는 시각을 제공하였고, 각 개인은 완전한 것을 향해 나아가는 능동적인 존재로서 창조적인 힘을 가지고 있으며, 열등감에 대한 보상과 우월성을 추구하려는 노력을 통하여 인간성격이 발달한다고 보았다. 또한 아들러이론은 아동과 부모상담 및 교육에 유용한 기반을 마련해주었다. 이러한 학문적인 공헌에도 불구하고 아들러의 이론은 개념적 검증이 상당히 빈약하다. 경험적 검증이 어려운 이유는 그의 이론적 체계 속에서 구체적 하위 수준의 개념창조적 자아, 가상적 목표 등은 실체가 없고 너무 주관적이다이 부족하고 체계화가 덜 되었기 때문이다(Hjelle & Ziegler, 1992).

4. 융의 분석심리이론

분석심리이론analytical psychology theory은 융Carl Gustav Jung에 의해 체계화된 이론이다. 융의 이론은 무의식을 강조한다는 점에서 정신분석이론과 동일하지만 프로이트의 성욕 및 정신생물학적 결정론을 거부하였다. 융은 균형과 조화를 강조했으며, 사람이 총체성을 가지기 위해서는 의식적 자율성을 유지하면서 의식과 무의식을 통합하는 개별화 과정이 필요하다고 하였다. 그는 인간의 정신을 이해하기 위해서는 개인적인 체험과 사회문화적 원형이 갖는 힘의 상호작용을 고려해야 한다고 하였다.

융은 성격발달이 전 생애에 걸쳐 이루어지며, 타고난 정신적 소인은 생활 속에서 후천적으로 변할 수 있고, 미래의 목표와 열망에 의해서도 형성된다고 하였다. 또한 융은 무의식을 개인적 수준과 집단 수준의 무의식이 존재한다고 보고 있으며, 정신병리는 개인에게 정신의 전체성을 확보하는 동기로 작용하며 병리의 원인을 밝히는 것보다는 의미의 발견이 치료에 더욱 중요하다고 보고 있다.

1) 융의 생애

융은 1875년 7월 26일 스위스 케시빌Kesswil에서 가난한 목사의 아들로 태어났다. 융은 까다로운 아버지와 심한 우울증을 앓는 어머니의 긴장된 결혼생활 속에서 성장하면서 고독하고 내향적인 소년으로 성장했다. 이러한 문제에도 불구하고 개인의 정신 내부에서 이루어지는 성격의 발달과정에 관심을 가지게 되었고, 꿈, 예술, 신화, 종교, 그리고 철학을 통한 정신세계의 이해를 강조했다.

융의 이론은 무의식을 강조한다는 점에서 정신분석이론과 동일하지만 모든 무의식적 사건을 성적 충동으로 돌리려는 프로이트의 이론에 동의하지 않았다. 융은 무의식이 종교적 · 정신적 욕구를 포함하여 여러 종류의 욕구들을 지니고 있다고 보았고, 1913년 융은 자신의 독자적인 견해를 펴기로 결심하고 프로이트와 결별하였다.

융은 프로이트와 헤어지고 나서 혼란과 내적 불안정으로 정신병적 수준에 이르게 되었으나 무의식에 자신을 내맡기기로 결심하고, 자신에게 일어나고 있는 일들을 이해하려고 노력하였다. 융은 서서히 자신의 내적 의문의 목표를 발견하기 시작했으며, 무의식과 그 상징들에 대한 탐구를 생애 동안의 중심적인 과제로 삼았다. 융은 꿈과 환상을 꾸준히 탐색하였고, 여러 문화의 신화와 예술을 폭 넓게 연구하면서 이들 속에서 보편적이고 무의식적인 갈망과 긴장의 표현을 발견하려 하였다.

2) 주요 개념

융은 인간을 생물학적–심리적–사회문화적 존재로 보고 있으며, 의식과 무의식 간의 본질적인 대립양상을 극복하고 이를 하나로 통일해 나가는 전체적 존재로 본다. 이러한 전체적 존재로서의 인간은 역사적이면서 동시에 미래지향적인 존재이다. 즉, 인간은 실재했던 과거로부터 영향을 받으면서 현재를 살아가지만 미래의 목표와 가능성을 달성하기 위하여 노력하고 자신의 행동을 조절하는 존재인 것이다.

이러한 인간의 미래지향성은 성장지향적 존재라는 의미와 연결되어 있다. 융은 인간이 완성 또는 자기실현을 달성하기 위하여 앞으로 나아가고자 하는 경향을 지니고 있다고 보고 있다. 다시 말해, 인간은 누구나 자신의 잠재된 능력을 펼쳐 나가고자 하는 성향을 지니고 있다고 하였는데, 이는 아들러의 우월성 추구에 대한 성향과 유사한 관점이다. 융은 프로이트가 인간을 불변적 존재로 보는 것과는 달리 인간을 가변적 존재로 본다. 융은 과거의 조상들로부터 물려받은 타고난 정신적 경향을 가지고 있지만, 이러한 정신적 경향의 발현은 한 개인이 개성화의 과정을 거치면서 서로 다르게 나타날 수 있으며, 인간의 정신구조는 삶의 과정을 통하여 후천적으로 변할 수 있다고 본다.

융이 제안한 치료과정은 고백confession, 명료화elucidution, 교육education, 변형transformation의 네 단계로 구분된다. 고백은 아프게 하는 마음의 병의 비밀secret을 털어놓는 것으로 정화의 효과가 있다. 명료화는 내담자가 자신의 문제에 대한 통찰을 하는 것으로 현재 겪는 어려움이 어떻게 시작되었는가에 대한 해석이 이루어지는 과정이다. 교육은 사회적 존재로서의 적응을 돕는 것으로 페르조나와 자아의 균형과 조화에 초점을 두어 현실사회에 적응하게 하는 것이다. 변형은 개성화를 이루도록 하는 것이다.

(1) 정신(성격) 구조

융은 성격 전체를 정신psyche이라고 하였다. 이때 정신이란 영sprit, 혼soul 그리고 마음mind이라는 의미를 포함하는 것으로, 의식 및 무의식적인 모든 사고, 감정, 행동을 포함한다(Hall & Nordby, 1973). 융은 정신을 의식과 무의식으로 구분하고, 무의식unconsciousness을 인간이 가지고 있으면서도 아직 모르고 있는 정신의 모든 것, 즉 개인이 의식하고 있는 것 너머의 미지의 정신세계로 보았다. 무의식에는 생명의 원천이자 무한한 가능성을 향하는 에너지가 저장되어 있고, 자기 전체를 실현시키는 능력도 들어 있다. 무의식은 방어해야 할 위험한 충동이라기보다는 체험하여 의식의 것으로 동화시켜야 할 것들로 이루어져 있다(이부영, 2005). 융은 무의식을 개인 무의식과 집단 무의식으로 나누었다.

① 의식

의식consciousness은 우리가 직접 알고 인식할 수 있는 정신의 부분이다. 그러나 의식은 우리의 정신의 모든 것을 대변하지 않으며, 극히 자그마한 일부에 지나지 않는다. 오직 주어진 순간에 몇 가지의 내용을 동시에 붙잡아 놓을 수 있을 뿐이다. 마음의 구조에서는 의식보다 무의식의 영역이 훨씬 크다. 무의식을 큰 바다에 비유한다면 의식은 바다에 떠 있는 자그마한 섬과 같다.

의식의 형성은 첫째, 자기 신체와 존재에 대한 의식을 통해서, 둘째는 일련의 기억에 의해 만들어진다. 사고, 감정, 감각, 직관의 정신기능도 의식의 내용이 된다(이부영, 2005).

의식은 자아ego에 의해 지배된다. 자아ego는 의식적인 지각, 기억, 사고, 감정 등으로 이루어져 있으며, 의식에 이르는 문지기라는 대단히 중요한 역할을 하고 있다. 인간은 자아를 통해 자신을 외부에 표현하고 외부 현실을 인식한다. 내가 의식하고 있는 모든 것, 나의 생각, 내 마음, 내 느낌, 나의 이념, 나의 과거, 내가 아는 이 세계의 무엇이든 자아를 통해서 연상되는 정신의 내용이 의식이다. 자아는 한편으로는 외부세계와 관계를 맺고, 다른 한편으로는 나의 마음, 내부세계와 관계를 갖는다.

의식의 주인으로 자아는 나의 정신의 의식된 부분에 불과하므로 그것이 나의 전체를 통괄하고 자각하려면 무의식을 하나씩 깨달아 나가는 의식화 과정이 필요하다. 의식은 우리 정신의 모든 것을 대변하지 않으며 그것은 극히 자그마한 일부에 지나지 않는다. 자아란 그 자그마한 일부의 중심이다. 자아의 기능 중 하나는 페르소나를 구별하면서 적절하게 대처하는 것이다. 또 하나의 기능은 무의식의 미분화된 내용을 분화시켜 의식에 가져와 더 확대된 의식으로 나보다 더 큰 내 안의 나를 만나 자신을 실현시켜가는 개성화 과정을 도모하는 것이다(이부영, 2005).

② 개인무의식

개인무의식personal unconsciousness은 억압된 것, 망각된 것, 개인에게 의식되지 않은 개인의 경험을 토대로 이루어져 있다. 이는 억압된 유아기의 기억, 충동, 망각된 사건, 의식의 문턱 아래에 있는 경험들이다. 개인무의식 속의 어떤 이미지는 쉽게 기억될 수 있고, 어떤 것은 어렵고, 어떤 것은 의식에 전혀 도달하지 못한다. 개인무의식은 의식에 인접해 있는 부분으로 쉽게 의식화할 수 있는 경험이나 감각경험으로 구성된다. 프로이트의 전의식과 유사한 개념이지만 무의식까지 포함한 개념이라고 할 수 있다.

개인무의식 속에 하나의 공통된 주제에 관한 감정, 사고, 기억 등의 조직된 덩어리를 콤플렉스무의식 속의 관념 덩어리라고 부른다. 인간은 서로 양립할 수 없는 두 가지길 중에 하나를 선택할 경우가 생기면 한쪽 길을 선택한 후 선택하지 않은 다른 길을 포기하기보다 오히려 마음을 두 갈래로 나눈다. 두 갈래로 나누어진 마음이 그 사람 안에 있는 서로 다른 두 개의 인격처럼 행동하는데, 이렇게 분열된 인격은 콤플렉스가 인격화된 것이다. 예를 들어, 어머니의 한쪽 이미지는 양육하고 보호해주는 긍정적인 면이고, 다른 쪽 이미지는 간섭하고 소유하는 부정적인 이미지로 분열된다. 융은 콤플렉스를 측정하기 위해 단어연상검사를 하였다.

콤플렉스는 우리의 인격을 구성하고 있기 때문에 우리는 콤플렉스를 완전히 제거할 수 없다. 그러므로 콤플렉스가 우리에게 어떠한 영향을 주는지 인식하고, 콤플렉스가 우리의 의식적인 마음을 간섭하는 것을 막으면서 콤플렉스가 미치는 영향력을 작게 할 수밖에 없다. 우리가 사랑이든 증오이든 슬픔이든 기쁨이든 상관없이 격렬한 감정을 느낄 때 우리 안에서 콤플렉스가 작동한다는 것이고, 콤플렉스가 잘 처리되지 않고 마음을 지배하고 압도할 때 바로 신경증의 상태가 되는 것이다. 즉, 콤플렉스는 어머니와 아버지 같은 특정한 이미지와 관련된 생각이나 기억에 감정이 결합되는 것이다.

③ 집단무의식

집단무의식collective unconscious은 융의 분석심리학의 이론체계에서 가장 핵심적인 개념이다. 집단무의식은 개인적 경험이 아니라 사람들이 역사와 문화, 종교, 신화 등을 통해 공유해 온 모든 정신적 자료의 저장소로 조상 대대로 과거로부터 이어받은 정신이다. 즉, 개인적 경험과는 상관없이 종족 전체의 경험 및 생각과 관계된 원시적 감정, 공포, 사고 및 원시적 성향 등을 포함하는 무의식이다.

집단무의식은 인간에게 주어진 여러 가지 원형들에 의해 구성된다. 원형이란 지리적 차이, 문화나 인종의 차이와 상관없이 존재하는 인간의 가장 원초적인 행동유형이다. 집단무의식의 내용은 직접적으로 의식화되지는 않지만 인류 역사의 산물은 신화, 민속, 예술 등이 지니고 있는 먼 우리 조상과의 경험이 세대를 통해 전해져 모든 지역과 모든 시대의 사람이 원시조상의 경험에 영향을 받는다. 집단무의식 속의 원형은 상징을 통해 구체적으로 표현되며 인간이 갖는 보편적 · 집단적 · 선험적 심상들로 융의 분석심리학에서 성격의 가장 주요한 구성요소이다. 집단무의식은 인간의 신화, 전설과 종교적인 믿음 속에 들어 있기 때문에 모든 문화의 사람들에게 똑같이 존재한다. 집단 무의식의 내용은 침잠해 있는 것이 아니라 활동하여 한 개인의 생각, 정서, 행동에 영향을 준다.

융이 제시한 대표적인 원형은 페르소나persona, 그림자shadow, 아니마anima와 아니무스animus, 자기self가 있다.

- 페르소나 : 페르소나persona는 가면을 뜻하는 희랍어로, 사회가 개인에게 요구하는 규범, 사명이나 본분, 윤리를 의미하는 우리말의 체면, 얼굴에 해당하는 것으로 인격의 한 부분이다. 페르소나는 개인이 공개적으로 보여 주는 가면 또는 외관으로서, 개인이 사회적 요구들에 대한 반응으로 밖으로 내놓는 공적 얼굴이다(노안영 · 강신영, 2003). 그러므로 페로소나는 진정한 자신은 아니며, 주위의 일반적 기대에 맞추어 주는, 만들어 낸 자신의 태도이고, 환경의 요구에 조화를 이루려고 하는 적응의 원형archetype이라 할 수 있다(Hall & Nordby, 1973).

  인간은 페르소나를 통해 타인과 관계하면서 좋은 인상을 주거나 자신을 숨기기도 한다. 페르소나가 인간 인격의 필수적인 부분이지만 인간은 자신의 공적인 얼굴을 온전한 자기로 혼동해서는 안 된다. 인간이 자신을 지나치게 페르소나와 동일시하면 자신의 개성을 깨닫지 못해 자아실현을 이룰 수 없다. 심리적으로 건강하려면 인간은 사회의 요구와 진정한 자기 간의 균형을 이루어야 한다.
- 그림자 : 그림자shadow는 인간의 어둡거나 사악한 측면을 나타내는 원형의 형태이다. 그것은 동물의 본능을 포함하고 있기 때문에 인간의 원초적인 동물적 욕망에 기여하는 원형이다. 그림자는 우리의 숨겨진 모습으로 결코 대면하고 싶지 않은 도덕적으로 거부하고 싶은 부정적인 성향과 건설적이고 창조적인 성향의 밝고 긍정적인 성향의 양면성을 가지고 있다(이부영, 1999). 자아는 사회생활을 무리 없이 하기 위해 늘 자기 속에 있는 동물적 충동을 억제하고 페르소나를 발달시킨다. 그러나 자아가 그림자를 지나치게 억제시키면 생명력과 활력이 없기 때문에 그림자와 페르소나의 사이에 적절한 조화가 필요하다.

- 아니마와 아니무스 : 융은 인간이 태어날 때 본질적으로 양성을 가지고 태어났다는 양성론적 입장을 취했다. 이러한 이론적 입장을 반영한 것이 아니마anima와 아니무스animus이다. 남성의 무의식 속에 존재하는 여성적 요소를 아니마, 여성의 무의식 속에 존재하는 남성적 요소를 아니무스라고 한다. 이러한 원형들은 각 성에게 이성의 특징을 나타나게 할 뿐 아니라 또한 이성에게 반응하고 이성을 이해하도록 동기화시키는 집단적 심상으로 작용한다. 남자는 여성의 아니마 덕택으로 여성의 성질을 이해할 수 있고, 여성은 아니무스의 덕택으로 남성의 성질을 이해한다고 보는 것이 융의 입장이다. 그러므로 성숙한 인간이 되기 위해서는 남자는 내부에 잠재해 있는 여성, 즉 사랑을 이해하고 개발해야 하며, 여자는 내부에 있는 남성, 즉 이성을 이해하고 개발하는 것이 필요하다.
- 자기 : 집단 무의식의 가장 깊은 곳에 있는 전체성의 상징이 바로 자기self이다. 자기는 의식과 무의식이 하나로 통합될 때 바로 그 중심에 있는 원형으로, 융은 자기를 향해 가는 여정을 개성화 과정이라고 하였다. 즉, 자아가 '일상적인 나', '경험적인 나'라고 한다면 자기는 '본래적 나', '선험적 나'이다. 자기는 조화로운 성격체계를 위해 노력하는 기능을 하며, 모든 성격체계를 볼 수 있고 통합시킬 수 있는 조정자의 역할을 한다. 인간의 행동은 의식뿐만 아니라 무의식과도 관련되어 있으나, 의식 수준인 자아에 의해 결정되기 때문에 무의식은 끊임없이 꿈이나 사건 등을 통해 자아에게 자신의 존재를 알리려고 노력한다. 이때 자기는 두 체계 간의 조정자 역할을 하여 인간행동에 조화와 통일성을 이루게 한다.

성격의 궁극적인 목표는 자기실현self-actualization이지만, 자기실현을 위해서는 자기가 충분히 발달하고 드러나야 하는데, 자기는 중년기에 이르기까지 표면화되지 않는다(Hall & Nordby, 1973). 그 이유는 자기가 어느 정도 완전히 드러나기 위해서는 성격이 개성화를 통해 충분히 발달되어 있어야 하기 때문이다. 개성화는 다른 말로 자아실현이라고도 한다. 그러므로 자기의 원형은 인생의 가장 결정적인 변화의 시기인 중년에 나타나는데, 인간의 자아실현은 자신에 대한 정확한 지각과 미래의 계획 및 목표를 수반한다. 자기 원형은 융의 집단무의식 연구의 가장 중요한 성과이며 자기는 인생의 목표이다. 자기는 우리가 개성화라고 부르는 운명적 통일체의 가장 완벽한 표현이기 때문이다.

(2) 성격 유형

융은 1921년 성격 유형에 대한 연구결과를 발표하였다. 여기서는 기본적인 태도 2가지와 심리적 기능 4가지가 결합되어 8가지의 성격 유형이 나온다고 설명하고 있다.

융은 자아의 기본적 태도를 외향성과 내향성으로 구분했다. 태도는 의식의 주체인 자기가 갖는 정신적 에너지의 방향이다. 외향성은 의식을 외적 세계 및 타인에게 향하게 하는 반면 내향성은 의식을 자신의 내적 · 주관적 세계로 향하게 하는 성격 태도이다.

심리적 기능에는 사고thinking, 감정feeling, 감각sensing, 직관intuition이 있다. 사고와 감정기능은 합리적 기능이고, 감각과 직관은 비합리적 기능이다. 사고와 감정을 합리적 기능으로 분류하는 것은 두 기능이 모두 정 · 부정, 쾌 · 불쾌의 판단을 내리는 기능이고, 판단과정이란 이치에 맞게 진행되는 것이기 때문이다. 감각은 오감과, 직관은 육감과 관련성이 있는데, 오감과 직관은 이성적인 생각을 거치지 않은 직접적인 인식이므로 비합리적 기능이다. 내향과 외향이 네 가지의 기능과 결합하여 8개의 유형이 나온다. 즉, 외향적 사고형, 내향적 사고형, 외향적 감정형, 내향적 감정형, 외향적 감각형, 내향적 감각형, 외향적 직관형, 내향적 직관형이다.

(3) 성격의 발달단계

융은 성격발달을 아동기, 청소년 및 성인 초기, 중년기 그리고 노년기의 4단계로 구분하였으며, 특히 중년기에 초점을 두어 기술하였다.

① 아동기(출생~사춘기)

융은 발달단계에 있어 아동기가 성격형성에 특히 중요하다고 믿지는 않았다. 이 시기는 본능에 의해 지배되고 자아가 아직 형성되지 않은 시기로 보았다. 자아ego는 아동기에 처음 원시적인 방식으로 발달하기 시작하나 독특한 자신self이나 주체의식이 이루어지지 않고 부모의 성격을 반영한 것에 불과하다고 보았다.

② 청소년 및 성인 초기(사춘기~40세)

이 시기는 사춘기에서 시작되는데, 융은 사춘기를 '심리적 탄생기psychic birth'로 불렀다. 이 시기는 많은 문제와 갈등을 경험하며, 급격한 변화에 적응하는 때이다. 신체적 · 정신적 성숙으로 자아가 발달하고 외부 세계에 대처할 역량이 발휘된다. 한편, 청년기로부터 성인 초기 단계에 직면하게 되는 과제는 직업에 대한 준비와 가정을 이루고, 세상에서 성공하여 자기의 위치를 공고히 다지는 것이다. 이 기간 중의 태도는 외부환경의 요구에 확고하고 단호하게 대처하는 능력을 발휘해야 하기 때문에 내향적인 사람보다는 외향적인 사람이 더 잘 적응할 수 있다.

③ 중년기

융은 중년기를 인생의 발달단계 중 가장 중요한 시기로 여겼다. 융에 의하면 중년기를 맞이한 남녀 모두가 정신적 변화를 겪게 된다. 청년기에 문제가 되었던 적응의 문제가 해결되고, 가정, 직장, 지역사회에서 안정된 지위를 확보하게 되었지만, 모험, 흥분, 열정 등은 사라지고 성취 뒤에 오는 공허감으로 인하여 인생의 의미를 상실하게 된다. 그래서 중년기에는 외부세계에 쏟았던 에너지를 자기 내면으로 돌리면서 새로운 국면으로 접어들고 지금껏 실현하지 못한 잠재력을 일깨워 보고자 하는 충동이 일어난다.

중년기를 전환점으로 하는 인생 후반기에는 정신에너지의 흐름이 내부로 향하게 되고 자신의 내면세계에 대한 탐색이 강화됨에 따라 인생 전반기에 분리되어 있는 자아가 다시 자기애와 통합되면서 개성화를 이루게 된다고 융은 생각했다. 이와 관련하여 융은 성인들이 자신의 생을 되돌아보고 무의식적 메시지에 귀를 기울일 때, 조만간 완전성과 중심성의 상징인 자기self의 이미지와 만나게 된다고 말하였다.

④ 노년기

노년기가 되면 인간은 자신이 살아온 인생을 되돌아보게 된다. 노인은 명상과 삶의 회고를 많이 하게 됨에 따라 자연적으로 내적 이미지가 많은 비중을 차지하게 되며, 자기 자신에 대해 진지하게 생각한다. 노인은 죽음 앞에서 생의 본질을 이해

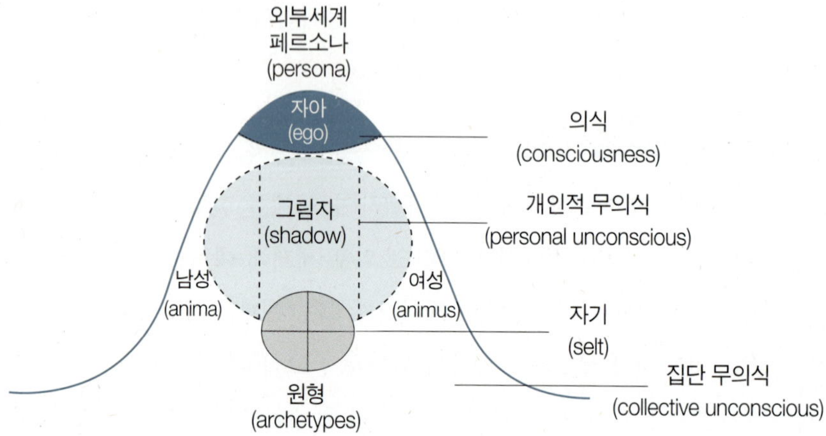

그림 2-3 | 융이론의 성격구조

출처 : Crain(1983) ; 서봉연 역(2007).

하려고 애쓴다. 노인은 죽음의 불가피성을 받아들여야 하며, 인간적인 온정을 베풀고 보람 있는 삶을 위해 최선을 다하는 자세를 보여야 한다.

3) 융이론의 평가

융의 분석심리이론은 현대 심리학과 예술, 문학, 연극, 종교, 문화, 사회적 사고에 영향을 미쳤으며, 발전에도 기여를 하였다. 또한 그의 이론은 중년기의 심리적 위기를 긍정적으로 다룰 수 있도록 하는 데 기여했을 뿐 아니라 자신의 현실을 극복하고 새로운 사고와 대처방안을 발견, 수용하도록 돕기 위한 이론적 배경을 제공하였다. 그럼에도 불구하고 다음의 측면에서 비판을 받고 있다.

첫째, 융의 이론은 개념이 너무 난해해서 이해하기가 쉽지 않다는 지적이다. 또한 체계적이지 못하여 초자연적이고 신비주의와 깊이 연관되어서 모호한 점이 많다.

둘째, 융의 이론은 문화, 종교, 신화, 상징, 연금술, 신비 등과 관련된 자료를 활용하여 연구한 것이기 때문에 실증적인 검증이나 설명이 어렵다.

5. 사회복지실천에 대한 적용

정신과 행동이 개인의 사회환경과 어떻게 서로 영향을 주고받는지를 강조하는 이론을 정신역동이론이라고 한다. 즉, 인간의 행동을 정신 내의 운동과 상호작용에 초점을 두고 본다. 정신역동이론은 성격이 형성되는 과정에 중점을 둔 것으로, 무의식과 범성설을 강조한 프로이트의 정신분석이론, 자아의 중요성을 강조하면서 인간의 전 생애에 걸친 발달과업과 위기를 체계화한 에릭슨의 이론 그리고 인간발달이 사회적 자극에 의해 동기화되며 인간의 행동은 그 개인의 경험에 의해서만 이해될 수 있다고 본 아들러의 이론, 사회문화적 속성과 집단 무의식의 중요성을 강조한 융의 이론이 포함된다.

정신역동이론의 개념들은 인간의 행동을 설명하는 강력한 이론으로 인간서비스human service를 제공하는 모든 전문영역의 면담방법에 초석을 제공하였다. 특히, 정신역동이론은 미시적 수준micro-level의 사회복지실천에 영향을 미쳐 인간의 행동을 의미 있는 주요 인물과의 초기 관계와 환경과의 상호작용 등에 초점을 두어 이해할 수 있도록 준거 틀을 제시하였고, 클라이언트의 문제에 관한 통찰력insight을 증가시킬 수 있는 개입방법을 제안하였다. 이러한 접근방법은 구체적인 치료방법을 찾지 못해 전문직이라 할 수 있느냐는 비판을 받고 있던 당시의 사회복지사를 치료자로서 전문화하는 데 지대한 역할을 하였다(최옥채 외, 2013).

첫째, 프로이트와 융은 개별적인 실천을 하는 사회복지사에게 사람들이 어떻게 행동하는지, 왜 그렇게 행동하는지를 이해할 수 있는 틀을 제시하고 있다. 즉, 클라이언트가 자신의 심리사회적 문제나 여러 가지 성격상의 문제를 스스로 인식하지 못하여 효과적으로 대처하지 못하고, 반복적으로 해를 끼치는 행동을 하는 경우, 정신역동이론은 그들의 행동을 설명할 수 있을 뿐 아니라 그들 스스로 문제를 인식할 수 있도록 돕는 치료방법을 제안하고 있다.

둘째, 정신역동 치료방법들은 사회복지사의 면담방법에 많은 영향을 주었다. 정신역동이론은 사회복지사에게 클라이언트를 면담할 때 허용적이고 개방적이며 경청하는 태도를 지니게 한다. 또한 클라이언트가 인식하지 못하고 있던 행동의 동기와 욕구를 이해하고 통찰할 수 있도록 '해석'하는 방법을 사용하게 한다. 그 외에도 저항, 전이, 역전이의 개념은 전문적 관계에서 개입 상황의 중요성을 이해할 수 있도록 한다.

셋째, 정신역동이론에서는 아동기와 모자관계, 그리고 발달관계상의 과업의 중요성을 강조한다. 이러한 강조는 사회복지사가 사회조사를 통해 개인의 역사를 이해하고, 얻어진 정보를 바탕으로 진단하며 개입할 계획을 세울 수 있는 이론적 근거가 된다.

넷째, 아들러 치료이론은 증상의 제거보다 기본적인 삶의 전제나 왜곡된 삶의 동기를 수정해 주는 인지치료이론의 출발점이라 할 수 있다. 특히, 클라이언트가 두려워하는 행동이나 사고를 의도적으로 과장하는 역설적 방법과 클라이언트로 하여금 자신이 원하는 방식으로 행동해 보도록 하는 '마치 그런 것처럼 행동하는 방법'등은 클라이언트 스스로 합리적인 다른 대안을 찾을 수 있도록 도와준다.

다섯째, 에릭슨의 자아중심 이론은 프로이트의 이론과 달리 인간의 발달을 전 생애에 걸쳐 확대하고 자아의 긍정적 성숙을 개념화하였다는 점에서 매우 시사하는 바가 크다. 또한 내적 요인뿐 아니라 외적 요인에 의해 성격형성이 영향을 받는다는 에릭슨의 이론은 '상황 속의 인간person in situation'을 사정하고 개입하는 심리사회적 실천모형의 이론적 기반이 된다. 즉, 사회복지실천에서 심리사회적 모형은 상황 속의 사람들 사이의 관계를 향상시키는 것에 초점을 두어 내적 · 심리적 과정과 외적 · 사회적 요소가 어떻게 영향을 주고받는지에 관심을 둔다. 그뿐만 아니라 다른 정신역동이론이 매우 제한적으로 다루었던 사회적 관계를 학교, 친구, 사회, 더 나아가 다음 세대까지 포함하여 다루고 있어 사회적 관계에 관한 사회복지 접근에 타당성을 제공한다고 할 수 있다.

CHAPTER 3

행동주의이론

CHAPTER 3

행동주의이론은 인간행동의 대부분이 학습되거나 학습에 의해 수정된다는 기본 전제에 근거를 두고 있기 때문에 학습이론(learning theory)이라고도 한다. 행동주의는 직접 관찰 가능한 인간행동에 초점을 두며, 선행조건과 결과에 의해서 행동이 형성된다는 입장을 가지고 있다.

20세기 초 파블로프, 왓슨, 손다이크의 연구를 통하여 발달한 행동주의이론은 고전적 조건화, 조작적 조건화 그리고 사회학습이라는 세 가지 접근법으로 분류된다. 조건화라는 말은 자극과 반응이 짝짓기를 하여 형성되는 행동반응이다. 고전적 조건화(classical conditioning)는 인간이 환경적 자극에 수동적으로 반응하여 형성되는 반응적 행동(respondent behavior)을 설명하려는 접근법이다. 조작적 조건화(operant conditioning)는 인간이 환경적 자극에 능동적으로 반응하여 나타내는 조작적 행동(operant behavior)을 설명하기 위한 접근방법이다. 스키너는 인간행동을 수정할 수 있는 다양한 행동적 기법을 개발하여 임상에 적용하였다. 사회학습이론은 행동에 영향을 미치는 인지적 요인의 역할을 설명하려는 접근방법이다. 반두라(Bandura)의 사회학습이론이 대표적 인지학습이론이라 할 수 있으며, 사회학습이론은 인간의 내적 과정을 중요시하고 학습된 행동은 사고, 기대, 정서에 의해서 전달되며 관찰 가능한 학습이나 모델링의 중요성을 강조한다.

1. 고전적 조건형성

고전적 조건형성이론classical conditioning theory은 러시아의 심리학자 파블로프의 동물실험을 통해 확립되었으며, 미국의 심리학자 왓슨이 이 이론을 인간에게 적용하여 행동주의 학습이론의 기초가 되었다. 고전적 조건형성이론은 중성자극을 반응을 유발하는 조건자극으로 변화시켜 조건반응을 일으키도록 하는 반응적 조건형성respondent conditioning에 관한 이론이다.

1) 파블로프

러시아의 심리학자 파블로프Ivan Petrovich Pavlov는 개의 소화과정에 관한 연구로 1904년 노벨상을 수상한 러시아의 생리학자다. 파블로프의 고전적 조건형성은 무조건자극에 대해 무조건반사로 나타나는 반응을, 반사와 아무 관련이 없는 제3의 중립자극에 대해서도 반응을 보이도록 조건형성시키는 것을 말한다. 예를 들면, 음식을 먹으면 반사적으로 침을 분비하는 반응을 보인다. 여기서 음식은 침을 분비시키는 무조건자극이고, 침의 분비는 음식에 대해 나타나는 무조건반응이다. 그런데 침의 분비와 아무 관련이 없는 종소리에 침을 분비시키도록 학습시키는 원리가 고전적 조건형성이다. 개에게 종소리와 음식을 동시에 제시하는 것이 몇 차례 반복되

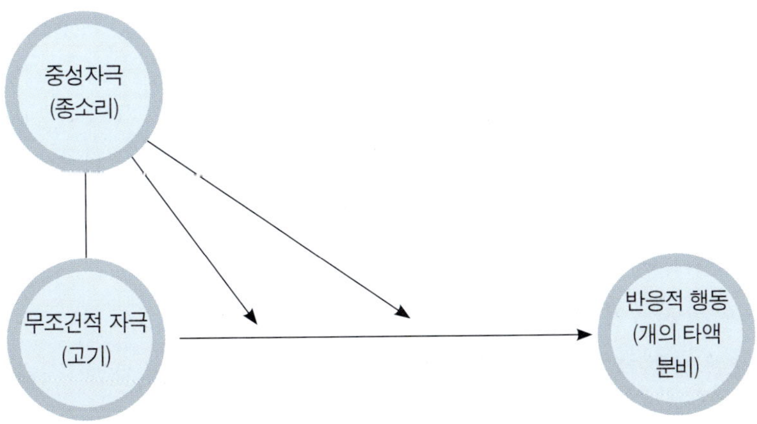

그림 3-1 | 파블로프의 고전적 조건과정

자 나중에 개는 음식을 주지 않고도 종을 울리면 침을 분비하게 된다. 즉, 침을 분비하는 행동과 아무 상관이 없는 중립자극인 종소리를 음식과 연합시켜 침을 분비하도록 학습시킨다. 이렇게 중립자극에 반응을 보이도록 조건형성시키면 중립자극은 조건자극이 되고 그에 대한 반응은 조건반응이 된다.

알아두기

■ 파블로프의 고전적 조건과정

- 무조건자극(unconditioned stimulus : UCS) : 무조건반응을 일으키는 자극이다. 침을 분비시키는 먹이를 의미한다.
- 무조건반응(unconditioned response : UCR) : 유기체가 어떤 자극에 자동적으로 반응하는 것으로 학습되지 않은 자동적 반응이다. 실험에서 개는 먹이를 먹으면 자연적으로 침을 분비하는 반응을 한다.
- 조건자극(conditioned stimulus : CS) : 무조건자극(먹이)과 짝지어져서 새로운 반응(침 분비)을 유발하는 자극(종소리)이다. 종소리는 원래 침 분비를 유발하지 않는 중성자극이었으나 먹이와 연합됨으로써 먹이를 예고하는 신호로 작용한다.
- 조건반응(conditioned response : CR) : 조건자극(종소리)에 의해 새로이 형성된 반응(타액)이다.

※ 고전적 조건형성은 우리가 일상생활에서 경험하는 다양한 감각적 현상을 설명할 수 있다. 여름에 TV에서 눈이 오는 모습이나 빙산이 나오는 장면을 보면 약간 서늘한 느낌을 받는다든지, 살구나 귤처럼 신 음식을 떠올리는 것만으로도 신맛이 느껴지며 입 안에 저절로 침이 고이는 경우 등이 고전적 조건형성의 실례이다.

(1) 일반화

일반화generalization는 조건화된 자극과 비슷하지만 동일하지 않은 자극에 대한 조건화된 반응의 연속이다. 예를 들어, 어떤 특정한 종소리가 조건자극으로 사용되었다면 이 소리와 유사한 종소리에도 개가 침을 흘리는 조건화된 반응을 나타낼 수가 있다. 두 가지 자극이 유사할수록 두 번째 자극에 대한 반응 확률이 증가하며 일반화의 정도는 더욱 커진다. 우리 속담에 '자라 보고 놀란 가슴, 솥뚜껑 보고 놀란다'는 말은 비슷한 자극에 대한 일반화된 반응의 예라고 할 수 있다.

(2) 변별자극

변별자극discriminative stimulus이란 특정한 반응이 보상되거나 보상되지 않을 것이라는 단서 혹은 신호로 작용하게 되는 자극이다. 즉, 어떤 행동이나 반응을 보여야 바람직한 결과를 얻을 수 있는 것인지를 알려주는 신호다. 예를 들어, 동물에게 두 가지 소리를 들려주지만, 첫 번째 소리가 날 때만 강화를 반복하면 동물은 두 가지 소리를 변별하는 것을 학습하고, 결국은 첫 번째 소리에만 조건반응을 나타낸다. 두 가지 소리에 차이가 날수록 변별은 더욱 쉽게 이루어진다학생이 낙서를 할 때 선생님의 찌푸린 얼굴의 경우 보상받지 못할 것이라는 신호로 작용한다. 변별자극이 인간행동을 완전히 통제할 수 있는 것은 아니다. 그러나 어떤 바람직한 결과를 성취하거나 덜 위협적인 결과를 성취하려면 어떤 행동을 선택해야 할지를 알려주는 기능을 하기 때문에 인간은 변별자극을 통하여 자신의 외부세계를 더 잘 관리하고, 예측하며 통제할 수 있다.

(3) 학습소거

학습소거는 조건자극종소리과 무조건자극고깃덩어리이 더 이상 연결되지 않을 때, 조건자극종소리만 계속 제시하면 학습된 조건반응타액 분비이 점차로 줄어들거나 결국은 없어지는 것이다. 즉, 무조건자극을 생략하고 조건자극만 계속 제시하면 조건반응은 점차로 약화되어서 결국은 소멸하는데, 이를 학습소거라고 한다. 사람의 행동이 주위로부터 관심을 받지 않으면 저절로 도태된다는 강화의 원리를 역이용해서 아동이 문제행동을 보여도 철저하게 관심을 보이지 않는 기법이다.

2) 왓슨의 행동주의

왓슨John Broadus Waston, 1913은 파블로프의 조건반사 실험에 감명을 받고, 공포증과 같은 정서반응이 환경 자극에 의해 학습될 수 있다는 것을 실험으로 입증하였는데, 그는 외부 자극과 관찰 가능한 반응 및 습관형성만을 연구해야 인간발달의 기초를 마련하는 초석이라고 믿었다(Shaffer, 2005). 존 로크John Locke처럼 왓슨은 영아를 경험이 기록되는 백지상태tabula rasa와 같은 존재로 보았다. 아동들은 타고난 성향이 없어, 아동들이 어떤 사람이 될지는 전적으로 양육환경과 부모나 아동의 생활에서 중요한 다른 사람들이 아동을 다루는 방식에 달려 있다고 보았다. 따라서 행동주의적 관점에 따르면, 프로이트나 다른 사람들이 주장하는 것처럼 아동이 생물학적 성숙이 지시하는 일련의 단계들을 통과해 발달한다고 가정하는 것이 아니라, 발달은 지속적인 행동변화과정으로 간주되는데, 각 개인의 독특한 환경이 행동변화과정을 만들며 그 과정은 사람마다 크게 다르다고 본다.

아동들이 얼마나 순응적인지 입증하기 위해서, 왓슨은 영아의 공포와 다른 정서반응들이 선천적인 것이 아니라 습득하는 것임을 보여 주었다. 왓슨의 실험대상은 흰쥐를 두려워하지 않는 11개월 된 유아 앨버트였다.

왓슨(1920)은 앨버트라는 9개월 된 유아에게 흰쥐를 보여 주었다. 앨버트의 처음 반응은 긍정적이었다. 앨버트는 흰쥐를 향해서 기어갔고, 전에 개나 토끼와 놀았던 것처럼 흰쥐와 놀았다. 그런 다음 2개월 후, 앨버트에게 공포반응을 심어 주려고 시도했다. 흰쥐가 앨버트 앞에 나타날 때마다 갑작스럽게 징 소리를 내어 앨버트를 깜짝 놀라게 했다. 이러한 과정이 7~8회 반복된 후 앨버트는 흰쥐와 큰 소음을 연합하여 털로 된 놀이친구(흰쥐)에게 공포를 갖게 되었고, 그렇게 해서 공포가 쉽게 학습됨을 보여 주었다.

이 실험 결과는 고전적 조건화의 방법을 응용해 어린이들의 공포증을 치료하는 데 성공적으로 이용되었다. 즉, 자극에 대한 반응이 반복적으로 연관지어지면 이것은 습관이 되고 조건화된 자극-반응S-R의 관계를 이룬다. 왓슨은 이러한 연상적 과정이 자연스럽게 반영되는 것이라고 보았지만 이것이 습관을 형성하는 요소인 강화라고는 생각하지 않았다. 오히려 학습이란 자극과 반응 사이의 밀접한 관계의 기능이라고 믿었다.

또한 아동들이 주어진 사회적 환경에 의해 만들어진다는 왓슨의 믿음은, 자녀들이 커서 어떤 사람이 될 것인가에 부모가 큰 책임이 있다는 단호한 메시지를 부모들에게 전달했다. 왓슨1928은 부모가 아이들을 출생 시부터 훈련시켜야 하며, 좋은 습관이 길러지길 바란다면 응석을 받아주지 말아야 한다고 경고했다.

2. 조작적 조건형성

조작적 조건형성이론operant conditioning theory은 스키너가 고전적 조건형성이론을 수용하여 더욱 발전시킨 이론이다. 그는 행동주의 학습이론의 가장 뛰어난 선구자로서, 인간의 행동이 반응행동response behavior보다는 조작행동operant behavior에 의해 더 많이 좌우된다고 보았으며, 조작적 조건형성 및 그와 관련된 다양한 원리와 방법을 제시했다.

조작적 조건형성이론은 인간의 행동이 행동의 결과에 의해 변화된다고 보고, 환경을 조작하여 그러한 행동의 반응비율에 영향을 미칠 수 있도록 한 이론이다. 예를 들면, 회사에서 열심히 일하는 행동은 반사적인 반응이라기보다는 열심히 일한 결과 수반되는 기쁨이나 진급, 또는 급여 상승 등의 영향을 받아 자발적으로 하게 된 행동일 수 있기 때문이다.

1) 스키너의 생애

스키너Burrhus Frederic Skinner는 미국 펜실베이니아 주에 있는 서스퀘핸나에서 태어나 법조인 아버지의 영향을 받으며 성장했다. 스키너는 뉴욕에 있는 해밀턴대학에 진학하여 영문학을 전공했으며, 하버드대학교 심리학과 대학원에서 석·박사학위를 받았다. 이후 1931~1936년까지 하버드대학교에서 연구하였으며, 1936~1945년까지 미네소타대학교에서 강의하였다. 이 기간 동안 그는 자신을 행동주의 학습이론의 선구자적 위치에 올려놓았으며, 현대 심리학의 거목이 되었다.

스키너는 쥐나 비둘기 등의 동물을 관찰한 후 그 원리를 성인과 자폐증 아동연구, 인간 언어 분석에 응용하여 티칭머신teaching machin 운동을 주도하고 '스키너 상자Skinner box'를 개발하여 동물의 조작적 행동operant behavior에 대하여 연구하였다.

2) 주요 개념

(1) 반응행동

스키너는 인간의 모든 행동을 반응행동과 조작행동으로 분류하였다. 반응행동은 반응을 유발하는 자극에 의해 유발되는 행동을 말하는데, 자극이 있으면 반응하고, 자극이 없으면 반응하지 않는 매우 단순한 모형이다. 예를 들어, 영아기에 아기 입에 젖꼭지를 물리면 빨기 반응을 보이고, 손바닥에 어떤 물체를 놓으면 잡기 반응을 보이는 것 등이다. 파블로프Pavolv가 연구한 고전적 조건형성은 이러한 반응행동에 관한 것이다.

(2) 조작행동

조작행동은 환경을 조작해서 어떤 결과를 가져오도록 하는 행동이다. 즉, 이것은 하나의 행동에 어떤 결과가 뒤따르게 되고, 그 결과의 특성에 따라 유기체가 그러한 행동을 되풀이하는 습득된 행동을 말한다. 예를 들면, 아동이 독서를 할 때 부모가 관심을 보이고 칭찬하게 되면, 아동은 독서를 계속하게 될 것이다. 이때 아동이 독서를 계속하게 되는 행동은 부모의 관심과 칭찬으로 인하여 나타난 행동이다. 고전적 조건형성에서는 자극이 반응을 유발하지만, 조작적 조건형성에서는 반응이 자극을 유도한다고 볼 수 있다.

조작행동은 자극에 의해 유발되는 것이 아니라 방출되는 것이며, 이것은 능동적인 유기체의 특성이다. 즉, 반응행동은 그에 앞서 일어나는 사건들에 의해 직접적인 통제를 받지만, 조작행동은 처음부터 쉽게 확인할 수 있는 유발자극이 없이 유기체가 보이게 되는 행동이며 그 결과에 의해 통제된다. 우리가 일상생활에서 하고 있는 중요한 행동들의 대부분은 조작행동이다(이근홍, 2014).

(3) 조작적 조건화

조작적 조건화는 손다이크Thorndike가 실시한 도구적 조건화instrumental conditioning의 실험에서 유래되었다. 손다이크는 음식물을 얻기 위하여 지렛대를 조작하여야만

그림 3-2 | 스키너 상자

빠져나올 수 있는 미로상자에 동물을 집어넣는 실험을 실시하였다. 동물들은 실제로 여러 번의 시행착오를 거친 이후가 아니라 즉시 도구지렛대를 조작하여 미로상자를 빠져나오는 방법을 학습하였다. 이러한 과정을 효과의 법칙law of effect이라 하는데, 특정 행동에 따르는 결과가 다음 행동의 원인이 되며, 행동은 결과, 즉 보상과 벌에 의해 유지 또는 통세된다는 것이다.

조작적 조건화란 고전적 조건화와는 다르게 유기체가 원하는 결과를 얻기 위하여 실행하게 되는 자발적이면서 능동적인 행동반응이다. 스키너는 '스키너 상자'라는 실험장치를 통하여 유기체가 복잡한 환경상태에서도 스스로 반응양식을 습득하고 강화해 나가는 것을 발견하였다. 스키너 상자는 한쪽 구석에 지렛대가 있고, 이것을 누르면 전원과 연결되어 자동적으로 먹이와 물이 나오도록 고안되어 있다. 실험에서 굶주린 쥐를 상자에 집어넣으면 쥐는 처음에는 먹이를 얻기 위해 이리저리 돌아다니다가 우연히 지렛대를 누르게 되고, 그럼으로써 먹이를 얻을 수 있게 된다그림 3-2. 시간이 지남에 따라 지렛대를 더욱 자주 누르게 된다. 이러한 과정을 조작적 조건화라고 하며 그 반응을 조작적 행동이라 한다.

3) 조건형성의 원리

(1) 강화와 소거

강화reinforcement란 보상을 제공하여 특정반응이 반복해서 나타날 가능성을 증가시키는 것으로, 행동에 대한 반응의 빈도를 증진하기 위한 것이다. 반응의 결과는 그 반응을 증가시키거나 약화시킨다. 반응을 증가시키는 결과를 강화물reinforcers이라고 하고 반응을 감소시키는 결과를 처벌이라고 한다. 강화에는 정적 강화와 부적 강화가 있다.

정적 강화는 반응 후에 유쾌하거나 바람직한 긍정적인 자극을 주는 것으로, 강화물은 음식, 돈, 칭찬, 웃는 표정 등과 같은 것이다. 정적 강화의 예를 들면 자기 방을 깨끗하게 청소한 아이에게 어머니가 칭찬을 하거나 아이에게 용돈을 줌으로써 이후에도 더욱더 자기 방을 깨끗이 하도록 유도하는 경우이다. 부적 강화는 행동에 뒤따르는 불쾌하거나 혐오스러운 자극을 제거함으로써 반응의 빈도가 증가하는 것을 말한다. 예를 들면, 귀찮은 사람을 피해서 걷거나 우는 아이에게 관심을 주지 않는 경우이다. 인간의 많은 행동은 정적 강화의 경우처럼 어떤 결과를 얻을 수 있기 때문에 또는 부적 강화의 경우처럼 어떤 것을 회피할 수 있기 때문에 조건형성된다.

스키너는 일차적 강화물과 이차적 강화물에 대해 설명하였다. 일차적 강화물primary reinforcers은 음식, 물, 따뜻함 등과 같은 무조건자극으로서 학습이 필요하지 않은 것들이다. 이차적 강화물secondary reinforcers은 조건적인 역사를 통하여 학습되고 개발된다. 돈, 관심, 칭찬, 애정과 같은 이차적 강화물은 인간행동을 형성하는 데 매우 중요하다.

소거extinction는 어떤 자극이 있은 후에도 특정 행동이 약화되거나 사라지는 경향을 말한다. 예를 들면, 아동이 단지 선생님의 주의를 끌기 위해서 지나치게 울거나 투정을 부릴 때, 이러한 행동들이 발생할 때마다 주의를 기울이지 않고 계속 내버려 둔다면 아동은 그런 바람직하지 않은 행동을 중단하게 될 것이다.

(2) 처벌

처벌punishiment은 부적 강화와는 다른 개념으로 부적 강화와 반대의 효과를 지닌다. 정적 강화와 부적 강화는 모두 바람직한 행동을 증가시키는 것에 초점을 두고 있지만, 처벌은 바람직하지 않은 행동을 감소시키는 것에 초점을 두고 있다. 처벌에는 두 가지의 종류가 있는데, 체벌과 같은 혐오자극을 제공하거나 소중하게 여기는 특권 등을 철회함으로써 바람직하지 않은 행동의 수행이 감소되도록 하는 것이다. 처벌은 행동을 통제하는 데 빠른 효과를 나타내기도 하지만, 일시적으로만 효과를 나타낼 수도 있다. 즉, 처벌이 행동통제에 항상 효과적으로 작용하는 것만은 아니며, 처벌이 원치 않았던 부작용을 초래할 수도 있다. 따라서 정적 강화는 최대화하고 처벌은 최소화하여 행동을 조절할 필요가 있다.

표 3-1 강화와 처벌의 관련성

자극의 종류	제시하면	철회하면
유쾌한 자극	정적 강화 (반응 가능성 증가)	벌(반응 가능성 감소)
혐오적 자극	벌(반응 가능성 감소)	부적 강화(반응 가능성 증가)

(3) 행동조성(조형)

행동조성shaping은 복잡한 행동이나 복합적인 기술을 향상시키기 위해서 사용하는 방법으로, 바람직한 행동을 학습할 수 있도록 기대에 부응하는 행동을 강화함으로써 행동을 점진적으로 만들어 가는 것이다. 행동조성은 원하는 행동에 접근할 때마다 강화가 주어지기 때문에 행동에 대한 점진적 접근method of approximations이라고도 하며, 복잡한 행동이나 기술을 학습시키는 데 매우 유용한 방법이다.

조작적 조건형성과정에서 행동이 일어났을 때 강화를 제공함으로써 학습이 이루어지지만 학습시키기를 원하는 행동이 자발적으로 일어날 가능성이 적은 경우가 많다. 이러한 문제를 해결하기 위해서는 조건형성하고자 하는 행동에 가장 가까운 행동부터 점진적으로 접근하여 강화하는 행동조성이 필요하다. 예를 들어, 아이가 대 · 소변을 가리도록 행동을 학습시키는 경우가 있다. 먼저 아이의 배변욕구에 관한 의사표시에 강화칭찬를 하여 자기의 표현행동을 조성하고, 그 다음 순서로 바지를 내리고 변기에 앉고강화, 배설한 후 변기의 물을 내리는 행동강화을 차례대로 행하게 함으로써 전체적으로 배변을 해결할 수 있는 행동을 학습시킨다.

(4) 강화계획

강화가 효과가 있으려면 행동 뒤에 즉각적으로 매번 강화되어야 한다. 어떤 행동 뒤에 즉각적으로 매번 긍정적인 강화를 받거나 혐오적인 자극을 피할 수 있으면 그 행동은 증가한다. 그러나 언제까지나 그렇게 매번 강화할 수는 없다. 강화된 행동은 반복되는 경향이 있으며, 강화되지 않은 행동은 소멸될 경향이 있기 때문에 강화가 제거되는 절차가 필요하다.

이처럼 조작적 조건형성과정에서 구체적으로 특정행동이나 반응을 형성하기 위해 강화를 언제, 어떻게, 어떠한 비율로 강화할지 결정하는 것을 강화계획이라고 한다. 강화계획은 강화가 제시되는 연속성의 여부에 따라 연속적 강화와 간헐적 강화로 나눌 수 있다. 연속적 강화contiunous reinforcement는 어떤 행동이 나타날 때마다 지속적으로 강화가 제시되는 것을 말하며, 발달이 빨리 이루어져야 하거나 바람직하지 못한 행동을 수정할 때 사용된다. 그러나 일상생활에서는 행동할 때마다 일정하게 규칙적으로 강화가 제공되기 어렵기 때문에 연속적 강화는 실용적이거나 경제적이지 못한 방법이다. 대부분 인간의 사회적 행동은 간헐적으로 강화된다.

간헐적 강화intermittent reinforcement는 어떤 행동이 나타날 때마다 강화가 제시되지 않고 간헐적으로 제시되는 것이다. 간헐적 강화는 크게 반응의 시간에 따른 간격interval계획과 반응의 횟수에 따른 비율ratio계획으로 나눌 수 있으며, 이것은 다시 강화가 규칙적으로 제시되는 고정계획, 불규칙적으로 제시되는 변동계획으로 나눌 수 있다. 간헐적 강화계획은 고정간격계획, 변동간격계획, 고정비율계획, 변동비율계획으로 구분된다.

① 고정간격계획

고정간격계획fixed-interval schedule은 유기체의 반응비율과 관계없이 일정한 시간 간격을 정해 놓고 그 기간이 경과한 후에 강화가 주어지는 것이다. 예를 들어, 아동에게 1주일에 한 번 용돈을 주는 것, 샐러리맨의 월급 등이 여기에 속한다. 고정간격계획은 강화를 받은 행동이 규칙적으로 나타나지 않으며, 강화를 받은 직후에는 한동안 반응이 정지하는 경향을 보인다. 그 이후에 다시 변동비율이 점진적으로 증가하여 다음의 강화 시기에 가까워질수록 반응은 급속하게 증가한다.

② 변동간격계획

변동간격계획variable-interval schedule은 일정한 시간의 한도 내에서 강화를 주는 시간 조정을 다양하게 한다. 즉, 정해진 시간 간격 없이 불규칙적으로 강화를 제공하는 것을 말한다. 예를 들어, 아동에게 한 달에 네 번 용돈을 주지만 어떤 때는 1주일에 두 번 주고 어떤 때는 2주일에 한 번 주는 것이다.

③ 고정비율계획

고정비율계획fixed-ratio schedule은 일정한 반응비율에 따라 강화물이 주어지는 것으로, 시간과는 관계없이 아동이 하는 반응의 수에 근거한 강화계획이다. 즉, 아동이 일정한 횟수의 바람직한 행동을 한 후에 강화하는 것이다. 예를 들어, 처음 강화를 시작할 때는 바람직한 행동을 할 때마다 강화를 하지만 얼마 지난 후부터는 바람직한 행동을 5번 할 때마다 강화를 하는 것이다.

④ 변동비율계획

변동비율계획variable-ratio schedule은 변동된 반응비율에 따라 강화물이 불규칙적으로 주어지지만 평균적으로 일정한 횟수의 반응 뒤에 강화가 주어지는 것이다. 즉, 평균적으로 일정한 횟수의 바람직한 행동을 한 후에 강화하는 것이다. 고정비율계획이 바람직한 행동을 5번 할 때마다 강화를 하는 것에 비해 변동비율계획은 평균적으로는 5번에 한 번꼴로 강화하지만 어떤 때는 바람직한 행동을 8번 한 후에 강화하고 어떤 때는 2번 한 후에 강화하는 것이다. 예를 들어, 판매 사원은 언제 상품이 판매될 것인지 정확하게 예상할 수 없음에도 많은 사람들을 만난다. 사람들을 많이 접촉할수록 상품을 팔 수 있는 기회가 더욱 많아진다는 것을 알기 때문이다. 스키너는 변동비율계획이 높으면 안정적인 반응비율을 야기하는 데 효과적이라는 것을 발견하였다.

앞에서 설명한 강화계획은 반응을 나타내는 비율에 영향을 주는데, 최고 높은 비율의 반응을 발생시키는 강화계획의 순서는 변동비율계획, 고정비율계획, 변동간격계획, 그리고 고정간격계획이다.

4) 스키너이론의 평가

스키너의 이론은 행동주의 학습이론의 범위를 상당히 넓혔으며, 과학적 실험연구를 통하여 인간행동의 발달과 관련된 구체적이고 명확하면서도 유용한 지식을 제공하였다. 특히, 정적 강화, 강화계획, 행동조성 등과 같은 뛰어난 연구는 사회생활에서 실용적 가치와 효과성이 입증되고 있으며, 다양한 분야에서 활용되고 있다. 이러한 뛰어난 학문적인 업적에도 불구하고 스키너의 이론은 몇 가지 측면에서 비판을 받고 있다.

첫째, 스키너의 이론은 인간의 행동에 대한 환경의 결정력을 너무 강조하여 행동에 영향을 미치는 인간의 내적 · 정신적 특성을 배제하고 있다. 즉, 인간의 발달에 영향을 주는 요인들은 매우 다양하고 복잡하기 때문에 환경의 영향으로만 설명할 수 없으며, 인간의 의지, 동기, 욕구, 감정, 갈등, 사고, 자발성, 창조성 등도 고려해야 할 필요가 있다.

둘째, 스키너의 이론은 인간을 조작이 가능한 대상으로 취급하고 있기 때문에 인간의 자유와 존엄성을 무시할 수 있다는 것이다. 또한 동물실험의 결과를 그대로 인간에게 적용하고 있으나, 인간의 행동은 동물과 다르므로 인간의 행동을 동물과 동일하게 다룰 수 없으며, 이것은 인본주의 입장에서 지나치게 비인간적이라는 비판을 받고 있다.

셋째, 스키너의 이론에서 인간의 모든 행동이 조작을 통해서 변화될 수 있다고 보는 것은 인간을 지나치게 단순화 · 객관화 · 과학화하고 있다는 측면에서 비판을 받고 있다. 인간의 행동은 개인차가 있고, 연령에 따라 다르게 나타나며, 독특성을 지니고 있기 때문에 인간의 행동을 객관화하거나 예측하기는 어렵기 때문이다. 또한 이 이론은 접근방법이 단순하여 복잡한 행동특성을 설명해주는 데 한계가 있다.

3. 반두라의 사회학습이론

발달이 환경에 의해 학습된 것이라는 행동주의와는 달리 사회학습이론에서는 인지과정을 중요시하였다. 사회학습이론에서는 인간이 자극을 주면 반응하는 로봇이 아니라고 본다. 인간은 관찰대상자의 행동이나 그 결과를 관찰함으로써 학습하는 것이 아니라 모델의 모방, 그리고 동일시를 통해 행동을 학습한다고 본다. 왜냐하면 인간에게는 외부 자극이 자신을 조절하려고 할 때 그것에 맞서 적응해 나갈 수 있는 생각하고, 사고하고, 상상하는 능력이 있기 때문이다. 반두라Albert Bandura는 오늘날 폭넓게 받아들여지고 있는 인간발달의 사회인지이론을 주장하였다.

1) 사회학습이론의 주요 개념

(1) 모방

반두라는 사회학습에 있어서 중요한 과정은 모방이라고 하였다. 새로운 반응들은 학습될 수 있고, 현존하는 반응의 특징들은 직접적 강화를 받지 않고도 다른 사람들의 행동을 관찰하거나 반응결과를 통해서 변화될 수 있다고 보았다. 이것은 학습을 위하여 실질적인 행동을 반드시 수행하지 않아도 되며, 반응을 위해서 즉각적인 보상이 꼭 필요하지 않다는 의미이다. 오히려 사람은 모델을 관찰함으로써 특별한 반응을 학습하여 일단 반응이 획득된 후에는 사회적 힘social force이 학습과정에 영향을 주기 시작한다.

반두라는 모델을 통하여 세 가지 효과를 얻을 수 있다고 하였다. 첫째로, 모델로부터 관찰자에게 모방적인 반응 패턴이 전달된다. 모델에 대한 새로운 반응은 점진적으로 일어나기보다는 갑작스럽게 일어난다. 예를 들어, 아이가 공격적인 반응을 획득하는 과정에 대하여 생각해보자. 취학 전 아이에게 공격적인 모델과 비공격적인 모델을 관찰하게 하였다. 인형을 향해서 공격적으로 행동하는 모델을 본 아이들은 모방적인 공격적 반응을 보였고, 방에 있는 인형이나 장난감을 그냥 두고서 조용히 앉아 있는 모델을 본 아이들은 공격적이지 않은 반응을 보였다. 이러한 효과는 생활에서 실제적인 모델을 관찰하는 경우도 마찬가지이다.

둘째로, 접촉하는 빈도에 따라서 이전에 학습된 반응이 강화되거나 약화된다. 즉, 모델의 행동은 이전에 학습된 반응을 조절하며, 모델의 행동에 더욱 근접하게 만든다. 예를 들어, 공격적으로 행동하는 만화 주인공을 많이 접하는 아이는 온순한 만화 주인공을 많이 접하는 아이보다 공격성이 더욱 증가하는 것을 볼 수 있다.

셋째로, 모델을 관찰함으로써 이전에 획득한 반응이 더욱 촉발되는 경우이다. 예를 들어, 고향을 오랫동안 떠나 다른 지방에 사느라 자신의 지방 사투리를 거의 쓰지 않던 사람이 자기 고향을 방문하였을 때 그 사람은 다시 그 지방 사투리를 빨리 재생한다. 이것은 파블로프의 자연적인 회복이라는 원리와 유사하지만 초기 학습은 연상을 통해서 일어나기보다는 모델에 대한 관찰과정을 통하여 발생한다는 점에서 다소 차이가 있다.

(2) 인지

반두라는 사회학습이 단지 보상의 조건에 대한 시행과 착오로 일어나지는 않는다고 하였다. 오히려 사회학습은 인지적 활동이며, 인간행동의 상징적 표현은 언어적 정보와 모델에 관한 관찰을 통하여 발달한다고 보았다. 사람은 다른 사람을 관찰함으로써 어떻게 새로운 행동이 형성되는지를 알고, 이 정보를 입력하여 행동을 위한 지침으로 사용한다. 사람은 어떤 행동을 수행하기 전에 다른 사람들이 무엇을 하는지를 통하여 배울 수 있기 때문에 불필요한 실수를 줄일 수 있다.

그래서 인지적 매개과정은 대리학습을 할 수 있게 하고, 실제로 행동을 하기 이전에 행동학습에서의 교정을 가능하게 한다. 인지는 지식을 획득하고 조직하며 사용하는 과정이라고 할 수 있는데, 인간은 장래를 계획하고, 내적 표준들에 의하여 자신의 행동을 조절하며 행동의 결과들을 예상할 수가 있다. 그러므로 학습된 반응을 수행할 수 있는 의지는 인지적인 통제하에 있는 것이다.

(3) 관찰학습의 단계

반두라의 사회학습이론도 강화이론에 토대를 두고 있다. 예를 들어, 아동이 자신의 행동에 대하여 직접 강화를 받지 않더라도 다른 아동이 행동의 결과로 보상이나 벌을 받는 것을 관찰함으로써 간접적으로 강화를 받기 때문에 보상받는 행동을 학습하고 벌을 받는 행동은 학습되지 않는다고 한다. 반두라의 사회학습이론은 관찰을 통하여 이루어지는 학습이라고 하여 관찰학습이라고 하는데, 때로는 대리학습 vicarious learning, 사회학습, 모델링modeling이라고도 부른다. 관찰학습은 환경적 자극에 대한 반응을 통하여 행동을 학습하는 것이 아니라 타인의 행동을 관찰함으로써 학습하는 과정이다. 반두라의 관찰학습은 네 가지 단계로 이루어진다.

① 주의집중단계

관찰학습의 첫 단계로서 모방하려는 모델의 행위에 주의를 집중하는 단계이다. 모델에 대한 주의집중이 없다면 모방할 수 없기 때문에 학습자는 모델에 주의를 기울여야 한다. 모델링에 영향을 주는 주의집중의 결정요인들은 자기 자신과 쉽게 교제하고 상호작용이 용이한 사람들 중에서 지각되며 선택된다.

② 기억과정

이 단계는 관찰된 내용이 기억되는 단계이다. 관찰에서 얻은 정보가 유용하기 위해서는 그것이 기억되어야 한다. 반두라는 정보가 심상적 방법과 언어적 방법의 두 가지 방법으로 상징적 기호의 형태로 저장된다고 한다.

③ 운동재생단계

이 단계는 기억을 행동으로 전환하는 것이다. 모델행동의 상징적 표상을 주의깊게 형성하고 기억하고 연습을 하여도 정확한 행동수행을 못할 수도 있다. 관찰을 통해 새로운 반응형태는 알 수 없지만 이를 수행할 신체적 능력을 얻지 못할 수도 있다. 그러므로 행동을 정확하게 재생하려면 필요한 운동기술을 갖추어야 한다.

관찰자는 모델링에서 획득한 기억을 자기의 행동과 비교해 보는 연습과정을 거치며 자기 행동과 모델의 행동에 대한 기억 사이에 괴리가 있음을 알게 되면 교정한다. 이러한 과정은 관찰자의 행동과 모델행동이 서로 수용되어 합치될 때까지 반복된다.

④ 동기화단계

반두라는 아무리 사람이 모델행동에 주의를 기울이고, 그것을 기억한다고 해도 또 아무리 행동을 수행할 수 있는 능력을 가지고 있다고 하더라도 충분한 자극이나 동기가 없이는 행동을 수행하지 않을 것이라고 주장한다. 모델링이나 관찰학습은 긍정적 자극이 주어질 때 빠르게 동기화되고 또 행동으로 전환될 수 있다.

동기화 과정은 직접강화, 대리강화, 자기강화에 의해 달라진다. 직접강화는 과거에 모델이 보였던 것과 비슷한 행동을 했을 때 자신이 직접 받은 강화이고, 대리강화는 모델이 행동을 한 후 받은 강화이며, 자기강화는 자신의 행동에 스스로 내리는 평가이다.

(4) 상호결정론

반두라는 인간의 성격이란 개인적 · 행동적 · 환경적 요소들 간의 지속적인 상호작용에 의하여 발달한다고 보았으며, 이를 상호결정론이라고 하였다(Bandura, 1977 : 345). 상호결정의 과정은 그림 3-3에서 보는 바와 같이, 환경(E)은 사람이 행동하는 상황을 제공하고, 사람(P)은 인지와 지각을 통하여 그 상황을 분석하여 어떤 행동을 선택할 것인지 결정하며, 행동(B)은 사람의 상황 분석과 관련된 정보를 제공하고 그 환경을 수정한다. 즉, 자신이 무엇을 할 수 있다는 신념은 어떤 특별한 행동을 수행하는 것에 영향을 주고, 그 행동은 환경에 영향을 준다. 환경은 다시 그 사람의 기대를 변화시키는 역할을 한다. 그러므로 환경, 사람, 행동 세 가지 요소는 서로에게 영향을 주며 상호의존적이다(최옥채 외, 2013).

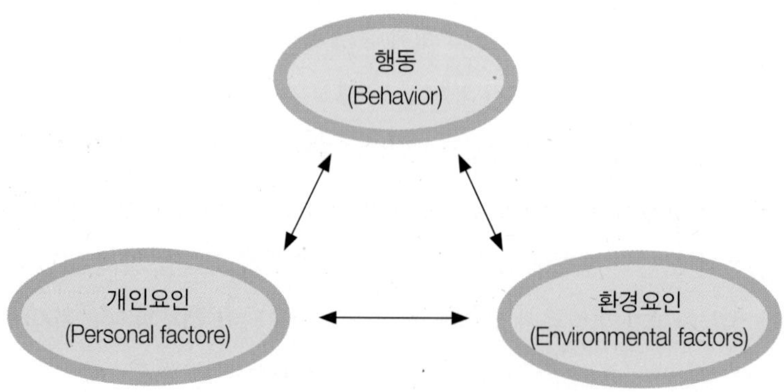

그림 3-3 | 반두라의 상호결정론

출처 : Pajares(2002).

(5) 자기강화

자기강화self-reinforcement는 자신의 기대와 성취 수준을 정해 놓고 그것에 도달하거나, 초과하거나, 미치지 못할 때 자기 자신에게 보상과 처벌을 내리는 것이다(권중돈, 2014). 즉, 자신이 스스로 통제할 수 있는 보상과 처벌을 자신에게 제공함으로써 자신의 행동을 개선하거나 유지하는 과정이다. 반두라는 개인의 행동은 자기강화와 외적인 영향요인에 의해서 결정된다고 보았다.

(6) 자기효능감

자기효능감self-efficacy이란 자신이 바라는 목적을 위해 어떤 특정 행동을 성공적으로 수행할 수 있다는 신념이다. 반두라는 한 개인이 주관적으로 자신의 효능감에 대하여 어떤 생각을 가지고 있느냐가 중요하다고 보았다. 이러한 자기효능감은 자신을 확신하느냐, 불신하느냐에 대한 판단으로 행동을 결정하는 데 중요한 요소가 된다.

자신을 자기효능감이 높은 사람으로 판단하는 사람은 자신이 수행할 수 있다고 믿는 과업과 도전을 잘 해내고, 역경에 직면했을 때 그 상황에 잘 대처해 나간다. 이 개념은 역량강화이론과 관련이 있다. 반두라는 자기효능감이란 단일한 개념이 아니라 다양한 영역에서 사용된다고 하였다. 예를 들어, 어떤 사람이 운동에서는 고도의 자기효능감이 있어도 사회적 관계에서는 낮은 효능감을 지닐 수가 있다. 반면, 자기효능감이 낮은 사람은 자신에게 주어진 과제가 실제보다 어렵다고 판단하면서 자신의 능력을 초과하는 일을 회피하는 경향이 있다.

반두라는 이러한 자기효능감이 다음의 네 가지 요인을 통해 형성된다고 보았다. 첫째, 성취경험이다. 즉, 어떤 사람이 목표를 달성하기 위하여 시도한 결과 성공과 실패를 얼마나 했느냐에 따라 자기효능감이 달라질 수 있다고 한다. 둘째, 대리경험이다. 즉, 타인의 성공과 실패를 얼마나 그리고 절실하게 목격했느냐는 대리경험에 의해 자기효능감이 영향을 받는다는 것이다. 셋째, 언어적 설득이다. 타인으로부터 무엇인가를 잘 해낼 수 있다는 말을 얼마나 자주 듣느냐에 따라 자기효능감이 달라질 수 있다는 것이다. 넷째, 정서적 각성이다. 즉, 인간은 불안, 좌절 등과 같은 정서적 반응, 그리고 그것을 적절히 조절하는 능력에 의해서 자기효능감이 달라진다는 것이다.

(7) 공격성과 사회화

사회학습이론에서는 가족관계에서 발생하는 폭력의 학습에 대해서도 설명하고 있다. 아이의 공격성은 공격적 모델을 관찰하고 그 모델이 언제 강화를 받는지를 주시함으로써 학습된다. 이런 관점에서 가족구성원 간에 일어나는 신체적 공격은 자녀에게 공격적 행동의 모델을 제공할 뿐 아니라 가족 내에서 그런 행동이 당연히 일어날 수 있다는 정당성을 제공한다. 또한 폭력적인 아버지 밑에서 자란 아들은 논쟁이나 좌절이 있을 때 폭력을 사용하는 행동을 배우며, 폭력적인 아버지 밑에서 자란 딸은 폭력을 더 잘 수용하여 결혼 후에 발생하는 배우자 폭력에 훨씬 수용적인 반응을 보인다는 연구결과(Stewart & Robinson, 1995)는 가정 내에서 이루어지는 학습의 결과를 잘 설명해 주는 예이다.

2) 반두라이론의 평가

반두라의 이론은 모방학습의 중요성에 대한 우리의 자각을 증진시켰으며, 사회적 환경이 인간에게 얼마나 많은 영향을 미치는가에 대해 다시 한 번 인식하도록 하였다. 그는 스키너와는 달리 관찰학습에서 행동에 영향을 줄 수 있는 자기강화와 자기효능감 등과 같은 인지적 요소의 중요성을 받아들였으며, 행동주의 학습이론을 한 단계 높은 수준으로 끌어올려 놓았다. 또한 사회학습이론은 오늘날 인간을 돕는 현장에서 매우 유용하게 활용되고 있으며, 인간을 더욱 낙관적으로 바라보며, 과거보다는 '여기 그리고 지금', 또는 미래에 대하여 강조점을 두고 있다. 반두라는 사회학습이론을 자극-반응 모델의 패러다임 그 이상의 것으로 전개시켰으며 학습을 매개하는 중요한 요소인 인지과정을 강조하면서 성격이론의 발달에 중요한 분기점을 보여 주었다. 많은 학문적인 공헌에도 불구하고 반두라의 이론은 몇 가지 측면에서 비판을 받고 있다.

첫째, 반두라의 이론은 인간행동에 외부환경의 중요성을 강조하면서 내적이고 자발적인 측면을 과소평가하고 있다는 것이다. 인간의 행동은 내적인 사고, 감정, 동기, 욕구 등을 통해 자연발생적으로 발달할 수 있으며, 외적 자극에 의한 것만으로 발달하는 것은 아니다. 인간의 행동에 외적 강화가 행동을 증가시키는 중요한 요인이기는 하지만 모델의 강화가 없이도 내적 흥미로부터 자발적으로 행동을 학습할 수 있기 때문이다.

둘째, 관찰학습은 단순한 행동을 신속하고 쉽게 학습할 수 있다는 장점을 가지고 있지만, 다양하고 복잡한 기능을 필요로 하는 행동의 학습을 설명하는 데는 한계가 있다는 것이다. 또한 반두라의 이론은 인간행동의 발달에 연령별로 다르게 나타나는 학습과 관련된 인지적 수준을 고려하지 않고 있다.

4. 사회복지실천에 대한 적용

행동주의이론은 임상사회사업의 다른 어떤 이론이나 모델보다도 인간을 환경 속에서 보려는 사회복지의 전통적 노력에 가장 가까이 접근하고 있다. 이 접근법은 개인과 환경 사이에서 일어나는 부작용을 향상시키고 클라이언트의 생활기술을 증진시키며, 환경을 변화시키기 위하여 계획된 직접적 개입활동에 초점을 두고 있다.

행동주의이론은 사회복지사에게 구체적인 인간행동의 개념, 사정과 행동수정기법 및 실천에서 과정적 지침을 제공했으며, 효과적이고 효율적으로 클라이언트를 원조하게 하였다(임은희, 2014). 행동을 변화시키기 위한 시도로 보상이나 인센티브를 사용하는 것은 행동적 사고로부터 나온 개념이며, 인지행동적 치료는 사회복지영역에서 널리 사용되고 있는 개념이다. 행동주의이론이 사회복지실천에 미친 영향을 정리하면 다음과 같다.

첫째, 사회복지영역에서 많이 활용되는 행동주의이론들은 상황에서 '문제'에 대한 정의를 내리는 데 도움을 준다. 즉, 사회복지사가 관찰 가능한 행동에 초점을 둘 수 있게 해준다. 둘째, 행동주의적 접근방법들은 다양한 사회복지실천영역에서 활용되고 있다. 즉, 행동의 기초적 분류인 조작적 행동과 반응적 행동으로 분류할 수 있게 해준다. 조작적 행동은 환경 내의 결과에 의해 통제되는 반면 반응적 행동은 반응에 앞서는 자극을 드러냄으로써 대부분 통제된다. 예를 들면, 성적 충동과 같은 반응적 행동들을 사회복지사가 효과적으로 원조할 수 있게 하였다. 셋째, 사회복지사가 특정의 구체적 문제행동, 즉 특정행동의 학습, 강화, 유지, 약화, 제거 등에 초점을 두게 하였다. 넷째는 사회복지사들이 관찰, 측정, 경험적 지식 그리고 단일 사례 조사연구를 중시하게 하였다(임은희, 2014).

CHAPTER 4

인본주의이론

CHAPTER 4

인본주의이론은 인간의 과거 경험이 현재의 행동을 결정한다는 정신분석이론과 인간행동이 환경에 의해 학습된다는 행동주의이론과 달리 인간은 현재 지금 여기에서 어떻게 생각하고 느끼느냐가 인간의 행동을 결정한다고 본다.

이 이론은 인간이 자기행동에 책임을 질 수 있다는 실존주의 철학의 영향을 받아 '제3의 심리학(the third force of psychology)'이라고 불리기도 한다. 인본주의이론은 자유의지와 자아실현과 같은 인간의 긍정적인 측면에 초점을 두고, 인간은 누구나 자신의 잠재력을 실현하려는 강한 경향성을 가지고 있다고 보았다. 인간은 존재 자체로 존경받을 가치가 있다는 인간 중심적 관점을 취한 인본주의이론은 개인의 주관적 경험을 중요시하고, 인간을 긍정적이고 합리적인 존재로 보며, 인간을 이해하는 데 과거보다 지금-여기를 강조하는 현상학적인 경험을 강조하였다.

1. 로저스의 현상학이론

인본주의는 키에르케고르Kierkegaard, 사르트르Sartre, 카뮈Camus, 빈스방거Binswanger, 보스Boss, 프랭클린Franklin과 같은 실존주의 학자들의 노력으로 활성화되었다. 그러나 실존주의에서는 인간의 소외, 불안, 무의미 등과 같은 인간 존재의 한계성에 초점을 두고 있는 데 비해, 인본주의에서는 사랑, 창조성, 선택, 의미, 가치, 자아실현과 같은 인간의 긍정적인 측면을 강조하고 있다.

인본주의자들은 각 개인이 자신의 행동과 경험의 중요한 결정자임을 강조하면서 주관적인 경험이 인간의 행동을 지배한다고 믿었다. 즉, 인간은 스스로 경험하고 결정하며 자신의 행동을 자유롭게 선택하는 의지를 지닌 사람이라는 것이다. 또한 인간은 근본적으로 선하며 존경받을 만하고 환경조건이 적당하기만 하면 자신의 잠재능력을 실현해 나갈 수 있는 존재라고 보았다.

1) 로저스의 생애

로저스Rogers는 1902년 미국 일리노이의 오크 파크Oak Park에서 6남매 중 넷째로 태어나 엄격하고 종교적 규범이 있는 집안에서 자랐다. 12세 되던 해에 로저스의 부모들은 사춘기의 자녀들을 도시의 유혹에서 멀리 떨어지게 하고자 농장으로 이사를 하였다. 소년 시절은 가족 외에는 친구가 없어서 고교 시절까지 대부분의 시간을 혼자서 독서와 사색으로 보냈다.

로저스는 1928~1939년까지 로체스터대학에 있는 Child Study Department라는 아동폭력방지협회에서 불우아동을 위하여 치료활동을 하였다. 1940년에는 오하이오주립대학의 심리학 교수로 재직하였으며, 1945~1957년까지 시카고대학의 심리학 교수와 상담소장의 일을 맡았다. 이 기간 동안에 《내담자 중심 요법》을 출간했다. 1957년에는 모교인 위스콘신대학교에서 교수로 활동하였으며, 1964년에는 교수직을 사임하고 캘리포니아 주 라졸라에 있는 서부 행동과학연구소와 인간연구소로 자리를 옮겼다. 1956년 미국심리학회의 우수과학공로상을 수상했고,

1972년에 미국심리학회의 우수공로자상을 수상했다. 로저스는 인간의 잠재력에 접근하는 심리요법과 상담요법을 고안해 실행한 성격연구의 혁신자이며 참만남운동 encounter movement의 개척자로서 활동하다가 1987년에 사망하였다.

2) 주요 개념

로저스의 인간에 대한 이해는 현상학의 영향을 받았다. 현상학은 인간에게 나타난 현상을 어떻게 경험하고 느끼는지를 연구한다. 즉, 사건을 스스로 어떻게 지각하고 해석하느냐에 초점을 두는데, 현상은 물질적인 대상 자체가 아니라 인간 의식에 비추어진 그대로의 대상이다. 현상학적 입장을 취한 로저스는 사람이 어떻게 행동하는가 하는 것은 그 사람이 자기 자신과 자신이 존재하는 세계를 어떻게 지각하느냐에 달려 있다고 보았다. 그러므로 행동이란 개인이 세계를 지각하고 해석한 직접적인 사건의 결과로 생기므로 인간의 행동을 잘 이해하기 위해서는 개인의 내적 준거 틀internal frame of reference을 이해할 필요가 있다고 하였다. 개인의 주관적 세계인 내적 준거 틀을 기반으로 개인은 외적 대상을 지각하고 경험하면서 그것에 '의미를 부여하는 존재'임을 강조하였다. 로저스의 현상학적 입장에 관련된 개념은 다음과 같다.

(1) 긍정적 지향의 경향

로저스는 인간의 본성이 때때로 비정한 살인의 감정, 비정상적인 충동, 기묘한 반사회적 행동으로 나타나기도 하며, 인간이 파괴적이고 미성숙하며 퇴행적이고 위험한 방법으로 행동할 수 있다는 점에 동의한다. 그러나 인간 유기체란 분화, 자기 책임감, 협동과 성숙의 방향으로 나아가는 선천적인 경향성을 지니고 있으며, 긍정적으로 지향하는 경향이 있음을 발견하였다(최옥채 외, 2014 ; Rogers, 1961). 즉, 인간을 합목적적이며 건설적이고 현실적인 존재로서 어떤 힘에 의해서 이끌려 가는 피동적인 존재가 아니라 미래의 목적과 자기 지시적인 목적의 방향으로 에너지를 지향시킬 수 있는 활동적인 존재로 보았다.

(2) 자아실현의 경향

인간은 선천적으로 자신을 유지시키거나 향상시키기 위하여 자신의 능력을 개발하는 경향성을 지니고 있는데, 이를 자아실현 경향성이라고 한다. 로저스는 인간에게는 많은 욕구와 동기가 있지만, 가장 기본적인 욕구는 자기를 유지하고 증진시키며 실현하는 욕구로 보았다. 그러므로 인간의 삶에 있어서 최우선의 동기는 그 자신을 실현하고 보존하거나 개발하기 위한 것으로 인간은 유전적인 특질이 허용하는 한도 내에서 최선의 자기가 되는 것이다. 즉, 인간은 출생 이후부터 자아실현을 향해 생산적으로 성장하도록 되어 있으며, 가능한 한 자신의 잠재력을 최대한 발휘하려 한다는 것이다(Nye, 1991). 자기실현의 경향성을 구속하는 것이 바로 개인이 속해 있는 환경이다. 인간은 자기실현 경향성을 격려해주는 호의적인 환경이 조성되지 않으면 성장에 방해를 받는다(최영희 외, 2009). 인간은 자아를 실현하는 과정에서 유기체적 평가과정을 겪는다.

로저스는 유기체적 평가과정organismic valuing process을 통해 인간이 자아실현의 경향에 일나나 공헌했느냐에 따라 모든 생활의 경험이 평가된다고 보았다. 자아실현의 경향에 이바지하는 경험들은 바람직한 것으로 평가되고 긍정적인 가치가 부여되는 반면에, 자아실현을 방해하는 경험들은 바람직하지 못한 것으로 평가되고 부정적인 가치가 부여된다. 이러한 인식이 바람직한 경험을 반복적으로 추구하게 되는 원동력이 된다.

(3) 주관적 경험과 행동

경험과 행동 간의 관계를 이해하는 것은 로저스의 현상학적 이론의 중요한 주제이다. 로저스는 인간은 자신이 사건에 대하여 어떤 지각을 하느냐에 따라서 행동한다고 하였다. 즉, 인간의 행위를 지배하는 것은 자극 상황에 대한 주관적인 해석과 그것에 대한 개인적 의미이다. 그러므로 어느 누구도 자기의 현실을 타인에게 강요할 권리를 가지고 있지 않다.

인간의 행동을 이해하기 위해서는 행동이 과거에 일어난 어떤 것에 의하여 결정된 것이라고 보아서는 안 되고, 현재 처해 있는 환경과의 관계성을 파악하는 것이 필요하다. 즉, 현재의 행동에 영향을 끼치는 것은 과거의 경험이 아니라 과거 경험에 대한 현재의 해석이다. 그러므로 인간의 행동이나 성격은 '현재-미래'의 틀 속에서 연구되어야 한다.

(4) 긍정적 관심에 대한 욕구

모든 인간은 중요한 사람으로부터 따뜻함, 존경, 사랑 그리고 수용을 얻고 싶은 기본적 욕구를 가지고 있다. 아동의 경우 긍정적인 관심에 대한 욕구를 만족시키기 위해서 자신의 유기체적 평가과정을 희생하면서까지 부모의 판단에 맞추려는 경우가 있다. 예를 들어, 부모가 자녀에게 '말 잘 듣는 어린이'처럼 행동을 해야 사랑과 애정을 받을 수 있다는 입장을 취하면, 그 아이는 자신의 유기체적 평가과정에 의해 자신을 평가하기보다 부모의 '말 잘 듣는 어린이'라는 이미지에 따라서 자신을 평가한다. 아동은 부모로부터 긍정적인 관심을 얻기 위하여 자신이 경험한 가치를 부정하고, 부모가 생각하는 가치에 따라서 그 경험을 지각한다. 이러한 현상은 어린 시절에 자연스럽게 발달하며, 어린 시절의 긍정적인 관심에 관한 강한 욕구는 중요한 사람들이 자기에 대해서 가지는 기대와 태도에 많은 영향을 받는다.

특히, 조건적인 긍정적 관심이 지속되면 부모의 평가가 아동에게 내면화되어 그것이 자신을 평가하는 규범과 기준이 되며, 심지어는 자신의 행위를 제한시키고 현실을 왜곡하게 한다. 사람은 자아를 실현할 필요가 있음에도 타인으로부터 사랑을 받기 위하여 자기를 희생시켜야 하는 모순에 처한다. 이러한 상황에서 조건적인 긍정적 관심이 그 사람의 가치부여과정을 지배하게 될 때 그 사람은 자신의 잠재력과의 접촉을 상실하면서 자기소외를 경험할 수밖에 없다.

인간이 성숙하기 위해서는 이러한 자아와 경험 사이의 부조화를 피하고, 자기경험과 일치하는 방향으로 자아를 이룩하여야 한다. 즉, 자신이 자기행동의 통제자로서 통일된 유기체적 평가과정을 회복해야 한다.

(5) 무조건적인 긍정적 관심

로저스는 무조건적인 긍정적 관심unconditional positive regard이 건강한 성격발달을 위한 중요한 요소라고 하였다. 긍정적 관심은 타인에게 사랑받고 가치롭다고 여겨지고 수용되고자 하는 욕구이다. 이것은 조건 없이 있는 그대로 그 사람을 수용하거나 존경하는 것을 의미하며, 어떤 경우에서든지 주어지는 완전하고 진실된 사랑과 존중을 의미한다. 이는 부모가 아동을 양육할 때 아동이 하는 모든 말이나 행동을 수용한다는 것을 의미하지는 않는다. 아동에 대해 집착이나 평가하지 않고 그 자체로 귀중한 한 인간으로 존중해주며, 온정과 수용을 보이면서 한 인간으로서 사랑받고 있다는 분위기를 주는 것을 말한다. 이러한 부모의 태도에는 제한이 없다.

(6) 완전히 기능하는 사람

완전히 기능하는 사람The fully functioning person이란 훌륭한 삶 또는 이상적인 삶을 사는 사람을 말한다. 로저스는 훌륭한 삶이란 어떤 목적지가 아니라 인간이 어떤 방향으로든 자유롭게 움직일 수 있는 방향이라고 하였다. 방향이란 인간이 자유롭게 선택할 수 있는 내적 자유가 있을 때 스스로 선택한 방향으로 움직이는 것을 의미한다.

심리적으로 조금 더 자유롭고 완전히 기능하는 사람은 자신이 선택한 방향으로 움직이는 것이 가능하다. '완전히 기능한다'는 것은 자신의 잠재력을 알고 자신의 능력과 자질을 발휘하며, 자신에 대한 이해는 물음과 경험을 풍부하게 하는 방향으로 자신을 이동해 나가는 것이다. 로저스는 완전히 기능하는 사람이 공통적으로 가지는 다섯 가지 중요한 성격특질을 다음과 같이 언급하였다(최옥채 외, 2014 ; Hjelle & Ziegler, 1981).

- 완전히 기능하는 사람은 경험에 대하여 개방적이다. 완전히 기능하는 사람은 가치의 조건에 아무런 제재를 받지 않은 상태로 자신의 감정과 태도를 자유롭게 경험할 수 있으며, 방어기제의 사용 없이 자신을 개방할 수 있다. 경험에 자신을 개방하는 사람은 자신의 감정에 민감할 뿐 아니라 자신의 감정을 객관적으로 인식하며, 합리적인 사고와 사리 판단을 하여 상황에 적절하게 반응한다.
- 완전히 기능하는 사람은 실존적인 삶을 사는 사람이다. 실존적인 삶이란 인간이 존재의 매 순간을 충분히 만끽하며 충실하게 사는 것을 뜻한다. 현재의 자기나 미래의 자기는 바로 그 순간에서부터 나오는 것이며, 개인의 자아와 성격은 매 순간의 경험으로부터 이루어진다. 그러므로 실존적인 삶을 살아가는

사람은 자신의 경험구조를 현실생활에서 발견할 수 있으며, 융통적이고 적응적이며 관용적이고 자발적인 삶을 이루어간다.

- 완전히 기능하는 사람은 유기체적인 신뢰가 있다. 대부분의 사람들은 일부 집단이나 기관이 지켜 온 사회적 규범에 의존하며, 타인의 판단이나 과거에 자기가 유사한 상황에서 행동했던 방법에 의존한다. 즉, 자신들의 의사결정이 외적 영향력의 출처에 의해서 좌우된다. 그러나 완전히 기능하는 사람은 자신의 유기체적 경험을 통하여 자신이 해야 할 것과 하지 말아야 할 것을 스스로 결정한다. 완전히 기능하는 사람은 결정을 내리는 데 필요한 자신의 유기체적 경험을 가장 필요로 한 정보의 출처로 생각한다.
- 완전히 기능하는 사람은 선택에의 자유를 가지고 있다. 로저스는 인간의 행동이 사회적 압력과 과거의 행동에 영향을 받지만 인간은 자기가 선택한 인생을 자유롭게 살 수 있다고 보았다. 이러한 경험적 자유는 인간이 자신의 행동과 그 결과에 책임을 지는 것은 자신뿐이라는 의미를 내포하고 있다. 완전히 기능하는 사람은 자신의 인생에서 많은 선택을 하며 실제로 자신이 원하는 것은 어떤 것이든지 실제로 행할 수 있고, 자신의 행동과 그 결과에 대한 책임을 지는 것은 자신뿐이라는 것을 알고 있다.
- 완전히 기능하는 사람은 창조성을 지니고 있다. 완전히 기능하는 사람은 자신의 삶을 창조적으로 이끌며 건설적인 문화를 창출해내고, 문화 내에서 건설적으로 살아가는 경향이 있다. 이러한 사람들은 자신의 깊은 곳에 있는 욕구를 스스로 충족시킬 수 있고, 사회 속에서 살아가고 있지만 사회에 얽매여 살아가지 않으면서 건설적인 문화를 이끌어 낸다.

3) 성격구조

로저스는 인간의 성격을 크게 세 가지 핵심적인 요소, 즉 유기체, 현상학적 장, 자기로 구분하였다.

(1) 유기체

'유기체'란 한 개인의 전체-신체, 지성, 정서-를 의미한다. 우리 인간은 경험에 대하여 유기체적으로 반응한다. 다시 말해서, 어떤 자극이 있을 때 그 자극에 대하여 단순히 반응하는 존재가 아니라 전체적으로 조직화된 체계로 반응을 한다. 그런 의미에서 로저스는 전체적holistic 입장을 갖는다. 또한 인간 유기체는 성장과 성숙 및 자아실현을 향한 선천적인 경향성을 가지고 있다.

(2) 현상학적 장

'현상학적 장'이란 경험적 세계 또는 주관적 경험으로 개인이 지각하고 경험하는 모든 것을 말한다. 이것은 개인이 끊임없이 지각하고 경험하는 세계이다. 그리고 경험은 개인의 외적인 세계뿐만 아니라 내적인 것까지 포함된다. 여기서 개인에게 중요한 것은 어떤 실제적인 사실이 아니라 현상학적 장 속에서 개인이 그것을 어떻게 지각하는가 하는 점이다. 로저스는 두 사람이 동일한 사건을 경험하였지만 각각 다르게 지각하고 경함한다고 본다. 이러한 현상학적 장에는 개인이 의식적으로 지각한 것도 지각하지 못한 것도 포함되지만, 중요한 것은 개인은 객관적 사실이 아닌 자신의 현상학적 장에 입각하여 반응한다는 것이다.

(3) 자기

로저스는 성격이론에서 가장 중요한 것은 '자기'에 대한 개념이며, 성격이 발전하는 핵심요소로 본다. 자기는 전체적인 현상학적 장 또는 지각적 장으로부터 분화된 부분으로 '나'에 대한 일련의 인식과 가치로 이루어진다. 자기개념은 언제나 현상학적 장과의 계속되는 상호 작용하는 과정 속에서 성장하고 변화된다. 로저스는 자아개념은 현재 자신의 모습에 대한 인식인 현실자아self-image와 앞으로 자신이 어떤 존재가 되어야 하며, 어떤 존재가 되기를 원하고 있는지에 대한 인식인 이상적 자아ideal self로 구성되어 있다고 본다. 로저스는 자아구조와 주관적 경험이 일치될 경우에는 적응적이고 건강한 성격을 갖는 반면 이들 간에 불일치가 클 경우 부적응적이고 병리적인 성격을 갖게 된다고 하였다(김동배, 2014).

4) 로저스이론의 평가

로저스이론은 클라이언트 중심의 치료적 관계를 강조하여 상담영역에 상당한 공헌을 하였다. 치료가 이루어지려면 불안하고 취약한 클라이언트에게 치료자가 일관된 태도를 가지고 무조건적인 긍정적 존중과 공감적 이해로 관계를 맺어야 한다. 일치성은 치료자가 지닌 일반적인 자질이지만, 무조건적인 긍정적 존중과 공감 어린 경청은 치료자가 내담자에게 가질 수 있는 특별한 감정이나 태도이다. 치료자의 일치성은 클라이언트에 대한 치료자의 느낌이나 생각을 정확하게 인지하고 솔직하게 표현할 수 있는 능력을 말한다. 무조건적 존중은 클라이언트의 내재적 가치를 아무런 조건 없이 존중한다는 뜻으로 치료자가 클라이언트에 대한 평가나 판단, 다른 사람과의 비교 등을 하지 않는다는 것을 의미한다. 공감적 경청은 치료자가 정확하게 클라이언트의 감정을 감지하고 그들의 감정 세계에 편견, 투사, 평가 없이 들어가서 의사소통하는 것을 말한다. 로저스는 공감은 일시적으로 다른 사람의 삶 속에 사는 것으로, 판단 없이 섬세하게 다른 사람의 삶으로 이동하는 것이라고 하였다.

로저스의 클라이언트 중심치료는 정서적 장애를 가진 사람들의 치료에 유용한 것으로 평가되어 그동안 폭넓게 적용되어 왔다. 또한 인간본성의 긍정적인 측면과 자기개념의 중요성을 강조한 것은 많은 공감을 받고 있다. 이러한 학문적인 업적에도 불구하고 로저스의 이론은 몇 가지 측면에서 비판을 받고 있다.

첫째, 실제 현장에서 실천할 수 있는 구체적인 방안들에 대해 대안 제시를 못하고 있다는 점이다. 즉, 클라이언트가 자신의 문제를 해결하는 방식에 초점을 두지 않고 문제에 대한 클라이언트 자신의 인식과 이해를 증가시키려는 통찰 지향적 접근이기 때문에 대안 제시가 어렵고 개입의 효과성을 파악하기가 어렵다.

둘째, 치료자는 클라이언트에게 상담의 주제를 제시하거나 충고나 해석 혹은 제안도 하지 않고 허용적이며 비지시적인 태도를 지녀야 하는 반면에 클라이언트는 스스로 치료의 방향을 선택해야 할 책임이 있다. 그러나 심리적으로 취약하거나 불안한 사람에게 치료자가 무조건적인 긍정적 관심과 존중, 공감적 이해, 진솔성을 갖춘다는 것이 그리 쉽지는 않다.

셋째, 로저스의 이론은 인간의 무의식적 과정에 별다른 관심을 보이지 않고 있다. 그는 무조건적인 긍정적 관심, 공감적 이해, 진실성이 존재한다면 개인도 상징화된 경험들을 인식하게 될 수 있다는 것이다. 그러나 인간의 무의식은 이러한 것으로는 인식할 수 없으며, 무의식을 파악하기 위해서는 정신분석적 해석이 필요하다(Engler, 1991).

넷째, 치료자는 클라이언트에게 진실되어야 한다는 점을 강조하고 있지만 현실적으로는 클라이언트에 대한 자신의 진실된 감정을 표현한다는 것이 힘든 작업이다.

2. 매슬로의 자아실현이론

매슬로Maslow는 인간이 근본적으로 선하며 존경받을 만하고, 환경조건이 적당하기만 하면 자신의 잠재능력을 실현해 나가려 한다고 보았다. 그는 인간행동의 연구에서 건전하고 창조적인 측면을 기초로 하였으며, 인간행동이 자신의 욕구를 추구하려는 동기에서 나타난다고 보았다. 자아실현이론은 인간이 자신의 잠재력을 최대한 발휘하여 성격의 성숙을 포함한 자신의 성장과 발전을 기하며, 자기가 원하는 사람이 되도록 하는 것과 관련된 성격이론이다(이근홍, 2013).

1) 매슬로의 생애

매슬로는 러시아로부터 이민 온 유태인의 집안에서 7남매 중 장남으로 1908년 뉴욕의 브루클린에서 태어났다. 어린 시절과 청소년 초기에 심한 고독과 고통을 겪으면서 불행하게 지냈다. 아버지의 압력 때문에 법학을 전공하기 시작했으나 뉴욕시립대학에서 코넬대학으로, 3학년 때는 위스콘신대학으로 선학하여 심리학을 공부하기로 결심한 것은 왓슨의 행동주의에 결정적인 영향을 받았기 때문이다. 1930년에 문학사 학위를 받은 후 1931년 문학 석사를 받았다. 1934년 할로우 교수 밑에서 영장류의 행동을 공부하고 '원숭이의 성적 특성과 지배특성에 관한 관찰연구'로 박사학위를 받았다. 매슬로는 자기의 첫 딸을 낳고부터 행동주의로 인간을 이해하는 데는 한계가 있음을 느끼기 시작했다. 행동주의란 쥐나 다람쥐 같은 설치류를 이해하는 데나 적합한 것이지 인간을 이해하는 데는 적합하지 않다고 결론지었다.

1951~1969년까지 브랜다이스대학 심리학과 교수로 지냈고, 1967년에는 미국심리학회 회장을 맡으면서, 관찰 가능한 행동과 환경의 영향에 대해서만 초점을 두는 것에 반대하였다. 말년에는 인간의 잠재성에 대한 운동을 벌이는 단체를 지원하는 일을 하였다. 62세 되던 해인 1970년 6월에 캘리포니아에서 지병인 심장병이 악화되어 사망하기까지 인본주의 심리학을 위해서 일하였다.

2) 주요 개념

(1) 통합된 전체로서의 개인

인본주의이론의 가장 중요한 관점 중의 하나는 각 개인은 유일하면서도 통합된 전체로서 연구되어야 한다는 것이다. 인본주의이론은 주로 통합된 전체로서의 인간을 무시하고 행동의 나누어진 여러 부분들을 다루는 이론들에 대한 반발로 발전되었다. 매슬로는 성격의 주된 특질이 성격의 단일성과 전체성에 있다고 보았다(Hjelle & Zregler, 1994).

(2) 인간의 잠재적 창조성

매슬로는 인간의 가장 보편적인 특질은 창조성이라는 사실에 최초로 관심을 가졌고, 모든 사람은 태어날 때 창조성을 잠재적으로 가지고 있으나 문명화되면서 창조성을 잃게 된다고 생각하였다. 창조성을 천재들의 특수한 능력, 특정 분야에서의 우수한 소수만이 탁월하게 지니고 있는 창의적인 능력만을 의미하는 것이 아니라 인간 모두에게 잠재된 보편된 능력이며 특성으로 해석하였다.

(3) 형성되어 가는 것

인간은 항상 정적이지 않고 무언가 다른 존재가 되려고 하는 과정 중에 있다. 이는 곧 인간의 발전과 변화 가능성을 인정하는 것이다. 매슬로가 많은 영향을 받은 실존철학과 실존심리학의 흐름은 인간을 유전요소나 환경적 영향에 의해 결정되는 존재가 아니라고 보았으며, 인간을 스스로 자신의 행위에 책임을 지는 존재라고 보았다. 그리고 매슬로의 인본주의의 심리학이 이러한 실존철학으로부터 영향을 받은 것 중 가장 중요한 내용은 형성becoming의 개념이다. 그러므로 형성되어 가는 것becoming을 거부하는 사람은 성장하기를 거부하는 것이고, 스스로 인간실존의 가능성을 부정하는 것이다. 자기 잠재력을 가능한 많이 인식하는 것이 자유로운 인간으로서 개인이 가지는 책임이다.

(4) 욕구

매슬로는 인간행동을 일으키는 데 직접적으로 영향을 미치는 다섯 가지 욕구의 위계체계hierarchy of needs를 제안했다. 인간행동은 개인의 삶을 가치 있게 만드는 개인적인 목표를 추구하려는 경향 속에서 설명할 수 있으며, 이러한 목표는 욕구의 위계체계 속에서 성장욕구를 추구하려는 경향으로 나타난다는 것이다.

인간의 욕구는 본능적이며, 그것은 강도, 유용성, 중요성 등의 우선순위에 따라 일종의 계층적인 단계로 배열되어 있고, 가장 기본적인 욕구부터 시작하여 그것이 만족되면 더 높은 단계의 욕구를 추구하고자 한다는 것이다. 인간의 욕구는 생리적 욕구, 안전의 욕구, 소속과 사랑의 욕구, 자존심의 욕구, 자아실현의 욕구의 순서로 나타난다. 일반적으로 위계서열이 낮은 욕구일수록 강도가 높다. 자아실현의 욕구

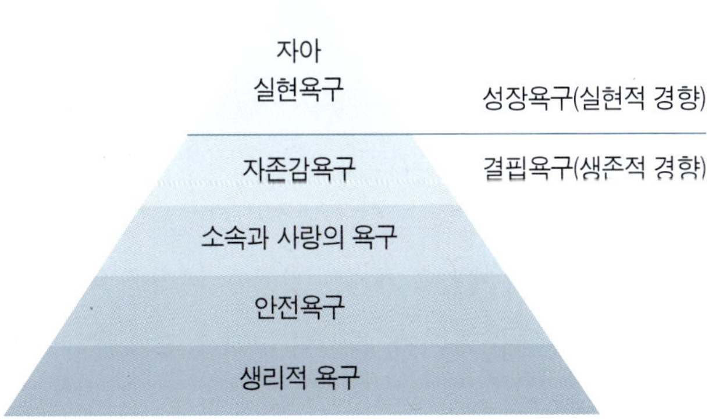

그림 4-1 | 인간의 욕구단계

는 성장욕구이고 나머지는 기본욕구로 볼 수 있다.

① 생리적 욕구

생리적 욕구는 모든 욕구 중 가장 기본적이고 강력하며, 음식, 물, 공기, 수면, 성, 추위나 더위로부터 감각자극에 대한 욕구 등이 포함된다. 사람들은 이러한 기본적인 욕구가 만족되지 않으면 더 높은 단계의 욕구를 충족시키려는 시도를 하지 않으려 한다. 예를 들어, 항상 배가 고픈 사람에게는 음식이 중요한 요소인 반면에 자유, 사랑, 소속, 존경 등의 다른 수준의 욕구에 초점을 두기가 어렵다.

② 안전욕구

사람은 생리적 욕구가 충족되면 다음으로 안전욕구로 분류되는 새로운 욕구가 나타난다. 안전의 욕구에는 안전, 안정, 보호, 질서, 불안과 공포로부터의 해방 등과 같은 욕구가 포함된다. 안전에 대한 욕구는 아동들에게서 흔히 나타나고 대부분 적절히 충족된다.

③ 소속과 사랑의 욕구

생리적 욕구와 안정욕구가 충족되면 친밀감이나 사랑과 같은 애정에 대한 욕구와 소속감을 추구하게 된다. 많은 사람들이 친구나 가족과 같은 사회적 연결고리가 없으면 심한 외로움을 느낀다. 따라서 소외감, 고독감 등을 극복하고자 하는 욕구는 산업화, 도시화에 따른 사회적 이동성의 증가로 인하여 점점 충족되기 어려워진다. 이러한 욕구를 충족하기 위해서는 개인이 조직, 단체, 집단 등에 가입하며 활동하는 것이 필요하다.

④ 자존감욕구

자존감욕구에는 두 가지 유형이 있는데, 이는 자기에 대한 존중과 타인으로부터의 존경이다. 자기에 대한 존중이란 스스로가 가치 있다고 생각하며, 능력, 신뢰감, 적합성, 성취, 독립, 자유 등의 개념을 가지는 것이다. 이러한 욕구들이 충족되면 사람들은 자기가치감과 확신감을 가지며, 자신이 능력 있고 유용하며 중요한 사람이라고 느낀다. 반면에 자존감의 욕구를 충족시키지 못하는 사람은 열등의식, 무력감, 나약함을 경험한다. 이러한 부정적인 자기인식은 스스로 좌절감을 느끼며 타인과 비교하여 자기비하감을 경험한다. 타인으로부터 존경이란 수용, 주목, 평판, 인정을 포함하며, 타인들로부터 좋게 인식되고 평가받음으로써 자신이 가치 있는 사람이라고 느낀다. 매슬로는 진정한 자존감이란 개인의 실제 능력을 근거로 타인들로부터 얻어 낸 존경에 근거하고 있으며, 타인들로부터 받는 존경보다는 자신에 대한 자존감이 더욱 중요하다고 하였다.

⑤ 자아실현욕구

자아실현욕구self-actualization는 인간의 욕구 위계 중 가장 높은 것으로 자신의 잠재력을 성취하고 실현하려는 욕망이다. 자아실현을 한다는 것은 자기가 원하는 종류의 사람이 되는 것이며 자신의 잠재력을 최고로 발휘하는 것이다. 자아실현의 형태는 사람마다 다르며 개인차가 크다. 인간의 잠재력을 실현하려는 충동은 자연스러운 것이지만 많은 사람들이 자신의 잠재력에 대해서 모르고 있거나, 자신의 능력을 의심하고 심지어는 두려워하는 경향이 있어서 자아를 실현할 기회를 소멸시키고 있다. 잠재력을 개발하기 위해서는 과거의 습관을 유지하는 경향에서 벗어나 새로운 경험을 위한 개방이 필요하다. 안전하고 따뜻하며 친절한 분위기에서 자란 아이들은 개인의 기본적인 욕구가 위협받지 않기 때문에 성장이 이루어지고 자신이 할 수 있는 최선에 도달하기 위해 노력한다. 아이로 하여금 자아실현을 성취하게 하려면 낮은 단계에 있는 욕구에 만족할 수 있는 기회를 많이 제공해 줄 필요가 있다.

(5) 자아실현의 특성

자아실현한 사람들은 자신의 존재 가치를 실현하는 사람들로 하위단계의 욕구가 충족되어 있고, 자신의 잠재능력을 최고도로 발휘하는 건강한 사람을 말한다. 건강한 사람은 자기가 누구이며, 어디로 가고 있는지를 아는 사람이다. 매슬로는 기능, 능력, 잠재력 등을 얼마만큼 충분히 사용하고 개발해 가는가를 자아실현의 척도로 삼아 자아실현한 사람들의 특징을 다음과 같이 정의하였다(Maslow, 1970).

- 자아실현한 사람들은 현실을 효율적으로 지각할 수 있고 안정된 관계를 유지한다. 또한 사람을 정확하고 효과적으로 판단하는 능력이 있어 가식이나 거짓 등을 빨리 간파할 수 있으며, 타인을 정확히 지각한다.

- 자아실현한 사람들은 불평이나 걱정이 없이 자신의 약점과 강점을 받아들인다. 자신의 약점에 대해 부끄럽게 생각하거나 죄책감을 가지지 않고, 자기의 본성 그대로를 받아들이는 사람이다. 뿐만 아니라 이웃의 결점, 인류의 결점에도 관대하다.
- 자아실현한 사람들은 삶의 모든 측면에서 꾸밈이 없고, 솔직하며, 자연스럽고 자발적이다. 일상적인 삶에 대하여 감사할 줄 알고 자율적이며 개인적인 윤리 규정을 가지고 있다.
- 자아실현한 사람들은 자기 중심적이지 않고 문제 중심적이며, 자기 자신보다 외부의 문제들에 관심을 가진다.
- 자아실현한 사람들은 자신에 대해 불편해하지 않으며 혼자일 수 있고 일반 사람들보다 더욱 고독과 일상생활을 즐기는 경향이 있다.
- 자아실현한 사람들은 사회적 환경으로부터 비교적 독립되어 있다. 그들은 만족을 위하여 실제 세계나 다른 사람, 문화 등에 깊이 의존하지 않고 자신의 발전과 성장을 위하여 자신의 잠재력과 잠재된 자원에 의존한다.
- 자아실현한 사람들은 자연이나 어린아이와 같이 삶의 기본적인 것에 관하여 기쁨과 즐거움을 느끼며, 새롭고 순수하게 감사해 하는 놀라운 능력이 있다.
- 자아실현한 사람들은 타인이나 사물을 평가할 때 새로운 관점으로 볼 수 있어서 생활 속에서 환희와 경이로움, 희망 등을 경험한다.
- 자아실현한 사람들은 때로는 분노나 혐오감을 느끼기도 하지만 대체로 인간에 대하여 깊은 일체감, 공감, 애정을 가지고 있다. 그들은 사람을 돕기 위한 열정이 있으며, 대부분의 사람들을 가족과 같이 대하는 경향이 있다.
- 자아실현한 사람들은 일반 사람들보다 소수이기는 하지만 친밀한 관계를 유지하는 친구가 있다. 적대감은 일시적으로 나타날 수도 있지만 지속되지는 않는다.
- 자아실현한 사람들은 민주적인 성격특성을 가지고 있으며, 누구에게나 조건 없이 우호적이며 모든 사람을 존중한다. 또한 타인들로부터 기꺼이 배우려 하고, 출생, 인종, 혈통, 가문, 나이, 힘에 의하여 사람을 차별하지 않는다.
- 자아실현한 사람들은 수단과 목적을 구분하며 실제 생활에서 옳고 그른 것을

확실하게 구분한다. 또한 그들은 인습적이지 않은 윤리적이고 도덕적인 기준을 가지고 있다.

- 자아실현한 사람들은 철학적이고 사려 깊은 유머감각을 가지고 있다. 이들의 유머는 타인에게 상처를 입히는 적대적 유머가 아니며, 타인의 열등감을 비웃거나 음탕한 농담 같은 유머와는 다르다. 이들의 유머는 웃음보다는 은은한 미소를 자아내는 유머이다.
- 자아실현한 사람들은 자신과 관련된 분야에서 창조성을 발휘한다.
- 자아실현한 사람들은 자아충족적이고 자율적이기 때문에 특정한 방식으로 생각하고 행동하라는 사회적 압력이나 극단적 대립을 해소할 수 있는 능력이 있다.

3) 매슬로이론의 평가

매슬로는 동기에 관한 이론을 개발하였는데, 특히 자아실현 동기의 역할에 대하여 심도 있는 연구를 하였다. 인간은 자아실현욕구에 의해 동기화되었으며, 자아실현한 사람들은 인지하고 지각하는 능력, 수용, 지속적인 감사, 자발성, 문제 중심적인 수단과 결과의 구분, 분리와 독립, 문화와 환경으로부터의 독립, 문화화에 대한 저항, 남을 도우려는 열망, 민주적 특성, 심오한 대인관계, 철학적인 유머감각, 창조성, 신비한 경험 등의 특징을 지니고 있다. 그러나 자아실현한 사람들은 완벽한 인간이라거나 항상 고도로 지적인 활동을 하거나 유명한 사람은 아니라고 하였다.

인간행동을 설명하는 데 인본주의적 접근은 인간을 자신의 인간성을 만드는 창조자로 보기 때문에 행동주의이론이나 정신분석이론의 입장과는 차이가 있다. 성장을 지향하는 인간의 노력은 행동주의이론이나 정신분석이론의 입장과는 차이가 있다. 성장을 지향하는 인간의 노력과 인간 자체가 존엄하고 가치가 있다는 가정은 인본주의이론의 핵심이다. 이러한 입장은 사회복지의 가치와 일치하며, 본질이라고 할 수 있다. 정신분석이론이나 행동주의이론은 비정상적이거나 일탈적인 인간행동에 초점을 두고 있는 반면에 인본주의이론은 긍정적이고 성장 지향적인 인간의 본질에 초점을 두고 있다. 그러므로 인본주의이론가들은 인간의 성격발달과 행동에 영향을 주는 환경적인 요소들을 매우 중요하게 생각한다. 이러한 학문적인 공헌에도 불구하고 이 이론은 몇 가지 측면에서 비판을 받고 있다.

첫째, 매슬로이론은 연구방법에서 비판을 받고 있다. 자아실현에 관한 정보를 수집하는 방법에서 자료를 이끌어 내기 위한 표본이 집단에 비해 너무 적기 때문에 일반화하기에 어려움이 있으며, 실험자료의 해석과 전기적 자료의 분석방법을 명시하지 않았다는 것이다. 또한 그의 이론은 관찰하거나 검증될 수 없는 부분이 많고, 과학적인 방법론이 취약하다는 것이다.

둘째, 매슬로의 이론에서 사용되고 있는 성장욕구, 메타병리, 자아실현과 같은 개념들은 명료성이 부족하고 모호한 점이 많다는 것이다. 또한 자아실현의 욕구가 학습된 것이 아니라 선천적인 것으로 보기에는 어려움이 있다(Schultz & Schultz, 1994).

셋째, 매슬로이론은 건전하고 창조적인 인간을 너무 강조한 나머지 인간행동의 내적인 측면과 환경에 의한 영향을 간과하고 있다. 또한 인간욕구의 우선순위는 사람에 따라 다양성을 보일 수 있기 때문에 욕구의 단계가 순서적으로 일어난다고 보기가 어렵다.

3. 사회복지실천에 대한 적용

인본주의이론은 인간에 관하여 희망적이고 낙관적인 견해를 지니고 있다. 모든 인간은 자신의 내부에 건전하고 창조적인 성장의 가능성을 가지고 있는데, 이 가능성은 부모의 훈육, 교육 그리고 다른 사회적 압력의 속박적이고 왜곡된 영향력 때문에 인식하지 못한다고 본다. 그러나 만일 인간이 자신의 생에 대한 책임을 기꺼이 수용하다면 이러한 영향력은 극복될 수 있다(이상로 · 이관용, 1992). 그러나 비판가들은 인본주의이론이 과학적이지 않다고 비판한다. 이러한 비판에도 불구하고 인본주의가 사회복지실천에 기여하는 바는 매우 크다. 인본주의이론이 사회복지실천에 미친 영향은 다음과 같다.

첫째, 사회복지실천의 가치관은 기본적으로 인본주의에 근거를 두고 있다. 인본주의는 인간이란 의식 있는 존재로서 이성적으로 생각하고, 선택하며, 자유롭게 행동할 수 있는 능력이 있다고 믿는다. 또한 인간은 삶을 통제하고 살아가는 방법에 대한 생각들을 바꿀 수 있는 개인적인 권한을 가질 수 있는 존재라는 사실을 중시한다.

둘째, 클라이언트 중심의 개입은 사회복지실천의 주된 원리와도 잘 맞는다. 인간을 전체로서 다루고 환경과 상호작용하는 존재로 보며, 자신의 경험에 관한 해석과 이해를 존중한다.

셋째, 이 이론은 사회복지실천에서 다른 이론들보다 더욱 융통성 있게 적용할 수 있다. 또한 클라이언트에 관하여 덜 결정론적이고, 덜 판단적인 이해를 하게 하는 토대를 제공한다.

넷째, 전체 인간에 대한 존중사상은 효과적인 실천의 기본적인 부분이며, 사회복지실천에서 가치관의 토대를 이루고 있다. 특히, 자발적이고 스스로 동기가 있는 클라이언트를 위한 사회복지실천을 할 때에 인본주의사상과 지식은 포괄적인 접근방법을 사용할 수 있게 한다.

다섯째, 사회복지사들은 클라이언트가 자신과 자신의 개인적 의미를 탐색할 수 있도록 도와준다. 개인적 의미란 자신이 지각하는 세계에 관해 나름대로 의미를 부여하는 것으로, 이는 또 다시 자신에게 영향을 준다. 또한 사회복지사는 클라이언트가 자신이 경험한 것에 대해 의미를 구성하고, 경험에 대한 의미에 따라 자기에 대한 새로운 사고를 창출할 수 있도록 다양한 측면에서 사고하도록 도움을 준다.

인본주의이론가 중에서 로저스의 인간 중심 접근person-centered approach은 사회복지실천에 가장 큰 영향을 끼쳤다. 이 이론은 개인이 더 큰 독립성과 통합성을 달성하는 것에 목표를 둔다. 즉, 단순히 문제를 해결하는 것이 아니라 클라이언트의 성장과정을 도움으로써 그들이 현재 대처하고 있고, 미래에 대처하게 될 문제들을 잘 극복해 나갈 수 있도록 돕는 것이다.

이 접근에 따르면 클라이언트의 잠재력을 개발하기 위하여 사회복지사는 클라이언트와 평등한 관계를 맺는 것이 중요하며, 치료적 관계에서 진실성과 일치성을 보여 주어야 하며, 자신이 하는 말과 행동에서 인격과 진실한 태도를 반영해 주어야 한다. 또한 사회복지사는 클라이언트에게 무조건적인 긍정적 관심을 가지며, 세상과 자신에 대한 클라이언트의 인식이나 견해에 대해 공감을 나타내는 것이 중요하다. 즉, 사회복지사는 솔직성과 진실성, 온화함과 존중, 수용의 자세, 공감적 이해 등을 가지고서 클라이언트와의 관계를 형성해야 한다. 이러한 개입원리는 클라이언트와의 관계형성을 중요하게 생각하는 사회복지실천영역에서 기본적이고 핵심적인 원칙으로 활용되고 있다.

또한 로저스에 따르면 사회복지사의 접근은 비지시적이고 비심판적이어야 하고, 적극적인 경청과 정확한 공감이 포함되어야 한다. 클라이언트의 개인적 성장을 추구하면서 클라이언트의 문제에 대한 과거력보다는 '여기 그리고 지금here and now'에 초점을 둔다. 또한 클라이언트를 어떤 조건에 따라서 진단하고 분류하기보다 한 사람의 인간으로 대한다.

로저스는 클라이언트와 진실한 관계를 맺는 것이 치료의 핵심요소라고 하였다. 아울러 치료자 자신이 클라이언트와 촉진적인 관계를 형성할 수 있는 자질을 갖추고 있는지를 스스로 평가해 보아야 한다고 하였다. 이러한 자기평가는 인본주의적 입장에 서서 사회복지실천을 행하는 사회복지사에게 매우 유용한 지침이 될 수가 있다(Greene & Ephross, 1991).

Human Behavior and Social Environment

CHAPTER 5

인지발달이론

C H A P T E R

5

인간이 동물과 다른 점은 사고의 틀에 따라 행동한다는 것이다. 이러한 사고의 틀을 중요시한 인지발달이론은 두뇌의 구조 변화와 인간의 경험 간의 상호작용으로 개인이 세상을 어떻게 받아들이고 해석하는지, 또한 문제가 생겼을 때 어떻게 해결하는지를 이해하도록 도와주는 이론이다. 인지발달이론은 인간을 단순히 외부 자극에 대한 반응자 또는 무의식적인 욕구를 지닌 생명체로 보지 않고 의식적인 사고과정을 하는 주체로 보았다. 즉, 인간의 두뇌가 발달단계를 거치면서 인지적 구조가 변화하는데, 이러한 구조 변화가 인간이 환경에 적응해 나가는 사고능력을 갖게 한다고 보는 것이 인지발달이론이다.

이 장에서는 대표적인 인지발달이론으로 피아제(Piaget)의 이론과 콜버그(Kohlberg)의 도덕성발달이론의 주요 개념 및 발달단계를 살펴보고, 인지치료이론으로는 벡(Beck)과 엘리스(Ellis)이론의 주요 개념과 그 이론들의 사회복지실천에 대한 적용을 살펴보고자 한다.

1. 피아제의 인지발달이론

피아제Jean Piaget는 아동의 인지발달단계를 처음으로 제시한 학자로서, 지능의 기능적인 측면과 구조적인 측면이 인지발달로 통합되는 과정을 설명해주고 있다. 인지발달이란 유기체와 환경과의 상호작용에서 이루어지는 적응과정으로 아동이 출생하는 순간부터 성인이 될 때까지 인지발달이 계속된다고 보았다. 인지발달은 일련의 명확한 시기와 단계를 거친다고 보았는데, 어느 단계도 건너뛰지 않으며, 단계의 순서는 불변한다고 하였다.

인지발달이론에서는 인간을 매우 주관적인 존재로 규정하고 있고, 또 능동적인 학습자라고 가정한다. 인간의 발달은 생물학적 요인에 의해서만 결정되는 존재가 아니고, 가족, 학교, 지역사회 등의 환경에 영향을 받으며, 모든 것들이 인간의 성장과 발달에 기여한다고 본다. 또한 인간은 이러한 환경적 자극을 능동적으로 중재하고 재구성할 수 있는 능력이 있으며, 지속적으로 성장 · 발달할 수 있는 잠재력을 지니고 있다고 본다.

1) 피아제의 생애

피아제는 1896년 스위스의 뉴사텔에서 태어나 중세학자인 아버지와 감성적인 어머니 사이에서 매우 엄격한 가정교육을 받으며 성장하였다. 그는 아동이 이해력을 획득하는 과정을 체계적으로 연구한 최초의 학자였다. 어린 시절에는 동물학에 관심이 많았다. 10세 때 공원에서 본 백종새 참새에 관한 논문을 써 학술지에 게재하였으며, 15세에 뉴사텔 박물관장의 연구를 도와 '연체동물에 관한 연구'를 유명한 동물학술지에 발표하여 동물학자들 사이에서 명성을 얻게 되었다. 21세에 자연과학 분야에서 박사학위를 받았지만, 이후 그는 생물학 지식과 인식론에 대한 흥미에 관심을 가지게 되어 아동심리에 관한 연구로 일생을 보내면서 최초로 아동이 이해력을 획득하는 과정을 체계적으로 연구하였다.

그는 1920년 비넷Binet 실험실에서 아동용 지능검사를 고안해 실시했고, 아동이 실수한 유형에 관심을 가지게 되었다. 아동의 사고체계가 성인들과는 다르다는 사실을 확인하고 아동의 사고발달과정에 초점을 두었다. 특히, 자신의 세 아이를 직접 관찰함으로써 실증적으로 아동을 이해하고자 노력하였다. 또한 아동의 인지발달은 유기체와 환경과의 상호작용으로 이루어지는 적응과정이며, 이 과정은 질적으로 다른 네 단계로 구분될 수 있다고 하였다. 이후 30여 년 동안 임상학연구를 통해 아동의 인지과정을 이해하는 데 몰입하다가 1980년 9월에 84세로 사망하였다.

2) 주요 개념

피아제의 인지발달이론에서는 도식schema, 적응adaptation, 동화assimilaation, 조절accommodation 그리고 평형equilibration의 개념이 중요한 의미를 갖는다.

(1) 도식

도식schema은 유기체가 외부의 사물을 인지하고 대응하는 데 사용하는 기본적인 '지각의 틀' 또는 '이해의 틀'이라고 할 수 있다(서봉연 · 이순형, 1983). 즉, 도식은 사물이나 사건 또는 사실에 대한 전체적인 윤곽이나 개념을 말한다. 유아는 태어날 때 빨기 반사나 파악반사와 같은 기본적인 몇 가지 반사능력만을 가지고 태어나지만 대부분의 도식은 타고난 것이 아니라 환경과의 접촉을 통해 형성되고 확대되는 것이다. 즉, 보기, 쥐기, 때리기, 차기와 같이 외부환경에 대처하기 위해 인간이 반복하는 행동과 경험을 말한다.

인간의 첫 도식은 '빨기 도식'이다. 영유아는 배가 고프지 않아도 입에 닿는 모든 것을 빨아댄다. 이후 자라면서 빠는 것 이외에 '쥐기', '보기' 등의 도식이 합쳐지면서 유아의 행동은 점점 다양해진다. 일단 인간은 어떤 도식을 가지면 그것을 능동적으로 사용하려는 욕구가 생긴다. 이렇게 도식은 동화를 거쳐 새로운 도식에 대한 조절을 하고 다시 그 새로운 도식에 외부세계를 동화하는 순환적 과정을 거쳐 점차 분화 · 통합된다(Lidz, 1968). 도식의 사용은 아동이 성장함에 따라 감각운동 차원을 넘어 개념적 차원까지 확대되어 간다. 그 결과 청년기에 이르면 수많은 개념적 도식을 획득하게 된다(최옥채 외, 2014).

(2) 적응과정

피아제는 인지를 유기체가 환경에 생물학적으로 적응하는 한 형태로 보았으며, 유기체가 환경과 끊임없이 상호작용하는 적응과정을 통해 인지발달이 이루어진다고 하였다. 인지발달에 대해 인간은 감각에 주어지는 환경의 정보를 수동적으로 받아들이기보다 정보를 능동적으로 선택하고 해석하여 자신의 지식을 구성한다고 하였다(Flavell, 1983).

적응과정은 동화assimilation와 조절accommodation이라는 두 개의 하위과정으로 이루어진다. 동화는 이미 가지고 있는 도식을 이용해서 새로운 경험, 사건 또는 개념을 기존의 도식으로 받아들이는 통합과정이다. 즉, 무엇을 먹거나 소화시킬 때처럼 흡수하는 것을 의미하고 자기 나름대로의 이해의 틀에 맞춰 이해하고 해석하는 것이다. 조절은 외부의 자극이나 정보에 맞게 자신이 현재 가지고 있는 도식을 변화시키는 과정이다. 즉, 대상이 기존의 틀로 이해되지 않을 때 그 틀을 변화시키는 것으로, 이를 통해 외부세계에 대처하는 방법을 효율적이고 정교하게 질적으로 구성할 수 있다(Crain, 1983).

예를 들면, 6~7개월 된 아동들은 자신의 손가락이나 장난감을 모두 빠는 도식의 틀에 넣어 동화하지만, 2세가 되면 손가락은 물건을 집거나 가리키는 데 사용하고, 장난감은 가지고 노는 것으로 인지하면서 도식의 틀을 조절하게 된다. 피아제는 아동의 놀이는 동화와 조절의 경험을 제공해주는 기제가 되므로 놀이는 아동의 인지구조발달에 중요한 역할을 한다고 하였다. 또한 아동이 새로운 물건이나 사건, 새로운 자극이나 정보에 적응하도록 하는 것이 바로 동화와 조절의 과정이라고 설명하였고, 이러한 동화와 조절과정을 통하여 인간의 인지가 점점 발달한다고 보았다.

(3) 평형화

인지의 평형화equilibration는 동화와 조절이 균형을 이루어 어느 한쪽도 불평형상태가 아닌 평형상태로 되돌아가려는 노력을 활성화시킨다. 동화와 조절이 상호 간에 균형을 이루고 있지만, 시간이 지나고 자기 자신과 환경이 변화하면서 긴장과 갈등이 유발되어 불균형이 야기되는데, 이때 다시 새로운 평형상태에 도달하려고 노력하는 것을 인지의 평형화 기능이라 한다. 즉, 지금까지의 인지구조에 갈등이 생기면 이러한 갈등을 해결하기 위해 인지 재조직화를 통해 새로운 인지구조를 만들게 되고 다시 인지적 균형을 찾게 된다. 이러한 평형화는 적응과 조직화의 기능을 조절하는 인지의 자기조절 기제이며, 이를 통해 인지구조의 발달이 가능해진다.

3) 인지발달단계

아동이 기존의 도식이나 구조에 부적합함을 느끼고 인지갈등을 극복하기 위해 평형화 과정을 거치게 되면 결과적으로 항상 이전의 도식이나 구조보다는 보다 정교화된 상위의 도식이나 인지구조가 형성된다. 피아제는 이처럼 새로이 형성되는 인지구조는 이전의 구조와 질적으로 상이하다고 믿고, 인지능력의 발달은 아동과 그를 둘러싼 환경과의 상호작용에 의해 단계적으로 성취되며 발달단계의 순서는 불변한다고 하였다(서봉연 · 이순형, 1983).

그러나 순서는 불변하여도 각 단계를 지나는 속도에는 차이가 있을 수 있다고 보았고, 이러한 발달은 어른으로부터의 학습이나 유전적 요인에 의해 결정되는 것이 아니라 환경과의 상호작용으로 아동 스스로가 구성한다고 보았다. 각 발달단계를 보면 다음과 같다.

(1) 감각운동기

감각운동기sensory motor period는 단순한 반사들을 나타내는 출생부터 초기의 유아적 언어를 나타내는 상징적 사고가 시작되는 2세경에 끝난다. 감각운동기는 아동이 보고 듣고 만지는 등의 감각과 신체적 운동으로 환경과 상호작용하면서 이 세상을 이해하는 것이다. 이때의 행동양식은 대부분 자극에 대한 반응으로 과거에 대한 기억이나 미래에 대한 계획이 아닌 순전히 감각운동에 기초하여 이루어진다.

감각운동기에 아동의 사고는 표상적 지능이 특징적으로 나타나는데, 이것은 정신적으로 대상을 표상하고 감각운동적 문제를 해결할 수 있는 능력을 성취하는 것을 말한다.

이 시기에는 표상형성의 기초가 되는 대상영속성이 발달하는데, 대상영속성이란 어떤 대상이 시야에서 사라졌다고 해도 그 존재가 없어지지 않고 살아 있다는 것을 아는 것으로 대상항상성이라고도 한다. 이와 같은 특성을 지닌 감각운동적 단계를 6개의 세부단계로 나누면 다음과 같다.

① 1단계 : 반사활동기(출생~1개월)

출생 직후부터 영아는 입에 닿는 것은 무엇이든 빨고, 손에 닿는 것은 잡으며, 소리가 나는 쪽으로 고개를 돌리는 등 일련의 반사기능을 반복적으로 연습한다. 즉, 자신이 지닌 반사기능에 환경 내의 여러 자극들을 동화한다. 이러한 반복적인 동화과정 속에서도 아기는 젖을 먹기 위해 젖꼭지의 크기에 입술 모양을 조절하거나, 물체의 크기에 따라 잡는 방식을 순응하는 초보적인 조절도 일어나게 된다.

② 2단계 : 일차 순환반응기(1~4개월)

순환반응circular reaction은 아기가 우연히 새로운 경험을 하고, 그러한 경험을 하기 위해 자신의 행동을 반복하는 것이다. 이 단계에서 유아의 관심은 외부 대상보다 자신의 신체에 있다. 즉, 우연히 손에 닿는 물건을 되는대로 잡거나 빠는 단편적인 반사기능으로부터 잡고 빠는 방식을 물체의 모양과 크기에 따라 다양하게 조절함으로써 보다 숙련되고 조직화된 도식을 형성한다. 잡거나, 보거나, 빠는 것과 같은 단편적인 반사기능들이 상호결합되어 물건을 잡아서 보거나, 입으로 가져가는 것과 같은 새로운 도식이 형성되는데, '잡기-보기 도식', '잡기-빨기 도식' 등이다. 피아제는 이처럼 최초의 도식이 통합되는 행동을 일차 순환반응primary circular reaction이라 하였다.

③ 3단계 : 이차 순환반응기(4~10개월)

2단계까지 영아의 감각운동기능은 잡거나 빠는 등 관심이 단순히 자신의 신체를 움직이는 즐거움에 한정되었던 것에 반해 3단계인 이차 순환반응secondary circular reaction의 영아는 최초로 환경 내에 있는 사물이나 사건에 관심을 가지고 이들을 탐색하는 행동을 보이게 된다. 예를 들면, 우연히 손으로 유모차 옆에 붙어 있는 막대기를 건드려 움직이는 것을 보고 재미를 느끼면 그것을 계속 치는 것은 이 시기에 흔히 볼 수 있는 행동이다.

④ 4단계 : 이차 순환반응협응기(10~12개월)

4단계에 들어서면 영아는 먼저 자신이 원하는 목표를 지각하고, 그 다음에 그것을 어떻게 성취할까를 찾게 되는 명백히 의도적인 행동intentional behavior을 보이게 된다. 이 시기의 영아는 어떤 결과를 얻기 위해 둘로 분리된 도식을 협응하여 의도적이며 수단·목적적인 행동을 수행한다. 즉, 목표가 되는 하나의 도식에 도달하기 위해 수단이 되는 다른 도식을 사용하는 능력을 갖게 된다. 피아제는 어느 날 아들이 인형을 잡으려는 것을 막았으나 아이는 막으려는 그의 손을 치우고 인형을 잡는 데 성공하였다. 이처럼 아들은 인형을 잡으려는 목표도식에 도달하기 위해 먼저 손을 치우는 수단적인 도식을 사용할 수 있게 된 것이다. 즉, 치우기와 잡기라는 두 개의 도식을 연결하는 점에서 피아제는 이 단계를 이차 순환반응협응기라고 부른다.

⑤ 5단계 : 삼차 순환반응기(12~18개월)

5단계의 영아는 4단계에서 획득한 수단목적관계를 단순히 반복하거나 다소 변형시키는 것이 아니라 외부세계에 대해 적극적이고 실험적이며 탐색적인 접근과 시행착오과정을 통해 새로운 수단과 결과 간의 관계를 탐색하게 된다. 즉, 새로운 대상이 나타나면 탐색하고 다른 행동양식을 적용해 봄으로써 그 대상의 구조와 기능을 알려고 노력한다. 예를 들어, 비누를 가지고 놀던 아기가 우연히 비누를 떨어뜨리게 되면서 그 떨어지는 속성에 흥미를 갖게 되면, 이전 단계의 영아처럼 단순히 되풀이해서 비누를 떨어뜨리는 대신에 서로 다른 높이와 각도에서 비누를 떨어뜨려 보거나 다른 장난감들을 떨어뜨려서 그 떨어지는 양상의 차이를 살펴보는 것과 같다. 이처럼 이 시기의 영아는 마치 되풀이해서 새로운 실험을 하듯이 사물을 탐색하고, 그 속성을 파악하여 새로운 도식을 형성하게 된다. 피아제는 이 단계의 도식을 삼차 순환반응기tertiary circular reaction라고 부른다.

⑥ 6단계 : 상징적 표상단계(사고의 시작 : 18~24개월)

6단계에서 영아의 인지발달은 전조작기로 이행하는 질적인 변화를 겪게 된다. 5단계까지의 영아는 외적이며 직접적인 행동에 의해서만 사물에 대한 인지작용이 가능하지만, 6단계에 들어서면 영아는 직접 행동하지 않고 상상하거나 생각함으로써 눈앞에 없는 사물이나 사태를 내재적으로 표상하는 심상mental representation을 형성

■ 표 5-1 감각운동기 하위단계의 특징

	단계	연령(개월)	특징
1	반사기능	0~1개월	빨기 · 잡기 등 생득적 반사의 연습
2	일차 순환반응	1~4개월	반사기능으로부터 적응적 도식의 발달
3	이차 순환반응	4~8개월	흥미로운 사태를 재현하는 절차 발달
4	이차 순환반응협응	8~12개월	수단과 목표를 결합하는 의도적 행동 표출
5	삼차 순환반응	12~18개월	탐색과 시행착오를 통해 새로운 수단–목표 결합
6	상징적 표상	18개월~2세	표상 및 상징기능 출현

할 수 있게 된다. 예를 들어, 성냥갑 속에 들어 있는 구슬을 찾기 위해 성냥갑을 한참 쳐다보다가 방법을 생각해 낸 후 상자를 열고, 그 안의 구슬을 꺼내는 것이다. 이러한 행동은 이전에 관찰하였던 성인모델의 행동을 모방하는 것이다.

6단계의 표상이 형성됨으로써 영아는 목격한 행동을 그 자리에서 모방하지 않고 시간이 지난 후에 사라진 모델의 행동을 재생할 수 있는 지연모방deferred imitation을 획득하게 된다. 지연모방이란 아동이 목격한 사건을 그 자리에서 모방하는 것이 아니라 시간이 지난 후 자발적으로 재현하는 모방을 뜻한다. 표상이 형성되면서 눈앞에 없는 대상에 대한 사고가 가능하게 되며, 전조작기 사고의 단계로 이행하게 된다.

대상영속성의 개념은 감각운동기 전체에 걸쳐 발달한다. 대상영속성이란 어떤 대상이 우리 시야에서 사라졌다 하여도 그 존재가 소멸되지 않고 살아 있다는 것을 아는 것이다. 즉, 우리 자신의 지각, 운동적 접촉과는 완전히 독립적인 존재로서 사물을 보는 것으로 감각운동기 전반에 걸쳐 서서히 발달한다. 이렇게 발달되는 대상영속성의 개념은 타고나는 것이 아니라 경험을 통하여 획득되는 것이고, 보편적이며 일정한 순서를 거치면서 획득된다.

• 1~2단계(0~4개월) : 이 시기에 아동은 사물이 시야에서 사라지면 잠시 그곳을 응시하다가 더 이상 찾으려 하지 않고 잊어버린다. 즉, 시야에서 사라진 뒤 그 대상의 지속적인 존재에 대해 어떠한 관심도 표현하지 않는다. 따라서 이 시기의 아동은 장난감을 등 뒤로 숨기면 더 이상 찾으려 하지 않고 관심을 보이지 않는다.

- 3단계(4~8개월) : 이 시기의 아동은 대상이 움직이는 대로 따라가 움직이는 방향을 추정하여 응시한다. 예를 들어, 침대 위에서 놀다가 침대 밑으로 장난감이 떨어지면 몸을 숙여 침대 밑을 쳐다본다. 또한 등 뒤에 물건을 숨기면 잠시 멈칫하다가 바로 찾는다. 이처럼 시야에서 사라진 대상에 대한 시각적 탐색은 보이지만 불투명한 덮개로 덮어버리면 손으로 그것을 치워 찾아보려는 탐색은 하지 않는다.
- 4단계(8~12개월) : 이 시기의 아동은 불투명한 덮개로 덮어도 그 대상을 찾아낸다. 그러나 대상의 탐색은 한번 찾아낸 장소에 대한 심상에 의해 영향을 받는다. 예를 들어, 아동이 가지고 놀던 장난감을 여러 번 파란색 덮개에 씌워 찾게 하면 아동이 보는 앞에서 분홍색 덮개에 씌우더라도 파란색 덮개를 들춰 본 뒤 없으면 탐색을 포기한다. 이러한 현상은 파란색 덮개에 대상이 있을 것이라는 심상을 가지고 있기 때문에 분홍색 덮개를 찾아보지 않는 것이다.
- 5단계(12~18개월) : 이 시기의 아동은 파란색 덮개(A)뿐 아니라 분홍색 덮개(B)에 싸인 장난감을 찾을 수 있다. 물론 과도기적으로 A와 B를 갈등하며 찾는 모습을 보이지만 점차 A를 살피지 않고도 B에서 대상을 찾는다. 그러나 이 시기의 아동도 역시 시야에서 사라진 후의 위치 변화까지는 상상하지 못한다. 예를 들어, 공을 숨기는 것을 보면 찾을 수 있어도 공이 소파 밑으로 굴러가서 보이지 않으면 소파 밑에서 공이 이동할 수 있다고는 생각하지 않는다. 즉, 보이는 이동에 대해서는 대처할 수 있어도 보이지 않는 이동에 대해서는 대처하지 못한다.
- 6단계(18~24개월) : 이 시기의 아동은 완전히 대상영속성의 개념을 획득한다. 즉, 자신의 지각적 · 운동적 접촉과는 상관없이 완전히 독립적으로 존재하고 움직일 수 있는 외적 실체로 대상을 간주한다. 따라서 공이 소파 밑으로 굴러가 보이지 않아도 소파 밑에 공이 있다는 것을 안다.

(2) 전조작기

전조작기pre-operational period는 2~7세경의 유아에게 해당되는 시기로, 유아는 언어를 사용하면서 물건이나 사건을 기억하고 표현하는 능력이 가능해지지만, 조작능력에는 한계가 있어 변형된 경험을 논리적 사고로 환원시키지 못하고, 지각에 의한 직접적 경험으로 사물이나 사건을 이해한다. 피아제는 전조작적 단계를 다시 2~4세경의 전개념적 사고preconceptual thinking단계와 4~7세 사이의 직관적 사고intuitive thinking단계로 구분한다.

2~4세까지의 전개념적 사고단계는 도식이 내적으로 표상되는 전환기로서 상징적으로 사물을 조작할 수 있도록 해주는 표상기술을 획득하게 된다. 즉, 이 단계에서는 마음속으로 사물의 이미지를 만들 수 있으므로 모방, 심상, 상징화, 상징놀이, 언어기술 등이 획득된다. 따라서 유아는 더는 만지거나 보지 않아도 표상기술을 사용하여 과거에 일어났거나 미래에 일어나기를 원하는 사건을 표현할 수 있다. 상징놀이를 통해 사회, 신체, 내적 세계를 실험하고 이해하며, 현실적으로 불가능한 것도 상상으로 다룰 수 있고, 언어적 제한성을 보충할 수 있게 된다.

피아제는 4~7세 사이를 직관적 사고단계라 부른다. 직관적 사고intuitive thinking란 대상이 갖는 단 한 가지의 가장 현저한 지각적 속성에 의해 그 대상의 성격을 판단하는 것으로 유아기에 중심화된 사고양상을 의미한다. 수, 크기, 모양, 색깔과 같은 한 가지 두드러진 속성에 근거하여 대상을 이해하려는 사고를 말한다.

유아는 아직 사물이나 사건의 여러 측면에 내재된 규칙이나 조직을 이해하지 못하여 직관적 사고를 한다. 유아의 직관적 사고는 전조작기의 중심적인 사고양상으로 보존개념, 분류화, 서열화 등에서 잘 나타난다. 전조작기에는 어떤 대상을 단 한 가지의 지각적 특성에 의해 판단하는 직관적 사고 때문에 보존 개념이 획득되지 못한다. 또한 이 시기에는 직관적 사고 때문에 유목 간의 부분과 전체의 논리적 관계 및 상위유목과 하위유목 간의 위계관계를 이해하지 못하여 분류화와 서열화가 획득되지 못한다. 자기중심성과 직관적 사고는 7~8세경에 아동이 구체적 조작기에 접어들면서 동시에 극복된다(Piaget, 1983).

① 자아중심성

자아중심성egocentrism은 유아가 자신의 관점과 다른 사람의 관점을 구별하지 못하기 때문에 모든 사람이 자신이 보는 것과 똑같은 방식으로 사물을 보고 생각한다고 믿는다. 피아제는 이러한 자아중심성을 설명하기 위해 유아에게 산 모형을 제시하여 각각 다른 방향에서 산을 관찰하게 하였다. 그리고 인형은 D의 자리에서, 아동은 A의 자리에서 산을 관찰하게 한 다음 자신의 쪽에서 본 산과 인형 쪽에서 본 산의 모양을 그림 중에서 찾아보라고 하면 유아는 자신과 인형이 같은 것을 보았다고 생각하여 둘 다 관점 A를 선택한다. 즉, 인형과 자신의 관점이 다를 수 있다는 사실을 이해하지 못한다.

② 비가역적 사고

한 방향에서만 상황을 이해할 뿐 역으로 유추하지 못하는 인지적 특성을 말한다. 예를 들어, "너의 사촌이 누구니?"하면 "재윤이에요."하고 답하지만 거꾸로 그럼 "재윤이의 사춘은 누구니?"라고 물으면 대답을 못한다.

③ 집중성

상황의 한 부분에만 집중하고 다른 부분은 무시하는 경향을 말한다. 같은 양의 물을 좁고 긴 컵과 넓고 짧은 컵에 부었을 경우 아동은 높은 쪽에 더 물이 많다고 생각한다. 전조작기에는 이중 분류가 불가능하기 때문에 다양한 차원 중 하나의 차원에만 주의를 기울이는 특성을 보인다.

④ 보존개념

전조작기의 아동은 보존개념이 형성되지 않아 그림 5-1에서처럼 같은 컵에 같은 양의 우유를 부어 보여 준 뒤 한 컵의 우유를 다른 긴 컵에 부으면 그 양이 달라져 긴 컵에 부은 우유가 많다고 대답한다. 즉, 동일성, 보상, 역조작의 개념이 아직 이루어지지 않은 상태이다.

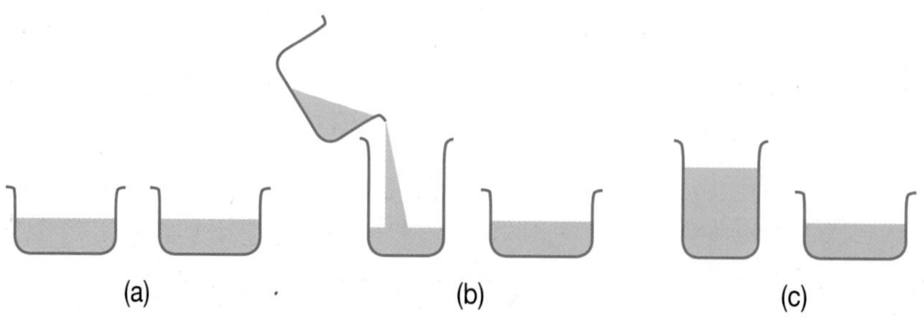

그림 5-1 | 보존개념 실험

⑤ 유목화(분류)

유목화는 전체와 부분 간의 공통점과 차이점, 관련성을 이해할 수 있는 능력이다. 유목화는 일반화와 변별을 통해 이루어진다. 전조작기의 아동은 유목화classification가 되지 않아 18개의 갈색 구슬과 2개의 흰 구슬이 모두 나무 구슬이라 한 뒤 "갈색 구슬이 많으니, 나무 구슬이 많으니?"라고 물으면 아동은 갈색 구슬이 더 많다고 대답한다. 즉, 갈색 구슬이 나무 구슬의 하위 유목임을 인지하지 못한다. 따라서 이때는 동물과 식물이 생물의 하위 유목임을 교육하기 힘들다.

⑥ 물활론

물활론annimism은 사물은 모두 살아 있고 각자의 의지에 따라 움직인다고 생각하는 것이다. 즉, 유아는 생명이 없는 대상에게 생명과 감정을 부여한다. 4~6세가 되면 유아는 활동하는 것은 모두 살아 있는 것으로 여긴다. 예를 들면, 유아는 태양은 빛을 발하기 때문에 살아 있으며, 산은 아무것도 하지 않으므로 죽어 있다고 본다. 인형에 생명을 부여하여 인형의 다리가 부러지면 인형이 아프다고 생각한다.

⑦ 상징적 기능

상징적 기능symbolic function은 유아가 눈에 보이지 않는 사물이나 행동을 표상하기 위해 상징을 사용하는 능력을 말한다. 상징적 기능은 상상놀이, 그림 및 언어를 통해서 가장 잘 표현된다. 상상놀이란 가상적인 사물이나 상황을 실제사물이나 상황으로 상징화하는 놀이이다. 예를 들면, 베개를 아기라 하면서 업고 다닌다. 상징놀이를 통해 유아는 어떤 대상, 사람 및 상황의 속성을 재현할 수 있다. 소꿉놀이, 기차놀이, 병원놀이 등은 상징놀이에 속한다(송명자, 1996 : 103).

⑧ 타율적 도덕성(사실적 도덕성)

타율적 도덕성heteronomous morality은 6~10세의 유아가 성인들에 의해 부여된 규칙과 신념에 대한 강한 존중감을 발달시키고, 그것에 맹목적으로 복종하는 것을 뜻한다. 아동은 공기놀이의 규칙은 지켜져야 하고 지켜지지 않으면 벌을 받기 때문에 절대적으로 지켜야 한다고 생각한다. 또한 위급한 환자를 병원으로 데려가는 중에 '도로규칙을 위반'할 경우 어린 아동은 그 행동이 벌을 받아야 한다고 생각한다. 그리고 의도보다 결과를 더 중요시하여 엄마를 도와주려다가 컵을 15개 깨뜨린 아이와 엄마 몰래 사탕을 먹으려다가 1개의 컵을 깬 아이 중 누가 더 나쁜지 물으면 대부분 15개의 컵을 깬 아이가 더 나쁘고 더 많은 벌을 받아야 한다고 대답한다. 컵을 깨는 것은 나쁜 것이고 의도와는 상관없이 결과적으로 더 많은 컵을 깬 아이가 그만큼 더 나쁘다고 판단하는 것이다. 이러한 타율적 도덕성은 구체적 조작기에 들어간 10세까지도 대부분 계속되다가 점차 자율적 도덕관을 받아들이게 된다(송병덕 외, 2010).

알아두기

자율적 도덕성

자율적 도덕성(상대적 도덕성)은 10~11세의 아동들이 사회규칙은 변경될 수 있으며, 규칙이 사람들의 동의 여하에 따라 바뀔 수도 있는 임의적 합의라는 사실을 깨닫게 된다. 또한 규칙이란 사람들의 욕구에 따라 위배될 수도 있는 것이라고 느끼게 된다. 아동은 행동 자체의 객관적 결과보다는 의도에 의해 옳고 그른 것을 판단할 수 있다.

(3) 구체적 조작기

구체적 조작기concrete operational period는 7~11세까지를 의미하는데, 이 시기 동안에 체계적인 논리적 사고가 발달하게 된다. 피아제에 의하면 조작은 내면화된 행동체계를 의미한다. 이 시기를 '구체적'이라 표현한 이유는 구체적 사물과 구체적인 행위에 대해서만 체계적으로 사고하고, 직접적인 경험을 통해서만 인지를 획득하기 때문이다.

① 보존개념의 획득

보존개념이 획득된 이 시기의 아동은 형태와 위치가 변화하더라도 물질의 양, 수 등이 동일하게 유지된다는 동일성, 보상, 역조작성의 논리를 사용할 수 있다.

② 탈중심성

구체적 조작기의 아동은 또래들과의 관계 속에서 점차 자아중심성으로부터 벗어난다. 이러한 탈중심성은 언어발달로 의사소통이 이루어지면서 더 활발해진다.

③ 자율적 도덕관

10세를 전후로 하여 아동은 규칙이 사람들 간의 상호 합의이며 서로가 동의하면 언제든지 변할 수 있는 것임을 안다. 이것 역시 또래들과의 상호작용을 통해 발달하며 협동을 하기 위해 규칙이 자율적으로 변화할 수 있음을 알게 된다.

④ 유목화

전조작기에서 불가능했던 유목화가 가능하며 동물과 식물이 생물보다 하위 유목임을 안다.

(4) 형식적 조작기

형식적 조작기formal operation period는 12세가 되면서 아동은 구체적 조작기의 아동과 달리 직접적으로 경험하지 않아도 추상적으로 사고하고 추론을 통해 가설을 세워 검증할 수 있는 사고가 가능해진다. 즉, 경험하지 못한 사건에 대한 가설적이고 추상적인 합리화를 통하여 과학적 사고를 할 수 있다 된다. 예를 들어, "재윤이가 민주보다 작고 철수보다 클 때 셋 중에 누가 가장 클까?"하고 물으면 구체적 조작기의 아동은 이 세 명을 한 줄로 세워봐야 알게 되지만 형식적 조작기의 아동은 마음속으로 배열하여 추론을 통해 그 답이 가능해진다. 또한 조합적 사고combination thinking를 통해 여러 가능성을 생각하고 가설을 검증할 수 있게 되며, 이를 통해 다양한 문제해결능력과 분석능력이 발달하게 된다.

① 추상적 사고

추상적 사고abstract thinking는 실재적 · 구체적으로 경험할 수 없는 사건을 머릿속으로 생각하는 것이다. 형식적 조작기에는 어떤 사물에 대해 다양한 요인을 함께 고려할 수 있을 뿐만 아니라 사물이 존재하는 방식과 기능하는 방식에 대해 창의적으로 사고할 수 있다. 또한 이 시기에는 자신의 미래에 대해서나 자신이 나아갈 사회에 대해서도 사고를 하게 되며, 현실과 다른 가상적 사회를 꿈꾸고 구상하기도 한다.

② 가설 연역적 추리

가설 연역적 추리hypothetical-deductive reasoning는 제시된 문제에 내포된 정보로부터 하나의 가설을 설정하여 일반적인 원리를 바탕으로 특수한 원리를 논리적으로 이끌어 내는 것을 말한다. 즉, 구체적 조작기에는 어떤 문제 상황에 놓이게 되면 과거의 문제해결경험을 바탕으로 문제를 해결하려고 하지만, 형식적 조작기에는 문제해결 방안과 관련된 가설을 설정하고 체계적인 검증을 통하여 하나의 문제해결의 원리를 표출해낸다.

③ 조합적 사고

조합적 사고combination thinking는 하나의 문제를 해결하기 위해 여러 가지 가능한 해결책을 논리적으로 구성하여 문제해결에 이를 수 있는 사고이다. 구체적 조작기에는 문제해결을 위한 가능한 방법을 체계적으로 조합하여 생각하지 못하지만, 형식적 조작기에는 문제해결을 위해서 사전에 모든 가능한 방법을 생각하고 체계적으로 조합할 수 있는 능력을 갖게 된다.

4) 피아제이론의 평가

피아제이론은 아동의 인지발달에 대한 전반적 이해의 틀을 제시하였다. 피아제는 일상생활에서 실제로 아동이 하는 행동을 관찰하고 이에 근거하여 이론을 개발하였기 때문에 사회복지실천 프로그램 개발에서의 적용이 용이하다. 또한 일반 아동의 인지발달에 대한 이해뿐만 아니라 인지발달이 늦거나 학습장애 등을 가진 아동에 대한 개입에서도 유용하다(이종복 외, 2014). 특히, 아동들이 지능이 낮아서가 아니라 어른들과 달리 사고한다는 것과 아동의 과학적 · 수학적 추리능력이 어떻게 발달하는지를 잘 밝혀 주고 있다. 그러나 이러한 기여에도 불구하고 피아제이론에 대한 몇 가지 제한점이 지적되고 있다(한덕웅, 2001 ; Crain, 1983).

첫째, 아동의 인지발달이 자발적이라는 주장이 강한 비판을 받고 있다. 성인의 가르침이 없어도 아동 스스로 인지구조를 발달시킨다는 것인데, 이에 대해 특히 학습론자들은 훈련의 효과를 제시하며 부모와 교사의 중요성을 강조하였다.

둘째, 피아제는 청소년기가 되면 최종적인 인지발달이 이루어진다고 보았는데, 일부 학자들은 성인기에도 인지발달은 계속된다고 주장하였다. 특히, 상당수의 성인들이 청소년기에 도달한다는 형식적 조작기에 도달하지 못한다고 반박하고 있다.

셋째, 피아제의 자아중심성, 도덕판단과 관련된 개념들은 정교하지 못하다는 비판을 받고 있다. 예를 들어, 전조작기의 아동이라 하여도 모두 자아중심적인 것은 아니며, 모두 물활론적 사고를 가지고 있는 것도 아니라는 것이다.

넷째, 실험실에서 과학적으로 이루어진 연구가 아니고 자신의 자녀를 관찰한 내용을 토대로 하여 연구방법의 객관성과 신뢰성이 부족하다는 것이다.

다섯째, 피아제이론은 아동과 주변 사람들 및 사회적 환경과의 관계에 관심을 두지 않았고, 정서장애나 성격장애에 대한 설명이 없다는 점에서 비판을 받고 있다.

2. 콜버그의 도덕성발달이론

1) 콜버그의 생애

로렌스 콜버그Lawrence Kohlberg는 1927년 미국의 브롱스빌에서 태어났다. 콜버그는 부유한 환경에서 어린 시절을 보냈으며, 매사추세츠의 사립 고등학교를 졸업한 후 이스라엘 건국운동에 참여하여 유럽에서 오는 귀환자를 태우는 수송기의 부조종사로 일을 하였다. 이후 1948년 시카고대학에 입학하여 심리학을 전공하면서 피아제이론에 영향을 받아 아동과 청소년의 도덕적 사고에 대한 연구를 하였다. 콜버그는 도덕성문제로 박사학위를 받음으로써 새로운 도덕성발달이론을 체계화하였다. 그는 시카고대학의 심리학과 교수를 거쳐 하버드대학의 교수로 재직하다가 1987년 60세의 나이로 생을 마감했다(Rest, Power & Brabeck, 1988).

2) 주요 개념

콜버그는 피아제의 이론에 영향을 받아 도덕성발달에 관심을 갖게 되면서, 피아제의 이론을 보다 세분화하고 체계적으로 발전시켜 자신의 독자적인 이론을 구축하였다. 그는 아동의 도덕적 판단이 일정한 단계를 거치면서 발달한다는 피아제의 주장에 동의하면서 각 단계를 세분화하였다. 콜버그는 도덕적 딜레마 상황을 연령이 다른 응답자에게 제시하고, 그에 대해 도덕적 추론을 하게 한 뒤, 자신이 그러한 상황에 처했을 때 어떻게 행동할 것인가, 그리고 왜 그런 판단을 내리게 되었는가를 묻는 방법으로 도덕성을 연구하였다.

콜버그는 사회문화적 배경에 따라 도덕적 신념이나 가치의 내용이 다양하기 때문에 도덕성의 내용보다는 도덕적 사고구조에 중점을 두었다. 그는 도덕적 딜레마를 해결함에 있어 옳고 그름의 내용보다는 도덕적 판단을 내리게 한 사고의 틀이나 그 논리양상에 따라 도덕성발달단계가 결정된다고 보았다. 그의 이론의 가장 큰 특징은 인지발달 수준에 따라 도덕성발달단계가 결정된다는 점이다. 즉, 도덕성발달도 인지발달처럼 이전 수준의 발달이 이루어져야 순차적으로 다음 단계의 발달로 이루어질 수 있다는 것이다. 또한 도덕성발달에는 성별 차이가 존재한다고 보아 여성보다 남성이 더 높은 수준의 도덕성발달을 이룰 수 있다고 하였다.

3) 발달단계

콜버그는 아동의 도덕성발달단계가 순서대로 진행되며 상위로 갈수록 분화되고 추상적으로 진행된다고 하였다. 도덕성발달은 전인습적 수준4~10세, 인습적 수준10~13세, 후인습적 수준13세 이상으로 분화되고, 각 수준마다 두 개의 단계를 거치면서 총 6단계로 이루어진다.

(1) 전인습적 수준

전인습적 수준에서는 복종과 처벌, 상대적 쾌락을 지향한다. 인습이란 사회규범이나 관습, 권위에 순응하는 것을 뜻하므로, 전인습적 수준에 있는 사람은 사회규범이나 관습에 적절하게 순응하지 못한다. 그러므로 이 단계의 아동은 규칙이 내면화되어 있지 않으므로 벌을 피하기 위해 또는 보상을 받기 위해 외부에서 주어진 규칙을 따르면서 도덕성을 발달시킨다.

알아두기

하인츠의 딜레마

하인츠(Heinz)는 특수한 암에 걸린 아내를 살리기 위해 약을 구하고자 애를 썼다. 그 약은 최근에 같은 마을에 사는 약제사가 발견한 일종의 라디움이었다. 약제사는 그 약을 제조하는 데 200만 원의 비용이 들었지만 약값을 2,000만 원에 팔고 있었다. 하인츠는 돈을 1,000만 원밖에 구할 수가 없었다. 하인츠는 약제사에게 찾아가 아내가 죽어가고 있다고 말하고, 약을 싼 값에 팔든지 아니면 모자라는 돈은 뒤에 갚도록 해줄 것을 간청하였지만, 약제사는 하인츠의 제안을 거절하였다. 하인츠는 절망에 빠진 나머지 약방에 침입하여 아내를 구할 약을 훔쳤다.

① 1단계 : 복종과 처벌 지향(처벌 회피 단계)

이 단계의 아동은 처벌을 피하기 위해 규칙과 권위에 복종해야 하며, 선과 악을 판단하는 기준이 어떤 행동의 내용보다 그 행동에 뒤따르는 결과에 달려 있다고 판단한다. 아동은 잘못된 행동을 들키지 않아서 벌을 받지 않았다면 그 행동은 나쁜 것이라고 생각하지 않고, 처벌을 많이 받을수록 나쁜 행동이라고 생각한다. 따라서 훔치는 일은 벌을 받기 때문에 하인츠의 행동이 나쁘다고 판단한다.

② 2단계 : 상대적 쾌락주의

이 단계에서 도덕적 행동은 자신과 타인을 만족시켜 주는 수단이지 더 이상 고정적이거나 절대적인 것이라고는 생각하지 않는다. 즉, 도덕적 행동이 자신의 욕구 충족의 수단이 되는 것이다. 1단계가 처벌을 피하고자 하는 단계라면 2단계는 각자의 입장에서 보상받는 것을 선택한다. 따라서 하인츠는 아내를 구하기 위한 것이므로 훔치는 것이 정당하다고 생각할 수 있다. 그러나 약제사의 입장에서는 도둑질은 나쁘다고 생각할 수 있다고 본다. 즉, 어느 쪽의 입장에서 생각하느냐에 따라 결과가 달라질 수 있다는 것이다.

(2) 인습적 수준

인습적 수준에서는 자신이 속한 가족, 사회, 국가의 기대에 맞는 행동을 하고자 노력한다. 이 수준에서는 힘이 있거나 권위적인 타인의 칭찬을 획득하고 사회질서를 유지하기 위해서 사회적 규칙이나 기준에 따른다. 또한 타인의 입장을 더 잘 이해하며, 다른 사람의 승인을 얻기 위해서 규칙과 사회적 규범을 따르고자 노력한다.

① 3단계 : 대인관계 조화(착한 소년/소녀 지향)

이 단계에서 도덕적 행동의 기준은 다른 사람들의 평가로 판단한다. 즉, 자신의 행동을 통해 타인과 좋은 관계를 유지하고, 칭찬을 받으며, 타인을 기쁘게 해주거나 돕고 인정을 받는 것이다. 따라서 하인츠는 '아내를 사랑했다', '생명을 구하려고 애썼다'는 이유를 들어 하인츠의 행동은 착한 것이고, 옳다고 응답한다. 반면에 약제사는 '탐욕스럽다', '자신의 이해 때문에 생명에 무관심하다'라고 생각하며 몹시 분노하여 약제사를 감옥에 보내야 한다고 응답한다.

② 4단계 : 법과 질서준수

이 단계에서 사람들은 사회질서에 대해 보다 광범위하게 사고하며, 사회질서가 유지되기 위해서는 법에 복종해야 한다는 것을 강조한다. 도덕적 행동은 더 이상 타인과의 관계에 의존하지 않는다. 따라서 하인츠에게 동정적이지만 그럴만한 동기가 있을 때마다 모두가 법을 어기면 사회가 어떻게 되겠느냐고 반문하면서, 하인츠가 불가피한 상황에서 약을 훔쳤다면 그에 따른 처벌도 함께 받아야 한다고 생각한다.

(3) 후인습적 수준

후인습적 수준에서는 근본적으로 사회적 규범을 이해하고 인정하지만, 법이나 관습보다는 개인의 가치와 기준을 우선시한다. 이 수준에서는 법이나 권위보다는 타당성 있는 도덕적 가치와 원리에 근거하여 옳고 그름을 판단하며, 도덕적으로 옳은 것과 적법한 것이 항상 옳은 것이 아니라는 것을 알게 된다.

① 5단계 : 사회계약 정신(민주적 법률)

이 단계에서 법이란 사람들의 최대 다수의 최대 행복을 실현하기 위해 만들어졌으므로 모든 사람들의 권리를 보호하기 위해 반드시 지켜야 한다. 그러나 사람들이 필요한 바를 충족시키지 못하면 상호 동의나 민주적인 절차를 통해 변경시킬 수 있다고 본다. 따라서 하인츠의 훔친 행동은 옳다고 할 수 없지만, 하인츠의 아내가 살 권리는 보호받아야 할 도덕적 권리이다.

② 6단계 : 보편적 도덕 원리에 대한 확신

이 단계는 가장 높은 도덕단계로 모든 사람이 도달하지 못한다. 이 단계에서 개인은 스스로 선택한 도덕 원리에 따른 양심적인 행동이 올바른 행동이라고 판단한다. 양심의 원리는 법, 사회적 가치 또는 사회계약을 초월하는 '인간의 존엄성'이나 '정당성'과 같은 보편적 원리에 대한 확신이다. 이 단계에서 도덕성은 극히 개인적인 경향을 보이게 됨으로써 다수가 수용하는 사회적 계약이나 법과 갈등을 일으킬 수 있다. 즉, 사회질서의 중요성을 인식하고 있으나 질서정연한 사회라고 하여 모두가 행복한 것이 아니므로 사회질서보다 중요한 원리를 실현시켜야 한다고 깨닫는다. 따라서 하인츠가 도둑질을 할 법적 권리는 없지만 보다 상위의 도덕적 권리를 가지고 있다고 응답한다(최옥채, 2014).

알아두기

길리건의 도덕성 성차이론

길리건(Gilligan)은 여성이 남성보다 도덕적으로 더 성숙할 수 없다는 콜버그의 연구결과는 성적 편견을 나타낸다고 하였다. 길리건은 남성과 여성은 근본적으로 상이한 도덕적 언어를 사용하고, 도덕적 문제에 대해 각기 다른 목소리를 지향한다고 하였다. 남성들은 사회적 관계를 위계적 질서로 해석하며, 자율성과 독립에 비중을 두는 반면, 여성들은 인간 중심적 연관성, 따뜻한 배려, 민감성 그리고 다른 사람에 대한 책임을 소중하게 여긴다고 하였다. 또한 남성과 여성은 근본적으로 상이한 도덕적 언어를 사용한다고 보았다.

- 여성은 도덕성의 한 측면으로 인간관계 속에서 타인에 대한 배려가 있다.
- 여성은 타인의 요구에 민감하게 반응한다.
- 여성은 타인과의 관계를 고려하는 도덕적 사고를 중시한다.
- 여성은 도덕성을 추상적인 도덕적 원리보다는 인간에 대한 책임을 강조한다.
- 여성은 타인에게 해를 끼치거나 폭력을 행사하는 것을 피한다.
- 여성은 자신을 희생하더라도 인간관계를 유지하고자 하는 강한 대인 간 배려 지향을 보인다.

4) 콜버그이론의 평가

콜버그는 피아제의 이론을 기초로 하여 자신만의 독자적인 이론을 정립하였다. 콜버그의 도덕성발달이론은 인간의 발달 가능성을 긍정적으로 보고, 도덕적 판단의 결과보다 도덕적 판단과정의 논리를 중요시하여 상황에 따른 인간의 자율적인 판단을 최대로 고려하고 있다. 그의 이론은 도덕성발달단계의 대표적 이론으로 연령과 도덕적 추리의 상관관계를 입증하는 데 중요한 가치를 지닌다. 그럼에도 불구하고 몇 가지 점에서 비판을 받고 있다(서봉연 · 이순형, 1983 ; 최정숙, 2000 ; 한덕웅, 2001).

첫째, 콜버그의 이론은 미국 중류 및 상류 백인들의 도덕적 가치를 높이 평가하는 서구사회의 문화적 편향성을 지니고 있다. 실제 사회적 조화와 집단적 가치를 우선시하는 문화에서는 후인습적 수준을 발견하기 어렵고, 그들의 대부분이 인습적 수준에 있지만 그것이 결코 낮은 개념의 도덕성이라고 할 수 없다는 것이다.

둘째, 길리건은 콜버그가 남성만을 대상으로 하여, 여성에 대한 편견을 담고 있다고 비판하면서, 실제 여성은 남성과 다른 도덕적 관점을 가지고 있다고 주장하고 있다. 즉, 남성은 인간복지에 관한 관심이나 책임보다 법을 통한 정의에 초점을 두는 정의의 도덕성을 가지는 반면 여성은 법을 통한 정의보다 인간복지에 대한 책임이나 배려에 더 많은 초점을 두는 타인 배려의 도덕성을 가진다고 하였다.

셋째, 콜버그는 인지발달에 기초하기 때문에 도덕성 발달단계의 퇴보나 후퇴를 설명할 수 없다. 또한 높은 단계의 도덕적 추리를 하는 사람이 낮은 단계의 도덕적 추리를 하는 사람보다 더 높은 도덕적 행동을 한다고 주장하였다. 그러나 도덕적 사고와 행동 간 관계에 대한 연구가 부족하여 도덕적 추리단계가 어느 정도 도덕적 행동을 예측할 수 있는지 알기 어렵다. 왜냐하면 도덕적 행동은 일반적으로 도덕적 추리 이외에 개인의 다른 특성과 많은 상황적 요인들에 의해 영향을 받기 때문이다.

3. 벡과 엘리스의 인지치료이론

인지치료이론은 1960년대 벡이 정신과적인 임상에 인지치료를 도입하여 성과를 보면서 그 활용도를 인정받았다. 또한 엘리스가 잘못된 신념을 반박하고 합리적 신념으로 바꾸는 합리정서행동치료 모델을 제시하면서 구체적인 실천이론으로 자리를 잡았다. 벡과 엘리스는 인지치료와 더불어 행동치료를 병행하여야 한다고 주장하면서 그들의 이론을 인지행동치료라고 하였다.

1) 벡의 인지치료이론

벡Aaron T. Beck은 1921년 미국 로드아일랜드 주의 프로비던스에서 러시아계 유태인 이민자 막내아들로 태어났다. 벡은 문학과 교육을 중시하는 가정에서 태어났지만 벡의 어머니는 우울증을 앓고 있었다. 벡이 우울증에 관심을 가지게 된 것은 어머니로부터 기인되었다고 볼 수 있다. 벡은 어린 시설 부러진 팔이 감염되어 치명적인 상태에까지 이르게 된 경험으로 불안증세를 지니게 된다. 이로 인해 어렸을 때의 경험이 이후 이론과 치료 기법에 적용되었다. 1954년 펜실베이니아대학 정신과 교수로 재직하며 정신분식학회로부터 정신 분석훈련을 의뢰받고 대학 내 인지치료연구소를 설립하였다. 벡은 환자들의 억압된 사고를 분석하면서 세 가지 일반 논제 '① 자기 가치감의 상실, ② 외부사건의 부정적 해석, ③ 미래에 대한 무망감'을 밝혔다. 그는 이러한 왜곡된 관점은 모두 중복되는 논리적 오류 때문이라고 주장했다. 그리고 자신과 주변에서 경험하였던 부정적 신념을 가진 사람들에 대한 관심으로 우울, 불안, 공황장애, 물질남용, 결혼문제, 성격장애 등에 대한 연구를 하였다.

(1) 주요 개념

벡의 인지치료는 초기에는 주로 우울증 치료에 적용되어 오다가 최근에는 다양한 정신장애의 치료로 확대 적용되고 있다. 인지치료는 개인이 가지고 있는 자신과 세계에 대한 지각이 정서적·행동적 문제를 만든다는 전제를 가지고 인지적 왜곡을 수정하여 정서, 행동상의 문제를 해결하고자 하는 매우 적극적이고, 직접적이며, 시간 제한적이고, 구조화된 접근방법이다.

벡이론의 주요 개념으로는 도식schema, 자동적 사고automatic thicking, 잘못된 정보

처리 등이 있다. 이들 개념을 설명하면 다음과 같다(Beck, 1997).

① 도식

도식shema이란 한 개인이 자신의 인지구조에 따라 특정 자극에만 선택적으로 주의를 기울여 반응하는 것을 말한다. 사람들은 살아가면서 자기 나름대로 자기와 세상을 이해하는 틀을 발달시킨다. 과거의 경험을 통해 세상은 어떤 곳인지, 자기는 어떤 사람인지, 인생이 어떤 의미가 있는지, 다른 사람들과 어떤 관계를 유지해야 하는지 등에 관한 지식들을 차곡차곡 쌓아가게 된다. 이러한 지식들이 아주 어린 시절부터 시작해서 삶을 사는 과정에서 하나의 체계화된 지식 덩어리를 이루게 될 때, 이를 인지도식이라 부른다. 즉, 세상을 살아가는 과정에서 삶에 관한 이해의 틀을 형성한 것이 바로 삶의 인지도식인 것이다.

인지도식의 문제점은 그 내용이 부정적인 경우이다. 이러한 인지도식을 역기능적 인지도식이라 하며, 이는 심리적 문제를 초래하는 원인이 된다. 심리적 문제를 초래하기 쉬운 몇 가지 역기능적 인지도식의 내용을 살펴보면 다음과 같다.

- 나는 모든 일에 완벽해야 한다.
- 나는 모든 사람들로부터 인정받고 사랑받아야 한다.
- 삶의 어려움은 직면하기보다는 피해야 한다.
- 인간은 자신에게 일어나는 나쁜 일의 외부원인에 관해서는 통제할 수 없다.

도식에는 아주 근원적이고 깊은 수준의 핵심 믿음이 있다. 이는 클라이언트의 경험을 조직하는 인지구조의 기초로 자신들도 의식하지 못한 채 왜곡이나 편견을 형성하게 한다. 사람들은 이러한 믿음을 당연한 것으로 여기고 절대적인 진리로 받아들인다. 핵심믿음은 가장 근원적인 수준의 믿음으로 모든 영역에 영향을 미치고, 경직되어 있으며, 지나치게 일반화되어 있다.

② 자동적 사고

자동적 사고는 정서적 반응을 유발하는 특별한 자극에 의해 자발적으로 일어나는 생각을 말한다. 즉, 한 개인이 어떤 상황에 대해 내리는 즉각적이고 자발적인 평가를 의미한다. 이 사고는 심사숙고하거나 합리적으로 판단하여 내리는 것이 아니라 그 상황에서 자동적으로 튀어나오는 생각이다. 자동적 사고는 긍정적일 수도, 부정적일 수도 있어 때에 따라 그 순간 느껴지는 감정이 달라질 수 있다(최옥채, 2014). 예를 들어, 길거리에서 누군가 나를 쳐다보면 그 순간 '나를 무시한다'는 자동적 사고는 불쾌한 감정을 유발한다. 자동적 사고는 그것이 아무리 비합리적이라고 해도 중단하기가 쉽지 않고, 극단적이며 부정적인 사고를 자꾸 반복하다 보면 습관화된다. 흔히 심리적 장애를 가진 사람은 왜곡되거나 극단적이거나 부정확한 자동적 사고가 습관적으로 학습되어 있다.

(2) 인지적 오류

인지적 오류cognitive errors란 어떤 경험이나 사건을 해석하고 받아들이는 과정에서 생기는 추론 혹은 그 의미를 왜곡으로 받아들이는 판단의 오류를 말한다. 자신의 생각이 잘못된 것이라는 증거가 있음에도 자신의 생각이 옳다고 믿는다. 인지적 오류를 많이 범할수록 심리적 문제를 겪게 될 가능성이 커진다.

① 흑백논리/이분법적 사고

모든 경험을 '이것 아니면 저것'이라는 양극단 중 하나로 평가하는 것이다. 예를 들면, '완벽하게 성공하지 않으면 실패한 것이다', '나를 좋아하지 않으면 싫어하는 것이다', '착하지 않으면 사악한 것이다'로 이분화하여 나누는 것이다.

② 극대화와 극소화(의미 확대와 의미 축소)

어떤 사건의 중요성이나 정도를 실제보다 심하게 왜곡하여 평가하는 오류이다. 즉, 자신이 경험한 나쁜 일은 훨씬 더 중요하게 보고, 좋은 일은 훨씬 덜 중요하게 보는 것이다. 예를 들어, 위궤양이라는 진단을 위암으로 받아들이거나 반대로 위암이라는 진단을 위궤양으로 받아들이며 의사가 분명 오진했을 것이라고 믿는 것이다.

③ 과잉일반화

사소한 사건에 기초하여 일반적인 결론을 내리고 관련되지 않는 상황까지 광범위하게 적용하는 것을 말한다. 예를 들어, 한두 번 시험에 떨어진 사람이 '나는 어떤 시험을 치든지 나의 노력이나 상황과는 상관없이 실패할 것이 뻔하다.'라고 일반화하여 생각하는 경우, 남편이 회사에서 너무 바빠 전화하지 못했다는 말 한마디에 '이제 그의 사랑이 식었어.'라고 결론을 내리는 경우이다.

④ 임의적 추론

결론을 지각할 만한 충분한 증거도 없이 느껴지는 감정에 근거하여 특정 결론을 내려버리는 것이다. 예를 들면, '내가 그렇게 느껴지는 것을 보니, 사실임에 틀림이 없다.', '불길한 느낌이 들어 일이 잘못된 게 틀림없어.', 의사가 고개를 갸우뚱하는 것을 보고 '난 불치의 병에 걸렸음에 틀림이 없어.'라고 최악의 결론을 내리는 것이다. 이때 의사가 아무리 아니라고 해도 자신의 결론을 믿는다. 상대가 속으로 생각하는 바를 사실이라고 믿는 독심술과 부정적으로 일이 진행될 것이라고 예측하는 부정적 예측도 임의적 추론에 속한다.

⑤ 개인화

자신과 전혀 상관없는 사건을 근거 없이 자신과 관련짓는 것이다. 예를 들어, 여행 가서 비가 오면 "재수 없는 내가 오랜만에 여행을 오니 역시 재수 없는 일이 일어난다."라고 어떤 증거도 없이 결론짓는 것이다. 화장실에 갔다가 사무실로 들어오는데, 동료들이 웃고 있는 모습을 보고서, '나에 대해 무엇인가 이야기하고 있었던 것 아냐?'라고 생각하면서 어떤 증거도 없이 외부적 사건을 자기 자신에게 귀인시킨다.

⑥ 선택적 추상화(추론)

다른 정보는 무시하고 극단적으로 부정적인 세부사항만을 근거로 하여 결론을 내리는 것으로 어떤 상황에서 일어난 사소한 한두 가지 특성만으로 전체를 일반화하는 것이다. 세 과목의 시험성적 중 두 과목은 우수하고 한 과목만이 평균 이하일 때 전체적으로는 성적이 향상되었음에도 불구하고 잘못한 과목에만 집착하여 자신의 무능력을 탓하는 것이 여기에 해당된다. 즉, 타인으로부터 긍정적 평가와 부정적 평가를 같이 받았을 때 부정적 평가에만 초점을 맞추는 경우이다.

(3) 치료방법

치료의 목표는 클라이언트가 더욱 건설적이고 목표지향적 활동에 참여하면서,

자신의 능력에 대한 부정적이고 파괴적인 추론을 변화시키는 것이다. 따라서 사회복지사는 클라이언트에게 자신의 사고를 확인해 보고, 그 사고가 현실적인지를 검증해보도록 한다. 또한 자동적 사고를 탐색해 유용한 사고와 유용하지 못한 사고를 구별하게 한다. 그리고 유용하지 못한 사고에 초점을 두어 사고에 따른 감정과 행동을 인식하여 인지왜곡을 판별하게 한다. 이렇게 하고 나서 합리적 대안을 생각하도록 돕는다.

2) 엘리스의 합리정서행동치료이론

합리정서행동치료는 엘리스Albert Ellis에 의해 고안된 기법이다. 엘리스는 인간을 스스로 사고와 정서, 행동을 변화시킬 능력이 있는 성장지향적인 존재로 보면서 인간의 사고, 행동, 감정이 매우 밀접하게 상호작용한다고 보았다. 그의 이론은 인간의 정서적 문제우울, 불안, 공포 등를 유발하는 것은 생활사건 그 자체가 아니라 그 사건에 대한 왜곡된 생각, 즉 비합리적인 신념 때문이라는 가정에서 출발한다.

엘리스는 아버지가 늘 여행을 다녔고, 어머니는 자녀들을 돌보지 않았기 때문에 부모로부터 방임된 유아기를 보냈다. 그는 어린 시절 병치레를 자주 하였고, 수줍음이 많은 내성적인 아이였다. 뉴욕에서 고등학교를 졸업하고 시립대학교에서 영어를 전공하였으며 컬럼비아대학에서 임상심리학을 공부하였다. 그의 이론은 1960년대부터 책과 치료기법의 대중화로 잘 알려졌고, 전 세계에서 적용되고 있다. 그는 난청, 시력장애, 당뇨병 등 신체적 핸디캡을 가지고 있었지만 일생 동안 매우 활발한 연구와 임상활동을 전개하였다.

(1) 주요 개념

① 자기대화

엘리스는 인간이 끊임없이 자기대화self-talk와 자기평가를 하면서 살아간다고 보았다. 합리적 신념에 의한 자기대화와 평가는 인생의 목표를 달성하게 하지만, 비합리적 신념에 의한 자기대화와 평가는 부정적인 정서를 느끼게 하고 역기능적 행동

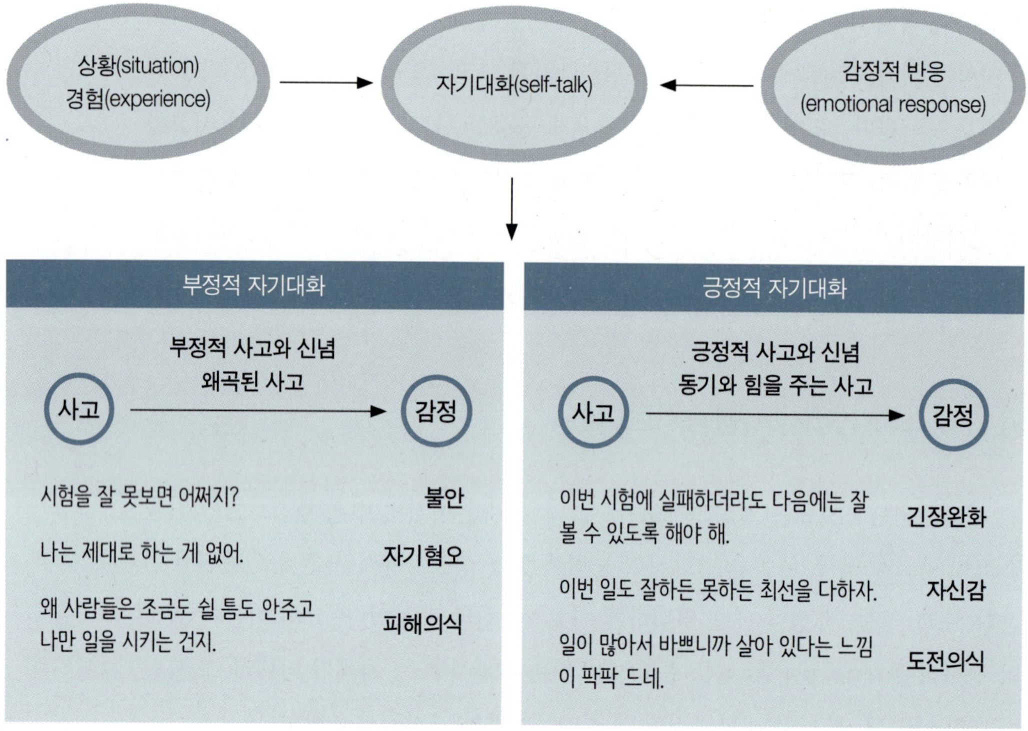

그림 5-2 | 자기대화의 경로

을 수행하게 한다. 합리정서행동치료는 모든 정서적 문제의 주요 원인이 그 상황에 대해 스스로 말하는 자기대화에 달려 있다고 전제한다. 자기대화에 따라 감정과 행동이 달라지므로 자기언어가 변화되면 감정과 행동도 변화될 것이라고 본다. 자기대화의 경로의 실례는 그림 5-2에 나타난 바와 같다.

② 합리적 신념

합리적 신념은 우리의 행동을 합리적이고 효과적으로 통제하는 것으로 객관적 현실에 근거하여 다른 사람과의 불필요한 감정을 피하고, 편안한 감정을 느낄 수 있도록 하는 사고이다.

③ 비합리적 신념

비합리적 신념은 우리의 안정된 삶을 방해하고 많은 정서적 · 사회적 문제를 야기한다. 이러한 신념은 주로 어린 시절부터 부모나 문화로부터 영향을 받아 형성된 것이다. 항상 남으로부터 사랑과 인정을 받아야 하고, 자신은 언제나 성공적이어야 하며, 어떤 위험과 위협도 있어서는 안 된다는 식의 신념이 여기에 해당한다. 이러한 신념들은 대부분 깨어지기 쉽고, 그에 따라 여러 가지 정서적 · 행동적 문제를 야기한다.

④ 성격형성

합리정서행동치료는 성격을 형성하는 기본적 요소가 일상적인 일련의 자기언어라고 생각한다. 사람들은 어떤 사건이 일어나면 자동적으로 익숙한 자기언어를 보이고, 이것이 반복되면서 태도, 가치, 신념을 형성한다. 이것은 결국 자신에 대한 자아개념에 영향을 주어 그 개인의 전반적인 감정과 행동을 결정짓는 성격이 된다.

(2) 치료방법

합리정서행동치료에서는 행동을 하기 전과 하는 동안 자기 자신에게 무엇을 말하였는가에 따라 행동문제가 결정된다고 본다. 따라서 치료는 클라이언트가 비합리적이고 부적절한 자기대화를 인식하고 보다 합리적이며 긍정적인 자기대화로 대체하도록 돕는 것이다.

합리정서행동치료과정은 ABCDEF로 설명할 수 있다. A는 선행사건activating event으로 개인에게 혼란을 야기하는 어떤 사건을 말한다. B는 신념체계belif system로 어떤 사건이나 행동 등과 같은 자극에 대해 개인이 가지고 있는 사고 또는 사고방식이다. C는 결과Consequence로 그 사건을 신념에 의거하여 해석해서 느끼는 정서적 결과이다. 비합리적 사고방식인 경우 불안, 원망, 비판, 죄책감 등의 감정을 느낀다. D는 논박dispute으로 클라이언트가 가지고 있는 비합리적 신념이나 사고에 도전하고 그것이 사리에 맞는지를 검토하는 것이다. E는 효과effect로 클라이언트의 비합리적 신념에 대해 논박하여 합리적 신념으로 대체한 뒤 느끼는 수용적이고 긍정적인 감정이다. 이를 표현하면 그림 5-3과 같다.

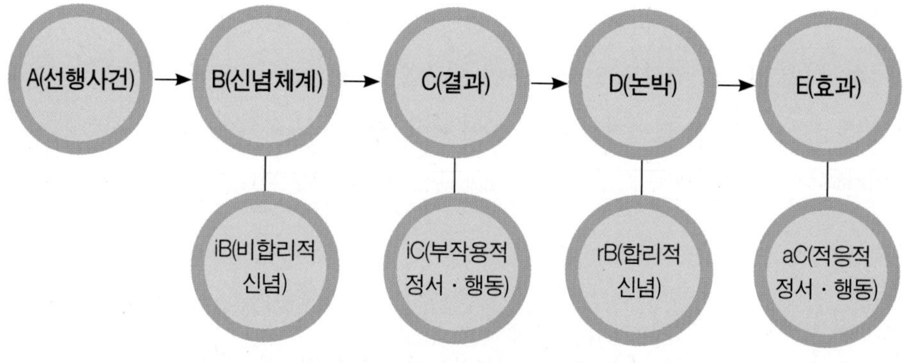

그림 5-3 | ABCDE 모형

인지정서행동치료에서는 인지적 기법 외에 행동적 기법을 활용하여 상황에 관련된 감정과 신념을 변화시킨다. 즉, 치료자의 역할연기를 통해 내담자가 두려워하는 상황을 직접 시연하게 함으로써 연관된 감정과 비합리적 신념을 변화시키는 것이다. 예를 들어, 시험에 떨어질까봐 두려워 대학원 시험에 응시하지 않으려는 여성의 경우 대학원 교수와 면담하는 역할연기를 시연해 봄으로써 '반드시 합격해야 한다' 또는 '분명 시험에 떨어질 것이다'라는 비합리적 신념에 도전할 수 있다. 역할연기뿐만 아니라 평상시 내담자가 하기 어렵다고 생각되는 행동을 직접 해보도록 과제를 내주기도 하고예를 들어, 화려한 옷 입어보기, 목청껏 노래 부르기, 강연회에서 바보 같은 질문 해보기 등 공포심이 문제가 되는 내담자의 경우에는 체계적 둔감화나 이완기법 등 행동적 기법을 인지적 기법과 절충하여 활용하기도 한다.

3) 인지치료이론의 평가

인지치료이론은 인간의 인지나 신념이 부적응의 원인이라고 전제하면서 실천과정에서 이에 대한 통찰의 중요성을 강조한다. 이러한 인지치료이론은 클라이언트에게 스스로 삶에 대한 책임을 강조하며, 교육을 통한 능동적 변화방법을 제시하였다는 점에서 이바지한 바가 크다. 특히, 우울증 환자나 낮은 자존감을 가진 클라이언트에게 매우 유용한 이론이다. 그러나 인지치료이론에는 다음과 같은 한계점이 있다(홍경자, 1995 ; Zastrow, 1995).

첫째, 치료방법이 매우 지시적이고 교육적이므로 사회복지사의 가치와 철학을 클라이언트에게 강요할 수 있다는 점이다. 이는 가치중립적이어야 한다는 사회복지사의 전문적 윤리 원칙에 갈등을 가져올 수 있다.

둘째, 인지와 신념에 대한 강조는 자칫 사건 자체의 중요성을 간과할 수 있다. 즉, 빈곤, 박탈, 학대, 차별 등의 사회적 사건이 인간의 행동에 영향을 미칠 수 있다는 점을 간과할 수 있다.

셋째, 자신의 인지구조와 불합리한 신념을 분석하는 것은 지적 수준이 낮거나, 현실감이 없는 클라이언트에게 혹은 사고가 지나치게 경직되어 있는 클라이언트에게는 효과를 기대할 수 없다.

넷째, 인지와 신념의 영향력에 한계가 있다. 예를 들어, 신체적 질병이나 유전적 영향까지 인지와 신념으로 설명할 수는 없다.

4. 사회복지실천에 대한 적용

인지이론에는 인지발달이론과 인지치료이론이 포함된다. 피아제와 콜버그의 인지발달이론은 인간과 환경의 적응을 강조하며, 인간을 사고하는 합리적 존재로 보아 인지발달을 순전히 '자발적 과정'으로 보았다. 벡과 엘리스의 인지치료이론은 환경적 요인을 인간이 어떻게 지각하는가에 초점을 두어 잘못된 인지적 왜곡이나 비합리적 신념을 바꿈으로써 문제가 되는 정서와 행동을 통제할 수 있다고 가정한다.

피아제의 인지발달이론은 아동발달에 대한 전반적인 이해의 틀을 제시하였다. 피아제는 일상생활에서 아동이 하는 행동을 관찰하고, 이에 근거하여 이론을 개발하였기 때문에 아동의 인지발달단계를 파악하여 인지발달이 늦거나 학습장애 등을 가진 아동에 대한 개입이 용이하다. 인지이론이 사회복지실천에 미친 영향을 살펴보면 다음과 같다.

첫째, 인지이론에서는 개인과 환경의 상호작용을 강조한다. 특히, 인간의 환경에 대한 도식은 적응과 동화를 거치면서 사회적으로 적절한 기능을 수행하도록 돕는다. 이는 사회복지실천의 '상황 속의 인간person in situation'에 대한 개입과 맥을 같이 한다. 사회복지사들은 인간의 사회적 기능을 증진시키기 위해서 인간과 환경의 상호작용을 이해하고 평가해야 한다. 이런 측면에서 인지이론은 개인이 다른 사람의 행동이나 사건, 상황에 어떤 의미를 부여하고 있는가에 접근할 수 있는 이론적 틀을 제시해 준다. 더구나 동화와 적응은 단순히 인간의 환경에 대한 적응뿐 아니라 인간의 욕구에 환경이 적절히 반응하도록 변화될 수 있음을 보여 주고 있어 인간과 환경에 모두 초점을 두어야 하는 사회복지실천에 시사하는 바가 크다.

둘째, 인지이론에서 인지는 현실을 해석하여 정서와 행동에 영향을 주는 매개요인으로 작용한다. 즉, 인간은 환경을 주관적으로 이해하고 개인적 인지를 구성하는데, 이것이 그 개인에게 있어 '현실'이 된다. 사회복지실천은 '클라이언트가 있는 곳에서 출발'해야 하는데, 이는 사회복지사들이 문제를 클라이언트가 보는 관점으로 이해하고 클라이언트가 구성한 현실에 사회복지사가 개입하여야 한다는 것을 의미한다(Greene & Ephross, 1991). 따라서 인지이론은 사회복지실천영역에서 일반화된 과학적 지식과 척도만큼 클라이언트가 지각한 현실이 중요하다는 근거를 제공하고 있다.

셋째, 매우 위축되고 박탈된 집단이 모든 문제를 자신의 탓으로 돌리며 사회적 환경을 전혀 고려하지 못할 경우, "자신들이 부족하고 잘못되어 문제가 일어난다"는 인지와 신념을 변화시키는 권한부여empowerment 접근의 근거가 되었다는 점에서 인지이론은 사회복지실천에 중요한 함의를 갖는다.

PART ❸

인간발달과 **사회복지실천**

Human Behavior and Social Environment

CHAPTER 6

태아기와 영유아기

C H A P T E R

6

인간의 성장은 지속적이고 순차적인 과정을 통해 이루어진다. 태아기와 영유아기는 인간발달의 초기에 해당하는 시기로, 이 시기에 이루어지는 발달은 그 이후에 전개되는 성장과정의 기초를 형성한다는 점에서 매우 중요하다. 이 장에서는 임신과 출산에 이르는 기간인 태아기를 포함하여 출생 후 6년 동안을 영유아기로 설정하고, 그 개념과 발달특징을 살펴보아 사회복지실천과의 연관성을 알아보고자 한다.

1. 태아기

인간발달에서 태아기는 수정이 이루어지는 순간부터 출생하기까지의 시기로서, 정자와 난자의 결합을 통하여 생명체가 형성되며, 염색체의 결합으로 유전과 성이 결정된다. 어머니가 임신을 하게 되면서 모체에 여러 가지 변화가 일어나며, 수정 후 40주 동안 태아는 체내에서 성장하게 된다. 태내발달은 어머니의 요인인 영양상태, 정서상태, 질병, 연령, 분만횟수 등에 영향을 받으며, 외부적 요인으로는 약물, 흡연, 음주, 방사선, 환경오염 등에 의해서도 영향을 받는다.

1) 생명체의 형성

(1) 수정과 성의 결정

인간의 생명은 남성의 정자와 여성의 난자가 결합하여 수정란이 사궁에 착상된 순간부터 형성된다. 여성은 한 달에 한 번씩 각 난소에서 번갈아가며 난자를 배출하는데, 이것을 배란ovulation이라고 한다. 배란기 전후에 정자는 긴 꼬리로 헤엄쳐서 나팔관까지 올라가면 난소에서 내려오던 난자와 만나게 된다. 배출된 난자의 생존기간은 약 24시간이며 정자는 약 72시간 정도를 생존하게 된다(정옥분, 2007). 23쌍의 염색체 중 마지막 1쌍은 성염색체인데, 이 성염색체에 의해 태아의 성이 결정된다. 여성의 난자는 X염색체만 가지고 있으나 남성의 정자는 X염색체와 Y염색체를 가지고 있다. 수정이 이루어질 때 난자 X가 정자 X와 결합하면 여성이 되고, 난자 X와 정자 Y가 결합하면 남성이 된다.

(2) 모체의 변화

임신을 하게 되면 모체에는 여러 가지 변화가 일어나게 된다. 대부분의 여성들은 생리가 없는 것으로 임신을 지각한다. 여성의 혈액이나 소변을 이용하여 임신 여부를 확인할 수 있는데, 임신을 확인하기 위해서 모체에 수정란이 착상하면 인체 융모성 성선자극호르몬human chronic gonadotropin : HCG의 농도가 상승하게 된다. HCG는 혈액의 경우 배란 6~12일 후, 소변검사는 혈액보다 늦은 생리예정일 후에 HCG를 검사한다(Allgeier & Allgeier, 2000). 임신 여부를 조기에 알 수 있다는 것은 건강검진을 조기에 실시할 수 있다는 점과 출산 여부를 결정하는 데 있어 매우 중요하다.

신체증상의 변화로는 입덧으로 인하여 식욕이 없어지고 구토와 현기증이 나는 증세를 보인다. 유선이 발달하여 유방이 팽창되어 거북스럽게 느껴지며, 자궁이 커져서 방광을 누르기 때문에 소변이 잦아진다. 또한 쉽게 피로를 느끼고 두통을 자주 앓게 되며, 신경통, 치통을 느끼는 경우도 있다. 임신 4개월이 되면 태아의 움직임을 느낄 수 있으며, 복부가 커지게 되어 육안으로도 임산부를 식별할 수 있게 된다. 또한 평소보다 하체에서 분비물이 많아지고 땀도 많이 분비된다(정옥분, 2007).

2) 태아의 발달

태아기란 난자와 정자가 만나 수정된 순간부터 출산에 이르기까지 약 38주266일의 기간을 말한다. 인간의 발달은 수정이 되는 순간부터 이루어진다. 태아의 발달단계는 수정에서 분만에 이르기까지 3개의 기간으로 구분할 수 있으며, 각 기간은 태아의 특징적인 성장을 보여 준다.

(1) 임신 1단계 : 수정과 착상, 배아기

임신 초기 1~3개월은 가장 중요한 시기며, 급속한 속도로 세포분화가 진행되고 조직이 발달한다. 이 시기에는 임산부의 영양상태가 매우 중요하고, 약물복용에 가장 큰 영향을 받는 단계이다. 따라서 임산부가 유해한 약물을 복용하거나 건강이 좋지 않을 때는 매우 위험하다.

① 발아기

발아기배란기는 수정란이 자궁벽에 착상한 후 자리를 잡기까지 약 2주간의 시기를 말한다. 이 시기에 수정란은 세포분열을 시작하여 수정 후 3일이 지나면 32개의 세포가 되고 4일이 지나면 90개의 세포가 되며, 계속적으로 세포분열을 하게 된다. 수정란은 세포분열을 거듭하면서 난관 내부의 섬모운동과 난관의 수축작용으로 나팔관과 난관을 지나 자궁 속으로 내려온다. 자궁으로 내려온 수정란은 하루 또는 이틀 정도 떠돌다가 자궁벽에 착상한다.

② 배아기

배아기는 수정란이 자궁벽에 착상한 후부터 약 6주간의 시기를 말한다. 이 기간 동안에 배아는 자궁벽 속으로부터 영양을 얻어 계속 성장하며, 신체의 주요 기관과 조직의 약 95%가 형성되는데, 원시적 형태의 심장과 소화기관이 발달한다. 배아는 임신 2개월이 되면서 인간의 모습을 갖추기 시작한다. 눈, 코, 입을 비롯한 얼굴의 전체 윤곽이 드러나기 시작하고, 아직 발달은 미숙하지만 내장기관과 신경계통이 기본적인 형태를 갖추기 시작한다.

임신 3개월이 되면 성별이 구별되고 팔, 다리, 손, 발의 형태가 나타나며, 연골이 뼈로 대체된다. 임신 1~3개월 동안 임산부는 호르몬의 양이 급격히 증가하기 때문에 피로, 유방 확대, 잦은 소변, 식욕의 증가 또는 메스꺼움 등 다양한 증상을 경험한다.

(2) 임신 2단계 : 태아기

임신 4~6개월이 되면 태아의 크기가 현저하게 변화하고 뇌가 급속히 성장한다. 발가락과 손가락이 나누어지고 피부가 두꺼워지며, 머리카락과 눈이 발달하면서 심장박동도 규칙적으로 운동한다. 이 시기에는 입덧이 줄어들고 태반이 안정기에 접어들면서 유산의 확률이 낮아진다.

임산부는 태아가 활발하게 움직이는 태동을 느끼게 된다. 태아가 성장함에 따라 임산부의 복부가 팽창되며, 부종으로 인해서 얼굴, 손, 발, 발목이 부어오를 수 있다.

(3) 임신 3단계 : 태아의 성숙과 분만

임신 7~9개월에 태아의 발달이 완성된다. 피부 아래 지방조직이 만들어지고, 내부 조직도 완성되어 출산 후 자궁 밖에서 생존하기 위한 준비를 마친다. 임신 7개월이면 태아는 미숙아로 태어난다 하더라도 인큐베이터에서 양육이 가능할 정도로 충분히 성장하게 된다. 임신 36주경이 되면 태아의 머리 위치는 대부분 아래로 향하게 된다.

임산부의 몸무게는 임신 기간 동안 대략 11~16kg 정도가 증가한다. 임신 중 지나치게 마르는 것은 몸무게가 증가하는 것보다 더욱 위험하다. 따라서 적절한 수준에서 몸무게가 증가하는 것은 사산, 저체중아의 출산, 조산의 가능성을 줄여주며 태아에게 뿐만 아니라 양수와 태반에도 좋은 영향을 미친다.

3) 출산과정

출산일이 가까워지면 불규칙적인 가벼운 복통과 요통에서 점차 주기적인 수축이 찾아온다. 이러한 증상과 함께 소량의 혈흔이 섞여 나오는 이슬이 비치게 된다. 이슬이 비치게 되면 개구기, 출산기 및 후산기를 거쳐서 출산이 이루어진다.

개구기는 진통이 시작되면서 자궁경부가 확장되고 열리는 시기이다. 이 시기는 진통이 가장 오래 지속되는 단계로 초산인 경우에는 진통시간이 12~15시간 지속되고, 경산인 경우에는 6~8시간으로 단축된다.

출산기는 태아가 세상으로 나오는 시기이다. 이 시기에 자궁경부가 완전히 확장되고 아이가 질 내로 진입하며, 질 내를 넓히면서 태아의 머리가 외부로 나오고 머리, 어깨, 몸, 허리, 다리의 순서로 출산이 이루어진다. 이때 모체에 가해지는 진통은 태아를 질 밖으로 내보내는 운동을 촉진시킨다.

후산기는 태아가 출산되고 나서 태반이 배출되는 시기이다. 태아가 출산된 후 자궁이 급격히 수축되면서 태반이 자궁벽에서 떨어져 탯줄과 함께 배출된다.

4) 태아기 검사

(1) 초음파검사

초음파검사는 임신 7주 이후 언제라도 실시가 가능하다. 초음파검사란 초음파 진단 장치에서 발생하는 초음파 반사를 이용하여 태아의 모습을 시각적으로 볼 수 있게 전환되는 것이다. 초음파검사로 태아의 성별, 자궁 내 자세, 신체 이상 탐지, 태아의 발육상태 등을 알 수 있다.

(2) 양수검사

양수검사는 임신 15~18주 사이에 이루어진다. 양수검사는 태아를 보호하고 있는 양막의 아랫부분에서 소량의 양수를 채취하여 염색체나 신진대사장애를 알아보는 방법이다. 양수검사는 양수를 통해 태아에게 염색체 이상 · 신경관 결손 등이 있는지 알아보는 검사로, 가족 중에 병력이 있거나 위험성이 높은 산모, 기형아검사에서 이상이 발견된 경우에 시행할 수 있다.

(3) 융모 생체 표본검사

태반 조직을 이용한 기형아검사로서 기형아 진단방법과 유전적 이상의 가능성을 분석한다. 임신 9~11주에 가능하며 염색체 이상이 의심되거나 35세 이상 임산부에게만 제한적으로 실시한다.

(4) 산모혈액검사

질병의 감염 여부 확인과 혈액을 통한 혈액형, 간염, 매독, 빈혈, 풍진, 에이즈 등의 감염 여부를 알 수 있다.

5) 태내발달에 영향을 미치는 요인

태내발달은 임산부의 영양이나 정서상태, 나이에 의해서 뿐만 아니라 기형을 발생시키는 질병이나 약물, 환경적 위험에 의해서도 영향을 받는다(Shaffer, 2008). 또한 유전적 요인에 의해 선천성 이상이나 비정상적 발달을 초래하기도 한다. 태내발달에 유해한 영향을 미치는 요인은 다음과 같다.

(1) 임산부 관련 요인

① 영양상태

태아는 어머니를 통해 필요한 영양을 공급받기 때문에 임산부의 영양상태는 태아의 정상적인 발달에 절대적인 영향을 미친다. 임산부의 영양결핍은 태아의 중추

신경발달에 좋지 않은 영향을 미치며, 조산 및 저체중아 출산 그리고 신생아 사망률과 밀접하게 관련이 있다(Kail & Cavangugh, 1996). 그러므로 임신한 여성은 충분한 영양분을 섭취해야 하며, 단백질, 칼슘, 비타민 및 철분을 충분히 섭취하는 것이 매우 중요하다(Hyde & DeLamater, 2000).

② 정서상태

임산부의 불안, 공포, 슬픔, 분노 등 부정적인 정서상태는 태아의 발달에 영향을 미친다. 산모가 스트레스를 심하게 받으면 모체 및 생리적 변화를 일으키게 하여 높은 비율의 유산이나 난산, 조산, 저체중아 출산의 가능성이 높아지고, 태아의 두뇌발달에도 부정적인 영향을 미치는 것으로 나타났다(송명자, 2003).

③ 연령

임산부의 연령은 태내발달에 중요한 영향을 미치는 요인으로, 여성의 이상적인 자궁환경은 23~28세이다(정옥분, 2007). 초산이 10대인 임산부들은 신경학적 결함을 갖는 미숙아를 출산할 가능성이 높고, 35세 이상인 산모는 미숙아의 출산, 자연유산, 임신중독증 및 난산이 되기 싶다. 45세 이상의 산모는 합병증이 증가하고 유산의 위험성도 높으며, 다운증후군이 있는 아이를 출산할 확률도 20대의 산모에 비해 높다(Kail, 2008).

(2) 기형을 발생시키는 요인

① 임산부의 질병

임산부의 질병은 태내 결함을 유발하는 중요한 요인으로 작용한다. 어머니가 임신 3개월 이내에 풍진을 앓았던 경우에는 태아가 청각장애, 시각장애 및 정신지체를 유발할 확률이 높다. 임산부가 매독이나 임질에 감염된 경우에 감염된 태아의 30%는 출산 이전에 사망하며, 기형아나 정신지체아를 출산할 가능성이 높다. 그 외에도 당뇨병은 태아가 유전인자를 물려받을 가능성이 높으며, 사산되거나 태어나도 곧 사망할 확률이 높다.

② 약물

약물은 태아의 발달에 좋지 않은 영향을 미치기 때문에 임산부는 약물을 사용하는 데 세심한 주의를 기울여야 한다. 항생제나 안정제를 장기 복용하는 경우 기형아를 출생할 가능성이 높고, 아스피린이나 카페인 같은 약물을 지나치게 복용하는 것도 위험하다. 따라서 임산부는 불가피한 상황을 제외하고는 임신 기간과 수유 기간 동안에 일반약물 복용이나 약물치료를 받는 것을 가능한 피해야 한다.

③ 흡연과 음주

담배의 니코틴은 중독물질로 혈관을 축소하고 자궁으로 들어가는 혈액을 감소시키며 '저체중아의 출산, 자연유산의 증가, 분만을 앞두고 태아와 신생아의 사망과 관련이 있다고 보고'되어 있다(Masters et al., 1995). 또한 간접흡연도 태아에게는 위험한 영향을 미친다(Healy, 1998).

산모의 음주는 태아알코올증후군을 유발시켜 태아에게 심각한 영향을 미칠 수 있다. 태아는 알코올 해독에 필요한 효소가 없기 때문에 임신 기간 동안의 지나친 음주는 체중미달, 지적 발달의 지체, 선천적인 심장장애 등의 직접적인 원인이 될 수 있다.

최근에 와서는 아버지도 태내환경에 중요한 영향을 미치는 것으로 밝혀지고 있다(신명희 외, 2013). 남성의 흡연은 정자의 수를 줄여 생산능력을 떨어뜨리며, 태아가 뇌수종, 안면마비, 뇌암, 임파종, 백혈병에 걸릴 위험을 높인다. 그리고 아버지가 특정 화학약품에 노출되는 직업을 가진 경우 사산, 조산, 저체중아 출산 가능성이 높으며, 아버지의 연령이 20세 이하이거나 55세 이상인 경우에는 다운증후군의 위험이 급격하게 증가한다고 한다.

④ 환경오염

임산부에게 전하는 환경오염 물질은 태아에게 심각한 영향을 미칠 수 있다. 수은, 납, 카본 등과 같은 중금속은 태아의 뇌신경계의 발육장애와 정신지체를 유발할 수 있다. 유해한 화학물질은 태아의 신체발육을 저하시키고, 조산을 초래할 수 있으며, 출생 후 감각기능의 저하, 지각 변별장애, 단기 기억장애 등을 일으킬 수 있다. 또한 임신 초기에 방사선 노출은 소두증이나 신체장애, 정신지체 등의 신생아를 출산할 수 있으며, 정상적으로 태어났더라도 후에 암에 걸릴 확률이 높은 것으로 나타났다(유효순 외, 2015).

(3) 염색체와 유전적 요인의 영향

① 클라인펠터증후군

클라인펠터증후군Klinefelter syndrome은 남성이 23번째 성염색체 X염색체를 하나 더 가지고 있거나(XXY) Y염색체를 하나 더 가지고 있는 경우(XYY)에 나타난다. 이러한 남성들은 정소의 발달이 불완전하여 생식이 불가능하고, 가슴이 크며 키가 크고, 공격성이 강한 것으로 알려져 있다. 남성 1,000명 중 1명 정도의 빈도로 발생하며, 약 25%가 정신지체를 가지고 있다. 제2차 성 특징을 유지하기 위해서는 일생 동안 계속적으로 테스토스테론 주사를 맞아야 한다(유효순 외, 2015).

② 터너증후군

터너증후군Turner syndrome은 여성으로서 23번째 성염색체가 정상 여성의 경우 XX 두 개인 데 반해, X염색체가 하나밖에 없는 XO형을 이룬다. 이러한 여성들은 신체상으로는 여성 생식기를 가지고 있지만, 난소의 발육이 완전하지 않아 제2차 성 특징이 나타나지 않는다. 즉, 가슴의 발달이나 음모의 성장 등이 이루어지지 않고, 생식능력이 없다. 여성 3,500명 중 1명 정도의 빈도로 발생하며, 호르몬 보충치료로서 정상적으로 보일 수 있게 할 수 있지만, 여전히 중성으로 남아 있게 된다(Papalia, Olds, & Feldman, 1998).

③ 다운증후군

다운증후군Down syndrome은 몽고증이라고도 불리며, 23쌍의 염색체 중 21번 염색체가 3개일 때 나타나는 장애로 염색체 수가 47개의 경우이다. 다운증후군은 신체적인 장애와 지적인 장애를 함께 동반한다. 신체적 특징으로는 목이 짧고 둥근 얼굴, 머리가 작고 뒷머리는 납작하며, 아몬드 모양의 작은 눈, 팔다리가 짧고 두툼하다. 또한 운동신경의 지체 등이 나타나며, 지능은 40~60 정도의 정신지체를 가지고 있고 질병에 대한 저항력이 약하다. 신생아 700명 중 1명 정도의 빈도로 발생하며 나이가 많은 부모에게서 태어나는 아이에게 많이 나타난다. 유전상담을 통해서

부모가 염색체의 결함이 있는 아이를 낳을 위험을 판단하도록 도울 수 있으며, 초기 개입을 통한 특수한 학습 프로그램으로 기본생활을 영위할 수 있을 만큼 훈련이 가능하다(Santrock, 1997).

④ 혈우병

혈우병이란 혈액을 응고해 주는 인자가 부족하여 피가 잘 멈추지 않는 유전병이다. 이 병은 혈액이 혈관 밖으로 나와 일정 기간이 경과하여도 응고되지 않고 출혈이 계속된다. 여성은 혈우병의 유전인자를 가지고 있지만 발병하지 않고 남성에만 발병하며, X염색체의 열성 유전자에 기인한다. 내부 출혈은 특히 위험하며 생명을 잃을 수 있다. 남성 1만 명에 1명 정도의 빈도로 발생하며, 항혈우병 글로불린으로 결핍된 인자를 보급하여 치료할 수 있다(Crain, 1999).

⑤ 페닐케톤뇨증

페닐케톤뇨증Phenylketonuria은 단백질 아미노산의 하나인 페닐알라닌을 대사하지 못하는 열성유전인자에 의한 질병으로 10만 명 중 5~10명꼴로 나타난다. 체내에 페닐알라닌과 그 대사산물의 축적으로 두뇌의 전두엽에 손상을 주어 과민성, 활동과다, 경련성 발작, 심각한 정신지체 등을 일으킨다. 페닐알라닌의 수준이 조금만 높아도 두뇌에 영향을 주므로 조기진단이 필요하다. 조기진단이 이루어져 식이요법을 하면 증상완화가 가능하다.

2. 영아기(출생~2세)

영아기는 0~2세 사이의 시기로 제1성장급등기라고 할 만큼 급격한 신체발달이 이루어지고, 기본적인 운동발달과 언어발달이 활발히 이루어진다. 이 시기에 영아는 성격발달의 대부분을 이루는 정서가 나타나고, 양육자인 어머니와의 애착관계가 이후의 사회성발달에 매우 중요한 영향을 미친다. 영아기는 프로이트의 구강기, 에릭슨의 기본적 신뢰감 대 불신감, 피아제의 감각운동기에 해당된다.

1) 신생아의 반사운동

신생아는 태어나서 4주까지를 말한다. 이 기간은 무척 짧다 하더라도 독립된 생명체로서의 시작이라는 점에서 매우 중요하다. 신생아는 출생 직후 외부자극에 대하여 반사반응을 보인다. 반사운동은 생존반사와 원시반사로 나눌 수 있다(Craig, 1999). 생존반사는 적응이나 생존을 위해 필요한 호흡반사breathing reflex, 근원반사rooting, reflex, 빨기 반사sucking reflex, 동공반사pupilary reflex, 눈 깜박임 반사eye-bling reflex 등이 있다.

표 6-1 생존반사

구분	내용
호흡반사	산소를 얻기 위해 흡입하고 이산화탄소를 방출하기 위해서 내뿜는 반사
근원반사(탐색반사)	신생아의 볼에 접촉하면 그 자극을 향해 고개를 돌리고 마치 젖꼭지를 기대하는 것처럼 입을 벌리는 반사
빨기 반사	신생아의 입을 접촉하거나 다른 방법으로 자극하면 입으로 빨려는 반응을 보이는 반사
동공반사	신생아의 눈의 동공이 밝은 빛이 들어오거나 잠을 잘 때는 좁아지며, 희미한 불빛이 들어오거나 깨어 있을 때는 넓어지는 반사
눈 깜박임 반사	신생아의 눈을 향해 물체가 빨리 움직이거나 불어오는 공기에 대한 반응으로 눈을 깜박이는 반사

원시반사는 생존을 위해 필요한 것은 아니지만 정상성 여부를 판단하는 중요한 반사운동으로 모로반사Moro reflex, 바빈스키반사Babinski reflex, 파악반사palmar reflex, 걷기 반사stepping reflex, 수영반사swimming reflex 등이 있다.

표 6-2 원시반사

구분	내용
모로반사	신생아가 큰 소리에 의해 깜짝 놀라거나 갑자기 조금 밑으로 떨어지면, 처음에는 팔을 벌리고 손가락을 폈다가 팔을 활 모양으로 휘는 반사
바빈스키반사	신생아의 발바닥을 쓰다듬게 되면 발가락을 부채살처럼 쭉 펼치는 반사
파악반사	신생아의 손바닥이 어떤 물체에 의해 자극을 받으면 단단하게 쥐고 그 물체를 당기면 강하게 잡는 반사

구분	내용
걷기 반사	신생아의 발을 바닥에 대고 똑바로 들어주면 걷는 행동을 보이는 반사
수영반사	신생아를 수그린 자세로 물에 놓으면 수영하려는 행동을 보이는 반사

2) 영아기의 신체적 발달

영아기는 인간의 출생 후부터 만 2세까지 급격한 신체성장이 이루어지게 되며, 이 시기를 제1성장급등기라고 한다. 특히, 출생 후 첫 1년간은 신체와 뇌의 성장이 급속도로 이루어진다. 출생 직후 신생아의 신장과 체중은 남아의 경우 평균 50.1cm, 3.4kg, 여아의 경우 평균 49.3cm, 3.3kg이다. 12개월이 되면 남아는 76.0cm, 9.9kg, 여아가 74.8cm, 9.4kg으로 신장은 출생 시 1.5배, 체중은 약 3배 정도 증가한다(질병관리본부 · 대한소아과학회, 2007). 돌 이후 24개월까지의 성장은 돌 이전에 비해 속도가 다소 느리지만, 두 돌에 이르면 출생 시보다 신장은 성인키의 약 반 정도까지 자라게 되며, 아기의 체중은 출생 시 체중의 거의 4배 정도로 증가한다.

신생아의 가장 두드러진 점은 가슴둘레보다 머리가 더 크다는 점이다. 신생아의 신체구조는 머리가 신장의 1/4 정도이며, 머리둘레가 가슴둘레보다 크고 가슴과 배가 크며 팔이 다리보다 길다. 만 12개월이 되면 가슴둘레와 머리둘레가 거의 같아지

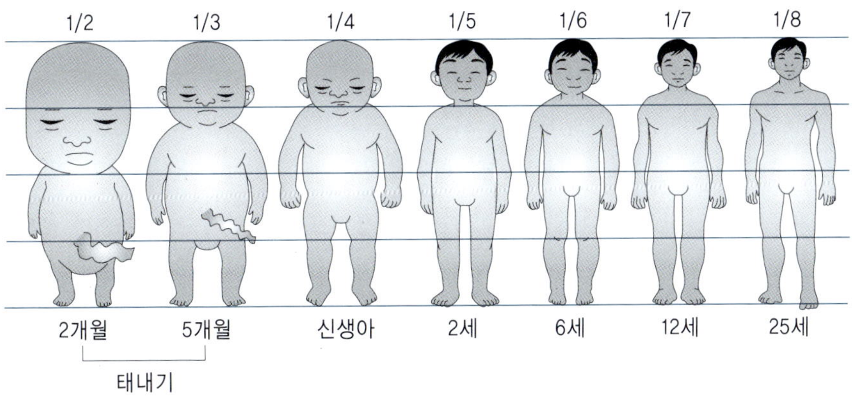

그림 6-1 | 신체구성의 변화 : 나이가 어릴수록 머리의 비율이 신체의 비율보다 더 크다.

다가 2세에는 1/5, 성인이 되면 1/8이 된다(정옥분, 2007). 이것은 두미발달의 원칙으로 태어날 때 신체에 비해 머리가 큰 것은 신체성장이 머리에서 꼬리방향으로 옮겨지는 것을 알 수 있다.

(1) 두뇌발달

인간의 뇌무게는 1,400g 정도 되는데, 출생 시 영아의 뇌무게는 성인 뇌의 25% 정도 커진다. 생후 1년이 되면 성인 뇌의 절반 정도로 커지고 만 2세에는 성인기 뇌무게의 75%, 5세경에는 90%까지 성장한다(송명자, 2003). 뇌 무게의 성장은 뇌의 구조적 · 기능적 발달과 관련이 깊다. 반사운동과 신체운동을 통제하는 뇌간은 출생 시 이미 완전한 기능을 하지만, 감각 정보를 대뇌피질에 전달하는 시상, 운동기능과 균형감각을 관장하는 소뇌, 기억을 관장하는 해마 등은 출생 후에 계속해서 발달한다(조흥식 외, 2013).

뇌가 하는 기능은 신경계의 기능을 의미한다(송명자, 2003). 신생아는 1,000~2,000억 개의 신경세포를 가지고 태어나는데, 임신 5~26주경에 이미 다 형성이 된다. 신경세포는 세포체cell body, 수상돌기dendrites 및 축색돌기axon로 구성되어 있다. 세포체는 신경세포의 몸체이고, 수상돌기는 감각을 수용하는 역할을 담당하며, 축색돌기는 세포체로부터 다른 세포로 정보를 전달하는 역할을 한다. 축색돌기는 수초myelin라고 불리는 지방성 물질이 둘레에 막을 형성하고 있고, 이 수초는 축색돌기를 보호할 뿐만 아니라 신경전류의 전달속도를 증가시킨다. 신경세포의 끝부분에 위치해 있는 축색종말말초신경섬유이 정보를 전달하는 역할을 하며 축색종말과 다른 신경세포의 수상돌기두 개의 뉴런가 연결되는 부분을 시냅스synapse라고 한다.

시냅스의 증가가 이루어지는 시기는 뇌의 영역에 따라 차이가 있다. 시냅스의 밀도는 출생 후 2세까지 급격히 증가하다가 그 후부터 서서히 감소하여 7세경에는 성인 수준에 도달하게 된다(권중돈, 2014). 신경세포가 생성되고 시냅스가 발달할 때쯤 수초화도 시작된다. 수초화는 신체 부위에 따라 발달하는 시기가 다르다. 시각신경세포의 수초화는 출생 후 빠르게 일어나 6개월경에 거의 완성되고, 청각세포의 수초화는 4~5세가 될 때까지 진행된다. 주의집중과 관련된 망상체와 전두엽의 피질은 청소년기와 성년기까지 완전히 수초화가 진행되기 때문에 영아기에는 주의집중이 아주 짧다(유효순 외, 2015).

(2) 치아발달

영아기 신체발달의 중요한 특징 중의 하나는 치아의 발달이다. 인간의 치아는 20개의 유치와 32개의 영구치로 형성되는데, 유치는 영아기에 거의 완성이 되며, 만 6세가 되면 유치가 빠지고 영구치가 나기 시작한다. 유치는 태내기부터 잇몸 속에서 형성되기 시작하여 생후 6개월이 되면 젖니가 아래 앞니부터 나기 시작한다. 1년 정도가 되면 6개의 앞니가 나고, 30개월이 되면 20개의 유치가 모두 나와 성인이 먹는 음식을 대부분 잘 먹을 수 있게 된다(오창순 외, 2013). 유치가 나오는 시기는 개인차가 심하지만 영아의 신체발달이나 지적 발달과는 관련이 없다(정영숙 외, 2001).

3) 영아기의 운동발달

영아의 운동발달은 분화되지 않은 전체적이고 통합적인 움직임으로부터 점차 분화되어 특수한 반응으로 진행된다. 머리운동이 먼저 이루어지며, 팔과 다리로 진행되고 신체의 중앙에서 말초로 이루어진다. 영아의 운동발달은 신체의 성숙도에 따라 개인차가 크지만 대개 생후 3개월부터 대근육운동gross motor movement이 발달한다. 대근육운동은 자세의 유지 및 이동을 위한 목 가누기, 뒤집기, 앉기, 기기, 서기, 걷기 등이 포함된다. 대근육운동은 영아의 행동반경을 넓혀 주어 경험세계를 확대시킨다.

- 1개월 : 턱 쳐들기
- 2개월 : 목 가누기
- 3개월 : 몸 뒤집기
- 4개월 : 받쳐주면 앉기
- 5개월 : 무릎에 앉고 물건 잡기
- 7개월 : 혼자 앉기

- 8개월 : 기기
- 9개월 : 붙잡고 걷기까꿍놀이
- 11개월 : 혼자 서기
- 12개월 : 혼자 걷기
- 16개월 : 손잡고 계단 오르내리기
- 24개월 : 혼자 계단 오르내리기, 달리기

영아의 소근육운동은 주로 손과 팔을 사용하여 물건 잡기, 손가락으로 글쓰기 등과 같이 소근육을 이용하는 운동이다. 이것은 영아의 지각능력 및 모방기능과 관련이 있고, 행동능력을 표현하는 수단이 된다. 물체를 쥐거나 조작하는 능력의 발달은 뇌의 발달에 중요한 영향을 미친다. 또한 영아기 동안 감각기능과 운동기능 간의 협응이 이루어지고, 이것은 신체의 각 부위와 감각기관의 발달은 물론 지적 능력의 발달에도 영향을 미친다.

- 4개월 : 물건에 팔을 뻗기
- 5개월 : 물건에 손을 대고 잡으려고 시도
- 6개월 : 물건을 옮겨 잡거나 움켜쥐기
- 9개월 : 물건을 비교적 정확하고 힘 있게 잡기
- 12~14개월 : 물건을 엄지와 집게손가락을 사용하여 손가락 끝으로 정확히 잡기
- 18개월 : 컵으로 물 마시기
- 24개월 : 단추 풀기모든 옷을 벗을 수 있다

4) 영아기의 심리적 발달

(1) 감각발달

영아는 시각발달이 가장 늦게 이루어지며(정옥분, 2007), 상당수 사시로 태어난다(최옥재, 2014). 생후 1~2주 무렵에는 사물에 시선을 고정시킬 수 있고, 6주경이 되면 움직이는 물체를 눈으로 따라갈 수 있다.

2~3개월경에는 색채를 바탕으로 물체를 구분할 수 있고, 다른 사물에 비해 사람의 얼굴을 오랫동안 응시하는 경향을 보이며, 낯선 사람보다 어머니의 얼굴을 선호한다. 4개월이 되면 다른 색보다 파란색이나 빨간색을 더 오랫동안 보는 경향이 있고, 생후 1년경이 되면 1.0에 가까운 정상시력을 갖는다(최덕경 외, 2014).

영아의 청각은 출생 직후에는 높고 강한 소리에만 반응을 보이나 3주경에는 다른 사람의 목소리보다 어머니의 목소리에 민감하게 반응한다. 1개월 된 영아는 소리 나는 쪽으로 고개를 돌리며, 소리가 들리면 조용해지다가 더 활동적이 된다. 4개월이 되면 영아는 다른 소리보다 사람의 목소리를 더 좋아하고, 목소리의 감정표현의 차이를 인식할 수 있다(Fernald, 1993). 5개월이 되면 부정적인 목소리보다 긍정적인 목소리에 더 오래 귀를 기울인다. 생후 1년경이면 소리의 높낮이로 구별할 수 있고 작은 소리에도 예민하게 반응한다.

신생아의 촉각은 입술과 혀가 가장 발달되어 있고, 6개월이 지나면 영아는 물체의 성질을 시각과 촉각을 통해 탐색할 수 있다. 영아는 12개월 정도 되었을 때 손의 감촉만으로도 익숙한 물체를 알아본다. 촉각은 영아가 자신의 환경에 대한 지식을 습득하는 주요한 수단이 된다. 또한 촉각은 영아와 부모의 애착과 정서적 친밀성을 유지하는 데 있어서도 결정적이다. 미숙아에게 피부접촉을 지속적으로 해주면 몸무게와 신장의 증가가 향상된다(유효순 외, 2015).

영아는 태어나면서부터 후각능력이 매우 잘 발달되어 있는 것으로 알려져 있다. 모유 수유를 하는 신생아는 어머니의 냄새를 구분할 수 있다. 모유 수유를 하는 영아에게 어머니의 모유가 묻은 거즈와 다른 사람의 모유가 묻은 거즈를 냄새 맡게 하였다. 그러자 어머니의 젖 냄새가 나는 쪽으로 고개를 더 오래 돌려서 영아가 어머니의 젖 냄새와 다른 사람의 젖 냄새를 구별할 수 있음을 알 수 있었다.

영아는 태어나면서부터 맛을 구별하고 생후 2~3개월 무렵에는 특정한 맛을 선호한다. 단맛을 맛본 영아는 대부분 만족한 표정을 짓고, 신맛은 입술을 오므리는 행동과 코를 찡그리고 눈을 깜빡이는 행동을 유발한다. 쓴맛은 싫어하는 표정과 뱉는 행동을 하기도 한다. 영아기 말에는 미각이 더욱 예민하게 발달된다.

(2) 인지발달

영아가 2세가 될 때까지 성취해야 하는 주요 과제는 대상영속성의 개념이다. 대상영속성object permanence이란 영아가 어떤 대상이 시야에서 사라지거나 들리지 않아도 그것이 계속 존재한다고 믿는 것이다. 이러한 개념은 피아제Piaget의 인지발달단계에서 감각운동기에 터득해야 할 가장 중요한 과제이다. 처음에는 영아가 더 이상 대상을 지각할 수 없다고 느끼는 순간부터 그것을 즉시 잊어버리지만, 2세 정도가 되면 대상영속성의 개념을 획득하게 된다(Zastrow & Kirst-Ashman, 2001).

- 1단계0~1개월 : 시야에서 사라진 물체는 영아의 마음에서도 사라진다.
- 2단계1~4개월 : 영아는 숨겨진 물체가 있는 곳을 잠깐 동안 쳐다보지만 계속 찾으려고 하지 않는다.
- 3단계4~8개월 : 영아는 사라진 물체를 찾으려 하고, 물체가 사라져도 물체가 존재한다는 개념을 갖기 시작한다.
- 4단계8~12개월 : 영아는 사물이 지각적인 장에서 완전히 사라져도 찾을 수 있다. 그러나 영아가 보는 동안에 물체를 처음 감춘 장소에서 다른 장소로 옮겨 놓아도 처음 감추었던 장소에서 물체를 찾으려고 하는 오류가 나타난다.
- 5단계12~18개월 : 영아는 사물을 여러 번 이동하여도 사라진 장소에서 찾아낸다. 그러나 영아에게 사물의 이동과정을 보여 주지 않으면 사물을 찾아내지 못한다.
- 6단계18~24개월 : 영아는 사물의 이동을 보지 않아도 정신적 표상에 의해 이동과정을 추적하여 사물을 찾아낸다.

(3) 언어발달

인간은 언어를 획득할 수 있는 능력을 가지고 태어나며, 영아기는 언어발달이 활발하게 진행되는 시기로, 이미 성인이 되어 사용하는 언어능력 대부분을 발달시켜 간다. 언어의 발달과 획득은 영아기의 중요한 발달과업 중 하나이다. 언어발달은 언어 이전의 시기와 낱말을 사용하기 시작하는 언어 시기로 나눌 수 있다.

언어 이전 시기는 대략 생후 1년까지의 시기이며, 울음, 쿠잉cooing, 옹알이, 음소의 확장 등을 통하여 의사를 전달한다. 울음은 신생아의 유일한 의사전달의 수단이며, 우는 이유가 구분되지 않는 울음에서 이유를 알 수 있는 울음으로 바뀌게 된다.

쿠잉은 영아가 생후 2~3개월 정도부터 즐거운 경우에 목을 낮게 울려 "꾸루륵" 하고 내는 소리로서 울음과 함께 빈번한 의사소통의 방법이다. 옹알이는 자음과 모음을 합쳐서 내는 반복적인 소리로서 신체의 성숙으로 인해 나타나는 현상이며, 생후 4~5개월부터 시작하게 된다. 옹알이는 언어발달과 상당히 관련이 높은 것으로 알려져 있다(Papalia, Olds & Feldman, 1998). 생후 6개월부터 영아는 "마마", "바바"와 같은 소리를 반복적으로 내어 의사전달을 위한 음을 내기 시작한다. 그리고 출생 후 8개월이 되면 자기 소리와 타인의 소리를 구분하고, 타인의 소리를 그대로 따라 하는 반향음을 내기 시작한다.

본격적인 언어획득의 기간은 생후 9개월에서 2세 사이이며, 영아가 낱말을 사용하기 시작하면서 본격적인 언어발달이 이루어진다. 이 시기의 언어발달은 "엄마", "아빠"와 같은 한 번에 하나의 낱말을 사용하여 자신의 의사를 표현하다가, "엄마 좋아", "엄마 빠빠" 등의 두 개의 낱말을 연결하여 의사소통을 한다.

영아의 언어발달에는 개인차가 있으며, 성별, 가정환경, 가족형태 등에 영향을 받는 것으로 알려져 있다. 일반적으로 여아가 남아보다 언어발달이 빠르며, 어머니의 언어자극은 영아의 언어발달을 촉진시킬 수 있다. 한편, 영아기 언어의 특성은 반복, 독백 등을 포함한 자기중심적 언어를 사용한다는 것이다(이근홍, 2014).

5) 영아기의 사회 · 정서발달

(1) 정서발달

정서발달은 성격발달의 기초가 되는 것으로 만 2세까지 성인에게서 볼 수 있는 대부분의 정서가 나타난다. 출생 시 영아는 흥미, 혐오, 불쾌감을 표현할 수 있다. 영아기 초에 젖은 기저귀 등에 대한 반응으로 불쾌감이 분화되기 시작하여 나쁜 냄새나 맛에 대한 혐오감도 나타나고, 이어서 새로운 소리나 촉감에 대한 흥미 등의 감정이 나타난다. 또한 놀람, 분노, 슬픔과 같은 정서는 3~4개월 이내에, 그리고 공포는 6~7개월 사이에 나타난다. 그리고 수줍음, 질투, 자부심, 수치심 등과 같이 자아 인식을 반영하는 정서는 훨씬 뒤에 나타나는 경향이 있다. 유아의 정서는 2세가 끝날 무렵에 성인에게서 볼 수 있는 거의 모든 정서가 나타난다.

(2) 사회성발달

영아기 사회성발달의 중요한 특징은 주 양육자에 대한 애착이 발달하며 이를 통해 자아개념 및 성격발달의 기초를 형성하게 되는 것이다.

① 애착발달과 분리불안

애착attachment은 한 개인이 어떤 특정한 사람에게 느끼는 강한 정서적 유대감을 의미한다. 애착은 극히 소수의 선택적 대상들에게 집중적으로 형성되며, 그 애착인물과 항상 가까이 있고 싶은 욕구를 갖는다. 영아기의 애착은 주로 어머니를 비롯한 주 양육자와의 지속적인 관계에서 형성된다.

알아두기

내적 작동 모델

내적 작동 모델이란 애착과 관련된 정보를 조직하는 일련의 의식적 그리고 무의식적 규칙으로, '정보를 얻거나 정보에 대한 접근을 제한하는 기능을 구조화하는 과정'이다(Main et al., 1985). 안정애착 대 다양한 유형의 불안정 애착 구성은 특정한 유형의 내적 작동 모델을 나타내는 용어로 생각하면 잘 이해할 수 있다. 이는 감정과 행동뿐만 아니라 주의와 기억 그리고 인지에도 영향을 미친다. 내적 작동 모델의 개인차는 비언어적 행동 패턴에서 보이는 개인차뿐만 아니라 언어와 마음구조의 패턴과도 관련이 있다.

- 안정형 애착
- 회피형 애착
- 양가형 애착
- 혼란형 애착

사회성발달과정에서 영아는 여러 가지 표현행동과 애착행동을 나타낸다. 표현행동이란 외부세계와의 의사전달의 수단으로서 영아가 자신의 욕구, 호기심 등을 표현하는 행동을 말한다. 표현행동에는 울음, 응시, 옹알이, 미소, 모방 등이 있으며, 이들은 영아를 돌보는 사람들과의 관계를 통해서 형성되고 애착행동의 기초가 된다(김경희, 2001). 영아는 생후 4개월경부터 사물보다 사람의 얼굴을 응시하기를 좋아하며, 12개월 이후부터는 다른 사람의 행동을 모방하기 시작한다.

영아기의 낯가림은 낯선 사람에게 불안반응을 보이는 행동으로 대개 생후 8개월경에 나타나며, 12개월을 전후하여 절정에 이르다가 차차 없어진다. 또한 분리불안은 영아가 애착대상인 어머니와 함께 있다가 멀어지거나 분리될 때 나타나는 불안반응이다. 이러한 분리불안은 생후 6~8개월경에 나타나 14~18개월까지 절정을 이루다가 점점 줄어들게 된다(Shaffer, 2005).

② 신뢰감의 형성

영아기에 경험하는 사회적인 관계는 심리적 발달의 근간을 이루게 된다. 특히, 출생 직후부터 경험하는 생리적 욕구를 충족해 가는 과정은 성격의 가장 기초적 구조를 형성한다. 에릭슨은 주 양육자인 어머니가 배고플 때 젖을 주고, 기저귀를 갈아주며, 재워주고, 안아주는 적절하고 따뜻한 보호를 통해 아기는 외부세계에 대한 신뢰감을 형성하게 되며, 이러한 욕구가 잘 충족되지 못하면 불신감을 갖게 된다고 주장한다. 또한 프로이트는 이 시기를 리비도가 구강에 존재하는 구강기로 구분하였으며, 이 시기에 젖을 충분히 빨지 못하면 후에 거친 표현을 잘 하게 되는 등 입에 고착된 성격특성이 나타난다고 하였다(Urdang, 2008).

알아두기

대상관계이론

생애 초기 주 양육자의 상호작용경험이 성격구조의 형성과 발달에 중요한 영향을 미친다는 것은 대상관계이론으로 설명될 수 있다. 프로이트(Freud)의 정신분석이론이 한 개인의 심리에 관심을 두었다면, 대상관계이론은 개인의 관계를 더 중시한다. 대상관계이론은 우리가 어린 시절의 경험에 의해 형성된 기대를 바탕(내적 대상)으로 현재의 사람들과 관계를 맺는다는 것이다. 즉, 생애 초기 양육자와의 상호작용경험이 성격구조의 형성 및 발달에 미치는 영향을 중점으로 다룬다.

대상관계의 발달은 분리와 개별화를 통해 대상에 대한 항상성을 형성해가는 과정이라고 할 수 있다. 분리개별화란 자신을 주변 환경과 구분할 수 있고, 독립된 개체로 인식할 수 있음을 뜻한다. 아기는 출생 초기에는 자신 이외의 다른 것들이 존재함을 인식하지 못한다. 그러나 어머니의 양육과정을 통해 자신이 환경과 분리되어 있음을 알게 되면서, 점차로 독립된 개체로 인식하고 되고 대상에 대한 항상성을 형성하게 된다. 대상관계에서 분리개별화는 출생 후 만 3세까지 이루어지며, 분리개별화가 잘된 아이가 건강한 아이라고 할 수 있다.

■ 1단계 : 자폐기(0~2개월)

이 단계에서 신생아는 어머니와 완전히 융합된 상태에서 머물며, 자기와 대상을 구별하지 못한다. 그러나 아기를 돌보는 어머니는 아기에게 강한 유대감을 느끼면서 아기와 융합상태를 이룬다. 이 시기의 애착은 부모로부터 아기에게 향하는 일방향적인 것이지만 이러한 애착은 아기가 이후에 형성하게 되는 관계성의 모체가 된다.

■ 2단계 : 공생기(2~6개월)

아기가 차츰 대상을 인식하게 되는 것은 어머니의 보살핌, 즉 배고플 때 젖을 먹이고, 안아주고, 껴안아주기와 같은 공감각적 경험을 통해서이며, 인지발달과 운동협응력 등의 신경계가 발달하면서 이루어진다. 이로써 아기는 자폐기에서 공생이라는 자기-타자 시스템으로 이동한다. 그러나 아직 분화가 완전하지 못하기 때문에 진정한 양자관계는 아니다.

■ 3단계 : 분리개별화기(6~24개월)

아기는 공생기 이후에 어머니로부터 점차 분리되는 과정을 겪게 되는데, 조금씩 어머니와의 공생적인 융합을 포기하게 된다. 이처럼 성공적인 분리와 개별화가 이루어지게 되면 잘 분화되고 내적으로 통합된 시기를 형성하게 된다. 분리와 개별화를 이루지 못하게 되면 잘 응집된 자기와 분화된 정체성의 발달이 지연되고, 가족에 대한 지나친 정서적 융합이 형성된다. 아이가 분리에 실패했을 때, 학령기와 청소년기, 또는 성인이 되어 독립할 때 심각한 위기에 봉착할 수 있다.

- 부화기(6~10개월) : 부화기는 어머니와 분화되기 시작하는 때이다.
- 연습기(10~16개월) : 아이가 어머니에게 의존해 있다가 잠깐씩 떨어지는 것을 연습하는 시기이다.
- 재접근기 : 분리에 대한 인식이 증가하면서 불안을 느껴 의도적으로 어머니에게 재접근하는 시기이다.

■ 4단계 : 강화기-대상항상성발달(24~36개월)

강화기가 되면 재접근단계의 매달리거나 거부하고 떼를 쓰면서 의존하는 행동은 줄어들고, 대상항상성과 개별성이 나타나기 시작한다. 개별성과 대상항상성의 발달은 평생 동안 지속된다. 대상항상성이 형성되면 특정한 대상에 대한 정서적인 지각이 일관되게 나타난다. 예를 들어, 어머니에게 민감한 양육을 받은 유아는 어머니에 대한 긍정적 이미지를 내면에 형성할 수 있게 되어 어머니와 잠시 떨어져 있어도 불안해하지 않고 어머니가 돌아오면 반갑게 맞아준다. 그 이유는 어머니에 대한 좋은 이미지를 유지할 수 있기 때문으로 본다. 대상에 대해 항상적인 이미지를 형성하는 것과 함께 유아는 자신에 대한 좋고 나쁜 자기표상도 통합하고 다양한 상황과 기분상태에서 자신에 대한 항상성을 형성하게 된다. 즉, 다양한 상황이나 기분상태에서도 안정적으로 나타나는 자신만의 특성을 개별성이라고 한다.

이와 같이 유아가 자신과 대상에 대한 안정된 대상관계를 형성함에 따라 주 양육자와 오랫동안 분리될 수 있으면서 유치원에 다닐 수 있게 된다. 또한 자신과 대상의 바람이 다름을 알고 타협할 수 있게 되며, 부모님 이외의 다른 대상에 관심을 갖고 안정된 대상관계를 형성하게 된다.

3. 유아기(학령전기)

유아기는 3~6세 사이의 시기로, 신체가 전체적으로 균형을 잡아가면서 대근육 운동기술이 크게 발달하고 소근육운동이 정교화된다. 또한 이 시기에 유아는 독립된 개체로 활동하게 되며, 대·소변 가리기 훈련이 가능해진다. 인지발달이 이루어져 주의집중력과 지각변별력이 발달하지만, 자아중심성, 직관적 사고, 물활론, 상징적 기능, 꿈의 실재론 등과 같은 특징이 나타난다. 이 시기에는 인지발달과 함께 언어발달이 급속히 이루어져 기본적인 의사소통이 가능해지며, 정서의 분화가 두드러지게 나타나고, 성적인 것에 관심을 보인다. 또한 자율성과 자아개념이 발달하며, 여러 가지 놀이를 배우게 되고 환경에 대한 호기심이 발달하여 환경을 탐색하게 된다.

1) 신체발달

유아기는 영아기에 비해서 성장속도가 다소 느리지만, 신체가 전체적으로 균형을 잡아가고 이에 따라 운동기술이 정교해지는 시기이다. 신장은 3세 이후에 매년 6cm 이상 성장하여 4세경에는 출생 시 신장의 2배 이상이 되며, 6세 무렵에는 성인의 65% 수준인 113cm까지 성장한다. 몸무게도 매년 2kg 정도가 증가하여 5세가 되면 출생 시의 5배인 18kg 정도가 되고, 6세 무렵에는 성인의 약 30% 수준인 19~20kg까지 성장한다. 신체적인 비율은 다리가 길어지고 머리의 성장이 느려짐에 따라 머리가 큰 가분수형에서 벗어난다. 얼굴의 골격과 연골이 발달하고 뺨의 지방층이 감소함에 따라 아동의 얼굴에서는 아기 모습이 없어지고 개인마다의 특색이 두드러진다.

치아는 2~3세경이 되면 상하 20개의 유치가 모두 나와 음식을 잘 먹을 수 있으며, 5세경부터 유치가 영구치로 바뀌게 된다. 수면시간은 성장하면서 점점 줄어들어 5세경에는 9시간 정도를 잔다. 이 시기에 정상적으로 성장하고 건강한 신체를 지니기 위해서는 충분한 영양을 섭취해야 하고, 규칙적인 생활습관을 지니며, 사고와 질병으로부터 보호를 받아야 한다. 특히, 유아기에는 두뇌의 구조 중 고도의 종합적인 사고기능을 담당하는 전두엽이 발달하게 되어, 인간의 종합적인 사고기능과 예절교육, 인성교육 등이 이 시기에 다양하게 이루어질 수 있게 되어 '세 살 버릇이 여든까지 간다'는 속담이 근거가 있는 말이라고 할 수 있다.

2) 운동발달

유아기는 근육의 발달과 신경계통의 점차적인 성숙으로 운동기술이 상당히 발달한다. 유아는 영아기에 할 수 없었던 여러 가지 새로운 활동을 할 수 있게 되며, 대근육운동능력이 크게 증가하고 소근육운동의 정교함도 더해진다.

유아는 3세가 되면서 직선으로 걷거나 뛸 수 있게 되며, 두 발을 이용해 마루로 뛰어내릴 수 있다. 하지만 한 번 뛸 때 20~25cm 정도의 아주 작은 물체만을 비켜갈 수 있고, 뛰는 동안 쉽게 방향을 바꾸거나 멈출 수가 없다. 4세 무렵에는 한 발로 깡충깡충 뛸 수 있고, 양손으로 큰 공을 잡을 수 있으며, 1년 전에 할 수 있었던 것보다 더 멀리 더 빠르게 뛸 수 있다. 아울러 온종일 움직인다고 해도 과언이 아닐 정도로 운동량이 많아진다(Corbin, 1973). 5세가 되면 한 발로 균형을 잡을 수 있으며, 두발자전거 타기를 시도한다. 6세 이후에는 두발자전거를 탈 수 있으며, 유아기에 획득된 운동기술이 정교해진다.

유아기에는 생활에 필요한 기술을 혼자서 할 수 있게 된다. 2세 무렵에는 숟가락을 사용할 수 있고, 컵으로 물을 마실 수도 있으며, 3세 무렵에는 엄지와 검지로 젓가락을 사용할 수 있다. 하지만 아직은 서툰 편이며, 4~5세 무렵에는 혼자서 옷의 단추를 벗길 수 있게 된다. 3세 무렵에는 연필이나 크레용을 사용해 원, 삼각형, 사각형 등의 단순한 형태의 그림을 그리기 시작한다. 4세가 되면 기본적 형태를 조합해 무늬를 그릴 수 있으며, 선을 따라 가위로 모양을 오려낼 수 있게 된다. 한편, 3~4세 무렵이면 왼손잡이인지 오른손잡이인지를 대체로 확인할 수 있다(최덕경, 2014).

3) 인지발달

피아제는 유아기를 논리발달의 전조작기라고 하였다. 유아는 사물에 대한 상징과 마음속의 이미지인 심상을 사용하는 능력이 증가한다. 즉, 유아는 정신적 상징이나 언어를 사용하여 현존하지 않는 대상을 표현할 수 있는 능력이 발달한다. 유아가 주위에 현실적으로 존재하지 않는 사물을 표상할 수 있다는 것은 사고의 발달을 의미하며, 상징적인 기능이 발달되어 언어나 그림을 사용할 수 있다는 것이다.

특히, 이 시기의 유아는 다른 사람과 의사소통을 할 수 있어, 자신의 생각을 표현하는 수단으로서 말을 획득하게 된다. 그러나 정신적 표상에 의한 사고를 할 수 있기는 하지만, 정보를 기억하거나 미리 계획을 세우는 일을 효과적으로 행하지 못한다. 전조작기 유아의 특징은 상징적 사고의 증가, 자기중심적 사고, 물활론적 사고, 인공론적 사고, 전환적 추론, 꿈의 실재론 등으로 설명된다.

(1) 상징적 사고

유아기에는 더 이상 직접 보고 듣고 만지지 않아도 자신이 내적으로 형성하고 있는 표상을 여러 형태의 상징으로 표현할 수 있는 상징적 기능이 발달한다. 이러한 상징적 기능의 발달은 상상놀이와 그림을 통하여 가장 잘 표현하고 있다. 상상놀이는 가상적 사물이나 상황을 실제 사물이나 상황으로 상징화하는 놀이로서 유아의 상상력과 창의성의 수단이 된다. 그림은 유아의 내적 표상이 표출되는 것으로 자신의 머릿속에 있는 심상을 반영해 준다. 유아는 인형을 업고 다니거나, 인형에게 우유를 먹이는 흉내를 내면서 심상을 반영한다.

(2) 자기중심적 사고

유아들은 우주의 모든 현상을 자기중심적으로 생각한다. 유아는 자기 자신의 관점에서 다른 사람의 경험과 세계를 보려고 한다. 이 시기의 유아는 모든 사람이 똑같은 방법으로 느낀다고 믿고 있기 때문에 느낌, 반응, 조망 등을 모든 사람들이 함께 공유하고 있다는 가정하에서 자기중심성을 설명할 수 있다. 예를 들어, 피아제의 세 산 모형실험이나 술래잡기를 할 때 '내가 못 보면 다른 사람도 나를 못 본다'는 생각에 얼굴만 가린 채 숨어 있는 모습을 보이거나 친구가 속상해 할 때 자기가 좋아하는 방법으로 달래주는 모습 등이다.

(3) 물활론적 사고

물활론적 사고는 모든 물체가 생명을 가지고 있다는 사고의 특성을 말한다. 즉, 유아가 자기중심적 사고를 바탕으로 세상에 있는 모든 사물을 사람과 같이 생명이 있고 살아 움직이는 것처럼 생각하는 것이다. 예를 들면, 하늘에 떠 있는 달이 계속 자신을 따라온다고 말하거나, 발에 차인 돌을 보며 아플까봐 '호' 해주는 모습, 가위로 종이를 자르면 종이가 아플 것이라고 생각하는 것 등이다.

(4) 인공론적 사고(자기중심성)

인공론적 사고는 세상의 모든 사물이나 자연현상이 자신을 위해 만들어진 것이라고 믿는 것이다. 예를 들면, 세상을 비추기 위해 해와 달을 사람이 하늘에 만들어 두었다고 믿는 생각, 아기는 공장에서 만들어오기 때문에 동생이 필요하다고 하면 원하는 연령의 동생이 바로 태어나고, 하늘은 누군가가 하늘색으로 색칠한 것이라고 믿는다.

(5) 전환적 추론

전환적 추론은 한 가지 특정 사건으로부터 다른 특정 사건을 추론하는 사고를 말한다. 예를 들면, '할머니 말씀을 안 들어서 할머니가 아팠다', '내가 잘못해서 엄마, 아빠가 이혼한다' 라고 서로 관계없는 것을 연관시켜 생각하는 특징이 있다.

(6) 꿈의 실재론

유아는 꿈과 현실과의 구분이 어렵기 때문에 꿈이 실제로 일어난 것이라고 믿는다. 물론 유아가 성장함에 따라 꿈이란 실제로 존재하는 것이 아니라는 것을 알게 되나 유아는 꿈꾸고 있는 동안 꿈이 자기 주위에 그대로 남아 있다고 생각한다. 유아는 아동이나 성인과는 아주 다른 방식으로 꿈을 생각한다. 이들은 자신이 꾸고 있는 꿈을 다른 사람도 보며, 꿈이란 바깥에서 들어오는 것이라고 생각한다. 또한 꿈은 그들이 꾸고 있는 동안 주위에서 실제로 일어나는 것이라고 생각한다. 그러나 5~6세가 되면 꿈은 실재가 아니라는 것을 알게 된다.

4) 사회성발달

유아기는 사회성발달에 중요한 시기로, 언어능력의 발달과 함께 대인관계가 활발해진다. 이로 인해 자아의 발달과 성역할 학습이 이루어지고, 타인의 관점을 수용할 수 있는 조망수용능력이 발달한다. 에릭슨에 의하면 이 시기는 주도성이 발달하는 시기이고 그렇지 못하면 죄책감이 발달한다고 하였다. 주도성이란 어떤 일의 능동적 시작, 또는 시작하려는 준비라고 할 수 있다. 유아는 새로운 활동과 경험을 하려는 준비가 되어 있고 호기심과 창의성, 환경 등이 주도성을 발달시킨다. 이 시기에 유아는 현실에서 겪는 좌절과 금지를 극복하기 위해 환상의 세계로 여행을 떠나는데, 이것이 주도성의 발달을 가져온다. 죄의식은 금지된 것이나 신체적, 정신적으로 할 수 없는 것을 하려 할 때 생길 수 있다. 이 시기의 유아는 부모를 비롯한 다른 성인과의 관계, 친구와의 우정을 경험함으로써 자신의 가치를 판단한다.

(1) 자아의 발달

자아개념이란 자신이 주변에 있는 물체나 다른 사람과 구분되는 독립적인 존재이고, 시간이 지나도 지속적으로 존재할 것이며, 자신만의 독특한 특성을 가지고 있음을 인식하는 것이다. 만 1세경의 영아에게 거울을 보여 주면, 그 속에 비친 아기가 자신임을 알지 못한다. 생후 2세 이후가 되어서야 거울 속에 보이는 자신의 모습에 대한 자각이 나타난다. 이 시기에 자신은 주변의 다른 사람과 다른 독특한 존재라는 자기에 대한 개념을 획득하게 되면서, 사신 속에 있는 사신의 이름을 부르거나, '나'라는 단어를 사용하여 자신을 가리킬 수 있다. 3세경에는 자신의 몸에 관심을 가지고, 다른 사람과 비교하여 차이점을 알게 되며, 4~5세 이후에는 자신의 신체적 특징을 알게 되면서 신체적 자기인식을 갖게 된다(이근홍, 2014).

유아기에 자아개념이 발달하면서 자신의 가치에 대한 평가와 관련돼서 자아존중감self-esteem도 발달한다(손병덕, 2015 ; Berk, 2011). 유아의 자아존중감은 자기 스스로 무엇을 해낼 수 있다는 자율성과 성취감에 기초하여 형성된다(Papalia, Olds, & Feldman, 1998). 자율성은 혼자서 옷을 입고 벗을 수 있으며, 신을 신을 수 있는 자조기능을 통하여 발달하고, 성취감은 주변환경에 효과적으로 대처하면서 발달시킬 수 있다. 이때 부모가 유아 스스로 어떤 행동을 했을 때 칭찬하고 격려해주면 자율성과 성취감이 높아지게 되고, 독립적이면서 자주적인 성격을 갖게 된다.

(2) 성역할 학습

유아는 성과 관련된 사회적 관계에 관심을 나타내고, 자신의 성에 걸맞은 행동을 함으로써 성역할 정체감을 형성해 가기 시작한다. 이 시기에 성역할에 대한 인식이 생기며, 전체적인 자아개념에 자신의 성을 연결시키게 된다. 자신의 성과 그에 맞는 행동 및 사회적 관계에 관심을 갖게 되며 점차적으로 성역할 기준을 자신과 친구들의 행동에 적용하려고 한다. 그러므로 동성의 친구와 어울리며, 성에 따라 옷차림, 놀이, 직업에 대한 사회적 기대를 의식하고 이에 따라 행동하고자 한다.

4세경에는 자신의 성을 인식하고 동성 유아에 대한 관심이 증가하며, 성에 따라 놀이 형태에 차이를 보이기도 하며, 5세경에는 성역할이 발달하고, 성역할에 대한 고정관념이 생기며 동성의 부모를 동일시하고 모방하기도 한다. 또한 다른 유아와 상호작용하는 기술이 발달하고 협동하기, 공유하기, 돕기, 협상하기 등의 사회적 기술을 배운다. 그리고 사회적 소속감이 발달하며, 같은 또래의 승인이 중요한 행동준거가 되며 공정, 평등, 정의로움 등에 관심을 갖기 시작한다. 6~7세경이 되면 자신의 성여성, 남성이 변하지 않음을 알게 된다.

(3) 사회적 관점 수용능력(조망수용능력)

유아의 사회적 발달은 타인의 관점을 수용할 수 있는 조망수용능력의 발달과 관련이 있다. 4~6세경에는 놀이터에 가서 친구들과 노는 시간이 많아지면서 타인을 이해하기 시작하므로 다른 사람의 관점을 수용할 수 있는 능력, 규칙을 지키고 타인을 고려하고 돕는 행동 등이 증가한다. 이 시기는 사회의 규칙을 이해하기 시작하는 단계로 부적절하거나 타인에게 받아들여지지 않는 행동을 스스로 억제하기 시작한다. 이러한 사회적 관점은 수용능력이나 조망능력이 발달하면서 유아는 다른 아이들과 연합해서 놀거나 협동해서 놀이를 할 수 있다. 그러나 자아중심적 성향이 남아 있기 때문에 친구와 말다툼을 자주 일으키며, 있지도 않은 헛소문을 퍼뜨리기도 한다(권중돈, 2014).

5) 정서발달

유아기에는 영아기에 비해 정서가 좀 더 복잡해지고 다양해진다. 이 시기에 나타나는 정서는 분노, 공포, 애정, 기쁨, 질투, 불안 등이다. 3~4세경에는 영아기에 형성되었던 애착 감정이 그 정도가 약해지며 자신의 감정을 조절하는 능력도 생긴다. 의존적으로 발달된 행동을 통제하는 초자아, 즉 양심의 발달이 이루어진다. 3세경에는 2세 때와 같은 격렬한 정서 표현이 줄고 타인을 의식하게 되며 감정의 조절 능력도 생겨난다. 강력한 자율성과 주도성이 발달하게 되어 "나도 할 수 있어요", "나 혼자 할래요" 등의 표현을 많이 하고 성취하려는 욕구도 높으며, 사랑받거나 배척당하는 상황에 대한 인식이 생겨나서 자기 가치에 대한 감정을 형성하게 된다. 동물과 같은 구체적 대상물에 대한 공포를 느끼며, 4세경에는 실제로 보이지 않는 가상적 대상물귀신, 유령, 도둑에 대한 공포를 표현하기도 한다.

4~6세경에는 울음으로 감정을 표현하는 행동은 점차 줄어든다. 5세경에는 성인과 같은 완전한 감정 표현이 가능하며, 언어적 방법에 의해 자신의 감정을 표현할 수 있게 되고, 자신의 감정 표출을 의도적으로 감추거나 피하기도 한다. 상상력이 발달해 어두움이나 보이지 않는 존재에 대해 공포를 느끼는 경우가 많으며 점차 다른 사람의 감성을 이해하기 시작한다. 다른 사람의 고통을 알지만 적절하게 반응하지는 못하며 동생이 생긴 경우 질투심을 갖고 퇴행이나 손가락 빨기, 대·소변 실수, 눈 깜빡거리기, 손톱 물어뜯기 등의 틱tic 증상을 보이기도 한다.

4. 사회복지실천에 대한 적용

1) 태내기의 문제와 사회복지실천

(1) 임산부의 건강지원서비스 제공

건강한 태아를 출산하기 위해서는 임산부의 건강이 무엇보다 중요하다. 그러므로 가임여성과 그 배우자는 건강검진을 통해 건강상태를 파악하고, 장애아의 출산 원인을 미리 예방할 수 있도록 풍진과 간염 등의 예방주사를 맞는 것이 좋다. 또 임신 중에도 임산부의 건강 및 그로 인한 약물이나 치료는 태아에게 영향을 미칠 수 있으므로 충분한 영양공급과 산전관리에 대한 서비스 제공이 더욱 필요하다. 예비부모를 위하여 임신 중 아기와 산모의 건강과 영양 및 양육에 대한 정보를 쉽게 접할 수 있도록 다양한 지역과 시간대로 각종 교육 프로그램이 정부 차원에서 실시되어야 한다.

(2) 인공유산

인공유산은 '태아가 자궁 밖에서 생존할 수 있기 전에 임신을 종결하는 것'으로 정의된다(Masters et al., 1995). 현재 우리나라에서는 인공유산이 불법이지만 임산부가 원치 않는 임신이거나 태아와 산모의 상태가 매우 위험하여 낙태가 불가피한 경우에는 조기에 조치하도록 도움을 주어야 한다.

2) 영아기의 문제와 사회복지실천

(1) 산후 우울증

출산 후 산모는 아직 건강이 온전히 회복되지 않은 상태에서 신생아를 돌보아야 한다. 그 과정에서 산모는 산후 우울증을 경험하게 된다. 산후 우울증은 심각한 경우 수면장애나 우울, 불안, 무가치감, 자살충동을 동반하므로 적절한 의학적 개입과 함께 배우자나 가족, 주변 사람들의 지지가 필요하다. 또한 아버지도 아이를 사랑하지만, 아내의 사랑이 아이에게로 옮겨갔다고 여겨 소외감을 경험하기도 한다. 사회복지사는 부부가 출산으로 인해 겪는 심리적 어려움을 극복하고 부모가 되는 것에 적응할 수 있도록 임산부와 가족에 대한 지원 프로그램을 제공해야 한다.

(2) 애착과 양육문제

영아기의 사회적 발달과 관련하여 관심을 기울여야 하는 부분은 모자간의 부적절한 애착관계다. 어머니가 우울증으로 인하여 영아와의 신체적 접촉이나 애착관계 형성을 거부하는 경우에는 상담과 심리치료를 받을 수 있도록 한다. 맞벌이가족의 경우에는 영아와 부모 사이의 접촉시간이 매우 부족하기 때문에 영아가 분리불안을 강하게 표출하거나 헤어졌다 다시 만났을 때 부모와의 접촉을 두려워하거나 회피하는 경우가 있다. 따라서 사회복지사는 맞벌이부부를 대상으로 하여 짧은 시간 동안 영아와 효과적인 애착관계를 형성할 수 있는 양육기술에 대한 교육이나 정보 제공을 위한 프로그램을 실시할 필요가 있다.

(3) 자폐성 장애 스펙트럼

자폐성 장애autistic disorder란 자신의 내적 행동에 몰입하는 성격으로 사회적 상호작용과 의사소통을 할 수 없는 발달장애를 말한다. 자폐성 장애를 가진 영아는 개별적인 애착행동들이 잘 발달되어 있지 않고, 반복적인 행동을 수행하려는 경향이 강하며 환경의 변화에 거부적일 수 있다. 사람들에 대한 관심은 적지만 그 외의 다른 발달영역에서는 다른 영아들과 현저한 차이가 나지 않는 경우도 있으며, 심한 경우는 언어발달이 거의 이루어지지 않고, 인지적 기술 또한 손상되어 있다.

자폐성 장애아 치료에는 사회적 이야기, 사회적 기술 중재 등의 방법이 있다. 사회적 이야기는 언어능력에 문제가 없는 자폐성 장애아에게 언제, 어디서, 무엇을, 어떻게, 왜 일어나는지를 예측해 볼 수 있도록 이와 관련된 구체적 정보를 제공하는 것이다. 사회적 기술 중재는 사회성 기술 훈련을 위한 치료집단으로, 자폐성 장애 스펙트럼에 있는 5~12명으로 구성된 집단을 치료자가 이끌어 간다. 실제 사회적 상황에서 다른 영유아나 성인들이 사용하는 사회적 기술을 동일하게 가르침으로써 보다 효과적으로 실제 상황에 적응할 수 있도록 훈련시킨다.

(4) 정신지체

정신지체mental retardation는 적응행동의 결함과 함께 나타나는 것으로 일반적인 지적 기능이 평균보다 상당히 낮은 상태를 말한다(Grossman, 1983). 이것은 지적 발달이 평균보다 훨씬 낮은 수준에 머물러 있어 적응행동을 제대로 나타내지 못하는 상태로 대개 지능지수가 70 이하인 경우를 말한다(Kail & Cavanaugh, 1996). 이런 증상은 출생 전이나 출생 직후에 발생하지만 취학 전까지 증세를 발견하지 못하는 경우도 있다.

정신지체의 원인은 유전적 요인, 출산 시 장애, 환경적 요인 등이 있다. 유전적 요인으로는 신진대사의 장애로 나타나는 페닐케톤뇨증이나 유전인자의 결함으로 나타나는 다운증후군 등이 있으며, 부모 중 어느 한쪽의 선천성 이상으로 정신지체가 되는 경우도 많다. 출산 시 곤란이나 난산으로 인하여 영아의 뇌가 산소결핍으로 손상되어 정신지체가 일어날 수도 있다. 환경적 요인으로는 생물학적 발달을 저해하는 임산부의 영양실조, 방사선, 약물남용 등에 의한 것이 있을 수 있으며, 출산 후 고열, 영양결핍, 뇌염, 뇌막염 등으로 뇌가 손상되어 정신지체가 초래되는 경우도 있다.

선천적 질병과 장애문제는 조기치료와 교육기회의 제공과 함께 장애아 부모와 가족에 대한 지지서비스를 제공해야 한다. 영아기의 운동발달 지체는 인지 또는 정서발달에 커다란 영향을 미치므로 영아의 운동발달상태를 평가하고, 필요할 때에는 의료적 진료나 서비스를 받도록 연계하여야 한다.

3) 유아기의 문제와 사회복지실천

(1) 배설장애

유아가 대변과 소변을 가릴 나이가 되었는데, 대변과 소변을 적절한 장소에서 배설하지 못하는 것을 배설장애elimination disorders라고 한다. 배설장애는 유뇨증enuresis과 유분증encorpresis으로 구분된다. 유뇨증은 6세 이상의 유아가 3개월 동안 일주일에 2번 이상 옷이나 이불 등에 반복적으로 소변을 보는 경우를 말한다. 유뇨증은 생활의 큰 사건이나 심리적인 부담 내지 정서적인 문제를 가진 유아에게서 나타나는 수가 많다. 예를 들어, 동생의 탄생으로 부모의 애정과 관심을 얻고자 무의식적으로 동생과 같은 영아로 되돌아가려는 퇴행에서 나타날 수 있다. 유뇨증은 유아기에 보편적으로 나타날 수 있는 증상으로 유아를 비난하거나 처벌하지 않아야 한다. 유아에게 심리적·정서적 안정을 제공하고 행동치료를 병행하면 효과적이다.

유분증은 4세 이상의 유아가 3개월 이상 지속하여 대변을 적절하지 못한 곳에서 보는 것이다. 아동이 발달하는 과정에서 선천적인 성향과 환경 및 중요한 생활사건 등이 유분증을 유발하는 잠재요인이 될 수 있다. 특히, 배변훈련과 자율성의 발달단계에 있는 2~5세경의 유아는 변기에 빠지거나 변기 속의 물이 흘러넘치는 것과 같은 상상을 하며 두려워한다. 일반적으로 부모들은 24개월경에 배변훈련을 시작하지만, 적절한 시기에 배변훈련을 시작하는 것이 유아의 통제력과 자율성을 발달시킬 수 있다. 유분증이 있는 유아는 행동치료와 놀이치료, 미술치료 등으로 도움을 받을 수 있다.

(2) 양육태도

부모의 바람직한 양육태도는 유아의 심리적·정서적 발달에 큰 영향을 미친다. 유아가 부모와 긍정적인 정서관계를 형성하는 것은 그 이후의 인간관계의 질을 결정하는 데 중요한 바탕이 된다. 따라서 유아를 둔 부모들이 긍정적인 양육태도를 가질 수 있도록 교육하고 상담하는 예방 프로그램이 확대되어야 한다. 특히, 다문화가속에서는 문화적 차이와 부부갈등, 의사소통의 문제 등으로 유아의 건전한 양육과 보호가 어려운 경우가 많다. 따라서 전국의 다문화가정지원센터, 사회복지기관 및 관련 기관에서는 취약한 유아와 부모를 지원하는 다양한 사업을 전개하는 것이 바람직하다.

(3) 아동학대와 방임

아동학대는 어른으로부터 신체적, 정서적, 성적으로 아동에게 가해지는 가혹행위를 말하며, 아동방임은 부모가 아동에게 필요한 적절한 신체적 보호나 정서적 지지를 제공하지 않고 방치하는 것을 말한다. 유아를 학대하는 부모는 대부분 아이의 버릇을 고치려고 한다든지, 말을 듣지 않아 훈육 등의 이유로 유아를 신체적·정서적으로 학대한다. 또한 유아기에 필요한 영양이나 교육, 그리고 의료적 처치를 소홀히 하거나 방치하기도 한다(장수한, 2014). 이러한 유아학대를 예방하기 위해서는 사회적인 차원에서의 신고의무제를 비롯한 아동학대에 대한 인식을 제고하고, 잘못된 양육 및 훈육방법을 바로잡을 수 있는 사회교육의 기회를 제공해야 할 것이다. 유아를 학대하는 부모에게는 부모교육과 정신치료상담을 의무화하고 피해를 당한 유아의 경우에는 유아를 학대 상황으로부터 적절한 격리와 보호, 의료적 치료뿐 아니라 정서적 안정을 위한 상담과 치료도 제공해야 한다. 유아학대는 우리 사회의 적극적 관심과 개입이 필요한 심각한 사회문제로서 사회복지사들은 이에 대해 관심을 가져야 한다.

Human Behavior and Social Environment

CHAPTER 7

아동기

CHAPTER 7

아동기는 생활의 장이 가정에서 학교로 옮겨가는 시기이다. 이 시기의 아동은 부모의 영향력에서 벗어나 친구, 또래, 선생님과의 접촉에 반응을 보이며 영향을 받는다. 또한 집단생활을 통해 타인을 이해하고 다양한 학습과 활동을 통해서 기본적인 사회적 기술을 습득한다.

1. 개념

아동기는 7~12세 사이로 공식적인 학교교육을 통하여 사회가 요구하는 필요한 지식과 기술을 배워야 하고, 다른 아동들과의 사회적 활동을 통하여 대인관계의 발달과 성역할을 학습하는 시기이다. 에릭슨은 이 시기에 과업을 성공적으로 완수하면 '근면성'이 발달하고, 가정, 학교, 또래와의 관계에서 무력감을 경험하게 되면 열등감을 경험하게 된다고 하였다. 또한 이 시기는 이전과는 다른 새로운 형태의 사고발달이 이루지는 시기로 피아제의 구체적 조작기에 해당하고, 보존개념, 분류화, 서열화, 탈중심화 등이 발달하며 조합능력을 학습하게 된다. 또한 자기의 존재를 지각하면서 자아개념, 자아존중감, 자아효능감, 도덕성 등이 발달하게 된다.

2. 발달적 특성

1) 신체발달

아동기에는 신체적 성장과 발달이 유아기에 비해 다소 완만하지만 여러 가지 놀이와 세련된 지각 및 동작활동이 획득된다. 신장은 매년 평균 5.8cm 정도 자라고 체중도 평균 3.7kg 정도 늘어나게 되어, 12세가 되면 출생 시와 비교했을 때 신장은 약 120~145cm 정도로 자라게 되며, 체중은 약 22kg~38kg 정도에 이른다. 아동의 신체성장은 성별로 차이가 있으며 개인차가 존재한다. 10세까지는 남아가 여아보다 신장이 크지만, 11~12세 사이에는 여아가 남아보다 크다. 11세까지는 남아가 여아보다 몸무게가 더 많이 나가지만, 12세에는 여아가 남아보다 더 많이 나간다. 이것은 여아가 남아보다 사춘기의 성숙이 먼저 일어나기 때문이다(Berk, 2011).

또한 이 시기에는 신장과 체중이 점점 증가하므로 아동기에는 근육이 성장하는 신체에 적응하느라 근육이 당기는 듯한 느낌의 통증을 경험한다. 이와 같은 통증을 근육성장통growing pains이라고 한다. 아동 중 대략 10~20% 정도는 성장통으로 밤잠을 설치고 보행 시 통증을 느끼는 경우가 있다(최덕경, 2014 ; Evans, 2008). 아동기 특징 중의 하나는 6세경부터 젖니가 영구치로 바뀌기 시작하여 12~13세 무렵에는 대부분의 젖니가 영구치로 대치된다.

아동기의 운동기능은 이미 획득된 운동기술이나 근육들의 협응과 정교화가 이루어지는 시기로 개인차가 많이 나타난다. 대근육의 정교화로 달리기나 공놀이 등 각종 운동능력이 발달하며, 소근육의 발달로 악기 연주나 그림 그리기, 공예활동에 능력을 발휘한다. 남아는 대근육을 이용한 운동기능이 뛰어난 반면에 여아의 경우는 소근육을 이용한 활동에 더욱 뛰어난 면을 보이기도 한다.

아동기의 운동발달은 신체적 발달뿐만 아니라 심리사회적 발달에도 영향을 미친다. 특히, 아동기에는 자신의 운동기술과 역량을 다른 아동과 비교하여 평가하기 때문에 아동기의 운동발달은 자아존중감 형성의 밑바탕이 된다. 그러므로 아동기에는 자아존중감 형성을 위하여 운동을 할 수 있는 환경과 기회를 제공하는 것이 매우 중요하다.

2) 심리적 발달

(1) 인지발달

아동기의 인지발달은 지금까지 경험한 부모와의 관계, 또래와의 관계를 바탕으로 하여 아직 사회적 의무나 구속이 없는 상태에서 자신이 속하는 사회에서 생활하는 데 필요한 인지능력과 기본적 기술을 습득하고, 이를 사회에 적응해가는 기회로 하면서 이루어진다. 아동기는 피아제의 인지발달단계 중 구체적 조작기에 해당된다. 이 시기는 전조작기에 비하여 아동의 사고가 안정되고 일관성이 있으며, 조작적이고 논리적 추리력을 갖게 되는 단계이다. 논리적 사고가 현저하게 발달하는 시기이지만, 아동의 사고가 현실에 존재하며 관찰이 가능한 구체적 사건이나 사물에만 한정되어 있기 때문에 구체적 조작시기라고 한다. 구체적 조작기의 아동은 인지능력이 발달하여 보존개념, 분류화, 서열화, 탈중심화, 조합기술, 자율적 도덕성을 갖게 된다.

보존개념은 물체의 형태가 바뀌어도 양이나 부피와 같은 물리적 부분은 변화하지 않고 그대로 유지될 수 있음을 이해하는 것이다. 이러한 보존기술을 획득하기 위해서는 동일성, 가역성, 보상성의 원리에 대한 이해가 있어야 한다. 분류화는 대상을 일정한 특징에 따라 다양한 범주로 나누는 능력으로 상위 유목과 하위 유목 간의 관계, 전체와 부분의 관계를 이해하는 것이다. 서열화는 어떤 특정의 속성이나 특징을 기준으로 하여 순서대로 배열하는 능력을 말한다. 탈중심화는 사물의 어떤 두드러진 특성이나 측면에만 얽매이지 않고 여러 가지 특성이나 측면을 고려하는 다면적 사고를 할 수 있는 것을 의미한다. 조합기술은 수를 조합하는 능력으로, 일정한 수의 사물이 있으면 그것을 펼치든지 모으든지, 또는 형태를 바꾸든지 수가 같다는 것을 이해할 수 있는 능력을 의미한다. 이러한 조합기술의 획득으로 초등학교 학생들은 더하기, 빼기, 곱하기 그리고 나누기와 같은 셈을 할 수 있다.

자율적 도덕성은 규칙이 상호 협의에 의해서 제정되며, 서로가 동의하면 언제든지 자율적으로 변화될 수 있다는 것을 의미한다. 그러나 구체적 조작기 아동의 인지가 상당히 발달하였다고 해도 여전히 한계는 있다. 사건을 다양한 관점에서 바라보지만 그것이 여전히 구체적인 부분에 머물러 있다.

(2) 지능발달

지능은 새로운 지식을 획득하고 적용하는 학습능력, 합리적이고 혁신적인 사고능력, 환경에 대한 적응능력 등으로 구성된 개인의 총체적인 능력이라고 할 수 있다. 아동기는 지능발달에 중요한 시기이다. 지능에 영향을 미치는 요인은 유전적 요인과 환경적 요인으로 알려져 있다. 특히, 지능에 영향을 주는 환경적인 요인으로는 가정환경, 학교교육환경, 문화환경 등을 들 수 있다. 그러므로 지능발달에 도움이 될 수 있도록 풍부한 경험과 창의적 활동을 격려하는 가정환경, 교사가 허용적이고 격려적인 태도로 아동들에게 지적 호기심을 자극하고 충족시켜 줄 수 있는 학교환경, 잠재력을 발휘할 수 있는 문화환경이 제공되어야 한다(이근홍, 2015).

지능발달의 결정적 시기와 지능발달의 한계에 대해서 학자들은 서로 이견이 존재하는데, 크라인버그Klineberg, 1938는 인간의 지능발달은 11~12세까지는 거의 직선적으로 발달하고 그 후부터는 점점 완만하게 발달하여 17~18세경에 절정에 이른다고 하였다. 마일스Miles는 18세에 최고 정점에 이르렀다가 이후 서서히 하강하는 양상을 보인다고 하였으며, 데이비스Davis, 1949는 11세경에 성인의 50% 정도까지 발달하고 20세경에 발달이 절정에 이른다고 하였다. 이와 같이 학자들 사이에서 지능발달의 결정적 시기에 대한 의견이 분분하지만 아동기와 청소년기에 지능의 중요한 발달이 이루어진다는 것을 알 수 있다(김영호, 2006).

지능발달과 더불어 지적 발달에 중요한 요소 중의 하나가 창의력 발달이다. 창의력이란 과학적 · 예술적인 독창성은 물론 일상생활에서 당면하고 있는 여러 가지 문제를 새롭고 독특한 방법으로 해결하려는 고차원적인 정신능력이다. 그러므로 창의력을 증진시키기 위해서는 부모나 교사가 아동이 자유롭게 질문하고 탐색할 수 있는 허용적 태도를 가져야 하며, 어른의 문제해결방법을 아동에게 강요하지 말고, 창의적 표현에 대한 적절한 보상과 격려를 해야 한다.

(3) 언어발달

아동기에는 사용하는 어휘 수가 증가하고 단어의 뜻을 통찰하는 능력이 높아지며, 문법지식이 향상되어 문장을 이해하고 사용할 수 있게 된다. 문자언어를 정확히 읽을 수 있는 능력은 초등학교 1학년 때에 거의 완전하게 발달하고, 3학년이 되면 소리를 내지 않고 읽을 수 있게 된다. 3~4학년 무렵에는 문자언어를 정확히 읽을 수 있고, 고학년이 되면 발표와 문법능력이 발달해 언어적 표현능력이 향상되며, 하나의 주제로 오랫동안 이야기를 할 수도 있다. 아동기에는 의사소통도 크게 발달한다. 아동은 전조작기의 특징인 자아중심성에서 벗어나 자신의 견해와 다른 사람의 입장 간 차이를 이해하고, 다른 사람에게 자신의 의사를 효과적으로 전달할 수 있는 의사소통기술이 발달한다. 자신이나 상대방의 말에서 의미가 불분명한 부분을 인식하고 그 부분을 명확하게 말하는 창조적 의사소통기술이 발달한다(손병덕 외, 2015). 아동은 부호나 암호로 된 말이나 기록에도 매력을 느끼고 자주 사용하기도 하며, 외국어 사용에 대해 특별한 즐거움을 느끼기도 한다(이근홍, 2015).

언어발달에 영향을 미치는 주요한 요인으로는 지능, 성별, 형제자매 수, 부모의 사회경제적 지위 등이 있다. 지능이 높을수록 아동의 언어발달이 빠르게 나타난다. 여아가 남아보다 어휘와 독해의 성취도가 높게 나타났는데, 전반적으로 여아의 언어능력 점수가 남아의 언어능력 점수보다 높게 나타나 있다(Maccohy & Jacklin, 1974). 이는 성별에 따른 남아와 여아의 성숙도가 언어발달에 영향을 미치고 있음을 보여 준다.

또한 형제자매가 적은 가정의 아동이 많은 가정의 아동에 비해 언어발달이 빠르며, 부모의 사회경제적 지위와 교육 수준이 높을수록 언어발달이 빠르다. 따라서 아동이 정상적으로 언어발달을 이룰 수 있도록 교육적 환경 속에서의 체계적인 교육이 필요하다.

(4) 정서발달

아동기에는 기본적 정서가 거의 발달하게 되며, 개개인의 기초적 인격이 형성된다. 유아기와 비교할 때 정서가 안정적으로 발달하며, 지속적이면서 정적이다. 이 시기에는 아동의 활용범위가 확대되어 경험과 학습이 폭넓게 이루어지면서 정서를 일으키는 자극도 다양해진다. 또한 직접적이었던 정서가 간접적으로 나타난다. 아동기에 나타나는 정서로는 분노, 공포, 질투, 불안, 애정 등이 있다. 이것들은 사회적 행동과 밀접한 관계가 있는 정서이다(권중돈, 2015).

분노는 아동이 사회관계의 범위가 가정에서 학교로 확대되면서 욕구가 좌절되고 행동에 방해를 받으며 꾸중을 듣는 경우가 많아지고 다른 아동과 비교를 당하거나 무시를 당하는 경험이 많아짐으로써 분노의 감정이 유아기 때보다 더욱 빈번하게 발생하게 된다. 그러나 분노의 감정 발생빈도는 높아지지만, 울음이나 떼쓰기와 같은 직접적인 분노의 감정표현을 하는 것은 주위 사람들에게 용인되지 않기 때문에 스스로 분노 감정을 잘 통제하고, 간접적인 방식으로 분노를 표현하는 방법을 사용한다.

공포는 일상생활에서 자신의 안정을 위협한다고 생각하는 대상으로부터 개체의 안정성을 유지하려고 할 때 일어난다. 이 시기에는 그 이전에 무서워했던 사물, 상황, 동물, 사람 등을 덜 무서워하고 조용하게 받아들인다. 유아기에는 정서를 불러일으키는 자극이 시각적 · 청각적 대상이나 구체적이고 직접적 자극이었다면, 아동기에는 상상적 · 가상적이거나 비현실적이고 초자연적인 것에 대한 공포가 많아진다.

질투는 나와 나의 소중한 사람과의 관계에서 제3자가 등장하거나 내가 중요하게 생각하는 사람을 제3자에게 빼앗길지도 모른다는 두려움에서 발생한다. 아동기에는 강한 경쟁심 때문에 운동, 공부 등으로 다른 아동들에게 인기 있는 아동에게 싸움을 걸거나, 조롱하고 헐뜯는 말 등으로 질투를 표현한다.

불안은 아동의 생활권이 학교로 확대되고 상상력이 발달함에 따라 느끼는 기분이나 감정이다. 학교생활에서의 성적, 교사와의 관계, 친구관계 등에서 불안이 나타나며, 상상적이고 추상적인 것에 대해서 불안이 나타난다. 이 시기의 불안은 아동의 학교 성적을 떨어뜨리는 부정적인 면이 있는 반면, 사회통제의 역할을 하거나 양심을 형성하는 데 도움이 되는 긍정적인 면도 있다.

아동기에는 애정이 약하게 표현되지만, 자신이 좋아하는 사람과 계속 함께 있고자 하는 욕구가 있다. 이 시기에는 다른 아동을 도와주고, 자신이 좋아하는 친구와 떨어져 있을 때에는 전화나 메시지로 우정을 나누기도 한다. 아동기에 다른 사람으로부터 애정을 받는 것은 아동기의 정서발달에 큰 영향을 미친다.

3) 사회성발달

(1) 자아개념의 발달

자아개념은 개인이 자신의 것으로 동일시하는 개인적 특성과 능력에 대해 지니고 있는 생각, 판단, 태도, 감정, 행복 및 기대 등을 포함하며, 자신에 대해 갖는 지각적 총체이다. 이러한 자아개념은 ① 자신의 능력, 지위, 역할에 대한 전반적 인식인 전체적 자아개념, ② 순간적 기분에 의해 영향을 받는 일시적 자아개념, ③ 다른 사람이 자신을 어떻게 보느냐에 따라 자신을 평가하는 사회적 자아개념, ④ 자신이 어떻게 되었으면 하고 바라는 이상적 자아개념으로 나누어진다(권중돈, 2015 ; Strang, 1957).

자아개념은 성장기 동안의 경험을 통해 형성된다. 특히, 학교에서의 성공이나 실패경험은 아동기의 자아개념발달에 중요한 영향을 미친다. 학교에서의 성공과 그에 따른 긍정적 평가는 긍정적 자아상과 연결되어 건강한 아동으로 성장할 수 있게 한다. 그러나 학교에서의 실패와 그에 따른 교사, 부모, 친구 등의 부정적 평가를 더 많이 받게 되면 부정적 자아개념을 형성하는 데 결정적 역할을 한다. 자아개념이 자기가 누구이고 무엇인지를 아는 인지적 측면이라고 한다면, 자아존중감은 자신에 대한 평가에 기초해서 자기를 가치 있고 긍정적인 존재로 느끼는 정서적 측면이다(정옥분, 2009). 즉, 자아존중감은 자기 자신에 대해 갖는 개인적 가치관이나 긍정적 평가로서, 자아개념을 구성하는 하위요인이다. 이 시기에 자신을 객관적으로 평가하고 다른 사람의 견해를 수용할 수 있는 능력이 발달함에 따라 자아존중감이 재조정된다(Harter, 1990).

자아개념 및 자아존중감과 밀접한 관련성을 지닌 개념이 자아효능감이다. 자아효능감은 자신이 스스로 상황을 극복할 수 있고, 자신에게 주어진 과제를 성공적으로 수행할 수 있는 신념이나 기대를 의미한다. 이러한 자기효능감은 아동의 자아인지발달은 물론 성취지향적인 행동과 밀접한 관련성이 있다. 높은 지아효능감은 긍정적인 자아인지를 촉진하고 지속적인 과제지향적 노력을 하여 성취 수준에 도달하게 한다. 그러나 낮은 자아효능감은 부정적인 자기평가를 하여 자신은 아무것도 할 수 없고 항상 실패할 수밖에 없을 것이라는 학습된 무력감을 갖게 되며, 사신의 잠재력을 발휘하지 못하게 한다.

(2) 또래관계의 발달(대인관계의 발달)

아동기는 학교생활을 시작하면서 부모에 대한 의존이 줄어들고, 또래집단의 비중이 커지게 된다. 학교는 아동의 사회의 장으로 사회성발달에 영향을 미치며, 저학년일수록 교사의 영향을 많이 받고, 고학년이 될수록 친구의 영향을 많이 받는다.

아동은 친구와의 상호작용을 통해 많은 정보를 얻거나 자신과 타인에 대한 인식을 확장시켜 나간다. 그리고 또래 친구는 아동의 학교생활 적응과 발달에 크게 영향을 미치는데, 친구관계가 긍정적이면 학교생활이 즐겁고 학업에 대한 관심이 높아진다. 반면, 친구관계에 문제가 생기면 학교생활이 힘들어지거나 학업에 대한 흥미가 떨어지는 경우가 많아 친구관계는 사회성발달에 매우 큰 의미를 가진다.

또한 아동은 또래 친구와 어울리면서 의사소통을 배우고, 자신에 대해 새로운 지각을 할 수 있게 되며, 집단에 대한 소속감을 발달시킬 수 있다. 또래와의 관계는 나이가 증가하면서 구조가 조직화되며, 또래집단 속에서 단짝친구를 갖게 된다. 단짝친구는 아동기는 물론 그 이후의 대인관계 적응양식에도 영향을 미치는 것으로 성격발달에 중요한 의미를 갖는다(최덕경 외, 2014).

교사는 아동의 학교생활에서 대리부모, 동일시 대상자, 훈육자, 불안 제거자, 집단지도자, 자아옹호자, 판단자, 지식자원자, 상담자, 애정대상자, 적대감정의 표적자 등으로서의 역할을 수행한다. 교사가 아동에게 긍정적이고 독립성을 강조하며 허용적이면, 아동은 융통성, 책임감, 창의성, 감정표출의 능력 등이 높아지며, 건설적이고 집단활동에 많이 참여하게 된다. 반대로 교사가 아동에게 처벌적이고 권위적이며 엄격하면, 아동은 교사와 학교에 대해 부정적 태도를 지니게 되며, 긴장과 공격성이 심하고 적응곤란을 가져올 수 있다(이근홍, 2015).

(3) 성역할의 발달

성역할은 어떤 개인이 소속된 문화권 내에서 남성 또는 여성의 특징을 지닐 수 있는 행동양식이다. 즉, 남성과 여성에 따라 각기 달리 기대되는 태도, 가치 및 성격특성을 의미한다. 아동이 자신의 성역할을 인식하고 이에 적합하게 행동하고자 하는 경향은 아동기 사회화의 중요한 부분이다. 아동이 자신에게 기대되는 성역할을 이해하기 위해서는 먼저 자신의 성에 대한 정확한 이해가 있어야 하며, 성정체성, 성안정성, 성항상성의 획득은 성역할 이해의 기초가 된다(송명자, 1996 : 303).

성정체성gender identity은 3세경의 유아가 최초로 자신을 남자 또는 여자로 범주화하는 능력이다. 성안정성gender stablity은 4~5세경이 되면 남아는 자라서 남자 어른이 되고 여아는 자라서 여자 어른이 된다는 사실을 받아들이는 것이다. 성항상성gender consistency은 5~7세경이 되면 사람의 행동이나 겉모습이 달라지더라도 성은 변하지 않는다는 사실을 인식하게 되는 것이다(Shaffer, 1999 : 497).

남성과 여성의 구분에 관한 인식이 발달함에 따라 아동은 점차 어떤 특성, 대상 또는 행동은 전형적으로 남성 또는 여성에게 국한되어 적용된다는 성역할 지식을 획득하게 된다. 성역할 지식이 획득되면서 아동은 성역할 고정관념을 갖게 된다. 성역할 고정관념gender stereotypes은 남성 또는 여성에게 속하는 것으로 생각되는 특성과 역할의 총체로서 전형적 남성특성과 전형적 여성특성을 포함하는 사고를 말한다(장휘숙, 2002). 즉, 어떤 특성이나 활동이 남성 또는 여성만이 하는 것으로 엄격하게 구분하는 것이다. 성역할 고정관념의 발달은 6세경의 아동에게 강하게 나타나다가 9세 이후에는 보다 유연성 있는 사고를 보여 준다. 성역할 고정관념은 과거보다 약화되거나 모호해졌지만 아직도 존재하고 있다.

(4) 대중매체의 영향

아동의 사회성발달에 크게 영향을 미치는 대중매체로 TV와 인터넷, 그리고 스마트폰이 있다. 아동은 정보의 홍수 속에서 다양한 매체를 통해 정보를 수집하고 활용하면서, 학습 및 인지기능의 향상에 도움을 받는다. 반면, 그렇지 못할 경우에는 여러 가지 부정적인 문제가 발생할 수 있다. TV는 아동에게 인지발달을 촉진하고, 친사회적 행동을 증가시켜주기도 하지만, 선정적이고 폭력적인 장면에 노출되면서 공격적 행동을 모방하거나, 드라마나 광고에서 나타나는 성역할의 제시는 성역할 고정관념을 갖게 한다. 또한 가정과 학교에 컴퓨터나 인터넷의 보급은 아동의 학업성취와 학업흥미를 높이는 학습보조자의 역할을 하며, 많은 양의 정보를 쉽게 얻고 활용할 수 있다는 장점이 있다. 그러나 게임중독과 음란물 중독 등과 같은 역기능적 부작용으로 나타나 심각한 문제로 제기되고 있다.

특히, 최근에 보급률이 높아진 스마트폰은 아동에게 없어서는 안 될 하나의 도구이자 친구가 되고 있다. 아동은 스마트폰을 통하여 자기를 표현하고, 친구와 관계를 형성하거나 유지하는 데 중요하게 활용하고, 학습이나 다른 사회적 요구에 반응하며 필요한 정보를 신속하게 획득하는 데 활용하고 있다.

그러나 매체의 순기능 못지않게 역기능적 문제도 나타나고 있어, 스마트폰 사용이 증가함에 따라서 아동의 스마트폰 중독 가능성 또한 크게 증가하고 있는 실정이다. 스마트폰에 중독이 되면, 스마트폰에 대한 의존성이 높아지고, 시간이 지날수록 이용량이 늘어나며, 사용하지 않을 때는 불안 및 초조 증상을 보이고 일상생활에 문제를 보인다(박미진, 2015). 따라서 이러한 대중매체TV와 인터넷, 스마트폰의 부정적 영향을 통제하고 예방할 수 있는 교육에 힘써야 할 것이다. 또한 매체를 사용하지 않고도 놀 수 있는 문화를 아동에게 제공해 주어야 한다.

3. 사회복지실천에 대한 적용

1) 등교거부

등교거부는 아동이 학교에 가기를 꺼리거나 가지 않으려고 하는 경우에 나타난다. 등교거부는 공식적으로 학교나 기관으로부터 인정된 결석을 제외하고, 학교에 가야 하는 것을 인식하고도 개인의 심리적인 문제로 인해 결석을 거듭하거나, 등교를 거부하는 것이다. 등교거부는 주로 학기 초에 나타나고, 부모와 교사, 당사자들이 어려움을 겪는다. 등교를 거부하는 아동은 두통, 복통, 메스꺼움, 고열 등의 신체적 증상이 나타나기도 하고, 심리적으로는 교사에 대한 불평과 불만, 학습장애, 시험불안, 또래들에게 따돌림이나 괴롭힘 등으로 나타나기도 한다. 이러한 증세는 학교에 가려고 할 때 나타나고, 학교에 가지 않고 집에 있거나 등교시간이 지나면 사라진다. 또한 아동은 분리불안장애로 어머니와 떨어지는 것이 불안해서 나타나는 경우도 있다. 등교를 거부하는 아동을 무조건 받아주거나 책망하지 말고, 그 원인을 분석하여 가능한 빨리 학교로 돌아갈 수 있도록, 등교거부를 감소시킬 수 있는 상담 프로그램의 개발과 지원이 필요하다.

2) 학습장애

1994년 특수교육진흥법을 개정하면서 학습장애라는 용어를 법적으로 사용하기 시작하였고, 이를 특수교육의 대상자로 지정하였다. 학습장애learning disorder는 읽기, 쓰기, 셈하기 등의 인지적 과제에서 그 아동의 연령대에서 기대되는 수준에 미치지 못하여 학업 수행에 지장을 주는 상태를 말한다. 학습장애는 아동이 정상적인 지능을 가지고 있음에도 학업성취도가 낮고, 읽기 능력이 극히 제한되며, 집중도가 떨어진다. 유형으로는 읽기 장애, 산술장애, 표현성 쓰기 장애 등이 있다. 이러한 학습장애는 부주의, 통제하기 힘든 과도한 신체적 움직임, 충동성으로 대표되는 주의력결핍과잉행동장애의 형태로 나타나기도 한다. 학습장애가 있는 아동은 실패감, 낮은 자아존중감, 무기력 등을 경험할 수 있다(Zastrow & Kirst-Ashman, 2001). 이러한 학습장애에 대한 특성 및 정보를 부모나 교사에게 잘 인식하도록 하며, 이를 치료할 수 있는 상담 및 심리치료 등을 받을 수 있도록 해주어야 한다.

3) 품행장애

품행장애란 아동이 반사회적 · 공격적 · 도전적 행동을 반복적이고도 지속적으로 행하는 것을 말한다. 품행장애는 가족 내 불화와 학교생활 적응의 실패 등 흔히 좋지 않은 사회환경과 연관되어 있으며, 남자 아동에게서 더 많이 볼 수 있다. 이러한 행동의 근거로는 상습적 거짓말, 도벽, 가출, 무단결석, 환각제 흡입 등 다양하다. 따라서 사회복지사는 아동의 품행문제를 해결할 수 있는 임상적 지식과 실천기술을 갖추어야 할 것이다. 그리고 사회복지기관에서는 아동기의 품행장애를 예방하기 위해서 아동기에 특징적으로 나타나는 단체활동이 반사회적 행동집단으로 이행되지 못하도록 건전한 놀이지도나 여가 프로그램을 개발해 개입하여야 할 것이다.

4) 주의력결핍과잉행동장애

주의력결핍과잉행동장애Attention-Deficit Hyperactivity Disorder : ADHD는 아동기에 과도한 부주의와 충동성 및 과대행동 등을 특징으로 하는 장애이다. 장애의 원인에 대해서는 분명히 밝혀진 바는 없지만, 뇌기능의 손상으로 장애가 발생한다고 보는 이론이 가장 많이 제안되고 있다. 이러한 장애가 있는 아동은 집중력을 유지하지 못하고, 부적절한 자극에도 쉽게 노출되는 특성으로 산만한 태도와 과잉적인 반응을 보이며, 학습시간에 몰입하는 시간이 짧아 학업성취도가 낮을 수 있다. 교사의 지도와 학급의 상황에 따라가는 것이 어렵고, 좌절을 참지 못하는 특성으로 인해 사회화 과정에 어려움을 겪어 교사와 친구 및 주변인들과의 관계에 어려움을 겪을 수 있다(Pierce, 2003). 남아가 여아보다 두 배 정도 진단비율이 높게 나온다. 이 장애는 시간이 지난다고 해도 치료가 완치되는 것이 아니지만, 아동이 대인관계에 어려움을 극복하고 긍정적인 자아개념을 형성할 수 있도록, 적절한 약물치료와 함께 아동의 행동 개선을 위한 교육과 치료가 제공되어야 할 것이다.

5) 부정적 자아개념

아동기에 관심을 기울여야 할 심리적 발달의 문제는 부정적 자아개념과 연관된 열등감이다. 아동기에 학교에서 잦은 실패경험을 하고 부모, 교사, 또래 등으로부터 부정적 평가를 받게 되면, 부정적 자아개념이 형성되고 열등감이 강화된다. 이러한 아동의 열등감을 극복할 수 있도록 지원하기 위해서는 반복적으로 성공경험을 거둘 기회를 부여하는 것이 필요하다. 또한 부모, 교사, 또래에 대한 개입도 필요하다. 따라서 사회복지사는 아동의 열등감을 우월성 추구의 동기로 변화시키기 위한 개인상담이나 치료뿐만 아니라 아동의 부모를 대상으로 가족치료, 교사를 대상으로 학교사회사업적 개입, 또래를 대상으로 집단치료 프로그램을 시행하는 등 아동의 열등감 극복을 위한 다각적 개입을 하는 것이 바람직하다.

CHAPTER 8

청소년기

CHAPTER 8

청소년기(adolescence)는 아동기에서 성인기의 교량적 역할이 되는 시기이다. 청소년기는 갈등과 방황, 혼돈의 시기이지만, 성인기를 준비하는 첫 출발시기로서 삶에서 가장 중요한 때이다. 청소년기에는 사춘기의 신체적 성숙뿐만 아니라 자아의식이 출현한다. 자아의식의 출현은 심리적, 사회적으로 부모의 의존에서 벗어나 독립된 인격체로 책임을 수용하는 것까지 포함한다.

1. 개념

청소년기는 13~18세 사이의 시기로서 급격한 신체적 변화, 성숙과 더불어 인지적 · 사회적 행동양식 등이 발달한다. 신체적 성숙은 제2의 성장급등기라고 할 만큼 급속한 신체 변화가 일어나며, 정서적으로 변화가 심한 질풍노도의 시기이다. 또한 이 시기에는 자아정체감이 형성되며, 동년배 및 이성과의 새로운 관계를 형성하게 되고, 성역할의 정체감이 발달한다. 청소년기는 프로이트의 발달단계 중 생식기에 해당되며, 에릭슨의 발달단계에서 자아정체감 대 역할혼란, 피아제의 인지발달단계 중 형식적 조작사고에 해당한다.

2. 발달적 특성

1) 신체적 발달

(1) 신체적 성장과 변화

청소년기에는 신장과 체중이 급격히 증가하게 되며, 이 시기를 제2성장급등기라고 한다. 이 시기에 신장과 체중이 급격하게 증가하는 이유는 사춘기puberty가 시작되면서 내분비선에서 분비되는 남성호르몬 안드로겐androgen과 여성호르몬 에스트로겐estrogen이 증가하기 때문이다. 사춘기는 신체적 성장과 정신적 · 성적인 발달이 급격하게 일어나는 시기를 말한다.

성장급등현상은 여자가 10~12세경에, 남자는 12~14세경에 나타나 여자가 남자보다 2년 정도 앞서서 신체적 성숙이 시작되는 것으로 나타났다. 청소년기의 급격한 성장은 영양상태, 사회환경, 유전인자, 생활양식 등에 따라 현저한 개인차가 있다. 그리고 골격의 발달도 급격하게 이루어지는데, 골격의 발달이란 뼈의 크기나 수 또는 조직 등의 변화를 의미하며, 신장이나 체중, 흉위 등의 급격한 발달도 골격의 길이, 무게와 근육 그리고 피하지방조직의 발달에 의존하게 된다.

청소년기의 신체적 성장은 여자가 16세경에, 남자는 19세경에 거의 정점에 이르며, 남녀의 체형이 다르게 변모하고 신체적으로 성숙해진다. 남자는 상체와 하체가 발달하고, 골반에 비해 어깨가 넓어지며, 근육이 발달하여 남성다운 외모를 갖게 된다. 여자는 어깨가 좁고, 골반이 넓어져서 여성다운 체형이 형성되며, 피하지방이 발달하여 여성다운 외모를 갖게 된다. 이러한 급속한 남성의 상·하체 발육이나 여성의 골반 발육은 청소년에게 자신의 신체가 불균형하게 성장함을 느끼게 할 뿐 아니라 동작의 어색함도 느끼게 된다.

청소년기 신체적 성숙에는 개인차가 존재한다. 일반적으로 남자들에게는 조숙early maturation이 만숙late maturation보다 사회적 기능을 발휘하는 여러 측면에서 이점이 있는 것으로 밝혀진 반면, 여자들의 경우 조숙의 영향이 더 다양하고 결과가 불일치하는 가운데 조숙한 여성의 경우 가장 부정적 특성을 나타내는 경향이 있는 것으로 알려져 있다(Turkheimer & Emery, 2007). 청년기에 일찍 성숙하는 남자는 신체적으로 더 매력 있고 침착하며 여유 있어 보이는 것으로 평가받기 때문에, 자신을 보다 긍정적으로 받아들이고, 교우관계에서도 성공적인 경향이 있다. 그러나 만숙한 남자청소년은 같은 나이의 친구들보다 미숙하고 불안전하며, 대처능력과 인지능력에서도 떨어지는 경향을 보인다(김태련·장휘숙, 1988).

여자들의 경우 성숙시기의 영향이 남자만큼 명료하지 않지만 전반적으로 일찍 성숙하는 여자가 심리적·사회적 적응 측면에서 좀 더 어려움을 겪는 것으로 나타났다. 성적 성숙이 일찍 나타나는 여자들의 경우 또래 내에서 가장 이질적인 특성가슴의 크기을 띠게 됨으로써 집단에 받아들여지지 못하고 심리적으로 위축되거나 일탈의 가능성이 높아진다고 한다. 하지만 조숙한 여자들이 사회 적응을 더 잘하고 자신에 대해 좀 더 안정된 견해를 갖는다는 연구결과도 있어, 사춘기 성숙 정도가 여자들에게 미치는 영향에 대해 주의를 기울일 필요가 있다(김예성·안재진, 2015).

(2) 운동발달

청소년기에는 급격한 신체발달과 더불어 운동기능도 현저하게 발달한다. 운동능력의 발달은 근육과 신경계의 발달과 밀접하게 관련되어 있다. 청소년기 동안 남성은 여성보다 근육조직이 더 많이 증가하고 근육의 힘도 강해지기 때문에 운동능력이 최고점에 이르게 된다. 남성은 여성에 비해 속도, 기민성, 균형, 던지기, 뛰기 등의 전신운동기술이 더 많이 발달한다. 남성과 여성은 체격과 심폐기능의 차이, 신체에 대한 관심의 차이, 사회적 관습으로부터 받는 제약 등에 따라 차이를 보인다(권중돈, 2015).

운동능력의 발달은 청소년들에게 개인적인 만족과 사회 적응에 중요한 원동력이 되며, 집단 내에서 우위를 확보하는 데 절대적인 역할을 한다. 운동능력이 발달한 청소년은 성격이 활달하며 모든 일에 자신감을 가지고 행동하지만, 운동능력이 지연되거나 떨어지는 청소년의 경우에는 좌절감, 열등감 같은 부정적 정서를 갖게 되고, 가정이나 사회생활에서도 부적응적 행동을 보이는 경향이 있다.

(3) 성직 성숙

성적 성숙sexual maturation은 생식기관의 발달과 관련되어 일어나는 사회적 · 심리적 적응과정 모두를 의미한다. 사춘기가 시작되면서 성호르몬 분비가 증가함에 따라 성적 성숙이 이루어진다. 성저 성숙은 일차 싱징primary sex characteristics과 이차 성징secondary sex characteristics으로 나누어진다. 일차 성징은 성이나 생식을 위해 필요한 기관으로, 여자의 난소, 나팔관, 자궁 및 질을 의미하고, 남성은 고환, 음경, 음낭 및 전립선을 말한다. 이차 성징은 성적 성숙의 생리적 징후로서 여성의 생리, 가슴의 발달과 남성의 넓은 어깨를 비롯하여 체모, 목소리의 변성, 몽정nocturnal emission 등의 변화를 가져오는 것이다(Papalia, Olds, & Feldman, 1998).

여성에게 나타나는 성적 성숙의 징후는 초경이다. 초경menarche은 일반적으로 12~13세에 시작되는데, 이러한 생리는 평균 50세경 폐경menopause이 될 때까지 여성의 생활에 중요한 부분을 차지한다. 여성의 초경은 보통 처음에는 배란이 되지 않으므로 초경 후 12~18개월이 지나야 임신이 가능해진다(Zastrow & Kirst-Ashman, 2001). 여성의 생리는 임신을 가능하게 하여 성인이 되고 있다는 자부심을 갖게 하지만, 성인이 되는 것에 대한 거부감, 불편함, 행동적 제약, 생리통 등 부정적 경험을 주기도 한다. 그러므로 월경에 대한 부정적 태도를 갖지 않게 하기 위해서 부모나 교사가 초경에 대한 사전 지식과 태도를 교육시키고 지도해야 한다(이옥형, 2002).

남성의 몽정은 13세에 시작되는데, 성애와 관련된 꿈을 꾸다가 자극을 받아 자신도 모르는 사이에 사정을 하는 것이다. 몽정은 생식기관이 성숙되었다는 징후이며 자연적 생리현상이다.

2) 인지적 발달

인지적 발달은 개인의 사고, 지능 및 학습능력, 지각능력, 언어능력, 기억의 변화를 포함한다(Seifert & Hoffnung, 2000). 청소년기는 신체적 발달과 더불어 사고와 판단의 능력이 확대된다. 청소년기 초기에는 과도기적 현상으로 아동기적 행동도 많이 나타나지만, 청소년기 중반부터는 인지적 기능이 논리적 기억의 발달, 추상적 사고의 발달, 이상의 발달, 형식추리의 발달, 문제해결력의 발달, 비판적 사고 등을 나타내며, 이 시기의 사고는 성인과 더욱 유사해지고 아동의 사고와는 다르게 변화한다.

(1) 형식적 조작사고

청소년기 동안 발달하는 인지능력을 피아제는 구체적 조작기에서 형식적 조작기formal operations로 전환하는 시기라고 했다. 이는 청소년이 세상을 바라보는 시각이 구체적 방식에서 추상적 방식으로 변화하는 것을 의미한다. 청소년은 자신의 지각과 경험보다는 논리적 원리에 의해 지배되기 때문에 추상적 사고가 가능해지며, 가설 연역적 추리를 할 수 있다. 또한 조합적 사고combinational thinking능력이 발달해 동시에 작용하는 관련 변인들의 효과를 고려할 수 있으며, 문제에 직면했을 때 가능한 해결책을 논리적이고 체계적으로 검증해 나갈 수 있는 다각적인 사고로 문제해결을 시도한다.

또한 자신의 생각을 비판적으로 고찰할 수 있고, 다른 사람의 영향력을 인정하며 자기평가와 타인의 평가를 통합할 수도 있다. 따라서 청소년기의 인지적 사고능력은 학교와 같은 분화된 환경 자극에 의해 더욱 발달한다. 청소년기의 인지적 발달은 학업성취와 밀접한 관련성을 가지고 있으며, 미래의 진로 및 직업활동을 결정한다.

(2) 사회인지의 발달

사회인지란 다른 사람이 어떤 생각을 하고 있는지, 어떤 감정을 가지고 있는지, 그 의도는 무엇인지 등과 같은 타인과의 사회적 관계를 이해하는 능력이다. 청소년기에는 자신과 사회적 관계를 고려할 수 있는 능력이 발달한다. 청소년들은 보다 정확하게 타인의 느낌이나 사고 또는 의도를 추론하기 시작하며, 사회인지의 발달에 따라 자신의 생각은 물론 타인의 생각을 보다 잘 인식할 수 있게 된다(이근홍, 2014).

그러나 청소년기에는 자아중심성에 의해 사회인지발달에 방해를 받기도 한다.

알아두기

청소년의 자아중심성

■ 상상의 청중

'상상의 청중(imaginary audience)'은 자의식이 지나치게 과장된 나머지 자신의 행동이 타인들에게 집중적으로 관심과 주목의 대상이 되고 있다고 믿는 것이다. 청소년은 상상의 청중을 즐겁게 하기 위해서 많은 힘을 기울이며, 타인이 눈치를 채지도 못하는 작은 실수로 자주 고민하고 번민한다. 상상의 청중에 대한 위신을 손상시킨다고 생각되면 작은 비난에도 심한 분노를 느낀다. 이러한 상상의 청중은 청소년의 사고와 행동에서도 다양하게 나타난다.

- 버스를 타면 모든 사람들이 나를 쳐다볼 것이다.
- 남의 시선(옷차림, 말하는 태도, 내 말이 다른 사람에게 어떻게 비칠까, 어떻게 인정받을까 등 지나친 걱정)에 대해 지나치게 신경쓴다.
- "쪽 팔린다"는 표현은 자신의 행동이 모든 사람의 관심의 대상이라고 생각하기 때문이다.

■ 개인적 우화

개인적 우화는 청소년이 자신을 특별하고 독특한 존재라고 여겨 자신의 감정이나 경험의 세계는 다른 사람과 근본적으로 다르다고 믿는 것이다. 청소년들은 자신이 경험하고 있는 우정, 사랑 등은 다른 사람은 결코 경험하지 못하는 것으로 생각하며, 다른 사람이 경험하는 죽음, 위기, 위험 등은 자신에게 절대로 일어나지 않으며, 혹시 일어나더라도 자신은 피해를 입지 않을 것이라고 생각하는 자아관념이다.

- 나는 절대 사고가 안 난다.
- 오토바이를 타다 사고가 나도 "나는 괜찮을 거야."
- 담배를 피워도 자신의 건강에 영향이 없을 것이라는 믿음 때문에 성인에 비해 보다 많은 위험행동을 한다.

자아중심성은 자신의 독특한 세계와 타인의 보편적인 세계를 구분하지 못하고, 자신이 특별한 존재라는 착각에 빠져들게 되며, 자신이 우주의 중심이 된다고 믿을 만큼 강한 자의식을 보이는 것을 말한다. 이는 청소년기의 두드러진 발달특성 중 하나로 15~16세경에 정점을 이루다가 다양한 대인관계의 경험을 통하여 자신과 타인에 대한 객관적인 이해가 이루어지면서 서서히 사라진다.

'상상의 청중'과 '개인적 우화'로 대변되는 엘킨드Elkind의 '청소년 자기중심성이론'은 청소년의 행동특성을 이해하는 이론이다. 이 이론은 청소년들의 생각은 성인에 비해 과장되어 있으며 현실을 왜곡하여 받아들인다는 점을 강조한다.

3) 자아의 발달과 자아정체감 형성

(1) 자아정체감의 형성

에릭슨Erikson, 1963에 의하면 자아정체감은 전 생애에 걸쳐 인간이 획득해야 하는 발달과업development task임과 동시에 청소년기의 중심적인 과업이다. 청소년기에는 "나는 누구인가?"라는 질문을 하며 자신을 발견할 수 있는 시기로 자아정체감 확립의 결정적 시기critical period라고 할 수 있다.

자아정체감은 사회와의 관계 속에서 개인이 자신의 독특성에 대하여 상대적으로 갖는 안정된 느낌을 말하며, 개인은 사회의 다른 구성원들과 공통된 특성을 갖는 동시에 자신에게만 속하는 고유한 특성의 존재로 인식하는 것을 말한다(Adams & Shea, 1979). 정체감이 발달함으로써 개인은 의사결정, 문제해결, 경험과 자기관련 정보를 해석하고 판단하는 참조의 틀을 얻을 수 있다(Berzonsky, Cieciuch, Duriez, & Soenesn, 2011).

청소년기에 자아정체감발달과업을 무난히 수행해야만 건강한 성인으로 성장할 수 있고, 성인기의 새로운 도전들을 효율적으로 해결할 수 있다. 안정된 자아정체감을 형성하기 위해서는 신체적 성숙과 성적 성숙, 추상적 사고능력의 발달, 정서적 안정성, 그리고 부모나 또래집단으로부터 자율성을 확보할 수 있어야 한다. 그러나 자아정체감발달이 적절하게 이루어지지 못할 경우에는 개인의 심리정서적 불균형을 초래할 뿐만 아니라 온전한 사회적 삶을 살아가는 것을 어렵게 만들 수 있다. 또한 사회적 적응, 대인관계, 성 역할, 직업태도, 인지, 도덕성발달에 문제가 발생하고, 정서불안과 공포증 같은 정신병리현상까지 초래할 수 있다(박진희 · 이상희, 2013).

(2) 자아정체감의 유형

유능하고 책임감 있는 존재로서 자신을 지각하는 자아정체감의 확립은 청소년기의 중요한 발달과업이라고 할 수 있다. 에릭슨은 자아정체감을 정체감형성과 정체감 혼미로 구분하였다. 에릭슨의 이론을 과학적인 방법으로 측정하고자 마르시아(Marcia, 1966, 1991, 1994)는 정체감 획득단계를 위기와 관여의 두 가지 차원을 사용하여 정체감 성취, 정체감 유예, 정체감 상실, 정체감 혼미의 네 범주로 나누었다.

① 정체감 성취

정체감 성취identify achievement란 자아정체감의 위기를 성공적으로 극복하여 개인적 신념, 삶의 목표, 직업, 정치적 견해 등에 대해 청소년 스스로 의사결정을 할 수 있는 상태를 말한다. 즉, 이것은 이념, 가치, 직업, 인간관계 등에서 위기를 경험하고 대안의 탐색을 통하여 청소년 스스로 확고한 신념체계를 확립한 상태이다.

자아정체감을 성취한 청소년은 확고한 개인적 정체성을 가지고 있으며, 인성발달의 모든 분야에서 성숙한 면을 보인다. 이러한 청소년들은 부모를 포함한 다른 사람들과의 인간관계에서 현실적이고 안정감이 있으며, 자아존중감이 강하고, 스트레스에 대한 저항력이 높으며, 자기 확신과 자기 주도적인 경향이 강하다(이근홍, 2015).

② 정체감 유예

정체감 유예란 현재 정체감 위기의 상태에 있으면서 자아정체감 형성을 위해 다양한 역할, 신념, 행동 등을 실험하고 있으나 의사결정을 못한 상태를 말한다. 즉, 정체감 유예에 속한 청소년들은 대안적인 역할과 신념들을 시험해 봄으로써 개인적 정체감을 정의하려고 적극적으로 노력하지만 여전히 불완전한 상태에 머물러 구체적인 과정에 관여하지 못하는 상태이다.

정체감 유예상태에 있는 청소년들은 자신의 능력·희망·적성, 부모의 기대, 사회적 요구 등을 총동원하여 자신에게 최선의 길이 어떤 것인가를 탐색하기 위하여 여러 가지 다양한 역할을 실험한다. 그러한 과정 속에서 그들은 스스로의 선택과 타인의 견해 사이에서 동요를 보이며 불확정상태에 빠지기도 한다. 정체감 유예상태의 청소년들은 대부분 정체감 성취로 옮아가지만 그중에는 정체감 혼미 쪽으로 기울어지는 경우도 있다. 정체감 유예 수준의 청소년들은 정체감 성취 수준의 청소년들보다 참여의 안정성과 만족도가 떨어지지만 위기를 성공적으로 극복하고자 노력하고 있다.

③ 정체감 상실

정체감 상실이란 자신의 신념, 직업선택 등의 중요한 의사결정에 앞서 수많은 대안에 대해 생각해보지 않고 부모나 다른 역할 모델의 가치나 기대 등을 그대로 수용하여 독립적인 의사결정을 할 능력이 미미한 상태를 말한다. 즉, 직업, 이념 등을 탐색하려는 적절한 기회를 갖고자 하는 위기를 경험하지 않고 선택의 여지도 없이 무조건 의사결정을 내린 상태를 말한다.

정체감 상실상태에서의 수행은 부모 또는 중요한 타자들에 대한 동일시에 의해서, 그리고 부모와 다른 사람들의 사회화 노력과 압력에 의해 이루어진다. 이것은 부모가 좋은 직업이라고 하면 자신의 적성을 탐색해보지도 않고 선택하는 것과도 같다. 정체감 상실에서 나타나는 수행은 정체감 성취에서의 수행과는 대조적인 것으로 진정한 탐구와 탐색의 결과가 아니라 기본적으로 본질적인 질문과 선택을 통한 노력이 없이 그냥 받아들여진 것이다. 정체감 상실 수준의 청소년은 정체감 성취나 유예 수준의 청소년에 비해 자신에 대한 사려가 깊지 못하며, 의존적이고 자신감이 적은 반면 부모와 강한 애착관계를 유지하고 있다.

④ 정체감 혼미

정체감 혼미란 정체감 위기나 수행을 아직 경험하지 않았을 뿐 아니라 직업이나 자신의 신념에 대한 의사결정도 하지 않은 상태를 말한다. 즉, 자아에 대해 안정되고 통합적인 견해를 갖는 데 실패한 상태로 인생의 방향을 결정하는 데 심각한 어려움을 보인다.

이 범주에 속하는 청소년들은 직업이나 이념 선택에 대한 의사결정은 물론 자기 발전을 위한 노력이나 무엇을 해야 하는지 고민하는 위기의 경험도 없다. 정체감 혼미는 의사결정을 내리지 못하는 면에 있어서는 정체감 유예와 비슷하지만 위기의 상태를 해결하려는 노력이 없다는 점에서 차이가 있다. 정체감 혼미 수준의 청소년은 정체감 성취나 유예 수준의 청소년에 비해 자신감이 낮고, 자발성과 자제력이 떨어지며, 부모와는 독립적이지만 유대감이 적고, 의미 있는 타인과 관계를 맺지 못한 채 방황하게 된다.

4) 정서적 발달

청소년기에는 정서가 폭발적이면서 변화가 심하며, 극단적인 정서 변화를 경험하게 된다. 이러한 정서적 특성 때문에 청소년기를 질풍노도stom and stress의 시기라고 한다. 청소년은 급속한 신체성장 및 신체 성숙으로 인하여 정서적으로 매우 불안정하기 때문에 비관, 자랑과 수치심, 사랑과 증오 등 극단적인 정서 변화를 심하게 겪는다.

특히, 청소년기는 불안, 분노, 질투, 열등감, 수치심, 우울, 죄책감 등과 같은 부정적 정서를 경험하는 경우가 많다. 청소년기는 자신의 능력에 대한 확신이 부족하고, 신체적 변화에 자신이 없으며, 자기의 욕구가 충족되지 못하거나, 장래에 대한 확신이 부족할 경우에 지나치게 불안해한다. 또한 자신과 타인이 대립되어 있거나, 신체적으로 매력이 없다고 느끼거나, 성적인 관심과 근심이 있을 경우에도 불안을 느낀다.

청소년기의 분노는 욕구좌절, 간섭, 압박, 불공평한 취급, 무시, 개인적 자유의 속박 등에서 나타나며, 강한 분노는 주로 사람과 관계된 사회적인 것에서 보인다. 남자청소년은 여자청소년보다 더 많은 분노를 표현하며, 물건을 발로 차거나, 문을 꽝 닫고 나가는 등 신체적으로 분노를 표현한다. 여자청소년은 울거나, 자기 방에 틀어박혀 밖으로 나오지 않는 것으로 분노를 표현한다. 청소년기의 질투는 남녀관계, 경쟁의식 등에서 많이 나타나며, 공포는 물질적 대상보다는 사회적 사태에 관한 것이 많다. 호기심은 새로운 것이나 미지의 것에 대한 탐색에서 나타나며, 자신과 이성의 신체적 발달에도 많은 관심을 갖는다.

청소년의 정서 변화에 따른 반응양식은 개인차가 있다. 청소년이 정서적으로 잘 적응하면 가정생활과 학교생활에서 즐거움을 느끼며, 활동을 적극적으로 하려는 동기가 생기게 된다. 그러나 청소년이 정서적으로 적응하지 못하고 긴장상태가 지속되면 소화불량, 식욕부진, 두통, 체중감소, 불안정, 주의집중장애 등을 초래한다. 이러한 정서적 문제가 심화되면 성격 부적응을 가져와 우울증이나 거식증anorexia nervosa, 폭식증bulimia nervosa 등의 섭식장애를 가져오고, 정서에 대한 통제가 이루어지지 않으며 지나치게 충동적으로 반응함으로써 비행행동 등을 초래한다. 따라서 청소년기에는 자신의 정서 변화에 대한 인내심을 길러야 하며, 타인의 반응에 지나치게 민감한 반응을 보이지 않도록 노력해야 한다(Newman & Newman, 2006). 또한 청소년은 자신의 정서를 사회적으로 인정되는 방향으로 표현하도록 해야 하며, 자신의 욕구와 사회적 기대를 동시에 만족할 수 있는 방향으로 정서를 표현해야 한다.

5) 사회성발달

청소년기의 사회성발달은 부모나 가족으로부터 분리되어 친구나 자기 자신에게 의존하려는 경향성이 높아진다는 점이다. 청소년기에는 신체적 성숙이 이루어짐에 따라 부모의 통제를 받지 않으려 하며, 부모의 지시를 논리적으로 비판하거나 반항하기도 한다. 그리고 우정이 가족 간의 애정보다 중요한 시기이다.

(1) 가족관계

청소년은 자기 자신과 또래집단에게 의존하려는 경향이 높아지면서 부모와 가족으로부터 통제를 받지 않으려 하면서도 의지하려는 양가적인 태도를 보인다. 부모 또한 자녀가 독립하기를 원하는 동시에 자녀가 자신들에게 계속 의존해 주기를 바란다. 부모로부터 독립을 원해 '심리적 이유'를 겪으면서도 여전히 부모와 강한 유대관계를 원하는 청소년들은 상반되는 감정으로 인해 불안과 갈등을 경험하기도 한다. 부모와 불일치를 경험하는 것은 청소년기에 자녀가 독립심을 획득하는 데 중요한 경험이 된다. 그러므로 부모는 청소년이 성장하는 데 대하여 보람도 느끼지만 거부당하는 것에 대한 상실감도 동시에 느낀다. 청소년들이 부모의 보호로부터 벗어나서 자기의 판단에 의해 독립적으로 행동하려는 성향을 심리적 이유라고 한다. 그러므로 이 시기의 부모는 청소년 자녀와의 갈등을 해결하기 위해서 자녀의 의견을 경청하고, 자녀의 의견을 존중해주며, 합리적이고 일관성 있는 규율을 적용하는 등 자녀들이 하는 일에 관심을 보이고 지원해 주는 것이 바람직하다. 또한 자녀는 부모와의 관계를 해치지 않으며 자신의 의견을 표현할 수 있도록 한다.

(2) 친구관계(우정의 발달)

청소년들은 친구집단과 강한 유대관계를 형성하고 자신의 집단 내에서의 지위와 역할을 예측하고 평가하며, 필요한 사회적 기술을 학습하게 된다. 청소년기에는 친구들이 아동기의 또래집단에 비해 조직적이며 이질적인 특징을 갖는다. 아동기의 또래집단은 같은 동네, 같은 반 친구들이지만 중·고등학교는 상대적으로 이질적인 환경의 청소년들로 구성되며 친구들의 배경도 다양하다. 친구는 청소년에게 정서적 안정을 제공하며, 우정을 통하여 자신을 표현하고 타인을 이해할 수 있게 하며, 정보 제공자의 역할과 신뢰로운 관계형성을 이루게 한다. 청소년기에는 이성관

알아두기

청소년기 친구관계의 특징

- 가장 친한 친구의 수는 청소년 초기 다섯 명 정도가 가장 많고, 그 이후 친구 수가 점차 감소한다.
- 여자청소년들은 서로에 대한 충성심이나 신뢰를 더 중요하게 고려해서 친구를 선택한다.
- 청소년들은 아동들보다 친구와 더 많은 것을 공유하고 덜 경쟁한다.
- 여자청소년들은 남자청소년들에 비해 친구에게 정서적 기대를 더 많이 한다.
- 남자청소년들은 친구와 함께 스포츠와 같은 활동을 선호하고, 여자청소년들은 이야기 나누는 것을 선호한다.
- 청소년들은 친구들과 대인관계, 가족, 학교, 사랑, 미래의 계획과 목표에 대해 서로 토의하고 의견을 나눈다.
- 의사소통이나 갈등대결과 같은 상호작용의 질적 특성은 친구와 친밀감을 유지할 때 중요한 역할을 한다.

출처 : Berndt & Perry(1990).

계가 새로운 관심의 대상이 되기 시작하지만 아직까지는 동성친구관계가 더 중요하다. 이성에 대한 다양한 시도를 하지만 본격적인 이성 간의 친밀한 관계는 청소년기 이후 청년기에 성취된다.

6) 사회적 역할의 발달

(1) 성역할에 대한 정체감

사회는 사회구성원으로서 남성과 여성에 대한 요구와 기대를 가진다. 성역할 정체감이란 인간이 가지는 생물학적인 성에 대하여 사회가 부여하는 성역할 고정관념을 자신의 것으로 수용하고 내면화되는 정도를 말한다. 즉, 청소년기가 되면 사회는 전통적인 남성과 여성의 성역할에 동조하도록 사회화 압력을 증가시키고 이를 통해 성역할 사회화가 이루어진다(이정서, 2010 : 85). 그러나 현대사회에서는 남성은 남성다워야 하고, 여성은 여성다워야 한다는 전통적인 성역할에 많은 변화가 초래하고 있으며, 이상적인 성역할 모델로서 양성성이 강조되고 있다.

(2) 도덕성

청소년기의 도덕적 사고는 사회가 기대하는 바에 따라 행동하고, 자신이 속한 사회의 규칙, 기대, 관습을 준수하려는 인습 수준에 속한다. 청소년은 자신의 사회적 역할에 수반되는 도덕적 책무를 중시하며, 친구 간의 우정을 지키려는 강한 의무감을 갖는다. 즉, 청소년들은 규칙과 질서를 중시하고 인간관계의 신의를 소중히 하는 도덕적 의무감을 유지하고 있다(송명자, 1996).

청소년은 자아의식이 발달하기 시작하면서 기존의 도덕성이나 관습에 의문을 갖게 되며 도덕적 판단의 기초가 튼튼하지 못하면 현실에서 유리된 이상적 도덕을 추구하거나 그 시대의 본질에서 벗어나기도 한다. 그러나 삶의 경험을 쌓아감에 따라 사회 속에서의 자신의 입장이나 위치를 이해하고 주도적 행동이나 자율적 행동을 취하면서 그 판단이 사회의 일반적 기준과 합치하며 자율적인 도덕성으로 발달한다.

(3) 진로결정

청소년기에 성취해야 할 가장 중요한 발달과업은 직업을 선택하고 이에 따른 준비를 하는 것이다. 청소년들은 자신이 원하는 직업과 관련된 전공을 선택해야 하는 기로에서, 고등학교 진학과 대학교 진학, 고등학교 계열 선택과 대학 학과 선택에 대한 구체적인 물음이 많아진다. 상급학교 진학에 관한 문제는 앞으로 어떤 직업을 선택할 것인가의 문제와 직결되기 때문이다. 또한 진로를 선택하고 결정하는 일이 개인의 삶의 방향과 질을 결정하는 데 중요하기 때문이다.

직업이나 전공 선택을 위해서는 자신에 대한 성격, 적성, 능력, 흥미에 대한 올바른 이해가 있어야 한다. 이런 이해를 바탕으로 자신의 진로목표를 달성하기 위하여 실제적이고 구체적인 준비활동을 할 수 있다. 진로결정에 있어서 개인적인 요인들도 중요하지만 환경적 요인도 강조되고 있다. 환경적 요인으로는 부모, 교사, 친구에게 받는 사회적 지지를 들 수 있지만, 가장 중요한 지지원은 부모이다. 부모는 자녀의 진로와 관련된 직업적 모델링을 제시하고, 언어적 격려, 도구적 · 정서적 지지를 제공한다(한창훈 · 조영아, 2016).

인간이 일생 동안 발달하는 것과 같이 개인의 진로도 계속해서 발달한다. 이러한 맥락에서 슈퍼Super, 1953는 개인적 요인과 환경적 요인의 상호작용을 강조하면서, 진로발달단계를 다섯 단계로 설명하였다. 이 단계에서 청소년과 관련이 있는 것은 탐색단계로 볼 수 있다.

- 성장단계0~14세 : 가정과 학교에서 이상상과 동일시를 통해 자아개념을 확립하고 발전시켜 나간다.
- 탐색단계15~24세 : 진로탐색이나 직업적 역할 탐색 등이 학교나 레저생활 또는 아르바이트 등의 일을 통해서 이루어진다.
- 확립단계25~44세 : 적절한 분야의 직업을 선택하고, 직업에 대해서 흥미와 적성을 확립하며, 영구적인 직업으로서 생각하고자 노력한다.
- 유지단계45~64세 : 직업의 세계에서 지위를 갖게 되고, 그것을 유지하는 일에 집중한다.
- 은퇴단계65세 이상 : 신체적 · 정신적 노화에 따라 직업활동에서 은퇴하는 단계이다.

3. 사회복지실천에 대한 적용

청소년기는 인간발달의 단계 중 가장 격동적이고 불안정하며, 이후 생의 방향을 결정하는 중대한 시기라고 할 수 있다. 부모로부터 심리적으로 독립하여 자신에 대한 정체감을 형성하고 진로를 결정하여 사회적 역할을 수용하는 과업을 달성해야 한다. 또한 자신의 결정에 대하여 책임을 질 줄 아는 건강한 사회구성원으로 발달해 갈 수 있도록 청소년을 위한 사회복지 개입은 매우 다양한 실천적 의미를 지닌다.

첫째, 잘못된 성가치관과 물질주의 문화로 인해 일부 청소년들에게 나타나는 십대임신과 출산, 성매매, 원조교제 등이 사회문제가 되고 있다. 이러한 현상들은 정신연령에 비해 좀 더 빨라진 성적 성숙, 성 개방 사회풍조, 대중매체 등을 통한 성적 자극의 무분별한 노출 등의 원인으로 점점 증가되고 있다. 십대임신은 청소년에게 신체적 질환이나 학업 실패, 빈곤 등 주요한 삶의 영역에서 장기적인 문제를 초래할 위험성이 높다. 또한 이들은 학업과 직업선택에 많은 제약을 받고 빈곤에 처할 가능성이 높다.

십대임신을 예방하기 위해서는 청소년들에게 올바른 성에 대한 이해와 가치관을 형성할 수 있는 프로그램을 제공하고, 학교와 성교육 관련 기관의 적극적인 협력을 통해 시대에 맞는 적절한 성교육이 실시되어야 한다. 이성관계의 문제, 성적인 갈등 등은 상담을 통해 도움을 주어야 한다. 또한 십대의 미혼모에게는 출산과 양육, 불안정한 심리상태를 해결해 줄 수 있는 지원이 필요하고, 스스로 양육하기를 결정할 경우 자녀양육에 대한 특별한 지원이 필요하다.

둘째, 청소년기의 사회적 발달과 관련된 대표적 문제는 청소년 비행이다. 청소년 비행은 일탈행동 또는 청소년범죄와 유사한 의미로 사용되는 것으로, 사회 또는 집단에서 규정하는 규범이나 규칙을 위반하는 일체의 행위를 말하며, 적절하게 대처하지 못할 경우 소년법정에 소송되는 경력으로 이어지게 된다. 또한 청소년 비행은 무단결석, 가출, 음주, 유흥업소 출입 등 신분에 어울리지 않거나 규범을 위반하는 행동을 포함한다. 최근에는 청소년의 인터넷 · 스마트폰 중독과 인터넷 관련 범죄도 새로운 문제로 대두되고 있다.

청소년 비행을 예방하기 위해서는 비행청소년을 위한 가족치료 및 학교사회사업 서비스를 활성화함으로써 가족관계 개선과 심리 문제해결을 보다 근본적으로 도모해야 한다. 또한 건전한 인터넷과 스마트폰의 활용에 대한 홍보 및 교육을 강화하고, 음란성이나 폭력성을 띠는 인터넷게임이나 사이트를 차단하기 위한 보다 효과적인 법적 · 제도적 장치를 마련해야 한다.

셋째, 청소년기는 급격한 신체적 성장과 변화로 인해 신체적 불균형을 경험하는데, 섭식, 비만, 신체상과 관련된 문제 또한 청소년들이 경험하는 문제들이다. 섭식장애eating disorder란 체중의 증가 혹은 비만이 되는 것에 대한 극심한 두려움을 갖는 것으로, 강박적으로 체중을 측정하면서 절제된 식사를 하고, 식사 조절 외에 스스로 구토를 유발하거나 설사제나 이뇨제를 오용하는 것이 반복적으로 나타난다(최옥채 외, 2015). 이러한 행동은 지나친 저체중일 때도 계속 이어진다. 섭식장애의 대표적인 유형은 거식증과 폭식증이 있으며, 남자보다 여자에게서 많이 나타난다(Cochrane, 2005).

사회복지기관에서는 의료기관과 연계하여 청소년기의 신체 변화에 대한 이해를 위해 교육 프로그램, 식이요법 지도, 몸매관리 프로그램 등을 개발 · 실시함으로써, 청소년들의 건전한 신체발달을 지원할 필요가 있다. 대중매체가 전달하는 '날씬한 몸'의 허구성을 비판할 수 있는 능력을 함양할 수 있는 교육이 필요하다.

넷째, 청소년기의 가장 중요한 발달과업으로 정체감 형성을 들 수 있다. 그러나 우리나라 청소년들은 입시제도로 인해 정체감 형성을 위한 충분한 유예기간을 갖기 어렵고 무엇을 하며 어떻게 살 것인가에 대한 자신의 가치관을 확립하기 이전에 부모에 의해 수동적인 진로 결정이 이루어진다. 아울러 부모나 교사 역시 건전한 역할모델이 되지 못하기 때문에 청소년들은 쉽게 또래집단에 휩쓸리거나 매스컴의 영웅을 동일시하는 경향이 있다. 이러한 불안정한 정체감은 청소년의 정신분열증, 우울증, 불안장애, 약물남용 등 다양한 정신장애를 일으킬 가능성이 높다.

청소년의 발달과업인 자아정체감 형성을 위해 자아발견, 자기성장, 자기주장 훈련, 자기개발과 대인관계 형성을 지원할 수 있는 개인상담 및 집단상담 프로그램을 개발하여 실시할 필요가 있다. 청소년의 정신건강과 건강한 심리적 발달을 위해 스트레스 예방교육, 약물교육, 가족지원서비스 등이 필요하다.

Human Behavior and Social Environment

CHAPTER 9

성인기

CHAPTER 9

전생애적 발달연구에서 성인기 이후의 발달단계 구분은 매우 다양하지만, 이 책에서는 성인기를 19~39세까지로 구분하고, 다시 19~30세까지의 청년기(youth)와 31~39세까지의 성인 초기로 구분하고자 한다. 청년기는 고등학교 졸업을 시작으로 취업과 결혼을 통하여 부모로부터 완전한 독립을 성취함으로써 종결된다고 보는 것이 타당하다는 점과 우리나라의 평균 초혼연령이 남자가 32.2세, 여자가 29.6세 정도인 점(통계청, 2014)을 감안하여 만 19~30세까지로 구분하였다. 청년기에는 직업준비 등을 포함한 다양한 역할탐색과 선택을 하고 부모로부터 독립하여 자율적 생활을 모색하는 시기다.

청년기가 끝나는 31~39세까지를 성인 초기로 구분하였는데, 39세까지를 성인 초기로 구분한 이유는 40대부터 신체적 노화현상이 가속화되며, 우리 사회에서 40대부터를 중년(middle age)이라고 규정하는 경향이 있기 때문이다. 성인 초기는 탐색과 의사결정이 주류를 이루는 청년기와는 달리 배우자로서의 역할, 직업적 역할에 대한 몰두, 자녀를 양육하고 사회화시키는 부모로서의 역할을 수행하는 시기다.

1. 청년기

청년기는 사춘기가 끝나는 시점부터 성인기의 시작을 알리는 시기이며, 대략 19~30세까지를 말한다. 이 시기의 특징은 자신의 주체성을 확립하고(Buhler, 1933), 부모로부터 심리적으로 독립하기 시작하며 대학에 진학하거나 직업을 갖는다. 물론 직업을 갖는 경우가 아니면 경제적 독립을 성취하기는 어렵지만 대부분 심리적 독립으로 인해 일상의 문제를 스스로 처리하고 결정한다. 부모로부터 독립하면서 청소년 전기에 겪었던 부모와의 갈등이 해소되고 점차 부모와의 관계가 긍정적으로 회복된다. 부모와 함께 생활하는 대학생보다 부모와 떨어져 생활하는 대학생이 부모에 대해 더 긍정적인 감정을 갖는다는 연구결과도 있다. 이 장에서는 부모로부터 독립하여 성숙한 성인기에 도달하는 청년기의 신체발달, 심리발달, 사회성 발달에 미치는 삶의 양식에 대하여 살펴보고자 한다.

1) 신체발달

청년기는 신체적 건강 면에 있어 황금기이다. 이 시기에는 10대 청소년들의 특징이라고 할 수 있는 지나치게 긴 팔다리로 인해 멋없이 길고 홀쭉한 체격의 모습은 사라지고, 활기, 정력, 신선함 등 젊은이다운 신체적 매력이 정점에 달한다. 신체골격은 20세 전후에 그 구조가 완전히 완성되며, 신체수행능력, 체력, 정력, 지구력 등은 19~26세에 최고조에 달한다(송명자, 2003). 그 이후가 되면 신체적 기능이 감퇴하기 시작하며, 손이나 손가락 동작도 점차 둔감해지기 시작한다. 감각은 다른 어떤 시기보다 예민하고, 시력이나 청력, 후각, 미각 등의 기능이 가장 좋다. 청력은 20세경에 가장 뛰어나며, 점진적인 감퇴는 대략 25세 이전에 시작된다(정옥분, 2006). 그러나 많은 청년들은 자신의 양호한 건강상태가 지속될 것이라고 믿기 때문에 20대 중반까지 음주, 흡연, 약물흡입 등이 급격히 증가하여 나쁜 건강습관에 빠질 가능성이 높다.

2) 심리적 발달

(1) 인지발달

인지발달은 정신구조가 정신적 성숙과 경험의 상호작용으로 인해 연령에 따라 변화하게 된다. 인지는 주의, 지각, 기억, 사고, 문제해결 등 5개의 과정을 통하여 반응하게 되는데, 청년기에는 5개의 과정을 다 수행할 수 있는 인지능력이 생긴다.

청년기의 인지발달에 대해서 피아제는 청소년기에 형식적 조작사고가 발달한 이후에는 인지발달이 거의 이루어지지 않는다고 보았지만, 최근 이에 대한 비판이 제기되고 있다. 기계적 암기나 지적 과제의 수행속도 등은 10대 후반이 가장 뛰어나지만 판단, 추론, 창의적 사고 등은 청년기는 물론 전 생애를 통하여 발달하는 것으로 보고되고 있다(권중돈, 2014).

아린Arlin, 1975, 리겔Riegel, 1973, 페리Perry, 1981, 샤이에Schaie, 1990 등은 청년기를 포함한 성인기에도 인지발달은 지속적으로 이루어진다고 하였다. 먼저 아린은 성인기의 사고 수준은 청소년기의 형식적 조작사고와는 달리 창의적 사고, 확산적 사고, 새로운 문제해결방안의 발견을 특징으로 하는 문제발견적 사고가 발달한다고 하였다. 리겔은 성인기의 사고는 형식적 사고가 아닌 성숙한 사고로서, 어떠한 사실이 진실이 될 수도 있고 진실이 아닐 수도 있다는 점을 이해하는 변증법적 사고가 발달한다고 하였다. 페리는 성인기에 흑백논리인 이원론적 사고에서 벗어나 다원론적 사고가 가능해진다고 하였고, 샤이에는 청소년기까지 습득한 지식을 실생활에 적용하는 단계로 접어든다고 하였다.

(2) 자율성발달

청년기는 다양한 사회적 관계 및 친밀한 이성관계의 시작과 부모로부터 분리되어 가는 중 관계 변화의 시작이라는 점에서 많은 변동이 예상되는 시기이다. 청년기는 대학진학, 군입대 또는 취업 등으로 부모와 지리적으로 분리되어 생활하는 경우가 많아진다. 또한 부모로부터 의존적인 관계에서 벗어나고, 심리적으로 독립하여 독자적인 삶을 준비할 수 있게 자율성을 키워나가는 시기이다. 청년기에 부모로부터 독립하여 자립적 생활을 영위하기 위해서는 의식주 생활을 영위할 수 있는 일상 생활능력, 자신의 신체를 수용하고 관리할 수 있는 신체적 성숙, 자율적 판단을 내리고 이에 따라 행동할 수 있는 능력의 발달이 선행되어야 한다. 이와 같이 청년기의 진정한 독립은 부모와 분리되는 것에 대한 불안의 극복, 경제적 능력 그리고 자율적 의사결정능력의 보유 등과 같은 신체·심리·사회적 영역 모두에서 분리가 가능할 때 이루어진다.

청년기에 부모와의 관계는 성인 초기의 삶에 많은 영향을 미친다. 청년기에 부모와의 관계에서 가장 중요한 문제는 독립과 애착이다. 이 시기에는 부모로부터 분리, 독립해 자율성을 찾는 과정에서 대부분 청년은 양가감정ambivalence을 갖게 된다. 즉, 부모로부터 독립을 원하지만 여전히 부모와 강한 유대관계를 맺기 원하기 때문에 부모로부터 분리되는 것에 대한 불안과 갈등을 동시에 경험한다. 부모가 이러한 청년의 양가감정을 최소화하고 자율성 획득을 지원하기 위해서는 자녀에게 부과하던 금지나 제한을 줄이고, 가족의사결정에 자녀의 참여를 격려하며, 자녀를 독립된 개인으로 인정해 주어야 한다. 그러나 어떤 부모는 청년기에 집을 떠나는 것을 반대하고, 지속적으로 보호하려 하거나 자녀의 행동에 많은 제한을 가하기도 한다. 부모로부터의 독립의 실패는 부모로부터 분리되지 못하고 영원히 부모의 자녀mama boy, papa girl로 남아 있거나 부모와 적대적 관계를 형성하고 빈번한 갈등을 경험하기도 한다.

3) 사회적 발달

(1) 사랑

청년기의 이성교제는 이 시기의 중요한 발달과업인 이성과의 친밀감 형성에 필요한 사회적 기술을 습득하게 하고, 지속적인 관계를 형성·유지하는 방법을 배울 수 있도록 한다. 이성교제는 처음에는 여러 사람과 자유롭게 교제하는 것이 특징이며, 즐거움과 오락적 목적이 주가 된다. 그러나 점차 한 사람에게 열중하게 되어 성적 친밀감과 정서적 친밀감이 포함된 데이트를 하게 된다. 청년기의 데이트는 결혼

표 9-1 스텐버그의 사랑의 유형

관계	요소의 균형 정도
사랑의 부재(non-love)	열정, 친밀감, 결심/헌신 모두가 존재하지 않는다.
좋아함(likes)	친밀감은 존재하나 열정과 헌신은 존재하지 않는다.
도취적 사랑(intoxicated love)	열정만이 존재, 친밀감이나 헌신은 존재하지 않는다.
공허한 사랑(empty love)	헌신만이 존재, 친밀감이나 열정은 존재하지 않는다.
낭만적 사랑(romantic love)	열정과 친밀감은 존재하나 헌신은 존재하지 않는다.
우애적 사랑(companionate love)	친밀감과 헌신은 존재하나 열정은 존재하지 않는다.
얼빠진 사랑(fatuous love)	친밀감은 없고 열정이나 헌신만이 존재한다.
성숙한 사랑(consummate love)	열정, 친밀감, 헌신 모두가 존재한다.

출처 : sternberg & Graik(1984).

을 위한 필수적인 단계로 친밀한 애정관계를 이루고, 의사결정, 의사소통, 문제해결, 갈등관리와 같은 상호작용 패턴을 형성하며, 이성 간의 기대되는 역할을 학습할 뿐 아니라 미래 결혼생활의 기초를 다지게 된다.

청소년기의 이성에 대한 관심은 청년기가 되면서 인생의 동반자를 구하는 사랑으로 변화해 간다. 스텐버그Sterberg, 1988는 이러한 사랑의 구성요소를 친밀감intimacy, 열정Passion, 헌신commitment 등의 3요소로 분류하여 사랑의 삼각이론을 만들었다. 친밀감은 사랑의 정서적 요소라고 한다. 즉, 두 사람이 서로에게 느끼는 정서적 일체감으로 상호이해, 격의 없는 친밀한 대화, 정서적 지원 등을 포함하는 것으로 누군가와 매우 가깝다는 느낌이다. 열정은 사랑의 동기적 요소로서, 관계에서 낭만적 감정, 신체적 매력, 성적인 몰입 등과 관련된 낭만적·육체적 측면을 가리킨다. 전념 또는 헌신은 사랑의 인지적 요소로서 사랑을 지속시키고 성장하도록 해주는 요소이다. 사랑의 삼각형에 나타난 사랑의 종류는 표 9-1과 같이 다양한 형태를 보인다.

청년기의 우정은 사랑의 관계에 기초가 될 수 있다. 관심과 흥미, 가치, 수용, 존중, 신뢰, 이해, 즐거움 등이 우정의 뿌리가 되면서 사랑의 기본을 형성하기 때문이다. 이러한 특성을 지닌 우정이 바탕이 되어 열정과 정서적인 친밀감이 더해지면 사랑으로 변화된다.

(2) 직업선택

청년기에 성취해야 할 중요한 발달과업은 직업탐색과 직업선택이다. 성인을 준비하는 만큼 청년기는 자아정체감을 확립하고 미래의 직업을 탐색하며 진로를 결정하는 중요한 시기이다. 그러나 청년들은 고등학교 시기에 대학입시로, 자신의 적성과 흥미 등을 고려하여 진지하게 진로와 직업을 탐색할 시간을 충분히 갖지 못하고 있다. 청소년 시절 미성숙한 진로결정으로 대학에 입학한 청년들은 대학생활 부적응과 전공 부적응으로 힘들어 하고, 미성숙한 진로결정이나 진로발달 지체현상을 보이게 된다. 대학을 졸업한 후에도 마땅한 직장을 찾지 못하고 이직을 반복하거나 실업상태를 지속하는 등의 방황을 지속한다(권재기 · 김진호, 2011). 과거에는 직업이 단순히 생계수단을 결정하는 것이었지만, 현대에는 자신의 잠재력과 꿈을 실현하는 삶의 터전으로 인식되고 있으며, 사회에 대한 공헌과 가정에 대한 책임을 포괄하기 때문에 심사숙고하여 선택해야 한다. 직업은 자신의 사회적 역할을 대변하게 되고, 개인의 정체감을 표현하기 때문에 물질적인 보상보다는 보람과 자부심, 사회적 공헌에서 만족감을 가질 수 있는 직업선택이 매우 중요하다.

(3) 결혼준비

청년기는 상호 관심사의 공유와 미래에 대한 비전의 공유 등이 결합된 이성 간의 친밀감을 형성하기 위한 가능성을 탐색하는 시기이다. 결혼은 청년기에 정서적 친밀감과 성적 친밀감이 포함된 데이트를 하게 되면서 형성된 친밀한 관계를 통하여 성립하게 된다. 결혼은 책임과 의무가 수반되는 인생의 중요한 결정사항이기 때문에, 결혼을 하기 위해서는 심리적 · 사회적 · 경제적 준비가 되어 있어야 한다. 배우자를 선택하는 문제는 이후 인생의 행복이나 안정성을 결정하는 가장 중요한 의사결정과정으로, 배우자의 개인적 특성연령, 학벌, 직업, 가정배경을 현실적으로 이해할 수 있어야 하고, 사랑으로 친밀감을 나눌 수 있어야 한다. 또한 배우자의 정서생활에 관심을 기울일 수 있어야 하며, 결혼 이후에 일어날 경제적 문제에 현실적으로 대처할 수 있는 자신감과 능력이 있어야 한다. 개인적 계획에 배우자를 고려할 수 있어야 하며, 자신의 능력을 최대한 발휘해 결혼생활에 공헌할 마음가짐이 있어야 한다.

그리고 기꺼이 성적 상대가 될 수 있어야 하며, 남편과 아내로서의 위치를 받아들일 준비가 되어 있어야 한다.

배우자의 선택과 관련하여 유드리Udry, 1971는 여과이론filter theory을 제시하고 있다. 이 이론은 두 사람의 관계에서 시작하여 결혼에 이르기까지 6단계의 여과망을 거치면서 배우자를 선택하게 된다. 배우자를 선택하는 과정은 첫째, 모든 대상자 중 지리적으로 가깝고, 만날 기회와 상호작용의 가능성이 많은 사람들로 대상이 제한된 근접성propinquity의 여과망을 거치게 되고, 둘째, 그중에서 상호 매력을 느끼고 끌리는 사람들로 그 대상이 좁혀지는 매력attractiveness의 여과망을 거치게 된다. 셋째, 가깝고 매력을 느끼는 사람들 중에서 인종, 연령, 종교, 직업, 교육 수준 등의 사회적 배경이 유사한 사람으로 범위가 좁혀지는 사회적 배경social background의 여과망을 거치게 되고, 넷째, 동일한 가치관이나 견해를 가진 사람들만 남게 되는 상호일치consensus의 여과망을 통하게 된다. 다섯째, 상호 간의 단점을 보완해 줄 수 있고, 욕구와 필요를 서로 충족시켜 줄 수 있어 결혼의 가능성이 높아지는 상호 보완complementarity의 여과망을 거치게 되고, 여섯째, 결혼에 이르게 되는 결혼준비상태readiness for marriage의 여과망을 통과하게 된다. 부모로부터 결혼에 대한 압력을 받고 있거나, 스스로 결혼에 대한 욕구 등이 결혼준비상태에 영향을 주게 된다. 이때 남성은 병역을 마치거나 취직을 하는 등 경제적인 능력이 뒷받침되어야만 결혼준비상태가 된다(정옥분, 2008).

2. 성인 초기

성인 초기는 31~39세 사이의 시기로서 신체적 · 심리적 · 사회적으로 성숙해지며, 일상에서 가장 활력이 넘치고 활동적인 시기이다. 이 시기의 주요 과업은 배우자로서의 역할, 직업적 역할에서의 몰두 그리고 자녀를 양육하고 사회화하는 부모로서의 역할을 수행하면서 가정생활을 관리해 나간다.

1) 신체발달

청년기부터 성인 초기는 체력, 지구력, 운동기술 등 신체적 기능상태가 중년기에서 쇠퇴할 때까지 최고 수준이다. 폐활량은 35세 이후부터 조금씩 감소하며 신체적 힘은 30세를 전후로 서서히 감소하기 시작한다. 시각, 청각, 후각, 미각, 촉각 등의 감각기능은 20세경에 최고조에 달했다가 40세경부터 점점 나빠지기 시작한다. 그러나 다른 발달단계와 비교했을 때 성인 초기에 있는 사람의 대부분은 자신의 건강이 좋다고 인식한다. 성인 초기에 신체적 건강상태를 유지하기 위해서는 규칙적인 운동과 적절한 영양공급이 필요한데, 그렇지 않은 경우에는 건강 수준이 점점 쇠퇴하게 된다. 이 시기에 만성적인 질병이나 건강상의 문제를 미치는 요소로는 음주, 흡연, 약물남용, 스트레스 등이 있다. 특히, 성인 초기에는 다양한 생활의 변화로 인하여 스트레스가 많은 시기이며, 스트레스는 심장질환, 뇌졸중, 고혈압 등을 일으키거나 악화시키는 요인이 된다.

2) 인지 변화

성인 초기의 인지발달에 관해서는 학자들 간의 일치된 견해는 없다. 피아제Piaget는 청년기와 성인기 사고는 본질적으로 같은 것으로 보고 있다. 키팅Keating, 1990은 피아제의 인지발달이론을 바탕으로 성인 초기 인지발달의 특징을 형식적 조작사고가 강화되고 공고화되는 과정으로 설명하고 있다. 이 시기에는 청년기보다 다양하면서 적합한 가설을 설정할 수 있고, 관련 변인을 보다 체계적으로 찾아내고 분석하며 비교하고 통합할 수 있게 되면서 보다 유능한 문제해결능력을 갖추게 된다고 본다.

리보비 비에프Labouvie-Vief, 1982는 성인기는 자신이 몸담고 있는 직장이나 사회, 크게는 생태적 맥락 내에서 발생하는 여러 가지 문제들을 해결하고 적응해나가야 하는 시기로 보고 있다. 성인기 사고는 실용적인 필요성과 압박감이 강하다는 점에서 자유스럽고 이상주의적인 청년기 사고와 구별된다고 본다. 이렇게 볼 때 성인 초기의 인지발달은 현실에 대한 실용적인 적응방향을 탐색하는 과학적 사고로의 변화

과정을 의미하는 것으로 볼 수 있다. 특히, 청년기에는 흑백의 논리옳고 · 그름, 우리 편 · 상대편, 좋음 · 나쁨로 사고를 경험하는데, 성인 초기에는 타인들의 관점과 견해의 다양성을 수용할 수 있게 되면서 다면적 사고multiple thinking가 가능해진다(Perry, 1970). 지능의 유형에 따라 연령에 차이를 보인다는 연구가 있다(Cavanaugh & Blanchard-Fields, 2010). 새로운 상황을 결정할 수 있는 유동성 지능은 성인 초기에 점수가 높고, 평생에 걸쳐 수집한 정보를 사용할 수 있는 능력인 결정성 지능은 중년기에 점수가 높다고 한다.

인지발달은 대략 25세경부터 하강 곡선을 그리는 것으로 알려져 있다. 대부분이 시기의 사람들은 지식 습득 자체가 문제가 아니라 지식을 현실에 실제 적용하고, 문제에 부딪혔을 때 여러 변수를 동시에 고려하는 다면적인 사고의 발달이 더 중요하다(조홍식, 2012). 따라서 성인 초기에는 실용적인 적응과 현실적인 과업성취를 위해 실제적인 문제해결능력이 발달하고, 습득한 지식을 스스로 설정한 인생목표와 그에 적절한 과업에 연결시킬 수 있는 능력이 가능해진다.

3) 친밀감발달

에릭슨은 성인 초기의 중요한 인생과제는 친밀감 또는 소외감이라고 하였다. 친밀감은 자신의 정체성 확립을 기초로 이루어진다. 이전 발달단계에서 자아정체성이 잘 확립되었다면 다른 사람과 개방적이고 지지적이며, 조화로운 관계 등의 긍정적 특성을 소유하게 되는 반면, 친밀감과 자율성을 이루지 못한 성인은 소외감을 형성할 가능성이 높다. 친밀감은 자신을 가치 있고, 유능하며, 신뢰할 수 있는 사람으로 지각할 수 있을 때 형성할 수 있다. 친밀감을 형성하기 위해서는 감정이입능력, 자기통제능력 그리고 타인의 장 · 단점 수용능력을 갖추어야 한다. 또한 친밀감을 형성하기 위해서는 자신의 견해나 계획을 다른 사람과 의논할 수 있어야 한다. 성인 초기의 친밀감은 자신을 둘러싼 동성 또는 이성의 모든 주변 사람들과의 친밀감 형성을 포괄하는 개념이다. 이는 배우자와 애정을 나눌 수 있고 사회생활에서 우정을 나눌 수 있는 관계를 포함한다. 이 시기의 친밀감은 주로 결혼을 통해 확립되어 가지만, 서로 다른 환경에서 성장한 사람들이 결혼을 하여 가정을 이루면 친밀감으로

이어지기 어렵다. 왜냐하면 결혼 초기 배우자 간 상호 적응에 대한 요구, 자녀출산과 양육, 부모나 친척의 기대 등이 친밀감 형성을 방해할 수 있기 때문이다.

남성과 여성은 사회화 과정의 차이로 인하여 성인 초기의 친밀감 형성과정에서 차이를 보인다. 남성은 사회화 과정에서 독립성, 정서표현 억제, 남자다운 행동을 남성의 덕목으로 수용하는 관계로, 상호의존적 관계형성이나 정서적 표현력에서 제한을 받게 된다. 반면, 여성은 사회화과정에서 표현적 · 양육적 · 지원적 역할을 하는 것으로 받아들였기 때문에 친밀감 형성에 유리하다. 이 시기에 친밀감을 형성하지 못한 사람은 자신의 사회적 행동과 적응에 대해 걱정하고 불안해하며, 원만한 사회적 상호작용을 하지 못해 고립감에 빠져들게 된다. 또한 다른 사람과 친밀한 관계를 형성하는 것이 자신의 정체감 혼란을 가져오는 것으로 생각해 관계형성 자체를 억제하면서 고립감에 빠져드는 사람도 있다.

4) 심리사회발달

성인 초기는 직업을 통한 자기개발과 자아실현이 매우 중요한 시기이다. 레빈슨Levinson, 1978은 성인 초기의 발달과업으로 꿈을 가져야 한다고 보고, 자신을 인도해 줄 수 있는 멘토를 발견하고, 자신의 경력을 풍부히 하며, 친밀한 관계를 형성할 것을 제시하였다. 에릭슨Erikson은 이 시기의 심리사회적 과제로서 '친밀감 대 고립감'을 제시하였다. 즉, 다른 사람과 함께 나누고, 타협하고, 희생하는 것을 배우면서 관계 속에서 친밀감을 형성해 나가는 것과 연약한 자아를 보호하기 위해 벽을 쌓을 필요가 있다고 느낄 때 고립감을 형성하게 된다고 가정하였다.

(1) 결혼

성인 초기의 주요 심리사회적 발달과제 중 하나는 결혼이다. 현재 우리나라의 성인 남녀 평균 초혼연령은 남성 32.8세, 여성 30.7세로 만혼현상이 뚜렷해지고 있다(통계청, 2014). 결혼은 성인 초기에 친밀감과 성숙한 사회적 관계를 형성하는 데 중요한 요인이 된다. 이 시기는 결혼을 하고 자녀를 낳아 부모가 되면서 가정에 정착하는 시기로, 성인기의 행복한 삶은 만족스러운 결혼생활에 달려 있다. 결혼은 새로운 가족을 형성하는 것으로 사랑의 실현, 정서적 안정, 경제적 안정, 성적 만족, 자녀 출산 등에 기여한다.

행복한 결혼생활을 위한 요인은 배우자의 가족배경이 유사하고, 부모의 행복한 결혼생활, 1년 이상의 교제기간과 1년 후에 첫아이를 임신했을 때 등이다. 결혼을 하게 되면 결혼 초기 몇 년간은 상호 적응과정을 겪게 된다. 오랜 기간 서로 다른 환경에서 성장한 두 남녀가 일상생활과 관련된 모든 영역에서 서로 간에 타협을 요구하게 된다. 그중에서도 수면, 식사, 욕실 사용 등과 같은 기본적인 일상생활 관련 사항, 금전지출, 성생활 및 여가활용, 원가족original family과의 관계 등에 대해서도 서로 의논하고 협의하여 부부간의 과제를 해결할 수 있어야 한다. 결혼 초기에 상호 적응의 과업을 성공적으로 이행하지 못할 경우에는 부부관계에 긴장이나 갈등이 많아지고 이혼하게 될 가능성이 높다. 그러므로 이 시기에는 갈등을 어떻게 해결해 나가는가가 결혼생활의 안정과 유지에 중요한 요인이 된다. 잘 다루어진 부부갈등은 그 해결과정을 통해 효과적인 의사소통방식과 문제해결능력을 향상시킴으로써 오히려 성숙한 친밀감의 형성과 관계의 증진에 도움이 될 수 있다.

결혼만족도는 가족생활주기에 따라 차이가 나타난다. 신혼기인 성인 초기 초반에는 결혼만족도가 가장 높지만 자녀출산과 양육을 하는 중년기에는 전반적으로 낮아지며, 자녀가 출가 또는 독립한 이후에는 다시 결혼만족도가 높아지는 U자형의 변화를 보인다(Whit et al., 1986).

(2) 자녀 출생과 양육

자녀 출생은 부부의 인생에 큰 전환점이 된다. 아이가 태어나면 부모는 부모역할을 시작하고, 이로 인해 삶의 형태와 관계가 변화된다. 부모가 된다는 것은 삶에 있어서 새로운 경험과 발전을 위한 기회인 동시에 양육에 따르는 지나친 부담감 때문에 위기가 초래될 수 있다. 부모는 아이에게 사랑을 줄 수 있고, 함께 즐거운 시간을 가질 수 있으며, 아이가 성장하고 발전하는 과정 속에서 부모로서 영향을 주며 사회화시켜가는 과정을 지켜볼 수 있다는 것은 큰 즐거움이다. 반면에 훈육의 역할을 해야 하고, 경제적 · 사회적 책임을 져야 하며, 자녀의 발달단계에 따라 필요한 욕구들을 채워주어야 하는 양육부담감을 안는다. 그러나 대부분의 부모는 자녀를 낳음으로써 가계를 계승하고, 사랑을 주고받으며, 삶의 기쁨을 나눈다. 또한 자녀를 양육함으로써 책임감 있고 성숙한 성인의 역할을 수행한다.

자녀양육과 부모역할에 대한 충분한 지식과 경험이 부족한 젊은 부부는 자녀양육에 대해 긴장하고 실망한다. 그러나 부모가 자녀를 보호하고 양육하는 데 몰두할수록 자녀의 특성과 요구에 효과적으로 대처할 수 있는 능력을 획득하게 된다. 자녀양육은 부모가 자녀의 성장과 발달에 관한 지식과 기술을 갖추어 부모에게 의존적인 자녀를 독립된 한 인격체로 성장할 수 있는 능력을 갖추도록 하는 것이다. 또한 자녀가 속한 사회의 생활양식, 행동규범, 가치체계를 배우도록 돕는 것이며, 사회에 적응하면서 사회적 구성원이 될 수 있도록 하는 것이다.

(3) 직업

성인 초기에 직업을 갖는다는 것은 사회에서의 '지위'이며 '계층'의 원천이 된다고 할 수 있다. 직업을 가진 사람은 미취업자보다 더 행복한 것으로 나타나 있다(Argyle, 2001). 이는 성인기의 직업적 성취가 즐거움과 보람을 느끼게 할 뿐만 아니라 사회적 연결망과 소속감을 제공하기 때문일 것이다. 이 시기에는 직업수행에 필요한 직무기술과 훈련과정을 짧게는 몇 주에서부터 길게는 몇 년 이상을 필요로 한다. 직업역할을 성공적으로 수행하기 위해서는 자신이 수행해야 할 특정 직무와 관련된 전문지식과 기술을 학습해야 하며, 그 직무에 따르는 지위와 의사결정과정 등의 권위관계에 대해서도 학습해야 한다. 그리고 직업적 요구와 위험요인을 정확히 인식해 대처능력을 기르고, 직장동료와의 우애로운 상호관계를 형성할 수 있어야 한다.

성인 초기에는 직업생활, 부부관계, 자녀 출산과 양육, 친척이나 친구관계 등과 같은 다양한 생활영역을 고려하여 기본적 가족생활시간을 결정해야 한다. 가족생활시간을 결정하는 데 가장 큰 영향을 미치는 요인이 직업생활이다. 직업적 요구를 중시하는 사람은 배우자나 자녀와 함께 여가생활을 할 수 있는 시간이 적다. 반면, 직업적 요구보다는 가족생활을 더 중시하면 가족과 시간을 더 많이 보내게 된다. 그 외에도 직장동료와의 관계, 친구관계, 이웃관계, 친척관계 등의 생활영역에서 어느 영역에 더 많은 비중을 두는가에 따라 가족생활시간이 달라진다.

이처럼 성인 초기에는 다양한 역할기대를 재조정해야 하기 때문에 여러 생활 영역에서 갈등이 생길 수 있다. 특히, 맞벌이부부는 사회적 관계망의 역할기대와의 부조화, 역할가중의 문제로 말미암아 가족 내에서 갈등이 생길 소지가 많다. 맞벌이를 하는 아내는 자녀양육과 집안일, 직업여성으로서의 역할을 동시에 수행하는 과정에서 역할갈등과 역할가중을 경험하게 됨으로써 맞벌이 남편보다 더 큰 어려움을 겪을 수밖에 없다. 이때 맞벌이를 하는 여성이 아내, 어머니, 직업인 등의 역할을 지나치게 완벽하게 수행하려고 노력하다 지쳐버리게 될 때, 신체적 · 심리적 대인관계의 스트레스증후군이 나타난다. 이 증후군을 슈퍼우먼증후군superwoman syndrome이라고 하며, 미국에서 처음 연구되어 미국의 정신신경학자 수비츠Subitz가 이름을 붙였다.

3. 사회복지실천에 대한 적용

청년기에는 자신의 직업과 사회적 역할에 대해 고민하고 준비하는 과정에서 정체감을 확립해 나간다. 청소년은 희망직업이나 진로방향을 정하지 못한 채 대학에 진학을 하게 되면서 예상한 것과 달리 혼란을 겪거나 진로에 대한 정체감을 갖지 못해 불안해 할 수 있다. 진로미결정이 높은 상태에서 전공을 선택한 학생들은 전공 만족도가 낮고, 직장을 선택했다고 해도 직장 만족도 역시 낮아질 수 있어(임은미 외, 2009), 청소년기 진로문제가 청년기까지 누적적으로 영향을 미칠 가능성이 크다. 청년기에 취업 기회상실은 정체감 혼란과 사회에 대한 불안감을 불러올 수 있는 요인이다. 이 시기에 직업을 갖지 못한다는 것은 경제력을 갖추지 못한다는 사실 이외에도, 사회의 구성원으로서 참여할 수 없음을 뜻하기 때문이다.

따라서 자신의 적성을 잘 알고 적성에 맞는 적합한 직업을 결정할 수 있도록 청소년기와 청년기에 적성문제가 비중 있게 다루어질 필요성이 있다. 또한 청년고용 문제에 현재의 진로교육이 맞춤형 교육을 강조하고 있지만, 빠르게 변화하는 세상에 대응할 수 있는 유연성과 융통성을 갖는 진로의사결정능력이 요구된다(손진희, 2014). 사회복지사는 청년기에 자신의 직업적성을 정확히 이해하고, 이를 바탕으로 취업준비를 할 수 있도록 직업적성검사, 직업상담 등의 적절한 서비스를 제공하며, 취업 시기에 놓인 청년을 위한 취업알선서비스 등을 실시할 수 있다. 또한 직업에서의 적응을 위해 직장 내에서 원만한 대인관계 형성, 직장생활과 개인생활의 균형 유지문제 등에 적절히 대응할 수 있도록 정보를 제공하고, 직장생활의 적응을 위한 지원을 지속적으로 해야 할 것이다.

성인 초기의 주요한 심리적 발달과업은 친밀감의 성취이다. 성인 초기의 친밀감은 결혼생활과 밀접한 관련성이 있으므로 사회복지기관에서는 부부교실을 운영하여 신혼 초기의 결혼생활 적응과 가족생활 계획수립을 지원할 필요가 있다. 또한 부부상담을 통해 부부갈등의 해결을 지원함으로써 부부간에 친밀한 관계가 유지될 수 있도록 지원할 필요가 있다. 이혼율이 점진적으로 높아지고 있는 점을 고려하여 사회복지기관에서는 젊은 부부의 이혼을 사전에 예방할 수 있는 부부상담 프로그램을 더욱 강화해 나가야 할 것이다.

성인 초기에 자녀를 출산한 부모는 대부분 양육기술이 미흡하며, 자녀양육과 관련된 역할분담 문제 등으로 갈등을 경험할 수 있다. 따라서 사회복지기관에서는 자녀출산과 양육에 대한 예비지식을 교육하는 임산부 교실이나 부모 역할훈련 프로그램을 시행하고, 출산 후에는 산후조리를 원조하거나 자녀양육을 지원할 필요가 있다. 부모의 이혼 등으로 한부모가족이 된 자녀에 대한 가사지원서비스 등 양육지원사업을 시행할 필요가 있다. 또한 맞벌이부부의 자녀양육을 지원할 수 있는 방과후 보호 프로그램 등 다양한 사업을 확대할 필요가 있다.

Human Behavior and Social Environment

CHAPTER 10

중년기

CHAPTER 10

중년기는 중년(中年) 또는 중 · 장년과 장년이라고도 하며 인간의 생애에서 청년에서 노년 사이의 단계를 이르는 말이다. 이 시기는 노화에 의해 신체적인 능력과 건강상태가 점진적으로 약해지기 시작하지만 경제적 · 사회적으로는 안정기에 들어가고 삶의 경험을 통해 배려를 획득하는 시기이다. 중년기가 되면 사회를 존속시키기 위하여 자신의 다음 세대를 양육하는 것에 관심을 갖고, 일에서의 성취뿐 아니라 사회문제에도 큰 관심을 보여 생산성을 획득한다.

1. 개념

중년기40~64세[1]는 보통 40세에서 노년기가 시작되기 전인 64세로 규정하고 (Erikson, 1963), 생물학적으로 재생산이 가능한 성숙한 성인기의 후반부를 지칭하는 것으로 인생의 황금기이다(Noller, Freeney, & Petterson, 2001). 또한 볼레드 Borland, 1978는 막내자녀의 독립에서부터 은퇴까지를 중년기라고 하였는데, 이는 가족들과의 생활주기를 기준으로 정의한 것이다.

중년기는 가정이나 직장에서 업무량이나 책임감도 커져 그만큼 중요한 역할을 하는 시기이며, 인생 전반에서 생산성이 최고조에 이르는 시기이다. 에릭슨은 중년기의 발달과업을 생산성 대 침체감이라고 했다. 생산성이란 한 세대가 다음 세대에 물려줄 문화와 사회질서를 발전시켜 살아갈 기초를 구축하는 것을 의미한다. 중년기에는 자녀를 보호하고 직업생활에 능동적으로 대처하며 가정에 대한 책임과 사회적 책임을 감당한다. 그러므로 생산성의 완성을 위해서는 청년기의 삶의 질을 향상하고 기술과 자원, 창조성을 아낌없이 바치고자 스스로를 헌신했던 경험이 필요하다.

침체란 심리적 성장이 결핍되고, 타인을 희생하더라도 자신의 에너지와 능력을 자기만족을 위해서 사용하는 것을 의미한다. 중년기에는 자신의 무능력이나 열악한 환경조건 때문에 자신이 생각하던 인생의 목표를 달성하지 못하고, 사회를 위해서도 의미 있는 기여를 하지 못했다고 느낄 때 침체를 경험한다. 그래서 중년기를 샌드위치 세대, 상실감의 시기, 제2의 사춘기, 정체성 위기의 시기 등으로 표현하고 있다.

1 이종복 외(2014), p. 277.

2. 발달적 특성과 발달과업

1) 빌달적 특성

(1) 신체적 특성

중년기에는 대부분 건강하고 정력적이지만 점차적으로 신체적 능력과 건강이 감퇴하기 시작한다. 신진대사활동이 둔화되고, 허리둘레와 체중이 늘어나며, 배가 나오기 시작하고, 머리카락이 빠지기 시작해 심한 사람은 대머리가 되기도 한다. 또한 피부는 탄력이 줄고 주름이 생기며, 수분이 줄어들어 건조해지고 때로는 갈라지기도 하면서 점진적으로 외모의 변화가 오기 시작한다. 주름이 눈 가장자리, 입 주위, 이마, 목 부위 등에 나타나며, 턱이 처지고 눈 아래에 검은 선이 생기며, 갈색의 노화 반점이 보이기 시작한다. 신장은 척추 사이의 디스크 감퇴로 50세 무렵까지 대략 0.3cm 정도, 60세 무렵에는 2.0cm 정도 줄어든다(Santrock, 1997).

몸의 신진대사도 이전보다 활발하지 못하며, 신체적 힘이 활력을 잃기 시작하고, 질병에 대한 저항력이 약해질 뿐만 아니라 질병에서 회복되는 데 더 많은 시간이 소요된다. 심장에 탄력성이 줄어들고, 기능은 30세를 100%로 하였을 때 50세에는 80% 저하되며, 신경자극이 뇌에서 신체의 근육조직으로 전달되는 속도가 50세 무렵에는 대략 5% 정도 감소한다. 폐의 탄력성도 줄어들고 흉곽도 작아져서 호흡능력도 30대를 100%로 했을 때 중년기에는 75% 정도로 효율성이 감소하게 된다.

중년기에는 이와 같이 신체구조와 기능상의 변화로 관절염, 당뇨병, 심장병, 고혈압, 악성신생물 등과 같은 만성적이고 심각한 성인병에 걸릴 가능성이 어떤 시기보다 높다. 그리고 감각기관의 노화로 인해 시력이 떨어지고 원시가 되어 가며, 빛에 적응하는 시간이 길어지면서 야간운전에 어려움이 나타난다. 청각, 미각, 후각, 통각 등도 예민성이 줄어드는 감각기능의 쇠퇴도 일어난다(Papalia et al., 1998).

중년기에는 이러한 신체적 변화에 스스로 적응해야 하고, 규칙적인 운동과 음식물 섭취의 조절로 건강을 유지할 수 있도록 관심과 주의를 기울여야 한다. 또한 정기검진을 통해 질병을 초기에 치료하고 향후 발병할 수 있는 중증질환 등을 예방하는 것이 무엇보다 중요하다.

(2) 성기능의 변화

중년기에 이르게 되면 남녀 간의 차이가 있긴 하지만, 남녀 모두 성적 능력이 저하되는 갱년기更年期를 경험하게 된다. 여성은 고정된 수의 난자를 가지고 태어나므로 월경을 시작한 지 30~40년 정도가 되면 난자가 거의 다 배출되며, 40대 후반에서 50대 초반에 배란과 월경을 멈추어 폐경menopause을 경험하게 된다. 그러나 대략 10% 미만의 여성은 40세 이전에 조기 폐경을 경험하기도 한다. 여성이 폐경에 이르게 되면 생식능력을 상실하게 되고, 여성호르몬인 에스트로겐estrogen이 줄어들며, 얼굴의 홍조현상, 두통, 현기증, 골반통, 호흡장애, 골다공증 등이 나타나며, 자궁이 퇴화하고 유방이 작아지기 때문에 신체적 고통을 일으키게 된다. 폐경기 동안 여성은 신체적 변화뿐만 아니라 우울증, 정서불안, 분노 등의 심리적인 어려움을 경험한다. 그러나 폐경을 경험한 대부분의 여성은 폐경으로 인한 심리적 생활 변화를 경험하지 않았거나 폐경이 자신의 생활에 별다른 영향을 미치지 않은 것으로 보고했다. 심지어 월경의 불편함이나 임신공포에서 벗어나 더욱 활동적으로 생활하는 등 예전보다 생활이 더 활발해졌다는 보고도 있다.

중년남성에게도 성적 능력의 저하로 나타나는 갱년기 증상이 나타난다. 중년남성의 갱년기는 정자나 정액 생성의 종결을 의미하지 않으며, 일반적으로 여성보다 5~10년 늦게 나타난다. 갱년기 남성은 남성호르몬인 테스토스테론testosterone의 생산이 감소해 정자 수와 정자의 활동이 저하되어 수정능력이 감소되며, 성적 능력이 저하된다. 중년남성의 갱년기 증상으로는 무력감, 불안감과 절망감, 허무감 등과 같은 심리적 현상과 두통, 현기증, 식욕감퇴, 불면증 등의 신체적 증상이 나타나 어려움을 겪는다. 또한 머리카락이 적어지고 피부에 주름이 늘며, 심장이 약해지기도 하고 전립선에 문제가 생기는 등 전체적인 신체발달이 침체된다.

(3) 인지능력의 변화

중년기의 인지 변화에 대해서는 서로 상반된 주장이 존재하지만, 속도에 크게 의존하는 능력을 제외하고는 중년기에 인지능력의 감소는 크지 않다는 것이 일반적인 견해다. 중년기에 인지적 반응속도가 늦어진다는 점에 대부분의 학자들이 동의하고 있으나 일상생활에 지장을 초래할 정도로 늦어지지는 않는다(Salthouse, 1993).

인간의 지적 기능은 18~25세 사이에 최고조에 달하며, 이후에 나이가 들어감에 따라서 그 기능이 변화한다. 혼과 카텔Horn & Cattell, 1966은 지능을 유동성 지능flukd intelligence과 결정성 지능crystallized intelligence으로 구분하였다. 유동성 지능이란 유전적 요인에 의해 결정되는 능력으로, 뇌신경의 성숙에 의해 발달하며, 뇌세포의 손상과 쇠퇴에 의해 감퇴되는 지능이다. 유동의 의미는 지각, 인식, 새로운 정보를 인지적으로 처리하는 것을 말한다. 유동성 지능은 경험이나 학습과는 무관한 지능으로 모든 문화권에 보편적인 문제해결능력을 말하며, 공간지각, 추상적 추론, 지각속도, 언어적 유추능력, 단순 암기력, 도형 간 관계 이해능력 등이 여기에 속한다. 유동성 지능은 10대 후반에 절정에 도달하며, 성인 중기부터 유동성 지능은 감퇴한다. 유동성 요인의 감퇴가 정보처리속도를 떨어뜨리기 때문에 반응시간은 증가한다(송명자, 2003).

결정성 지능이란 인지적 활용의 측면후천적 경험·학습 또는 문화적 영향에 의해 습득되는 지능으로서, 학교교육이나 일상생활에서의 경험을 통해 얻게 되는 지능을 말한다. 이 결정성 지능은 25세까지 유동성 지능과 같은 상향곡선을 그리다가 25~

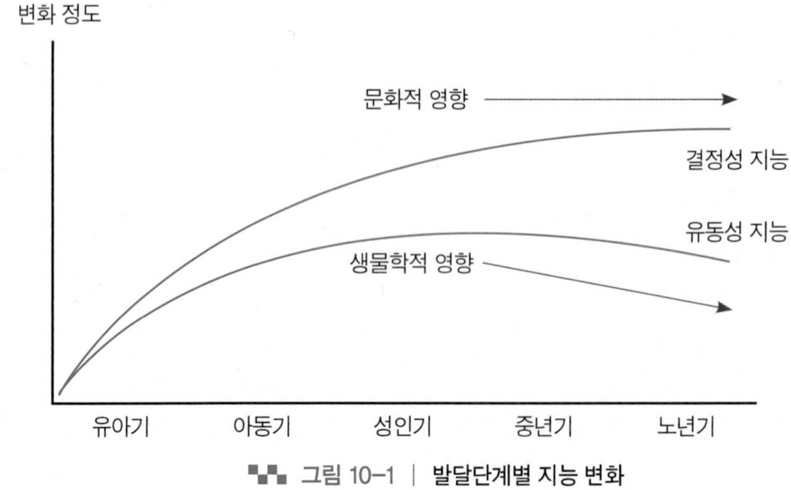

그림 10-1 | 발달단계별 지능 변화

30세를 전후하여 상승세가 거의 멈추고, 그 이후에는 현상을 유지하거나 지극히 미세한 상승세를 보인다. 결정성 지능은 성인기에서의 교육 경험이나 사회문화적 배경 등의 결과로 노년기까지 계속 증가하는 경향이 있으며, 어휘력, 일반상식, 사회적 상황에 대한 반응 등이 여기에 속한다.

이러한 두 가지 지능은 그림 10-1에서와 같이 결정에 달하는 시기가 각각 다르다. 중년기의 정신기능은 정점을 이룬다. 중년기에도 새로운 기술과 사실을 계속 학습할 수 있고, 이미 잘 아는 것을 기억할 수 있다. 또한 오랜 경험을 통해 획득한 지혜가 있기 때문에 문제해결능력은 오히려 높아진다. 다만, 중년기에는 자신의 지적 능력을 충분히 활용하지 않고, 과거의 다양한 경험으로부터 얻은 지혜를 가지고 대처하려는 경향이 있기 때문에 지적 기능이 쇠퇴하는 것처럼 인식될 뿐이다.

(4) 중년의 위기

에릭슨Erikosn, 1963은 중년기를 자신과 타인의 행동방향을 제시하고 미래를 계획하며 욕구를 예측할 수 있는 시기라고 규정하고, 이 시기에 직면하게 되는 심리사회적 위기를 생산성 대 침체기라고 하였다. 생산성이란 자녀를 양육하고, 능동적으로 직업에 몰두할 수 있으며, 사회의 발전에 관심을 갖는 것, 즉 자신보다는 타인, 현재보다는 미래를 위한 일을 하는 것이라고 하였다. 이러한 생산성을 확립하기 위하여 중년기의 성인들은 부모역할, 직업성취, 사회봉사 등의 활동에 적극적으로 참여해야 한다.

이에 반하여 가정생활, 자녀양육, 직업역할을 만족스럽게 성취하지 못할 경우 침체상황에 이르게 된다. 에릭슨이 말하는 침체란 심리적 성장의 결핍, 자신의 에너지와 기술을 오로지 자기확대와 자기만족을 위해 사용하는 것을 의미한다. 이러한 침체는 주로 직장에서의 승진탈락, 노부모 부양, 부부갈등과 이혼 등으로 인하여 무능력을 경험할 때 형성되며, 새로운 기술의 발달과 생활양식의 변화도 중년기의 성인을 침체상태에 이르게 하는 주요 요인이 되고 있다.

중년기는 남녀 모두에게 생물학적 · 사회적 · 직업적 변화를 경험하는 시기이며, 가족생활주기에서도 변화가 일어나는 시기이다. 부모로부터의 독립을 요구하는 자녀와 고령의 노부모를 돌봐드려야 하는 책임감을 맡는다. 특히, 남성은 신체적 노화와 직업에서의 성공 여부로, 그리고 여성은 자녀의 독립과 폐경이라는 생물학적 변화로 어려움을 겪는다. 부모역할의 감소와 함께 자신이 직면하는 노화와 죽음에 대한 지각은 남녀 모두에게 자신을 돌아보게 하는 계기가 된다.

에릭슨Erikson, 1963이나 레빙거Loevinger, 1976와 같이 자아발달에 관심을 갖는 심리학자들은 중년기 성인은 자아의 성장이나 욕구에 더 큰 관심을 갖게 되기 때문에 중년기 특유의 위기를 겪게 된다고 하였다. 중년의 위기는 죽음을 의식하고 심리적으로 죽음을 준비하는 시기에 시작되는 것으로 보고 있다. 그 증거로 40~50세 남성의 80%가 정서적 갈등이나 실망감을 포함하는 위기를 경험한다는 것이다. 남성들의 경우에는 이혼과 결혼갈등, 직업전환, 교통사고 등으로 자살을 시도하거나 우울, 불안, 피로, 수면장애 등의 정신장애를 경험하기도 한다. 여성은 자녀의 직업성취와 진로에 대한 염려, 남편과 노부모에 대한 걱정과 함께 자아실현문제에 직면하게 됨으로써 지금까지 살아온 세월에 대해 회의를 느끼고, 이제 무엇을 할 수 있기에는 너무 늦었다는 생각 때문에 남성보다 더 심각한 위기감을 느낀다는 연구도 있다(Troll, 1982). 그러나 바일란트Vailant, 1979는 대부분의 사람들에게 성인 중기는 평온하고 행복한 시기라고 주장하면서 중년기의 위기를 발견하지 못했다고 보고하였다(McCrae & Costa, 1984). 오히려 20대 여성이 중년기 여성보다 더 불확실하고, 더 큰 불만감을 느끼고 있었고, 중년기에 이른 남녀 모두는 자신 있고 개방적이며, 긴장상황을 처리할 준비가 되어 있었다는 것이다.

2) 발달과업

(1) 가족생활환경

중년기에는 가족구성원의 성장과 발달을 지원할 수 있는 안정된 가족환경을 구성해야 한다. 즉, 중년기에 이른 부모는 가족성원의 욕구, 기호, 기술이나 재능의 차이를 인정하고 적절하게 반응할 수 있는 능력을 습득하며, 가족성원이 기술이나 재능을 발휘할 수 있도록 적절한 기회를 부여해 줄 수 있어야 한다. 이러한 가족환경을 조성하기 위하여 중년기의 부모는 가족성원의 지위에 따라 책임과 권리를 공평하게 배분하고, 가족생활과 관련된 것들에 대해 합리적인 의사결정을 할 수 있는 능력을 지니고 있어야 한다.

뉴먼과 뉴먼Newman & Newman, 1987은 가족 내 의사소통 유형과 가족역동의 관계를 설명하면서, 가족 주도형 의사결정구조가 가장 바람직하다고 하였다. 가족구성원이 의사결정에 대한 책임을 분담하는 가족 주도형 의사결정구조를 가진 가족은 가족구성원 모두가 가족문제에 대한 의견이나 해결책을 제시하며, 성인의 영향을 받기는 하지만 자녀의 참여와 만족도가 높다고 하였다.

부모가 중년기가 되면 자녀들은 청소년기에 접어들게 된다. 똑같이 삶의 전환기를 경험하는 중년 부모와 청소년 자녀 간에는 갈등이 일어날 가능성이 많아진다. 중년의 부모들은 어려운 부모역할 이외에 자녀로서의 역할도 동시에 수행해야 하므로, 두 가지 상반되는 역할 수행으로 인하여 어려움을 겪게 된다. 즉, 청소년 자녀는 오직 자녀로서의 역할만을 수행하면 되고, 가장 윗세대인 노부모는 부모로서의 역할만을 수행하면 되지만, 중간세대인 중년기의 사람들은 부모역할과 자녀역할을 동시에 수행해야 하는 '샌드위치 세대'가 된다(Riley, 2005).

특히, 50대 중반 이후는 자녀가 결혼이나 취업 등의 이유로 부모들의 품에서 벗어나 독립을 하기 때문에 자녀와 새로운 역할관계를 재정립해야 하고, 막내자녀까지 모두 부모로부터 독립하면 부부만 남는 '빈 둥지' 시기가 된다. 이러한 상황에 잘 적응하지 못하는 경우에는 여러 가지 문제가 발생한다. 남성은 사회생활과 직장의 일로 바쁜 반면에, 여성은 직업이 없으면 하루 종일 집 안에서만 있고, 자신이 살아온 과거의 삶에 대한 회한과 후회를 느끼며 소외감과 심리적 고통을 경험한다. 이러한 현상을 빈 둥지 증후군empty nest syndrome이라고 한다. 자녀가 모두 독립하는 '빈 둥

알아두기

빈 둥지 가족 시기

- 자녀가 모두 성장해서 집을 떠나고, 두 부부만 남게 되는 시기이다.
- 만족도 증가 부부 : 경제적 부담이 줄고 자유시간이 많아져서 결혼만족도가 증가한다.
- 만족도 감소 부부 : 빈 둥지 위기 시기로 결혼생활이 행복하지 못했던 부부들의 경우 자녀가 떠나고 난 빈 둥지에서 둘 사이에 공통점이 없음을 발견하고 공허감을 느낀다.
- 빈 둥지 증후군 : 자신의 삶을 오로지 자식만을 위해 헌신해 온 어머니의 경우 고독감에 심한 우울증에 빠진다.

지' 시기는 중년기에 겪어야 하는 발달과정의 하나로, 성인 자녀의 출가 이후에 부부간에 정서적 유대감을 발전시키고 관심을 유지시키는 것, 서로에 대한 신뢰와 공감을 유지하도록 노력해야 한다(최옥채 외, 2015).

(2) 노부모 부양

중년기의 자녀는 대개 노부모의 은혜에 보답하고, 노부모를 부양해야 한다는 도덕적 의무감을 느끼고 있다. 이 시기에 이르면 그들의 부모세대는 신체적 노화와 질병 등으로 어려움을 겪게 되고, 경제적 · 심리적으로 의존하는 시기이므로 부모에 대한 부양자로서의 역할을 해야 한다. 그러나 사회적으로 스트레스를 많이 받고 있으며, 자신의 신체적 노화와 심리적 갈등을 경험하는 중년기에 노부모를 부양한다는 것은 결코 쉬운 일이 아니다. 특히, 노부모가 경제적으로 빈곤하고 거동이 불편할 때에는 더욱 부담이 커질 수 있다.

최근 다양한 가족구조, 평균 가구원 수의 축소, 여성의 사회참여 증대, 노인의 평균수명 연장, 자녀세대의 노부모 부양의식의 약화 등으로 말미암아 노부모는 자녀로부터의 부양을 제대로 받지 못하고 있다. 그리고 부모를 부양해야 하는 자녀도 신체적, 정신적, 경제적으로 상당한 부양부담을 느끼고 있다. 이는 부모-자녀관계는 물론 가족 분위기를 해치고, 부부관계에 불화를 일으킬 수가 있어서 노부모에 대한 부양은 더욱 어려워지고 있다. 반면, 노부모 부양을 통해 자신의 노후문제와 죽음에 대한 인식을 새롭게 하면서 인간적으로 더욱 성숙해질 수 있는 기회가 되기도 한다. 또한 중년기에 노부모를 성실하게 부양하는 모범을 자녀들에게 보여 주는 것은 아이들의 바른 가치관 정립을 도와주고, 기능적인 핵가족을 유지하는 데 도움이 될 것이다(오창순, 2013). 노인부양문제는 앞으로 가족구성원의 보호를 기반으로 다양하고 체계적인 사회복지정책과 실천의 접근을 통해 해결해 나가야 할 과제이다.

(3) 자녀교육과 훈육

중년기는 자녀가 청소년기부터 자녀들이 모두 독립하는 자녀독립기까지의 시기이다. 중년기부모는 청소년 자녀의 발달단계에 맞는 자녀훈육방법을 습득하여, 자녀의 요구뿐만 아니라 변화하는 상황에 융통성 있게 대처하여야 하며, 청소년 자녀가 자아개념을 발달시키고 자아정체감을 확립할 수 있도록 지원해야 한다. 또한 자녀가 청소년기로 이행하는 시기에는 청소년의 자녀가 자율적이면서 독립적으로 행동할 수 있도록 지지하고 안내하며 지원할 책임이 있다. 한편, 학교교육이 자녀의 장래 사회적 성취와 상당히 관련되어 있기 때문에 중년기 부모에게 상당한 스트레스를 유발하는 요인이 된다. 그러나 부모가 자녀에 대하여 어느 정도 적절한 기대를 하며, 자녀교육에 필요한 지원을 적극적으로 하면서 자녀가 적성, 능력, 기대, 소질 등에 적절한 진로를 선택할 수 있도록 지도해 줄 필요가 있다.

중년기 후반이 되면 자녀가 청년기가 되어 취업과 결혼을 해야 하기 때문에 새로운 부모의 역할이 요구된다. 이 시기에는 자녀가 결혼하고 새로운 가정을 형성하여 분가하게 된다. 이로 말미암아 부모는 물리적으로 심리적으로 공허감을 느끼면서 빈 둥지 증후군을 겪을 수 있다. 그러나 부모는 자녀를 성인으로 인정하고, 자녀들의 의사를 존중해 주며, 출가한 이후에도 지속적 관심과 지원을 할 수 있어야 한다. 아울러 부부관계를 더욱 향상시킬 수 있도록 노력해야 하며, 손자녀들을 위한 공간을 마련하는 등 전체적 가족관계를 재조정하여야 한다.

(4) 직업적 성취와 직업 전환

중년기의 직업은 가족의 생계유지, 사회적 관계의 유지뿐만 아니라 생활에 영향을 미칠 정도로 매우 중요한 요인이다. 중년기는 직업적 성취가 최고조에 이를 수도 있고, 직업을 전환해야 하는 가능성도 있기 때문에 직업으로 인하여 긴장이 야기되는 시기이기도 하다. 40대 중년이 다른 연령대에 비해 직업적 성취를 위한 열의와 노력이 가장 높기 때문에 직업적 성공에 대한 긴장도 많은 편이다. 중년기의 직장인은 대부분 자신의 직업에 만족한다. 이 시기에는 높은 지위에 오르고 수입도 많기 때문에 직업만족도가 높으며, 생산성도 증가하게 된다. 이 시기에 직장인의 직업만족도에 영향을 미치는 요인은 직업의 자율성, 직업의 안정성, 개인적 도전과 성숙의 기회, 성취감, 사회적 기여도 등이다.

한편, 중년기 후반에 직업만족도가 감소하는 이유는 승진 기회의 부족, 자신의 꿈을 실현할 기회의 상실, 은퇴준비 등이다(최덕경, 2014). 은퇴는 50대 중반 이후부터 60대 초반에 이루어지며, 은퇴의 이유는 직장 내에서의 구조조정이나 개인의 신체적 건강의 이유, 사고 등 다양하다. 본인의 의지와는 상관없이 조기퇴직이나 명예퇴직을 하는 경우에는 개인적인 문제뿐만 아니라 가정에 큰 영향을 미친다. 남성들은 실직한 후 우울이나 불안을 경험하고, 부부 사이의 만족도가 떨어지며, 심각한 경우에는 이혼, 별거 등의 가족해체를 겪기도 한다. 중년기의 직업전환은 점점 보편적 현상이 되고 있다. 중년기에는 자신의 직업에서 근무를 할 수 있는 시간이 얼마 남지 않으므로 자신의 목표성취를 되돌아보게 되고, 목표를 달성할 가능성이 없으면 목표를 축소하거나 직업을 전환하려고 시도한다. 또한 새로운 직업전망이나 더욱 수준 높은 개인적 욕구를 충족시키기 위해 직업을 전환하기도 한다.

직업전환은 직업에 종사하는 기간이 길어지면서 새로운 것을 시도해 보려는 기회가 많아지고, 기술혁신으로 새로운 직업 또한 많이 개발되며, 조기에 퇴직하는 사람들이 많아지면서 필요성이 증가하였다. 앞으로 일생에서 한 가지 직업에만 종사하는 사람의 수는 점점 적어질 것으로 예상된다. 그러나 직업전환은 직업에서 소외를 느껴 그만두거나, 외적 요인으로 물러나거나 하는 등 불안하고, 절박한 느낌이 뒤따르게 된다. 특히, 중년기의 직업전환은 상당히 어려우며, 직업을 전환하였다 하더라도 성공하기가 쉽지 않다고 한다.

(5) 여가생활

현대사회에서 인간의 평균수명 연장, 가족생활의 변화, 근로여건의 변화, 주 5일제 근무 시행 등이 가져온 전반적인 생활 수준의 발전 속에서 여가생활에 대한 관심이 높아지고 있다. 여가생활은 휴식, 기분전환, 사회적 성취 및 개인적 발전을 위해서 활용하는 모든 활동을 말한다. 여가는 인생 전반에 걸쳐 중요한 의미를 가지고 있지만, 특히 중년기에 있어서는 '중년의 위기'를 극복할 수 있는 돌파구를 마련해주고, 업무에서 받는 스트레스를 낮추어 주며, 직업 활동, 생리적 욕구충족, 휴식, 기분전환, 사회적 성취 및 개인적 발전을 도모하는 중요한 활동이다. 중년기의 여가생활은 행복 증진에 긍정적인 영향을 주는 것으로 알려져 있으며, 우울증상이 낮은 것으로 나타났다. 또한 중년기의 여가생활은 혈압, 스테로이드 호르몬, 비만수치 등을 낮추었고, 중년기 동안 신체적 활동 등의 여가를 즐긴 사람들은 노년기에 발생하는 치매나 알츠하이머병의 발병률이 낮다고 보고하고 있다(Rovio et al., 2005).

중년기에는 노후준비의식으로 신체적 · 경제적 · 정서적 준비가 필요하며, 여가활동은 노후준비를 위해서 반드시 필요하다. 그러므로 중년기에는 직업으로부터 은퇴로의 전환을 용이하게 할 수 있는 여가활동에 능동적이고 적극적으로 참여하여 노년기의 성공적인 적응에 도움이 될 수 있도록 하여야 한다. 여가활동에 대한 사회교육 프로그램이나 여가선용 프로그램에 참여하여 여가기술을 익혀두는 것이 좋다.

3. 사회복지실천에 대한 적용

첫째, 중년기에 이르게 되면 신체구조의 변화와 신체기능의 저하로 성인병에 걸릴 위험성이 증가한다. 따라서 사회복지기관에서는 성인병 예방을 위한 건강교육이나 건강상담 프로그램을 시행하고, 건강관리와 유지를 위한 운동시설을 설치하여 지역주민에게 개방할 필요가 있다. 그리고 갱년기로 인해 나타나는 신체적 변화에 적절히 적응할 수 있도록 원조해야 한다. 또한 우울증, 불안 등의 정신장애를 사전에 예방하기 위해서는 중년기를 대상으로 개인상담, 집단상담, 부부상담 등을 강화할 필요가 있다. 그리고 성적 무력감으로 말미암아 고통을 받는 중년 남성이나 그 배우자를 성 치료전문기관에 의뢰할 수 있는 체계도 갖추는 것이 바람직하다.

둘째, 사회복지기관에서는 생리적 변화, 직업에서의 실패, 부부갈등과 이혼 등이 원인이 되어 나타나는 중년의 위기를 성공적으로 극복할 수 있도록 지원할 수 있는 프로그램을 시행해야 한다. 중년기 위기극복을 지원할 수 있는 프로그램으로는 여성 사회교육 프로그램과 여가선용 프로그램을 들 수 있다. 이러한 프로그램은 중년여성에게 발견되지 못했던 자신의 잠재능력을 발견할 기회를 제공해 줌으로써 이들의 자아실현을 원조할 수 있다. 하지만 사회복지기관이 재정적 안정성 확보를 위해 과도하게 사회교육 프로그램을 개설하는 것은 지양되어야 할 문제이다. 이 외에 중년기 위기 상황에 직면해 각종 정신질환 증상을 보이는 성인의 치료를 지원하기 위해서는 직접 심리치료를 시행하거나 정신병원에 의뢰할 수 있는 체계를 마련해 두어야 할 것이다.

셋째, 사회복지기관에서는 중년기에 취업을 원하거나 재취업을 원하는 사람에게 직업훈련과 고용알선사업을 시행할 필요가 있다. 그러나 자발적 직업전환을 원하는 성인을 위해서는 심리상담서비스, 직업과 창업정보, 장·단기 직업훈련, 고용알선 등의 서비스를 지원해 줄 수 있다. 비자발적 퇴직과 반복되는 재취업의 실패로 말미암아 장기실업자가 되거나 취업을 포기하지 않도록 노력할 필요가 있다. 즉, 실직자나 퇴직자를 위해서 실직자를 위한 쉼터, 고용보험 수혜절차에 대한 상담과 가족에 대한 재정지원서비스를 시행할 필요가 있다. 그리고 취업을 희망하지만 취업에 필요한 특별한 기술이 없거나 장애인을 포함해 신체적 기능이 매우 낮은 사람을 대상으로 부업알선이나 공동작업장 운영을 통해 수입보전과 함께 자아존중감을 유지할 기회를 제공하는 것이 바람직하다.

Human Behavior and Social Environment

CHAPTER 11

노년기

CHAPTER 11

노년기는 삶의 마지막 단계로 노화가 본격적으로 진행되는 시기이다. 삶은 탄생에서 죽음에 이르는 수업과 같다. 그 수업에서 노년기는 사랑, 행복, 관계와 관련된 진리들을 배우고, 살아온 삶을 되돌아보면서 가까운 사람의 죽음을 경험하며 자신의 죽음을 준비하는 시기이다.

1. 개념

노년기는 65세 이후부터 죽음까지를 일컫는 인생주기의 마지막 단계로, 성인기에서의 생활로부터 급격한 삶의 변화가 오는 인생의 황혼기라고 할 수 있다. 이 시기는 신체적 노화현상이 나타나고, 감각기능이 쇠퇴하며, 일반적인 지능의 변화와 기억력의 감퇴로 문제해결력에 느린 반응을 보인다. 또한 직업에서의 은퇴로 생활환경의 변화와 제반활동이 줄어들면서, 배우자, 자녀, 친구 등과 친밀감을 나누고 유대관계를 강화해야 하며 배우자의 상실에 적응해야 하는 시기이다. 이뿐만 아니라 임종과 죽음을 맞이하면서 발생하는 노인들의 심리적 불안과 수용에 대한 이해가 필요하다. 따라서 이 장에서는 노년기를 65세 이상으로 규정하면서 전체적인 노년기의 발달특성을 이해하고, 이를 근거로 사회복지실천에서 관심을 기울여야 할 영역을 제시해 보고자 한다.

2. 발달적 특성과 발달과업

1) 발달적 특성

(1) 신체적 노화

노년기에는 생물학적 노화가 진행됨에 따라 신체구조와 신체 내부의 세포, 장기 등 유기체 전반에 걸쳐 퇴행적 변화현상이 나타난다. 신체적 노화는 개인에 따라 그 속도나 시기가 조금씩 다르고 점진적으로 일어나며, 신체구조의 변화와 신체기능의 변화를 가져온다.

신체의 외면상의 변화로는 피부의 탄력조직과 지방층이 감소하여 반점age spot과 주름이 증가하고, 머리카락은 은빛으로 변하며 약해진다. 또한 뼈의 질량이 감소하고 골밀도가 낮아짐으로써 골다공증이 증가하여 가벼운 충격에도 쉽게 골절상을 입는다. 이로 인해 어깨는 굽고, 손발이 떨려 움직이기가 점점 어려워지며, 기민성과

민첩성이 떨어져 운동능력이 감퇴된다.

20세를 전후하여 정점에 달했던 뇌의 무게는 노년기까지 약 10%가 감소한다. 뇌무게의 감소는 주로 대뇌피질부 뇌세포의 손상 때문인 것으로 알려져 있다. 뇌세포의 손상은 세포의 수가 감소하는 것이 아니라 세포의 위축 때문에 나타난다. 또한 노년기에 시냅스 전달기제의 둔화로 인해 뇌의 기능이 느려지면서 정보처리 속도를 떨어뜨린다.

노화로 인한 신체 내부의 변화로서 심장과 혈관이 가장 많은 영향을 받는다. 근육 주변 모세혈관의 축소로 동맥경화에 따른 심장비대, 지방분 증가 등으로 심장의 중량은 늘어나지만 심박출량과 심장박동능력은 감소하고, 심장판막의 석회화로 인해서 혈액이 체내로 자유롭게 흐르지 못하게 된다. 호흡량과 산소소모량도 감소하여 호흡기 계통의 효율성이 떨어지며, 신진대사가 줄어든다.

노년기에는 폐조직에도 변화가 생겨 폐의 탄성이 저하되고, 폐용적이 감소되고 죽은 공간이 증가하는 반면 기관지는 약간 확장되고, 기관지 점액선은 증가한다. 또한 폐속에 남아 있는 나쁜 공기인 잔기량殘氣量이 증가하여 기관지 질환이나 호흡기 질환에 걸릴 가능성이 높아진다.

(2) 감각기능의 변화

노년기에는 신체의 내적 및 외적 상황과 변화에 대한 정보를 수집하여 뇌에 전달하는 감각기능이 점점 둔화된다. 감각기관은 시각, 청각, 미각, 후각, 촉각 및 통각의 기관들이 있다. 노인은 피하지방과 지방층이 없어 피부가 건조하고 주름이 늘면서 거칠어지기 때문에 촉각이 둔화된다. 피하조직의 손실과 피부의 신경세포 수 감소로 인해 노인의 체온을 일정하게 유지할 수 있는 기능이 감소되어 추위를 많이 느낀다. 또한 시간이 흐르면서 청력 수준은 점차 낮아져 라디오 · TV 소리, 사람들의 대화 소리 등 여러 소리가 혼재하는 곳에서 대화하기가 힘들어지며, 저음과 고음을 듣는 능력이 가장 많은 영향을 받는다. 65~79세는 45~64세보다 청력의 손실이 5배 높고, 남성이 여성보다 청력손실이 더 높다(Santrock, 1995). 청력에 손실이 있는 사람은 대화에 쉽게 끼지 못하기 때문에 외로움과 고독감을 더 많이 느낀다.

연령의 증가에 따라 시각에도 변화를 가져와 안구조절기능의 약화로 근거리에서의 시력장애와 시야가 흐려지는 현상이 나타난다. 또한 수정체에 섬유질이 증가하여 시각이 흐려지는 백내장과 안압의 상승으로 시신경이 손상되어 시력이 저하되고 실명에 이를 수 있는 녹내장도 나타난다(손병덕 외, 2015). 미각은 맛에 대한 감지능력이 조금씩 둔화되는 경향을 보이며, 후각도 기능이 약화되는 경향을 보인다. 색깔변별능력은 50대부터 낮아지는데, 초록과 파란색 계열의 손상이 먼저 오며, 빨간색은 가장 늦게 나타난다.

(3) 심리적 변화

① 정신기능과 인지

노년기의 인지 변화에서 중요한 것은 일반적인 지능의 변화와 기억력의 감퇴이다. 일반적인 지능은 노년기에 다소 떨어지지만 비교적 안정적으로 유지된다. 일반적으로 단기기억과 최근기억의 능력이 약화되며, 암기보다는 논리적인 것의 기억능력이 더 많이 감퇴한다. 노년기에는 인지적 수행능력에 있어 갑작스러운 하강이 일어나기도 하는데, 이는 사망을 앞둔 몇 주 혹은 몇 달 전, 사망 직전에 발견될 수 있는 현상이다. 노년기의 지능, 기억력, 사고 및 문제해결능력의 변화양상에 대한 연구결과는 아직 일치된 의견이 제시되지 않고 있다. 대부분 지적 능력은 나이가 들더라도 잘 유지되는데, 노인이 IQ검사에서 젊은 사람보다 다소 낮은 점수를 받는 것은 지각과 청각능력이 감소하여 문제를 지각하고 과제를 수행하는 데 어려움이 있기 때문이다. 즉, 지적 능력이 떨어지는 것이 아니라 수행능력에서 어려움을 겪는 것으로 보인다(Santrock, 1995).

노년기에 주로 일어나는 사고능력의 문제와 노인성 치매senile dementia는 심각한 사회문제로 제기되고 있다. 치매는 뇌질량의 감소, 뇌혈관장애, 알코올 등과 같은 원인에 의하여 인지기능과 정신기능이 감퇴하는 기질성 정신장애이다. 기억장애, 추상적 사고장애, 판단장애, 대뇌피질장애, 성격 변화가 수반됨으로써 직업, 일상적 사회활동 또는 대인관계에 지장을 받게 되는 복합적 임상증후군이다(권중돈, 2012).

노인성 치매의 대부분을 차지하는 것은 알츠하이머형 치매dementia of the Alzheimer type로 알려져 있다. 알츠하이머는 뇌 세포의 점진적 기능 저하에서 기인하는 것으로, 대뇌피질 내에 있는 세포의 퇴화에 원인이 있는 것으로 알려져 있다. 그러나 아직도 알츠하이머형 치매의 정확한 원인은 알 수가 없다. 혈관성 치매는 동맥경화, 고혈압, 당뇨, 심장질환, 흡연, 고지혈증 등이 있는 사람이 뇌혈관이 막히면서 뇌 세포가 파괴되는 것이 원인으로 알려져 있다.

알츠하이머형 치매는 특별한 치료방법이 없는 진행성 질환으로 종국에는 죽음으로 이어지는 것이 일반적이다. 그러나 혈관성 치매는 초기 치료에 따라 증상의 진행을 막거나 지연시킬 수 있으며, 약물치료와 재활 상태를 어느 정도 회복시킬 수 있다. 노인성 치매를 치료하는 방법은 아직 많이 개발되어 있지 않다. 그 이유는 손상된 뇌세포의 기능이 치료에 의해 회복되기 어렵기 때문이다. 따라서 치매를 근본적으로 치료하기보다는 치매노인이 가정과 지역사회에 잘 적응하며 살아갈 수 있도록 해야 한다.

② 성격 변화

노년기에 이르게 되면 정서표현능력의 저하가 이루어진다. 이는 연령증가가 원인이라기보다는 자신의 감정을 억제하고 사회문화적 요인에 순응하여 나타나는 변화라고 할 수 있다. 노년기의 성격 변화는 안정적이고 연속성을 유지한다는 주장과 변화한다는 주장이 제기되고 있다. 코간Kogan, 1990은 노년기에도 성년기와 같은 방식으로 자극에 반응하고, 반응에 대한 방식을 습관적으로 유지하기 위해 자신의 사회적 환경을 조정해 나가기 때문에 성격의 변화가 일어나지 않는다고 주장하고 있다. 그러나 노년기에도 새로운 역할을 취득하고, 새로운 경험을 하게 됨에 따라 이전의 습관적인 반응양식이 변화되어 노년기에 독특한 성격특성이 존재한다고 보는 주장도 있다(윤진, 1996). 변화된 성격특성은 다음과 같은 것들이다.

- 우울증 경향의 증가 : 노년기에는 신체적 건강 수준의 쇠퇴, 만성질환, 평생토록 함께 살아온 배우자의 죽음, 정년퇴직으로 인한 경제사정의 악화, 가족이나 사회로부터의 소외 등으로 인하여 외로움, 불안감, 좌절감 등을 갖게 되어 우울증 경향이 증가한다.
- 내향성과 수동성의 증가 : 노년기에는 사회활동이 줄어들면서 노인들은 사회로부터 위축되어 사물의 판단과 활동방향을 외부보다는 내부로 돌리는 생활

양식을 갖게 된다. 이로 인해 내향성이 증가하게 되고, 어떤 일을 처리하는 데 있어서 스스로 노력이나 시도를 해보기도 전에 포기하거나 문제해결을 우연에 맡기는 성향이 있어 능동적이라기보다는 수동적이다.

- 경직성의 증가 : 노년기에는 융통성이 부족하고 경직성이 증가하여 환경의 변화에 적응하지 못하고 과거의 사고방식이나 태도를 고집하는 경향이 있다.
- 조심성의 증가 : 노년기에는 시각, 청각 등의 감각기관의 퇴화와 과거의 경험을 바탕으로 한 정확성과 완벽성의 추구로 인하여 어떤 일을 할 때 조심성이 증가한다.
- 친근한 사물에 대한 애착심의 증가 : 노년기에는 자신이 살아온 인생을 되돌아보고 과거의 다양한 경험을 회상하는 일이 많아지며, 자신이 오랫동안 소중하게 여겼던 물건이나 주위의 친근한 사물에 대해 강한 애착심을 갖게 된다.
- 유산을 남기려는 경향 : 노년기에는 자녀, 재산, 작품 등과 같은 유산을 남기고자 하는 경향이 나타나게 된다.
- 의존성의 증가 : 노년기에는 가족구성원 간의 감정적 유대관계를 중시하고, 믿고 의지할 사람을 찾게 되며, 물질적 도움보다는 심리적으로 의존할 수 있는 대상을 필요로 한다.
- 시각전망의 변화 : 시간의 흐름에 대한 인식이 달라져 생애의 나날이 젊은 시절보다 더욱 빠르게 느껴지며, 생애의 나날이 짧아지고 있음을 느끼는 시각전망의 변화 등이 있다.

(4) 자아통합과 죽음의 수용

노년기는 자신의 삶을 되돌아보며 그동안의 일들을 점검하고 받아들이는 시기이다. 즉, 자신이 살아온 인생을 수용하고 만족스럽게 생각하며 두려움 없이 죽음에 직면할 수 있는 태도를 갖는 자아통합의 시기인 것이다.

에릭슨1963에 따르면 인생의 마지막 단계는 자아통합성 대 절망이라는 심리적 위기에 직면하게 되는데, 중년기의 생산성 대 침체의 위기를 어느 정도 성공적으로 극복하였는가에 따라 그 결과가 달라진다고 하였다. 자아통합은 자신의 과거 및 현재의 인생을 바라던 대로 살았다고 받아들이고, 자신의 삶을 만족스럽고 의미 있게

표 11-1 퀴블러로스의 죽음에 대한 심리적 단계

단계	죽음에 대한 반응
부정단계	자신의 죽음이 임박한 사실을 알았을 때 대부분의 사람들은 충격을 받고 그 사실을 인정하지 않으며 의사가 오진한 것으로 생각한다.
분노단계	공격적이고 소리를 지르기도 하면서 분노를 표현하기 때문에 가족과 의료진이 환자를 다루기가 힘이 든다. '왜 나만 죽어야 하는가?'
타협단계	단 며칠이라도 통증이나 신체적 불편 없이 보냈으면 하는 것, 해결하지 못한 인생과업을 해결할 때까지라도 생명 연장을 기원하는 것, 불가사의한 힘과 타협한다.
우울단계	주변 사람과 일상생활에 대한 애착을 보이고, 이런 것들과 헤어져야 한다는 점 때문에 면회를 사절하며, 혼자서 울며 슬퍼하는 시간을 갖는다.
수용단계	죽음 자체를 수용하고 마음의 평화를 회복해 임종에 직면한다.

생각하며 다가올 죽음을 인정하고 기다리는 태도를 갖는 것이다. 이러한 태도는 노인들이 현재 상황과 과거의 사건을 통합하고 현재의 결과에 만족하게 한다. 반면, 자신의 과거와 현재의 인생을 후회하고 불만스럽게 생각하는 사람은 절망감에 빠진다. 절망은 자기의 과거 및 현재의 인생을 후회스럽고 불만스럽게 생각하며 다시 한 번 기회가 주어진다면 다르게 살겠다는 생각으로 죽음 앞에 남은 시간이 너무 짧아 어떻게 할 수 없기 때문에 불안하고 초조해 하는 것이다.

노년기에 이르면 남은 생애 대한 생각을 자주하게 되고, 생애의 자연스런 일부분으로써 죽음을 보기 시작한다. 노년기에 배우자의 죽음이나 친구의 죽음은 불가피한 것으로, 노화나 질병으로 인한 죽음이 자연스러운 변화이기 때문이다. 죽음은 많은 사람들에게 두려움과 불안을 주는 생애사건이지만 자연스럽고 정상적이며 누구나 불가피하게 겪어야 하는 경험이다. 하지만 노인은 젊은 사람들보다 죽음에 대해 더 적은 공포를 가지며 남성이 여성보다, 종교를 가진 사람이 그렇지 않은 사람보다 죽음에 대한 불안 수준이 더 낮다. 그리고 죽음에 대한 태도는 자아통합의 성취 정도에 따라 차이를 보인다. 자아통합을 성취한 사람은 자신의 죽음에 대한 갈등과 불안을 줄이면서 죽음을 받아들일 수 있다. 반면, 절망감을 갖는 사람은 죽음을 조용하게 수용할 수 없으며, 자신이나 다른 사람을 원망하면서 우울 성향을 나타낸다.

정신과 의사인 퀴블러로스Kubler-Ross, 1969는 미국 시카고대학병원에 입원한 500명의 중환자를 대상으로, 자신이 회복 불가능한 질병에 걸렸음을 알고 나서 나타내는 일련의 정서적 반응을 연구하였다. 그는 불치병으로 죽어가는 사람은 '부정–분노–타협–우울–수용'이라는 심리적 단계를 거쳐서 죽음에 이르게 된다고 하였다. 이러한 단계는 순서적으로 나타날 수도 있지만, 동시적으로, 또는 두세 단계가 혼합되어 나타날 수도 있다(Kalish, 1976). 그의 연구는 우리 사회가 죽어가는 사람의 정서적 욕구에 관심을 두고, 그들을 돌보아야 한다는 것을 인식시켰다는 점에서 큰 의의가 있다.

(5) 은퇴

은퇴retirement는 사회적 지위에서 물러나 그 지위와 관련된 역할수행이 중단되는 현상을 의미하며, 은퇴의 가장 대표적인 유형이 퇴직이다. 퇴직은 노년기의 발달과업 중의 하나일 정도로, 노년기의 삶의 질을 결정하는 가장 중요한 요인 중의 하나이다. 노년기에 퇴직을 하게 되면 다양한 생활 변화를 겪게 된다. 연금수령과 퇴직금으로 수입이 없는 것은 아니지만, 지출은 지속적으로 이루어지기 때문에 경제적으로 어려움을 겪는다. 특히, 지위와 역할의 상실로 자신은 이제 쓸모없는 사람이라는 부정적 자아개념을 형성하거나 자신의 가치를 낮게 평가할 가능성이 높아져서 삶의 만족도가 낮아질 수 있다. 그러므로 노년기에는 퇴직으로 인해 지위와 역할의 변화, 상황적 요인의 변화, 사회관계망의 변화 등과 같은 생활 전반에 나타나는 변화를 받아들이고, 자신이나 주변의 대처자원을 활용하여 능동적으로 적응해 나갈 수 있어야 한다(권중돈, 2014). 또한 새로운 생활사건에 비추어 개인의 가치, 자아개념, 자아존중감을 재평가 또는 조정함으로써 매사에 긍정적인 태도를 지니도록 해야 한다.

최근 인간의 장수가 가져다 준 변화 중 큰 화두가 은퇴다(Trafford, 2004). 인간의 평균수명이 100년 전에는 50세 정도였으나 현재는 80세가 넘어가고 있으므로 은퇴 시점 역시 고려되어야 한다. 평균수명의 연장은 임금소득 기간을 생애주기에서 상대적으로 짧아지게 만들고 있다. 은퇴 이후의 삶이 30~40년 더 살 수 있게 되고, 건강수명도 길어지고 있으므로 노년기에도 직업과 경제력이 필요하다(오창순, 2013).

2) 발달과업

(1) 관계형성의 변화

① 배우자와의 관계

노년기에는 친밀감을 나눌 수 있는 배우자와의 관계가 중요하다. 이 시기에는 자녀가 독립해 나갈 뿐만 아니라 친구들도 점차 세상을 떠나기 때문이다. 이 시기에 배우자는 인생의 반려자로서 자신이 의지하고 대화하며 의논할 수 있는 더욱 소중한 사람으로 인식된다. 노년기 부부관계는 비교적 안정적이며, 결혼만족도가 중년기 때보다 더 높은 것으로 나타나고 있다. 이것은 노년기가 되어 부부간에 친밀감을 나누고 상호 의지하며, 서로에 대한 소속감을 갖기 때문이다. 이처럼 노년기 부부관계가 더욱 성공적이기 위해서는 서로에 대한 애정과 존중, 공통 관심사의 증진, 동료의식, 성적 친밀감 그리고 서로의 감정을 솔직히 표현할 기회의 증진 등이 필요하다(정옥분, 2000).

노년기가 되면 배우자의 사망이라는 상실을 경험하게 되는데, 배우자 상실은 인생에서 가장 극심한 스트레스를 동반하는 생애사건이다. 인생의 마지막단계인 노년기에 배우자 상실이라는 사건에 성공적으로 적응해 나간다는 것은 노년기의 중요한 발달과업이라고 할 수 있다(장수지, 2013). 그만큼 살아 있는 배우자가 새로운 삶에 적응해 나간다는 것은 매우 어려운 일이다. 배우자와의 사별은 정서적으로는 우울증, 의기소침, 죄의식, 비통함, 불안감, 분노 그리고 사망한 배우자에 대한 끊임없는 상념 등을 경험하게 한다. 배우자와 사별한 남성 노인은 사별하고 나서 6개월 이내에 사망할 가능성이 많으며, 여성 노인은 만성질환이 더욱 진전되기 쉽다(Zastrow & Kirst-Ashman, 1997). 대부분의 혼자된 사람들에게서 배우자 상실은 정서적 지지자의 상실을 의미하기도 하지만, 사별 전에 비해 가족이나 친구, 동료와 더 가까워지며, 내적으로 더욱 강해지고, 자기통제감이나 충족감이 더 높아지는 기회가 되기도 한다(Caserta et al., 2009). 사전에 사별에 대한 심리적 준비는 물론 취미활동이나 자녀나 친구들과의 사회적 관계는 평생의 반려자에 대한 상실감을 완화시킬 수 있는 주요한 요건이 된다.

② 부모-자녀관계

노년기에 성인 자녀와 적절한 유대관계를 형성해야 한다. 노인이 생의 초기에는 자녀에게로 자원이 흐르는 패턴을 보였다면 시간이 흐를수록 자원 지원의 흐름은 동등해지거나 바뀌게 된다(Schuengel & Schulze, 2009). 즉, 부양자의 지위에서 피부양자의 지위로 전환되고, 전환되는 과정에서 노인은 많은 어려움을 겪기도 한다. 성인자녀로부터 지원을 받는 것이 노년의 부모에게 기쁨이나 신체적 건강, 그리고 안녕감을 향상시키기도 하지만, 자녀로부터 경제적 · 신체적 · 인지적 손상으로 더 많은 지원을 받는다면 자신의 무가치함과 자율성의 상실로 이어져 부정적인 결과를 초래할 가능성도 있다(정진경 · 김고은, 2012).

핵가족화, 소가족화의 영향으로 자녀와 따로 사는 노인들이 증가하고 있다. 또한 자녀가 결혼이나 취업 등으로 부모 곁을 떠나고 노부부만 남게 되는 빈 둥지empty nest 시기에 우울을 경험하는 노인도 있다. 그러나 성인 자녀의 부모에 대한 도구적 · 정서적 · 신체적 지원은 증가하고 있고, 부모의 성인 자녀에 대한 도구적 지원은 감소하지만 정서적 지원은 여전히 증가하고 있어 대부분이 노년기 부모가 자녀와 원만한 관계를 맺는 것으로 나타나 있다(Roberto & Jarrott, 2008). 노년기에 부모-자녀관계를 원만하게 유지하기 위해서는 자녀에게 일방적으로 의존하기보다는 상호 지원관계를 유지하고, 신체적 건강의 유지, 안정된 소득기반의 조성 그리고 심리적 건강 등을 확보해야 한다(최덕경, 2014).

③ 손자녀와의 관계

전통적으로 조부모는 자비롭고 동정심이 많은 역할을 수행하게 되며, 이러한 역할은 노년기의 삶의 질을 결정하는 데 중요한 의미를 갖는다. 최근 맞벌이가족이 증가하고, 이혼 및 재혼의 증가에 따라 손자녀들이 조부모의 손에서 양육되고 있어 조부모가 자녀양육에 중요한 조력자가 되고 있다. 조부모의 역할을 노년의 큰 기쁨으로 여기는 사람들이 있는가 하면, 손자녀의 양육부담으로 인해 힘겨워하는 경우도 있다. 그리고 아직도 젊다고 느껴지는 노년기에 부부를 위한 시간을 갖고, 사회적 활동을 추구하면서, 이제까지 누리기 어려웠던 편안한 삶을 살려고 하는 노인들도 있다.

알아두기

조부모의 역할 유형

- 공식적 유형(공식형) : 조부모의 약 1/30| 이에 해당하며, 이들은 손자녀에게 관심을 갖고 때때로 필요할 때 돌봐주기도 한다.
- 재미 추구형(즐거움을 추구한 유형) : 손자녀들과 비공식적이고 재미있는 상호작용을 갖는 조부모이다.
- 대리부모형(대리부모의 역할을 하는 조부모) : 자녀가 맞벌이일 경우에 손자녀의 양육을 책임 맡은 조부모들이다.
- 가족지혜 보존형(가족의 지혜 원천으로의 조부모) : 조부모가 지혜, 기술, 자원을 베풀고 자신의 자녀와 손자녀들은 이에 복종하는 권위적 관계이다.
- 원거리형(거리두기형) : 생일 또는 명절 때나 방문하며 보통 손자녀와 거의 접촉이 없는 유형이다.

자녀양육에 대한 최소한의 의무와 책임감이 따르는 조부모는 예전에 자신의 자녀를 양육할 때의 엄격성은 사라지고, 손자녀양육에서는 온화하고 관대하다. 한편, 손자녀는 조부모와 자주 만나고 상호작용하면서 가족 역사의 유래에 대해 알게 되고, 조부모들이 자신을 이해하고 사랑한다는 것을 느끼게 된다. 조부모와 손자녀 간의 친밀한 관계는 아동과 노인 간의 긍정적 관계형성에 영향을 미치게 된다(Schiamberg, 1985). 조부모의 사랑을 받으며 성장한 손자녀들은 조부모의 사랑을 어린 시절의 소중한 추억으로 기억한다(신용주, 2015).

④ 고부관계

가족관계 중 고부관계는 가장 복잡하고 갈등이 많은 관계 중 하나이다(Bryant & Conger, 1999). 과거 전통사회에서는 일방적으로 시어머니가 며느리에게 행동을 강요하기만 하고 며느리는 이에 순종하는 것이 당연시되어 왔었다. 그러나 최근에는 애정을 바탕으로 한 부부관계를 중시하는 결혼관과 며느리의 경제적 자립능력의 증대, 여성의 지위상승 등으로 시어머니의 역할이 상대적으로 축소되고 있지만, 시어머니에 대한 며느리의 역차별현상도 문제화되고 있어 새로운 형태의 갈등이 나타나고 있다.

고부갈등을 해결하려는 태도를 위해서는 첫째, 갈등을 해소시킬 수 있는 방법을 가지고 있어야 하며, 둘째, 자신의 생활을 가지려는 노력과 아울러 상대방의 생활세계를 이해하고 존중하려는 태도가 중요하다. 셋째, 남편이 고부간의 갈등문제에 중재 역할을 담당할 수 있도록 해야 한다. 넷째, 문제를 회피하지 말고 고부간에 직접적인 대화를 통해 문제의 중요성을 인식하고 협상과정을 거쳐 해결해 나가도록 해야 하며, 다섯째, 자신의 신체적 증상이나 정신적 불안정성이 고부간의 갈등과 밀접한 관계가 있는지를 잘 통찰해서 전문적인 가족치료나 상담을 통해 도움을 받도록 해야 한다.

⑤ 친구관계

노년기의 친구관계는 노인이 삶의 의욕을 유지할 수 있도록 하고, 높은 삶의 만족을 경험하게 하는 주요 원천이다. 친구는 대부분의 경우 생활주기상 비슷한 시기에 있으면서 공통적인 관심과 문제, 고민을 함께 나누는 관계로 노년기의 적응에 주요한 영향을 미친다.

친한 친구는 노년기에 자아개념을 재정립하는 데 준거 틀을 제공할 수 있고, 가족 이외의 주요한 지지기반이 된다(오미경, 2011). 노년기의 친한 친구들은 대부분 중년기 이후부터 관계를 유지해온 친구들로, 1~2명의 친구를 가지고 있으면 크게 외롭다고 생각하지 않는다. 노인은 친구와 함께 공통의 관심, 사회참여, 상호협조 등을 통해 서로 친밀감을 나누고, 활동적인 여가생활을 즐길 수 있다. 친구와의 친밀감은 역할상실 또는 신분상실에도 불구하고, 자신이 여전히 가치 있고, 필요한 존재라고 느끼기를 원하는 노인에게 특히 중요하다. 친밀한 친구관계는 종종 멀리 사는 가족을 대신하게 되며, 노년기의 여러 가지 변화와 위기에 잘 대처할 수 있게 보호해준다. 친구는 사회적 지지자 중 가장 중요한 부분이 될 수 있기 때문에 성공적인 노화의 기여에 가장 중요한 요소가 될 수 있다.

(2) 여가생활

노년기에 행복해지기 위해서는 지속적으로 사회활동에 참여해야 한다. 사회활동 참여 정도가 높을수록 노인의 심리적 만족감 또는 생활만족도가 높아진다. 노인의 사회활동 중 하나가 여가활동이다. 여가란 성인에게는 노동으로부터 발생하는 피로의 해소 및 재생산을 의미하지만, 퇴직 이후의 노인에게는 생활에 필요한 필수적인 시간을 제외하고는 대부분의 일상생활 자체를 의미한다(김현국 외, 2012).

이런 의미에서 노인의 여가는 매일매일의 일상생활 자체이며, 취미나 오락 등만을 의미하는 것이 아니라 봉사활동, 교육 및 훈련, 문화활동 등과 관련된 제반 활동을 통하여 다양한 욕구를 충족시키는 사회활동이다. 또한 고독, 소외감, 역할상실 등을 해결하고 노후의 적응은 물론 만성화된 무료함에서 벗어날 수 있는 효과적인 활동이다. 이와 같이 여가활동은 노인에게 생활의 만족을 느끼면서 자아실현을 할 기회를 제공하며, 사회 발전을 위해 자신의 시간을 활용할 수 있게 하고, 지역사회에 잘 적응하면서 독립적으로 살아갈 수 있도록 해준다. 즉, 여가활동은 노인의 삶에 중요한 부분을 차지하는 것으로, 개인적으로는 노후 생활의 만족과 자기 충족을 느낄 수 있도록 한다. 사회적으로는 생산적이고 건설적으로 사회에 이바지할 수 있는 계기가 될 수도 있으므로 노인이 풍부한 시간을 이용해 여가를 충분히 활용할 수 있도록 해야 한다. 따라서 노인이 건강증진, 사회교육, 지역사회 자원봉사 등과 관련된 다양한 여가생활을 즐길 수 있도록 사회적 여건이 조성되어야 한다.

(3) 기대수명

의료기술의 발달 및 사회복지 수준의 향상 등으로 평균수명은 빠르게 증가하고 있다. 고대 로마와 중세의 평균수명은 20~30년에 불과했다. 몇몇 사람들은 70~80세까지 살기는 했지만, 유아 사망률이 높고, 기아, 질병, 전쟁 등으로 많은 사람들이 오래 살지를 못했다. 노인 인구의 증가 원인은 건강에 대한 관심의 증가와 의학기술의 발달, 건강교육의 대중화, 환경위생과 주거환경의 개선 등으로 점차 증가하고 있다. 더구나 교육 수준과 경제 수준이 높고, 가벼운 음주와 금연, 규칙적인 운동과 스트레스에 대처하는 능력, 삶에 만족하고 행복할 경우 노인의 기대수명은 더 높아지고, 교육 수준과 학력이 낮고, 부모와 조부모가 유전적 요인**당뇨병, 갑상선, 유방암, 암, 천식, 만성기관지염 등**의 과거력이 있으며, 높은 수준의 스트레스가 있는 경우는 기대수명을 낮추는 것으로 알려져 있다(Zastrow & Kirst-Ashman, 2001).

3. 사회복지실천에 대한 적용

우리나라는 2000년도에 이미 노인인구가 전체인구의 7%를 차지하는 고령화사회로 진입하였으며, 2018년도에는 전체인구의 14% 이상을 차지하는 고령사회로, 2026년에는 20% 이상을 차지하는 초고령 사회로 진입할 것으로 전망된다(통계청, 2014). 그러므로 고령화와 함께 저출산은 생산성의 감소나 노인부양의 문제가 사회의 큰 부담이 될 것이다.

노년기에는 신체기능의 전반적인 저하로 만성질환에 노출될 가능성이 어느 시기보다 높으며, 노인질환은 대부분 만성적 결과로 이어지게 된다. 그러므로 치료보다는 장기간의 보호를 필요로 하기 때문에 의료비부담과 수발 및 간호에 대한 부담이 증가하고 있다. 2008년 7월에 도입된 장기요양보호제도는 65세 이상의 노인성 질병을 가진 노인이 혼자서 일상생활을 수행하기 어려운 경우 신체활동 또는 가사지원 등의 장기요양급여를 제공하고 있다.

1) 노인성 치매

노년기에는 신체적 기능의 상실, 특정 영역에서의 지적 능력의 감퇴가 일반적이지만, 그 정도가 심각할 경우 노인 자신과 그 가족의 삶의 질에 상당히 중요한 영향을 미친다. 노인에게 중요하면서 가장 흔한 정신장애 중 하나는 치매이다. 노인성 치매senile ementia는 노인에게 나타나는 만성적인 혼돈, 망각, 성격 변화 등과 같은 인지적·행동적 기능장애를 의미한다(Craig, 1999). 노인성 치매의 원인은 치매의 유형에 따라 다르게 나타날 수 있다. 알츠하이머 치매는 뇌 세포의 점진적인 기능의 저하에 기인하는 것으로, 특히 대뇌 피질 내에 있는 세포의 퇴화에 원인이 있는 것으로 보고 있다. 혈관성 치매는 동맥경화, 고혈압, 당뇨, 심장질환, 흡연, 고지혈증 등이 있는 사람이 뇌혈관이 막히면서 뇌 세포가 파괴되는 데 원인이 있는 것으로 알려져 있다.

현대 산업사회에서 평균수명의 증가를 축복이 아닌 두려움과 공포로 느끼게 하는 데는 치매노인의 증가가 그 중심에 놓여 있다. 그러나 지금까지 치매는 노화현상으로 인한 불치병으로 생각하는 경향이 많았으며, 이로 인해 치료나 관리를 포기하는 경우가 많았다. 그러나 오늘날 치매에 대한 연구가 발전됨에 따라 알츠하이머 치매를 포함하여 모든 유형의 치매가 적절한 관리와 치료를 지속할 경우 완전한 치료는 어렵지만 증상의 악화를 예방하거나 병의 진행은 지연시킬 수 있음이 밝혀지고 있다.

한편, 중증치매의 경우 치료cure보다는 요양care이 필요하기 때문에 사회복지기관은 치매노인을 보호하기 위한 주간보호서비스, 방문요양서비스 등을 집중적으로 제공할 필요가 있으며, 기관에서 제공하는 프로그램을 널리 알려서 이용률을 높일 필요가 있다. 또한 치매노인의 가족의 경우 사회활동의 제한, 심리적 부담, 경제활동 부담 등 가족관계의 부정적 변화 등 부양부담을 경험하고 있다. 따라서 사회복지기관에서는 치매노인 부양가족을 지원할 수 있는 각종 상담과 교육사업, 가정봉사원 파견사업 등을 시행할 필요가 있다.

2) 노인성 우울증

우울증은 노년기에 볼 수 있는 보편적인 증상이다. 우울증의 원인은 뇌의 생화학적 불균형에 의해서나 유전적인 영향에 의해서 초래되기도 하지만, 배우자와의 사별이나 직업에서의 은퇴, 사회적 지원망의 결여, 그리고 건강상의 문제 등이다. 이러한 우울증의 증세는 여성노인이 남성노인보다 더 높게 나타나는 것으로 알려져 있다. 우울증이 심해지면 문제를 늘 부정적으로 생각하고 원인을 자기에게로 귀인시키며, 식욕부진, 심한 피로감, 불면증 등의 기능장애를 일으킨다.

노년기 우울증은 사회적 지지체계인 가족, 친구, 이웃, 종교단체 등을 포함한 사회관계망을 형성하여 노인과 밀접한 관계를 맺게 함으로써 예방할 수 있다. 또한 인지행동치료를 통하여 부정적인 사고를 긍정적인 사고로 전환하도록 좋은 효과를 얻을 수 있다.

3) 노인학대

노인학대elder abuse는 2003년 12월 29일 국회의 의결을 거쳐 2004년 1월 9일에 법률로 공포된 개정 노인복지법에 노인학대에 대한 조항이 신설됨으로써 보다 적극적으로 법적 · 사회적 적응을 할 수 있게 되었다. 노인학대는 노인의 배우자, 자녀 또는 다른 부양자에 의해서 노인에게 행해지는 신체적 · 정서적 · 경제적 학대 및 방임을 말한다(Papalia, Olds, & Feldman, 1998). 이것은 노인이 가족과 함께 생활하거나 시설에 거주하는 경우에 발생하며, 점차 심각한 사회문제로 대두되고 있다.

노인학대는 노인부양에 따른 신체적 · 심리적 · 경제적 문제로 인한 스트레스 때문에 발생하는 경우가 많으며, 어떤 경우에는 어린 시절 부모에게 당한 학대의 보복인 경우도 있다. 또한 아들에 대한 부양기대와 그렇지 못한 현실에서 오는 갈등이 노인학대를 일으키는 원인이 될 수도 있다. 노인학대를 예방하기 위해서는 학대의 가능성이 높은 가정의 배우자와 자녀 또는 시설의 부양자에 대한 교육과 상담이 필요하며, 부양자의 노인에 대한 부양부담을 경감시킬 수 있도록 요양과 수발을 제도적 · 제계적으로 제공할 수 있도록 해야 한다(이근홍, 2015).

표 11-2 노인학대의 유형과 정의

유형	정의
신체적 학대	물리적인 힘 또는 도구를 이용하여 노인에게 신체적 혹은 정신적 손상, 고통, 장애 등을 유발시키는 행위
정서적 학대	모욕, 무시, 욕설, 공포심을 일으키도록 위협을 가하거나 정서적으로 스트레스를 주는 행위
경제적 학대	노인의 재산을 노인의 동의 없이 사용하거나 부당하게 착취하여 이용하는 행위
성적 학대	성적 수치심 유발행위 및 성폭력(성희롱, 성추행, 강간) 등 노인의 의사에 관계없이 강제로 행하는 모든 성적 행위
방임	부양의무자로서의 책임이나 의무를 의도적 거부, 불이행 혹은 포기하여 노인의 의식주 및 의료를 적절하게 제공하지 않는 (필요한 생활비, 병원비 등) 행위

4) 노년기 여가활동

노년기를 의무적인 일에서 벗어난 시기로 본다면, 노인의 대부분의 시간은 여가 시간이다. 노년의 여가활동은 은퇴 후 가족과 사회로부터 고독과 소외를 극복하고, 역할상실에서 벗어날 수 있게 한다. 또한 노년의 여가활동으로 노인은 신체 및 정신 건강, 삶의 만족감, 심리적 안녕 등을 얻을 수 있다. 그러므로 사회복지실천에서는 효과적 여가활동을 도모할 수 있는 프로그램을 집중적으로 개발・시행할 필요가 있다. 이러한 목적을 달성하기 위하여 노인대학 등의 평생교육 프로그램을 시행할 수 있으며, 경로당과 노인복지관 등의 여가와 취미활동 프로그램을 다양화할 필요가 있다.

5) 노년기의 소득보장

은퇴 후 노인은 경제적 어려움 또는 자아실현 등을 이유로 재취업을 원하고 있지만 노인을 위한 일자리가 대부분 단순근로활동이나 시간제 근로로 이루어지고 있다. 이에 노년기의 건전한 사회적 발달을 지원하기 위하여 사회복지실천에서는 고용 및 소득보완사업에 역점을 둘 필요가 있다. 국가적 차원에서는 사회보험체계의 완비와 공적부조제도의 확충을 통하여 노년기의 안정적 소득기반을 보장할 수 있어야 하며, 정년연장 및 고령자고용촉진법의 엄격한 시행, 노인을 위한 사회적 일자리 창출 등을 통하여 노인에게 고용기회를 보다 많이 부여해야 한다. 이에 따라 사회복지기관에서는 은퇴준비교육 프로그램, 노인취업알선, 공동작업장 등을 통해 노인에게 경제활동에 참여할 기회를 부여해야 한다. 이러한 기회는 노년기 무위의 문제를 해결함과 동시에 안정적 소득기반 확충에도 이바지하는 것이다. 그리고 노인결연사업을 시행하고, 정부의 각종 사회복지대책에 대한 정보를 제공해야 한다.

PART 4

사회환경과 사회복지실천

Human Behavior and Social Environment

CHAPTER 12

생태체계이론

CHAPTER 14

생태체계이론(ecosystems theory)은 '환경 속의 인간(person in environment)'을 설명하는 거시이론으로서, 인간을 내재적인 요인과 다양한 환경과의 상호작용을 통하여 나타나는 산물로 본다. 즉, 인간은 환경적 요구에 적응하고 때로는 환경을 자신의 요구에 맞게 수정 또는 변화시키는 상호작용을 통하여 보다 의미 있는 삶을 산다. 환경체계는 개인의 성격, 발달, 행동, 욕구 등 인간의 모든 측면에 영향을 미친다. 그러므로 사회복지사는 인간행동을 정확히 이해하기 위하여 내부체계와 외부체계가 인간에게 미치는 영향, 인간-환경 사이의 상호작용에 대한 전문지식과 실천기술을 습득해야 한다.

이 장에서는 생태체계이론을 이해하기 위해서 체계이론과 생태이론을 살펴본 다음 생태체계이론의 특성을 살펴보고자 한다.

1. 체계이론

1) 체계의 개념

체계system란 상호 의존적이고 상호작용하는 부분들로 구성된 전체, 즉 '부분들 간에 관계를 맺고 있는 일련의 요인들'로 정의된다(Bertalanffy, 1968). 체계는 전체인 동시에 부분이 된다. 즉, 각 체계는 하위체계 중의 하나이면서 동시에 상위체계의 일부분이며, 체계의 구성요인은 상호의존interdepent적이기 때문에 구성요인들의 행동은 상호영향mutual influence을 미친다. 예를 들어, 가족체계에서 한 가족구성원의 행동은 다른 모든 구성원들에게 영향을 준다. 상호의존적 특성으로 인해 체계는 그 자체로서 하나의 완전한 체계이면서 동시에 다른 체계의 상위체계이며, 또 다른 체계의 하위체계가 될 수 있다. 체계는 명백하게 규정된 경계에 의해 외부환경과 구별되며, 그 경계 내의 구성요소는 비교적 안정된 상태로 상호 관련되어 있다. 예를 들면, 한 개인은 독립된 인격체인 동시에 부부체계, 부모-자녀체계, 가족체계, 학교나 사회체계 또는 국가체계의 한 요소로 존재한다. 또한 가족은 가족이 거주하는 지역사회의 일부분인 체계가 된다. 가족 내에서 자녀와 부모 역시 더 큰 가족체계 속에서 각각 체계가 된다. 자녀, 부모, 가족 그리고 이웃사회와 같은 체계들은 체계적 특성을 공유하는 부분적 전체다. 일반적으로 체계의 개념은 크게 구조적 특성, 진화적 특성, 관계적 특성으로 나누어 살펴볼 수 있다.

2) 체계의 구조적 특성

체계는 정보의 교환을 통하여 조직되고 기능하는 물질과 에너지로 구성된다. 이 체계는 시간과 공간 속에 존재하며 경계를 가지고 있다.

(1) 위계

위계control hierarchy는 체계의 '층layering'으로, 하위체계, 상위체계를 의미한다. 즉,

체계는 하위체계라고 부르는 보다 작은 체계로 구성되며, 상위체계라고 하는 보다 큰 체계에 포함되어 있고, 각 부분은 다양한 방식으로 연결되어 있다.

(2) 개방체계와 폐쇄체계

체계는 크게 개방체계와 폐쇄체계로 나누어진다. 개방체계open system란 투과성 경계를 하고 있어, 체계 내 사람들이 환경 또는 다른 체계와 성장과 발달에 필요한 상호작용을 함으로써 에너지, 자원 등을 자유롭게 교환하고 받아들이는 것을 말한다. 이렇게 함으로써 개방체계는 체계 자체의 기능을 유지·발전시킬 수 있다. 반면, 폐쇄체계closed system란 환경과의 교환이 없고, 자신의 경계 안에서만 작용하는 체계로, 에너지, 정보, 자원 등이 외부로 나갈 수 없으며, 외부로부터 유입도 없어 환경으로부터 고립된 상태이다(Compton & Galaway, 1989). 폐쇄체계는 시간이 지날수록 조직 및 효과적인 기능의 상실이 초래된다. 가족체계를 예로 들면 문제가 있는 가족알코올가족, 빈곤가족, 폭력가족 등은 폐쇄적인 경우가 많다.

그러나 현실에서는 어느 체계도 완전한 개방체계 또는 완전한 폐쇄체계로 존재하지 않는다. 모든 체계는 개방체계와 폐쇄체계의 연속선상에 존재한다. 즉, 완전히 개방적인 사람이나 가족 또는 완전히 폐쇄적인 사람이나 가족은 우리 사회에 존재하지 않는다.

(3) 경계

경계boundary란 외부환경으로부터 대상체계subject system를 구분해 주는 일종의 테두리로 체계 간의 눈에 보이지 않는 규칙에 의해 결정된다. 전체체계와 부분체계, 상위체계와 하위체계를 구분하는 것도 경계에 의해서 이루어진다. 경계는 체계와 체계 사이에 이루어지는 상호 교류의 특징을 구분해 주기 때문에 체계의 독특성 혹은 정체성을 유지하는 기능을 한다. 경계를 통해서 에너지, 정보, 자원 등이 체계 내에서 밖으로 나가거나 혹은 외부로부터 안으로 들어오는데, 이때 경계는 마치 삼투막과 같이 에너지, 정보, 자원의 흐름과 피드백을 조절하고 통제하는 역할을 수행한다.

경계는 대상체계를 규정함으로써 체계를 구성하는 하위체계 사이에서 이루어지

알아두기

가족구성원 간의 경계

가족구성원은 밀착의 정도에 따라 경계가 나뉘어진다.

- 명확한 경계 : 가족구성원 간, 가족 하위체계 간, 가족과 외부체계 간 독립성과 자율성이 인정되면서 가족 간에 연결감이 있다.
- 경직된 경계 : 가족체계들의 고립, 의사소통이 융통성이 없고, 다른 체계에 대한 관심과 지지가 이루어지지 않아 지나치게 개인이 독립적이고 개인성향을 지니고 있다.
- 밀착된 경계 : 가족구성원들 간의 독립성과 자율성이 결핍되고, 경계가 애매모호하여 가족들이 필요 이상의 간섭과 관여를 한다.

는 적절한 역할, 예를 들면 학생, 교수 등을 규정한다. 또는 부모, 자녀 간에도 존재할 수 있는데, 부모는 가정의 통솔력을 유지하며 자녀들에게 자원과 양육을 제공하고, 자녀는 부모의 규칙을 지키면서 경계선을 유지한다. 또한 각 집단은 사회서비스기관의 일부이지만, 주어진 직무와 상대하는 클라이언트에 따라 경계로 구분된다.

(4) 공유영역

공유영역interface은 서로 다른 체계가 함께 공유하는 곳으로 체계나 조직들이 접촉하거나 의사소통하는 지점이다(Barker, 1999). 즉, 어떤 대상체계가 상위체계나 하위체계와 교류하면서 만들어지는 독특한 상호작용의 유형 혹은 공유된 경계이기도 한다. 경계와 공유영역의 다른 점은 경계는 체계의 정체성을 유지하기 위해 필요한 것이고, 공유영역은 서로 다른 두 체계가 공동의 이익이나 관심을 추구하기 위해 필요한 것이다(Norlin & Chess, 1997). 공유영역은 모든 체계들 간의 상호작용에서 나타날 수 있다. 즉, 개인과 환경이 상호작용하는 지점을 말한다. 예를 들면, 사회복지기관 실습담당자와 지도감독받을 학생 사이의 서면계약도 일종의 공유영역이다. 계약은 일반적으로 특정 기간 동안 사람들 사이의 관계에 상호 이행해야 하는 의무나 목적, 방법, 일정 등에 관한 서면이나 구두 또는 암암리에 이루어지는 합의들을 포함한다(Barker, 1999).

3) 체계의 진화적 특성

체계는 완전한 변화 또는 현상유지상태로 존재하지 않는다. 진화적 특성이란 체계가 지속적으로 변화를 추구함과 동시에 균형상태를 유지하는 것을 의미한다. 진화적 특성에는 균형, 항상성, 안정상태, 호혜성, 엔트로피와 시너지 등이 있다 (Anderson & Carter, 1986).

(1) 균형

균형equilibrium은 주로 폐쇄체계에서 나타나며 체계가 고정된 구조를 가지고 주위 환경과 수직적 상호작용을 하지 않고, 수평적 상호작용을 하면서 에너지가 거의 교류를 하지 않는 상태로 외부와의 교류나 체계의 구조 변화가 거의 없는 고정된 평형 상태를 말한다.

(2) 항상성

항상성homeostasis은 환경과 지속적 상호교환을 하는 체계로 개방체계에 존재한다. 체계는 끊임없이 변화하는데, 체계가 균형을 잃어버렸을 때 일관성을 유지하며 체계가 위협받았을 때 환경과 성공적으로 타협할 수 있는 능력을 의미한다. 항상성은 어떤 변화를 이루기 전에 체계 자체를 유지하기 위해 노력하는 유지의 속성을 먼저 가지고 있다. 즉, 일시적으로 체계의 균형을 깨뜨리는 사건이 일어나면 체계는 무질서한 그 상황을 벗어나 이전 패턴을 되찾으려고 하거나 새로운 균형상태를 빠르게 구축하게 된다(Miley et al., 2004).

(3) 안정상태

안정상태steady state는 체계의 내부 또는 외부로부터 정보와 자원의 흐름으로 체계가 제대로 기능을 할 수 있는 상태를 말한다. 즉, 이것은 체계가 부분 간의 관계를 유지하고 에너지가 계속해서 체계를 위해 활용되고 있는 상태를 의미한다. 안정상태는 전체 체계가 평형상태를 유지하는 것이며, 체계가 환경과 성숙한 관계를 유지하고, 체계의 기능이 체계의 유지를 위해서 역동적으로 수행되고 있는 것을 말한다. 안정상태는 고도의 조직성, 복잡성 그리고 환경에 대한 개방성 등의 특성을 지니고 있으며, 이는 개방체계에서 나타난다.

(4) 호혜성

호혜성이란 한 체계에서 일부가 변화하면, 그 변화가 모든 다른 부분들과 상호작용하여 나머지 부분들도 변화한다는 개념이다. 호혜성의 원리에 따라 체계의 어떤 한 지점에서 개입을 하면 그 개입은 전체 체계의 변화를 가져올 수 있다.

이와 관련된 체계이론의 주요 개념으로는 동등결정성과 다중종결성이 있다. 동등결정성equifinality이란 각 체계들이 초기 상황이 서로 다르지만 그 체계들이 개방되어 있어 주변의 체계들과 목적지향적 교류를 하면 동일한 결과를 이끌어 낼 수 있다는 것이다. 즉, 여러 방법을 통해 최종 목표에 도달하는 능력을 말한다. 다중종결성multifinality이란 유사한 조건일지라도 다른 체계와의 상호작용 양상과 특성에 따라 상이한 결과가 초래될 수 있다는 것이다. 동등결정성의 예를 들어보면 학업 중단 청소년의 경우 학업 중단 청소년이라는 결과는 같지만 집안 불화, 성적 저하, 친구와의 갈등, 학교 부적응 등 학교를 그만 두게 된 원인이나 배경은 다양할 것이다. 다중종결성의 예로는, 가장의 갑작스러운 실직으로 충격을 받은 두 가정의 경우, 한 가정은 실직을 계기로 가족이 힘을 합해 위기를 성공적으로 극복하지만, 다른 가정은 이 일로 인해 가족관계가 악화되어 이혼이라는 결과를 초래하여 다른 결과를 가져온다.

(5) 엔트로피와 시너지

엔트로피entropy는 체계가 해체하는 방향으로 진행되는 경향이다. 엔트로피는 체계의 구성요소들 간의 상호작용이 감소함에 따라 자신을 유지하기 위해 자신의 에너지를 소모하게 됨으로써 유용한 에너지가 감소하고 무질서해 가는 상태를 말한다. 체계가 폐쇄적일수록 다른 체계들로부터 긍정적인 에너지를 유인하기 어렵다. 즉, 시간이 지나가면서 모든 요소가 비슷해지기 시작하고 결과적으로 조직과 효과적인 기능의 상실이 초래되는 엔트로피 속성이 나타난다.

부적 엔트로피negative entropy는 체계 내에서 무질서가 질서로 전환되는 과정 또는 체계의 질서가 증가하는 것을 의미한다. 사회체계는 성장과 발달의 잠재력이 있으므로 외부의 에너지를 받음으로써 체계의 발전을 도모할 수 있다. 부적 엔트로피가 증가하면 체계 내의 질서와 법칙이 유지되고 다양한 자원과 정보의 필요성이 높아진다. 또한 체계 외부로부터 에너지를 유입함으로써 체계 내의 유용하지 않은 에너지를 감소시킬 수 있다.

시너지synergy는 체계들 간의 상호작용이 촉진되어 체계를 유지하고, 발전시킬 수 있는 유용한 에너지가 증가하는 것을 의미한다. 시너지는 주로 명확한 경계를 지닌 개방체계에서 주로 나타난다. 왜냐하면 가족구성원들이 외부의 더 넓은 환경과의 상호작용으로부터 새로운 에너지를 얻으려는 의지가 있기 때문이다.

4) 체계의 관계(행동)적 특성

체계가 환경으로부터 에너지, 정보 등을 받아들이는 과정은 환경과의 상호작용 속에서 투입input, 전환conversion operation, 산출output, 피드백feedback의 역동적 작용을 통해 이루어진다(최덕경 외, 2014 ; Norlin & Chess, 1977 ; Standers, 1958 ; Tumer, 1978).

(1) 투입

투입이란 에너지, 정보, 의사소통 등을 다른 환경으로부터 유입하는 것을 말한다. 문제, 에너지 그리고 정보가 체계에 투입되면 영향을 받고 변형되며, 체계의 기능 수행을 위해 활용된다.

(2) 전환

전환conversation operation이란 투입을 산출로 변환시키기 위해, 체계가 적절하게 투입받은 에너지를 변형해 재조직하는 과정을 말한다.

(3) 산출

산출output이란 투입된 자원을 전환과정을 통해 내놓은 결과물이다. 이 결과물은 환경에 직접적으로 영향을 미치기도 하며, 다른 체계에 대해 투입으로 작용하기도 한다. 그 예로는 가족성원의 행동이나 직업 활동 같은 형태로 나타난다. 또한 사회화된 자녀도 가족체계의 산출로 보여질 수 있다. 산출은 피드백과정을 통해 다시 투입으로 작용한다.

(4) 환류

환류feedback는 체계의 에너지 전환과정으로부터 만들어지는 산출이 순환을 통해 다시 체계로 투입되는 것을 말한다. 즉, 산출의 결과를 다음의 새로운 투입에 전달하거나 반영하는 것으로, 체계가 변화의 기반으로 정보를 수용하고 활용하는 과정을 의미한다. 이러한 환류는 체계의 평형을 유지하거나 변화를 촉진함으로써 체계를 어지럽히는 작용을 하기도 한다. 환류는 긍정적 환류와 부정적 환류가 있다.

긍정적 환류positive feedback는 현재의 상황이 체계가 목표와 관련하여 올바르게 행동하고 있으며, 그런 행동을 더 계속하기를 바라는 의미를 전달하는 것이다. 부정적 환류negative feedback는 체계가 목표를 성취하기 어려운 방식으로 행동하고 있다는 정보를 주어서 체계행동의 수정을 가져오게 한다. 결론적으로 긍정적 환류는 행동의 교정이 일어나지 않는 상태에서 에너지를 교환하는 것을 의미하며, 부정적 환류는 행동의 교정이 나타나는 것을 의미한다.

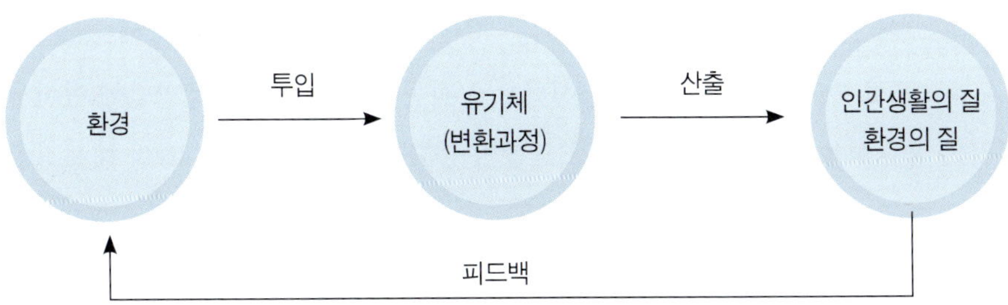

그림 12-1 | 체계의 투입-산출-피드백과정

2. 생태이론

생태이론은 성장하는 유기체와 항상 변화하는 사회적 · 물리적 환경 간의 상호작용을 이해하고자 하는 것이다. 이러한 생태학이론은 가족 · 집단 · 조직 · 지역사회 · 문화 등 인간이 몸담고 있는 환경을 보다 체계적으로 구조화하고 이들 환경체계와 개인 간의 관계를 이해하는 것을 인간발달의 주요 과제로 삼고 있다.

생태학이론ecological theory은 브론펜브레너Urie Bronfenbrenner가 체계화한 이론이다. 브론펜브레너는 인간발달에서 '맥락 속의 발달' 또는 발달의 '생태학'을 연구해야 한다고 주장하였다. 그의 연구는 인간과 그들이 생활하는 환경적 상황과의 상호작용에 초점을 두었으며, 독창적인 이론화를 통하여 인간발달연구의 방향을 근본적으로 변화시켰다. 생태학이론은 인간이 환경의 제 요소들과 끊임없이 상호교류를 하면서 적응하고 진화한다는 견해를 바탕으로 인간이 그들의 물리적 · 사회적 환경을 변화시키며, 환경과의 지속적인 상호적응과정을 통하여 환경에 의해서 변화된다는 이론이다.

1) 브론펜브레너의 생애

브론펜브레너는 1917년 러시아의 모스크바에서 태어났다. 그는 6세에 미국으로 이주했으며, 1938년 코넬대학교에서 심리학과 음악학을 복수전공하여 박사학위를 받았다. 1942년 발달심리학으로 하버드대학교를 거쳐 미시간대학교에서 박사학위를 받았으며, 1948년부터 코넬대학교의 교수로 재직하였다. 브론펜브레너는 발달이론과 그에 관한 연구가 실제로 적용되는 것에 많은 관심을 가졌으며, 헤드스타트Head Start 프로그램의 창시자 중의 한 사람으로 활동하였다. 그는 아동발달에 있어서 가정의 중요성을 강조하며, 특히 부모역할의 중요성을 강조하였다. 그의 대표적인 저서로는 《인간발달의 생태학》1979이 있다.

2) 생태학이론의 체계 구성

브론펜브레너는 체계론적 관점을 확대하여 생태학적 환경을 가장 가까운 것에서부터 가장 먼 것에 이르기까지 미시체계micro system, 중간체계meso system, 외체계exo system, 그리고 거시체계macro system로 구분하고 있다.

(1) 미시체계

미시체계micro system는 개인이 속한 가장 밀접하게 상호작용을 하는 사회적 · 물리적 환경을 말한다. 즉, 미시체계는 인간과 가장 가까운 수준의 환경으로 가족, 친구, 학교, 이웃, 직업, 종교단체 등이 여기에 속한다.

(2) 중간체계

중간체계meso system는 특정한 시점에서 미시체계 간 상호작용을 의미한다. 중간체계는 성장하는 개인을 둘 또는 그 이상의 미시체계 간의 관계망으로 구성된다. 예를 들면, 가정과 학교 간의 관계, 가정과 친구 간의 관계, 가정-직장 간의 관계, 가정과 종교단체 간의 관계 등이 상호작용하는 것이다. 이것은 각각의 미시체계에 존재하는 개인에게 적절한 환경적 관점 내에서 자신의 위치를 확보하도록 해준다. 개인이 다양한 미시체계에 참여할 때 서로 다른 역할을 하게 되며, 미시체계 간 상호작용의 질, 빈도, 영향력은 개인의 행동에 크게 영향을 미친다.

(3) 외체계

외체계exo system란 개인이 직접 참여하고 있지는 않지만, 그 개인의 발달에 영향을 주는 사회적 환경으로서 부모의 직장, 학교제도, 대중매체, 정부기관, 교통시설, 의료기관, 문화시설 등을 말한다. 즉, 외체계는 개인과 밀접하게 상호작용을 하는 것은 아니지만, 점차 성장하면서 생활의 주요한 요소가 되며, 인간의 행동에 많은 영향을 미친다.

(4) 거시체계

거시체계macro system는 개인이 속한 사회의 이념이나 제도의 일반적 형태로 정치, 경제, 사회, 법, 문화, 가치관 등을 말한다. 거시체계는 개인의 생활에 직접적으로 개입하지는 않지만, 간접적이면서도 전체적으로 강력한 영향력을 발휘하고, 개인, 미시체계, 중간체계, 외체계에 대한 지지기반과 가치 준거를 제공하며 지속적인 영향을 미친다.

3. 생태체계이론

생태체계이론은 체계이론과 생태학이론을 통합한 이론인데, 인간과 환경이 상호작용하는 방법을 설명하고 분석하기 위해 사용되고 있다. 이 이론은 카렐 저메인Carel Germain에 의해 1973년 《사회사업Social Work》에 발표되었고, 체계이론보다 덜 추상적이고 보편적인 인간의 경험과 더 밀접하게 연결된 개념을 제공하였다. 생태체계이론은 체계이론으로부터 체계와 관련된 다양한 개념을 가져왔으며, 생태이론으로부터는 개인과 환경 사이에 존재하는 상호작용의 개념을 가져왔다(조홍식 외, 2012).

1) 생태체계이론의 주요 개념

(1) 사회환경

인간의 성장과 발달을 촉진하는 환경요인은 물리적 환경physical environment과 사회적 환경social environment이 있다. 물리적 환경은 기후와 지리적 조건과 같은 자연환경, 주택, 직업, 대중매체, 교통체계, 인위적 환경 등으로 구성된다. 물리적 환경은 인간의 발달을 촉진할 수도 있고, 인간의 삶이나 환경에 부정적 영향을 미치기도 한다. 그러므로 개인은 생존과 성장을 위해 전 생애 동안 환경의 자극과 결핍에 효과적으로 적응하고 대처해야 한다.

사회적 환경은 두 사람의 관계에서부터 시작하여 사회에 분포하고 있고 조직에 둘러싸여 있는 인간관계망으로 사회관계망과 관료조직이 있다. 사회관계망은 개인이나 가정의 생활공간에서 일어나는 친족, 친구, 이웃, 동료, 자조집단 등을 말하며, 구성원 간의 연계가 개인의 행동에 영향을 미친다. 개인은 사회관계망에서 자원의 교환, 정보의 제공 그리고 대처기술을 습득할 수 있으며, 구성원들 간에 정서적 지지를 제공해 주고, 상호적인 보호의 경험을 제공한다.

(2) 적합성과 적응

① 적합성

생태체계이론은 인간의 현재 행동을 개인과 환경 상호 간에 안정된 균형을 찾고 유지하는 것으로 설명한다. 모든 개인과 사회체계는 그들이 필요로 하는 것과 제공해야 하는 것, 그리고 세계에 대한 그들의 요구 간에 조화를 유지하려고 노력한다.

적합성goodness of fit이란 인간의 적응요구와 환경 자원이 부합되는 정도를 말하며, 인간과 환경 간에 상호 교류하면서 이루어진다. 적합성은 전 생애에 걸쳐 성취되며, 적응적이거나 부적응적으로 나타날 수 있다. 인간과 환경 사이의 상호교류에서 서로에게 유익한 효과를 가져올 때는 적합성이 이루어진 것이지만, 어느 한쪽의 희생을 기반으로 생존과 발달이 이루어진 경우에는 부적합성이 초래된 것으로 볼 수 있다. 대부분의 개인과 환경 사이의 상호작용이 성공적이고 적응적일 때, 즉 주요한 타인, 사회적 조직, 정치경제적 구조와 정책, 물리적 환경이 개인의 성장과 발달, 그리고 물리적 · 정서적 안녕을 지지할 때 적합성이 달성된다.

② 적응

적응adaptation은 인간과 환경 사이의 활발한 상호교환을 포함하는 인간-환경이라는 하나의 단위 내에서 이루어지는 과정이다. 또한 적응은 가능한 유익한 적합성을 이루기 위해 인간과 환경이 서로에게 영향을 미치고 반응하는 것을 말한다. 한 개인이 효과적으로 기능을 하기 위해서는 새로운 조건과 새로운 환경에 따라 변화하고 조절되어야 한다. 이와 같이 적응은 인간의 내적 영향력과 생태적 환경의 영향력에 의해 이루어지는 상호 의존적인 과정이다(Meyer, 1983).

생태체계이론에서는 부적응적 · 역기능적이란 용어는 적용되지 않는다. 인간행동이 개인의 내면적 욕구와 환경적 욕구를 충족시키기 위한 인간의 적응이라면 어떤 행동도 병리적인 것이라고 보기 어렵다. 그러므로 병리적이고 부적응적인 행동이 나타나더라도 그것이 그 환경 안에서는 적응적인 것이며, 단지 개인의 욕구와 대처가 환경의 자원이나 또는 지지와 일치하지 못하여 일어났을 뿐, 모든 행동은 그 상황 안에서는 의미가 있는 것으로 본다.

(3) 스트레스와 대처기술

① 스트레스

스트레스stress란 인간과 환경 간의 복잡한 상호작용에서 일상적인 적응적 균형과 적합성에 혼란이 일어나는 현상을 말한다. 즉, 개인이 지각한 요구와 이러한 요구를 충족시킬 수 있는 자원을 활용할 수 있는 능력 사이의 불균형에서 발생한다 (Germain & Gitterman, 1986).

그러나 모든 스트레스가 불쾌하거나 바람직하지 못한 것은 아니다. 또한 특별한 사건이나 과정이 모든 사람에게 반드시 부정적으로 또는 긍정적으로 똑같이 경험되는 것은 아니다. 인간과 환경 간의 일상적 적합성 또는 균형의 혼란상태에서의 스트레스는 대처 유형과 환경의 특징이 접하는 공유영역에서 생기는 것이다.

② 대처기술

대처기술coping skill이란 스트레스를 경험할 때 자연적으로 발생하는 것으로, 정서적 고통을 통제하기 위해서 개인이 수행하는 행동이다. 체계적 관점에서는 사람들이 생활문제를 완화할 수 있도록 적응적 전략을 제공하는데, 그 한 가지가 대처기술을 증진시키는 것이다. 대처기술에는 내적 자원으로 자아존중감과 문제해결기술이 있으며, 외적 자원으로는 가족, 사회적 관계망, 조직의 자원 등이 포함된다.

4. 사회복지실천에 대한 적용

생태체계이론은 클라이언트의 문제를 보다 세밀하게 설명하고 해결하기 위해 체계이론과 생태이론을 종합한 관점을 실천에 적용하고 있다. 또한 다중체계의 맥락 속에서 사람들의 행동을 고려하도록 돕기 때문에 클라이언트의 상황이나 환경조건을 개선하는 데 목적을 두고 실시되는 서비스와 관련이 있다. 생태체계이론은 환경의 제요소들과 끊임없이 상호 교류하는 인간의 적응적이고 진화적인 측면을 설명해준다. 또한 문제를 정확히 파악하기 위하여 문제현상을 사정하고 평가하는 이론적 준거 틀로서 문제해결을 위해 어떤 모델이 가장 적합할 것인지를 판단하고 선택하는 데 바탕이 된다. 생태체계 접근방법에서 많이 활용되는 생태도, 가계도 그리고 사회적 관계망 등에 대해 살펴보고, 생태체계이론이 사회복지실천에 제공한 유용성을 간략히 살펴보면 다음과 같다.

1) 사정도구로서의 생태체계이론

생태체계이론은 인간의 다양성과 환경 사이의 관계를 이해하는 개념적 준거 틀을 제시할 뿐만 아니라 구체적인 개입방법을 제공한다. 즉, 클라이언트의 현재 상황을 체계적 · 전체적 시각에서 사정하는 효율적인 사정도구로서의 역할을 할 뿐만 아니라 구체적인 개입방향을 제시하고 있다. 생태체계이론은 사회복지사가 자료수집과 사정활동을 할 때 환경 속의 인간에서의 관점을 강조한다. 따라서 사회복지사의 사정은 최소한 전인적 인간의 모든 차원과 인간 경험, 그리고 이런 차원이 인간의 기본적 욕구를 충족시키고 사회적 역할을 수행할 수 있는 개인의 동기, 능력, 기회와 어떻게 관련되는지에 주의를 기울인다. 사회복지실천에서 체계이론이 활용되는 대표적인 방법은 다음과 같다.

(1) 생태도

생태도eco-map는 사회복지사가 클라이언트의 구체적인 문제를 사정하고 개입계획을 세우기 위해 활용하는 사정도구이다. 생태도는 개인이나 가족을 포함하는 클라이언트체계가 외부환경체계와 외부자원과의 관련성, 주위에 얼마나 다양한 체계들이 존재하는지의 구조적인 면과 그 외부체계들이 어떻게 작용하는지의 기능적인 면을 파악할 수 있다. 생태도는 개인이 관계를 맺고 있거나 개인에게 영향을 미치는 조직이나 환경요인을 원을 사용하여 나타냄으로써 그것들을 사회적 환경의 맥락 속에서 파악할 수 있게 해준다. 특히, 개인과 가족들의 관계 패턴과 지지 및 갈등의 근원들을 시각화해 줌으로써 가족생활과 가족관계를 파악할 수 있는 수단을 제공해 준다그림 12-2.

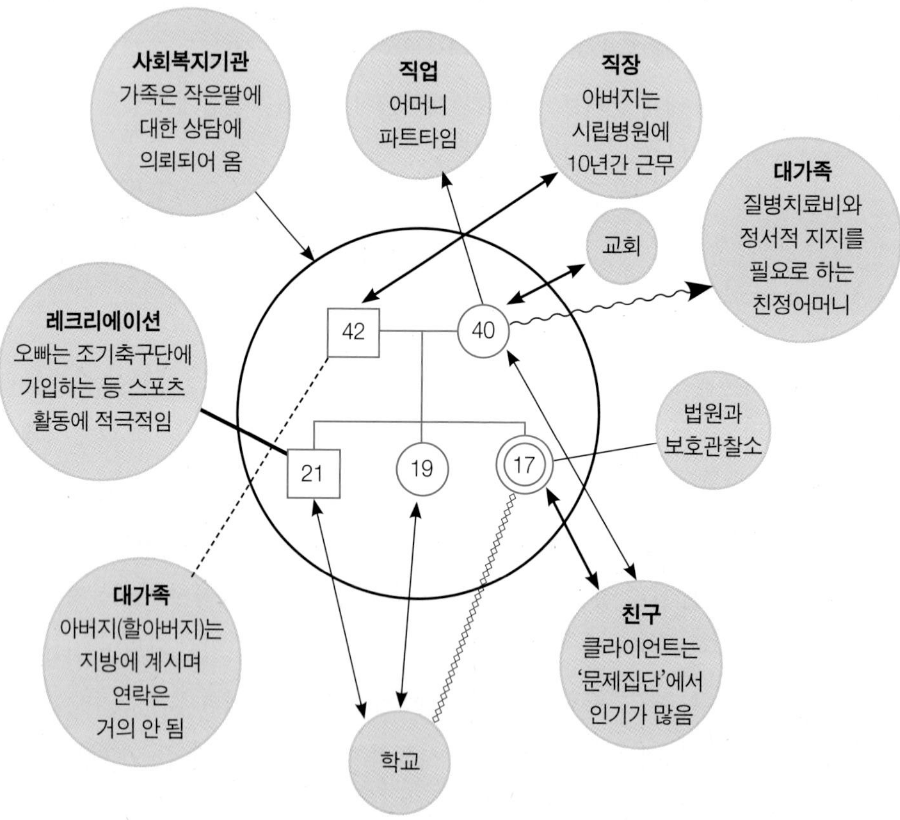

그림 12-2 | 생태도 예시

(2) 가계도

가계도genogram란 적어도 3세대 이상의 가족구성원과 그들의 관계와 관련된 정보를 상징symbol으로 기록하는 도표다그림 12-3. 클라이언트와 사회복지사는 가계도를 함께 구성한다. 사회복지사는 가계도를 활용함으로써 가족구조를 포함한 현재 가족 유형의 전체적 형상을 파악할 수 있다. 또한 제시된 문제의 진화과정과 정보를 파악할 수 있다. 그리고 가족구조, 관계, 기능적 측면을 수직으로나 수평적으로 평가할 수 있게 된다. 그러므로 가계도는 사회복지사가 가족성원의 세대 간 맥락에서 정서적, 행동상의 문제행동 패턴을 검토하는 데 유용하다. 가족 내의 정서행동 패턴은 계속 반복되는 경향이 있어, 한 세대에서 일어난 일은 다음 세대에도 반복되는 경향이 있다. 가계도를 살펴보면 가족성원의 가족관계 패턴을 확인할 수 있고, 그들을 이해할 수 있다. 현재의 클라이언트 문제가 가족 안에서 과거로부터 현재까지 어떻게 발전되어 왔는지를 이해할 수 있는 것이다.

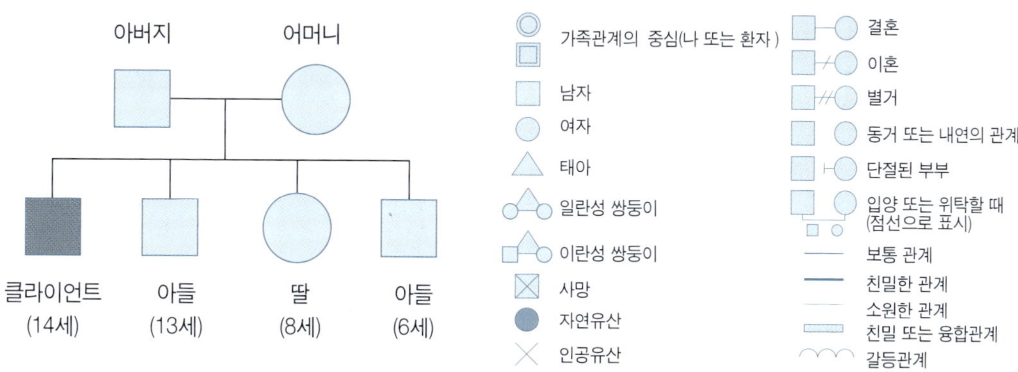

그림 12-3 | 가계도

(3) 사회적 관계망

사회적 관계망은 클라이언트가 적절하고 효과적인 사회적 지지를 사용하도록 돕기 위해서, 또는 클라이언트의 긍정적인 사회적 지지를 확인하고 사정하는 데 사용하는 도구다. 사회적 관계망은 클라이언트의 사회적 지지관계망을 묘사하고 클라이언트의 관점에서 지지의 속성을 측정한다. 지지적인 관계망에는 직장, 학교, 클

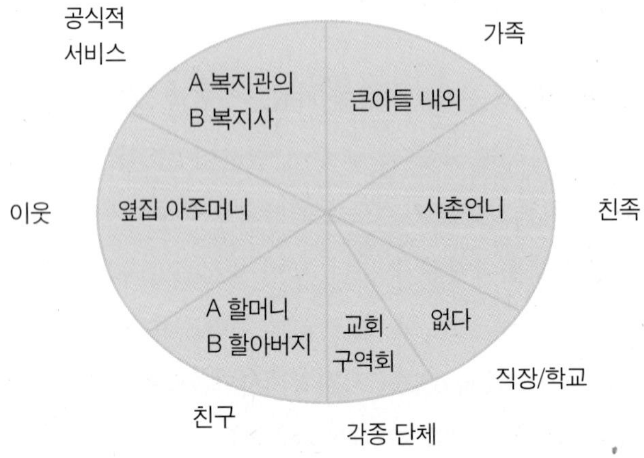

그림 12-4 | 사회적 지지

럽, 교회와 같은 다소 형식적인 조직뿐만 아니라 가족이나 가계구성원, 확대가족, 친구, 이웃까지 포함한다. 우선 클라이언트는 지지관계망의 구성원이 누구인지 파악하여 그림 12-4 속에 채워 넣는다. 사회적 관계망은 사회적 지지의 분석을 위한 유용한 틀로서, 인간이 환경에 적응하고 사회자원을 활용한다는 측면에서 의미가 있다.

2) 생태체계이론의 유용성

첫째, 생태체계이론은 인간행동을 이해하는 데 과거의 실천 모델보다 넓은 관점과 관심영역을 포괄하며 문제에 대한 다양한 맥락을 강조하기 때문에 클라이언트가 처한 상황을 다양한 수준에서 사정하고 설명할 수 있게 해준다. 문제를 사정할 때 문제와 관련된 많은 체계들을 접촉하여 정보를 얻어내므로 개인으로부터 나오는 정보에만 의지하던 과거의 방법보다 훨씬 다양하고 객관적인 정보를 획득할 수 있다.

둘째, 생태체계이론은 개인, 집단, 공동체를 포함한 다양한 수준의 사회체계에 적용되는 이론으로서 특정 대상에 국한되지 않는다. 즉, 개입을 위한 실천 모델을 활용함에 있어서 어느 한 가지 모델에 치우치지 않고 보다 다양한 모델을 절충적으로 선택하고 활용할 수 있다.

셋째, 사회복지실천에서 생태체계이론이 활용되는 대표적인 방법으로는 생태도와 가계도, 그리고 사회적 관계망 지도가 있다. 생태체계이론은 클라이언트가 환경과 상호작용하면서 어떤 문제가 어디에서 발생하는지를 정확히 파악할 수 있다. 클라이언트가 겪는 문제는 환경 그 어느 한쪽에서만 발생한 것으로 보기보다는 양자 간의 상호작용에서 발생한 것으로 본다. 생태체계이론은 대상체계의 속성과 체계들 사이의 상호 연관성을 평가함에 있어서 각 체계들 간의 상호성, 갈등의 정도와 상태를 규명할 수 있는 개념들을 제공한다. 사회복지사는 자신의 클라이언트가 어떤 체계와 관련하여 문제를 겪고 있으며, 그러한 문제를 해결하기 위해 어떤 역할을 수행할 것인지에 대한 체계적 지침을 세울 수 있다. 또한 사정부문에서 개입계획을 세울 때 의도적인 변화를 일으키기 위해서는 체계의 어느 부분에 개입해야 하는지, 어떤 내용의 전략을 취해야 하는지에 대해 상당한 예측력을 갖게 해준다.

넷째, 생태체계이론은 클라이언트가 환경과 상호 교류하는 과정과 긍정적 생활경험을 통해 성장할 수 있다는 신념을 갖도록 원조한다. 즉, 클라이언트의 잠재 역량 및 자원을 인정하고, 클라이언트 내외의 적응 유연성이 있음을 전제하며, 클라이언트가 자신의 삶을 통제할 수 있도록 힘을 부여하고자 한다. 이러한 생태체계이론에 기초한 강점 모델, 역량강화접근, 적응유연성이론은 다양한 인구집단, 특히 사회적 약자집단에 매우 유용한 것으로 나타나고 있다.

CHAPTER 12

가족과 집단

C H A P T E R 13

사회환경은 가족, 집단, 조직, 지역사회 등으로 구조화되는데, 인간을 둘러싸고 있는 사회환경은 발달단계에 따라 그 범주가 점차 확장되는 특징을 가지고 있다. 예를 들면, 영아기의 환경은 가정에서의 생활이 매우 중요하지만, 유아나 아동의 경우는 유치원이나 학교로 생활환경의 범위가 넓어지고 부모에서 또래로 확장된다. 이후 청소년기와 성인기로 갈수록 조직이나 지역사회환경으로까지 범주가 확대된다. 개인에게 가장 직접적인 사회환경인 가족과 집단은 정서적 유대감의 공통적인 특성과 체계론적 관점에 유사성이 있다.

1. 가족

가족은 상호 빈번한 대면 접촉을 하는 사람들이 공통의 규범을 가지고 지속적으로 상호 광범위한 영향력을 공유하는 사회화의 기본적인 단위이면서 개인의 행동과 발달에 영향을 미치는 가장 친밀하고 영향력 있는 일차적인 사회환경이다. 사회복지사가 다양한 문제와 상황에 처해 있는 클라이언트를 효과적으로 도와주기 위해서는 무엇보다 그 개인에게 있어 가장 일차적이고 직접적인 환경인 가족체계와 집단체계를 충분히 이해할 필요가 있다.

1) 가족의 정의

전통적으로 가족은 혼인, 혈연, 입양을 통해 구성된 집단으로, 의식주의 해결과 정서적 · 정신적 유대 및 공동체적 생활방식을 갖는 집단으로 규정되어 왔다. 그러나 현대사회는 가족의 유형과 기능, 형태가 다양해지고 있기 때문에 가족보다 광의의 개념적 접근이 필요하다.

가족에 대한 기존 학자들의 정의를 살펴보면, 프랑스의 사회 인류학자인 레비스트로스Levi-Strauss, 1969는 가족을 "결혼에 의해 출발하며, 가족구성은 부부와 자녀 그리고 근친자로 구성되어 있고, 그 구성원은 법적 유대와 경제적 그리고 성적 의무와 권리, 존경과 애정 등과 같은 다양한 심리적 감정으로 통합되어 있는 체계"로 정의하고 있다. 미국사회복지사협회(NASW, 1987)는 가족을 '자신들 스스로 가족이라고 생각하면서 전형적인 가족 업무를 수행하는 2인 이상의 사람들'로 정의하고 있다. 여기에서는 '가족은 결혼, 출산, 입양 등으로 이루어진 것이다, 가족은 같이 사는 것이다'와 같은 고전적 정의는 빠져 있다.

이와 같은 가족에 대한 정의를 종합해 보면, 가족은 한 개인과 가장 밀접한 관계를 가진 두 사람 이상의 모임으로(김재영, 2014), 친밀하면서 상호 빈번한 대면 접촉을 하는 사람들이 공통의 규범을 가지고 지속적으로 상호 광범위한 영향력을 공유하는 1차 집단이며, 다른 가족구성원에 대한 상호 관계성과 책임의식, 운명 공동체라고 할 수 있다. 최근에는 가족의 복잡성과 다양성을 고려하면서도 가족의 공통된 특징을 중심으로 접근하려는 시도로서 가족을 체계로 정의하고 있다.

2) 가족의 기능

현대의 산업사회가 복잡하고 전문화되면서 가족의 역할이 약화되고 있지만 개인의 욕구충족과 가족의 역할과 기능은 여전히 중요하다. 가족은 생활공동체로서 체계의 유지와 구성원의 성장 및 발달을 지원하기 위하여 다양한 기능을 수행해야 한다. 가족의 기능에 대한 학자들의 주장은 매우 다양하지만 친밀한 관계의 근원을 제공하는 성적 욕구충족기능, 자녀출산 및 양육기능, 정서적 지지기능, 경제적 협조기능, 사회화교육기능, 보호・부양기능 등이라고 할 수 있다. 그러나 현대사회로 오면서 사회보장제도, 의료제도, 교육제도 등이 발달하여 가족이 행하던 기능 중 많은 부분이 사회로 이양되었다. 특히, 가족 내에서의 돌봄 및 부양기능을 담당하던 여성의 사회・경제활동이 증가하면서 가족의 보호기능이 점차 약화되어 사회적 돌봄과 보호의 필요성이 강조되고 있다.

3) 가족의 형태

가족의 형태는 급격한 사회 변화와 함께 다양한 변화를 나타내고 있다. 이러한 가족의 다양한 변화는 가치관의 변화, 인구 동태의 변화, 종교관, 생태체계의 변화, 노동 형태의 변화 등 여러 가지 사회적 요인들에 의해서 나타나고 있다.

(1) 확대가족

확대가족extended family은 가계 중심의 가족체계로서 3세대 이상이 함께 거주하는 가족이다. 확대가족은 핵가족이 종적 혹은 횡적으로 연결되어 형성되는 것으로서, 자녀가 결혼 후에도 그들의 부모와 동거하는 가족 형태이다. 가족이 종적으로 확대된 가족은 직계가족stem family이라고 하는데, 원칙적으로 장남이 본가에 남아서 부모를 모시고 가계를 승계하나 그 이외의 아들들은 분가하는 가족 형태이다. 반면, 가족이 횡적으로 확대되어서 다른 세대뿐만 아니라 같은 세대의 형제들이 결혼한 후에도 부모와 다같이 동거하는 가족을 방계가족이라고 한다. 확대가족은 전통적으로 가부장적 제도에 근거한 이상적인 가족 형태였으나 점점 감소하고 있다. 현대에는 부모, 자녀가족이 각기 따로 근거리에 살면서 실제로는 한 집과 같이 왕래와 협조를 하며 사는 수정확대가족의 형태를 띠고 있다.

(2) 핵가족

핵가족nuclear family은 부부 중심의 가족체계로서 부부와 미혼자녀로 구성된 가족이나. 핵가족은 현대 산업사회의 사회경제적 구조에 가장 보편적이면서 적합한 가족 형태로서 가족이 지역적 이동, 주거를 결정하는 데 편리함을 제공하는 등 우세한 가족 형태이다. 핵가족은 가족구성원들 간에 친밀감을 증대시키며, 구성원들이 독립성을 가지고 생활할 수 있다. 그러나 핵가족의 문제점은 친족이나 지역사회의 지지자원이 없으므로 위기 시에는 쉽게 가족이 해체되어 버린다는 점이다. 또한 여성의 경제활동 참여로 가족 내에서의 아동, 노인, 장애인 등을 양육하고 보호하는 기능이 약화되었다. 현 시대에는 다세대주택과 같이 외형상으로는 한 울타리에 거주하지만 실제로는 어느 정도 피차 간에 사생활을 유지하며 확대가족과 동거하는 수정핵가족도 증가하고 있다.

(3) 노인가족

현대사회가 산업화되면서 사회구조와 가치관의 변화에 따른 핵가족화 경향으로 노인가족의 출현은 불가피하게 되었다. 우리나라는 지난 반세기 동안의 급속한 산업화 과정 속에서 출산율 감소 및 평균수명의 연장으로 유년인구는 감소하고 노인인구는 증가하여 2000년에는 고령화사회에 접어들었고, 2018년에는 고령사회가 될 것으로 전망하고 있다. 그리고 자녀와의 동거를 원치 않는 노인, 부모와의 동거를 원치 않는 자녀의 증가 등의 이유로 점점 노인가족이 확대되어 가고 있는 현실 속에서 '통크TONK족'이 생겨났다. 통크족은 'Two only No Kids'의 약어로 자녀에게 부양받기를 거부하고 부부끼리 독립적인 삶을 일구어 나가는 노부부가족을 일컫는다. 노인가족은 크게 노인 혼자 사는 독거노인가족, 노인부부가족, 손자녀를 양육하는 조손가족으로 나눌 수 있다. 조손가족은 자녀들의 이혼, 사망, 가출 및 실종 등의 이유로 인하여 손자녀를 돌봐야 하는 노인가족이다. 조손가족은 경제적인 문제와 조부모가 손자녀의 발달에 따른 욕구를 충족시키기 힘들다는 문제, 부모의 부재로 인한 자녀들의 심리적인 문제 등으로 어려움을 겪고 있다.

(4) 한부모가족

한부모가족은 배우자의 사망, 이혼, 별거 등의 사유로 인하여 배우자 중 한 명이 부재한 경우, 또는 법적으로 부모의 역할을 다하지 못하는 경우를 말한다. 한부모가족의 경우 부재한 다른 한쪽 부모의 역할을 한 명이 모두 감당해야 한다는 역할 부담으로 인한 심리적 문제, 자녀양육에 따른 경제적인 문제, 향후 결혼이나 재혼 등의 의사결정으로 인한 어려움이 발생할 수 있다. 또한 한부모가족의 자녀는 또래집단을 통해 사회화를 이루기 쉽기 때문에 문제행동을 보일 수 있다.

(5) 재혼가족

재혼가족은 결혼한 경험이 있는 배우자가 다시 결혼을 하는 것으로, 재혼 시 배우자 또는 자신에게 자녀가 있고, 그 자녀와 같이 사는 가족의 유형을 말한다. 이 때문에 재혼가족은 가족구조 중 가장 복잡한 형태를 이룬다.

재혼가족의 부부는 계부모로서의 기능, 자녀양육관, 금전관리에 대한 계획을 미리 고려해야 한다. 이러한 영역들에서 재혼한 부부와 그 자녀들 사이에서 발생할 수 있는 가치관의 차이를 해결하지 못하면 일상생활에서 갈등을 일으키는 많은 요구와 자원의 제한이라는 어려운 상황에 처하기 쉽다.

(6) 무자녀가족

결혼한 부부가 자녀 없이 지내는 가족을 말한다. 과거에는 불임이나 사고로 무자녀가족인 경우가 많았지만 최근에는 피임법의 보급과 더불어 자발적으로 자녀가 없는 것을 선택하는 가족이 늘고 있다. 특히, 복지국가 발전에서 여성의 노동시장 참여는 필수적이다. 그럼에도 불구하고 정책적으로 돌봄 노동이 사회화되지 못한 상황은 여성의 출산 포기를 가져올 수밖에 없고 이는 무자녀가족의 증가로 이어질 것이다. 맞벌이를 하면서 자식을 갖지 않는 가족을 딩크Double Income No Kids : DINK족이라고 한다.

(7) 동거가족

동거가족은 미혼인 남녀가 법적인 혼인신고를 하지 않은 상태로 같이 사는 형태의 가족이다. 한국사회에서는 보편적으로 인정되지 않는 상태이나 법적으로 보호를 받을 수 있는 근거가 마련되어 있다. 동거를 선호하는 이유는 공동기거, 안정된 성생활과 정서적인 친밀감, 경제적 협력 등을 들 수 있다.

(8) 독신가족

결혼에 대한 가치관의 변화로 인해 결혼을 하지 않고 자신의 자유로운 생활을 유지하고자 하는 욕구의 증가로 나타나는 가족 유형이다. 독신의 생활 유형은 독신을 자발적으로 선택했는지 또는 일시적 혹은 영구적으로 선택했는지에 따라 차이가 있다.

(9) 다문화가족

다문화가족은 한국사회에 거주하고 있는 외국인 근로자, 국제결혼이주자, 새터민북한 이탈주민, 외국인과의 사이에서 태어난 자녀 등으로 구성된 가족이다. 다문화가족은 다양한 문화에 접하면서 국제화시대에 부응한다는 점에서 장점을 지니는 반면 경제적 어려움, 의사소통의 어려움, 사회문화적 적응의 어려움, 문화적 충돌의 어려움, 가족관계의 어려움, 자녀양육의 어려움, 합법적인 체류문제 등이 있을 수 있다.

(10) 동성애가족

우리나라에서는 인정되거나 보편화되어 있지 않은 가족 유형으로, 동성애자들이 그들의 자녀와 함께 가족을 이루며 사는 경우를 말한다. 이러한 가족에 대해서는 자녀들의 성정체성의 문제, 동성애자를 배타적으로 대하는 사회 분위기로 인해 가족 전체가 고립되면서 자녀들이 경험하는 소외의 문제 등이 있을 수 있다.

4) 사회체계론적 가족의 특성

가족을 하나의 기능적 단위, 또는 사회체계로 보는 입장은 베르탈란피Bertalanffy, 1968의 일반체계이론에서 시작되었다. 사회체계론적 관점에서 가족을 살펴보는 중요한 이유는 가족구성원과 주변 환경들 간의 상호작용을 통찰할 수 있게 해준다. 또한 가족 내에 문제가 발생했을 때 그것이 한 가족구성원의 문제라기보다는 가족 전체의 문제이며, 문제를 보이는 가족구성원은 가족의 문제를 표출시키고 있는 사람으로 간주해 준다. 가족치료학자 베이슨과 그의 동료들은 가족이 하나의 단위로서 기능하는 방법을 설명할 때 체계이론이 완벽한 도구가 될 수 있다고 판단했다(Nichols, 2013). 사회체계로서 본 가족의 특성은 다음과 같다(Barker, 1986, Zastrow & Kirst-Ashmam, 2001).

(1) 상호의존성

체계는 어떤 공통적인 속성을 지닌 부분들로 이루어지며, 상호 관련되어 있는 부분들의 역동적인 상호작용으로 통합된 전체로서 기능한다. 가족체계이론에서 가족이란 신체적 · 심리적 공간을 차지하는 개인들로 구성된 단순한 집합체가 아니라 집합의 구성 부분들이 서로 영향을 미치는 하나의 자연적인 사회체계이다. 가족체계는 체계의 원활한 기능을 위해 서로 연관되어 있으며, 서로에 대한 영향력이 크고 오랜 시간 그 관계가 지속된다. 즉, 가족체계는 가족구성원의 행동이나 변화가 다른 구성원에게 직접적인 영향을 미치기 때문에 상호의존성이 높은 체계이다. 이러한 가족체계이론에서는 가족구성원 간 관계에서의 상호작용적관계적인 측면에 초점을 둔다.

(2) 항상성

하나의 체계로서 가족은 환경과 끊임없이 상호작용하는 동안 체계 내에서 하나의 안정상태를 추구하는 경향을 보인다. 즉, 외부환경에 끊임없이 반응하고 변화하지만 시간이 지나면 안정상태에 이르게 되는데, 이를 가족의 항상성homeostsis이라 한다. 가족의 항상성은 가족체계의 모든 요소들이 조화하여 하나의 조직된 응집체를 함께 발전시키는 상호 보완성으로 인해 생겨난다. 가족체계는 동요되고 스트레스를 받을 때마다 가족 내의 보완성 기능이 작용하여 항상성을 잃지 않고 균형equilibrium을 유지하기 위해 노력한다. 이러한 항상성 기제로 가족의 행동을 이해한다면 이해가 가지 않는 가족의 혼란스러운 행동도 이해할 수 있다. 예를 들어, 부모가 싸울 때마다 자녀 중 한 명이 가출을 하면, 자녀의 가출은 부모가 공동의 관심사를 갖도록 함으로써 싸움을 멈추게 하는 한 방법이 될지도 모른다.

(3) 하위체계

가족을 하나의 단위로 보면 가족은 외부적으로 상부체계들과 연결되어 있고, 내부적으로는 여러 하위체계로 구성되어 있다. 즉, 한 개인은 가족이라 불리는 보다 더 큰 체계의 하위체계이며, 가족은 지역사회의 한 하위체계이고, 지역사회는 더 큰 전체 사회의 부분이다(최옥채 외, 2013). 가족체계 내부에는 부부하위체계, 부모하위체계, 부모-자녀 하위체계, 형제하위체계 등으로 구성되어 있다. 이러한 하위체계는 가족의 역할수행을 위해 가족구성원 간의 상호작용으로 만들어진다. 각 하위체계는 각각의 고유한 규칙과 기능이 있고, 하위체계 간에는 경계가 존재한다. 가족이 건강하게 기능하기 위해서는 이 체계들이 서로 명확하게 분리되어 있어야 한다. 경계가 모호해지면 부부 하위체계의 갈등이 부모-자녀 하위체계로 영향이 미쳐 역기능적 가족이 될 수 있다.

① 부부 하위체계

미누친(Minnuchin, 1974)은 부부하위체계spouse subsystem가 과업을 수행하는 데 필요한 두 가지 기술을 상호보완과 적응이라고 보았다. 배우자들이 상대방의 기능을 성공적으로 실행하도록 서로 협조하고 협력함으로써 상호보완해 주는 기술이 필요하다는 것이다. 부부 하위체계는 다른 모든 하위체계와 같이 전체구조 내의 경계선에 따라 특징지어진다. 부부는 자녀나 시부모와 같은 다른 하위체계 때문에 방해 없이 보호되어야 하며, 부부간의 경계선이 너무 경직되거나 이완되면 부부간의 기능에 방해를 받아 가족 내의 질서에 손상이 오게 된다.

② 부모 하위체계

부모 하위체계parental subsystem는 자녀가 출생하면서 가족 내의 상호작용에 변화가 발생한다. 자녀를 출산하기 이전의 부부체계의 균형은 깨지고 부부와 자녀 사이에 새로운 경계가 형성된다. 건강한 부모 하위체계를 유지해야 가족 내 위계질서 확립의 기초가 된다.

③ 형제자매 하위체계

형제자매 하위체계sibling subsystem는 자녀들끼리 상호작용을 통하여 협력과 동맹, 상호보완하는 대인관계를 배우게 된다. 부모는 이들의 경계를 인정해 주고, 사회적 관계를 맺는 데 필요한 협의와 타협의 기술 등과 같은 행동 유형을 배우고 확장시킬 수 있도록 도와주어야 한다.

④ 부모-자녀 하위체계

부모-자녀 하위체계parent-child subsystem는 부와 자녀 또는 모와 자녀는 경계 내에서 기능적 단위로 상호작용을 한다. 부모-자녀 하위체계는 서로 다른 세대로 구성되어 있어서 부모 중 어느 한쪽이 배우자를 배제시키고 자녀와 관계를 맺으면서 결속하게 되면 역기능적 가족이 되기 쉽다. 또한 이 체계의 중요한 기능은 위계질서 확립에 있다. 부모의 권위와 통제가 적절하게 있을 때 자녀는 독립적이면서도 부모와 건강한 관계를 맺을 수 있기 때문이다.

(4) 경계

경계는 체계 내에서 하위체계를 구분하고, 외부체계와 분리되는 선을 의미한다. 가족구성원의 경계를 특징짓는 주요 개념으로는 밀착된 경계선, 유리된 경계선, 명확한 경계의 가족이 있다.

① 밀착된 경계선

밀착된 경계선enmeshed boundary은 가족구성원 간의 상호작용에서 그 관계가 지나치게 밀접하고 강력해 서로의 생활에 지나치게 관여하고 과잉 염려를 하는 것을 일컫는다. 이렇게 밀착되어 있는 가족은 가족구성원들 사이의 경계선이 적절한 경계가 결여된 경우로써 자율성이 낮고 친밀성이 비상식적으로 높아 개인의 독립성이 인정되지 않는다.

② 유리된 경계선

유리된 경계선rigid boundary은 가족 내의 경계가 심하게 분리되어 가족성원들 사이의 경계는 경직되어 있고, 가족성원들 간의 상호작용이 없다. 이렇게 유리된 가족은 하위체계 간의 의사소통이 잘 이루어지지 않고, 도움이 필요할 때 가족의 보호적인 기능을 수행하는 데 어려움을 겪는다. 또한 가족들이 서로에 대한 친밀성이 낮고, 매우 독립적이며, 자율성이 높은 특성을 가지고 있다. 즉, 가족의 연결감이나 유대감 같은 정서적 교류가 일어나지 않아 가족이 함께 살면서도 가족이 없는 것처럼 느껴진다.

③ 명확한 경계선

명확한 경계선clear boundary은 가족성원 사이의 경계선이 명확하고, 분명하기 때문에 기능적인 가족이다. 이렇게 경계선이 분명한 가족은 개개인의 자율성과 자아정체감을 확립하고, 자신의 행동에 대해 책임을 질 수 있다. 또한 친밀성과 자율성이 적절히 이루어지고 있어 가족이 함께 산다는 느낌을 강하게 갖는다.

(5) 가족규칙

가족은 규칙이 지배하는 체제다. 규칙은 가족구성원의 행동을 규정하고 제한하는 관계상의 명시적이거나 암묵적인 합의다. 모든 가족은 각 가족만의 독특한 규칙이 있으며, 이 규칙은 가족구성원 간의 반복적 상호작용을 통해 그 형태가 조직화되고 가족 간에 경계를 결정한다. 잭슨Jsckson, 1965은 가족의 규칙이 가족들 간의 행동을 유형화시키고 이것이 가족생활을 운영하는 원리가 된다는 것을 발견하였다. 그리고 사티어Satir, 1972는 가족들에게 고통을 유발하는 규칙의 경우는 불문의 규칙을 일깨워 줄 필요가 있다고 하였다. 이러한 규칙들을 알게 되면, 가족들이 어떻게 서로 간에 관계를 규정짓고, 구성원의 행동에 영향을 주는지를 알 수 있다. 가족치료에서는 역기능적인 가족규칙을 찾아내어 변화시켜 줌으로써 가족의 건강한 성장을 도울 수 있다. 예를 들어, 자녀들이 어렸을 때 구성된 규칙이 청소년에게는 효과적일 수 없다. 6살짜리 아이를 훈육하고 지도하는 방법과 17살짜리 청소년에게 효과적인 부모역할은 매우 다르기 때문이다.

(6) 가족신화

가족신화family myth란 가족구성원이 가족 내에서 공유하는 신념이나 기대를 말한다. 이러한 신념은 가족구성원이 상호작용하는 방식에 영향을 주고, 서로 의문을 제기하지 않으면서, 가족의 일체감과 안정성을 보장하는 데 기여한다. 예를 들어, '우리 집에서는 아버지는 부엌에 절대로 들어가서는 안 되고, 아내는 남편을 공경해야 한다' 등의 신념이 있을 수 있다. 가족구성원은 이러한 신념이 잘못된 것이라는 것을 알면서도 현재 가족의 구조를 보존하기 위해서 그것들을 문제 삼지 않고 허용한다. 즉, 가족신화는 항상성을 유지하는 데 필요하다. 역기능적인 가족은 잘못된 가족 내 신화를 가지고 있으며, 특정 가족구성원을 라벨링하여 가족의 희생양을 만드는 경향이 있다.

가족의 희생양scapegoating이란 가족이 갈등이나 긴장을 해결하기 위한 시도로 가족구성원 중 한 사람에게 문제를 찾거나 문제를 조장하게 하는 것을 말한다. 부모의 부부관계에서 생기는 문제를 행동화하는 방식으로 자녀가 비행을 보이는 경우가 희생양의 예이다.

2. 집단

사회체계 가운데 가족 다음으로 개인의 성장과 발달에 영향을 미치는 것은 집단이다. 인간은 태어나는 순간부터 집단 속에서 사람들과의 상호작용을 통해서 관계를 맺으며 성장해 나간다. 개인은 가족과 학교, 직장, 동호회 등을 통해 사회적 기술과 규범을 습득하며 자아정체감을 형성해 나간다. 사회복지실천에서는 인간을 환경 속의 존재로 규정하고 있지만, 보다 정확히 표현하자면 '환경 속의 집단에 속한 개인'이라고 할 수 있다. 그러므로 사회복지실천에서는 내담자를 둘러싼 사회집단의 영향을 정확히 이해하고 내담자가 관계를 맺고 있는 집단의 변화를 도모할 수 있는 개입방법과 관련된 지식과 기술을 익혀야 한다(권중돈 · 김동배, 2013).

1) 집단의 정의

집단이란 용어가 다양한 유형의 집합체에 적용되는 것이기 때문에 어떤 유형의 집단에 초점을 맞추는가에 따라 정의가 달라질 수 있으므로 공통된 정의를 내리기는 쉽지 않다. 집단이란 인간집합체로서 사회가 형성될 수 있는 공식적 · 비공식적 구조를 제공하는 사회의 기본적 구성단위이다. 또한 집단경험은 영아기에는 가족의 영향력을, 유아기와 아동기에는 또래와의 관계를 형성함으로써 바람직한 사회행동의 법칙과 원리를 학습하고, 사회적 관계를 만족스럽게 유지할 수 있다. 따라서 인간은 전생애 동안 집단을 떠나서는 생존해 나갈 수 없으며, 집단 속에서의 경험을 통해 성장하고 발달해 나간다.

집단에 대한 정의를 살펴보면, 집단이란 어떤 목적을 성취하기 위해 상호작용하는 사람들의 소규모의 집단 또는 대면접촉적 집합체라고 하였다(Brown, 1991). 또한 대면접촉을 하는 둘 이상의 사람들이 자신이 그 집단의 구성원임을 인식하고, 공동의 목적을 위해 상호의존성을 가지고 노력하는 조직이라고 하였다(Johnson & Johnson, 1997). 놀린과 체스Norlin & Chess, 1997는 집단을 개인들이 서로 인식하고 상호작용하며, 집단에 대한 의식을 가지고 구성원의 행동에 영향을 주고받는 두 명 이상으로 구성된 사회조직의 한 형태로 정의하고 있다. 이상의 정의를 종합해 보면 집단이란 동일한 집단에 속해 있는 2인 이상의 사람이 모인 집합체로서, 공동의 관심사 및 목적달성을 위해 상호작용을 하는 대면적 접촉이 가능한 사회적 집합체라고 할 수 있다.

2) 집단의 특징

집단은 일정한 목적을 갖고 움직이는 체계이므로 내적으로 구성원들을 통제하기 위한 독특한 규범과 문화를 발전시킬 뿐 아니라 외적으로 환경체계의 영향을 받는다. 이러한 집단의 특징을 정리해 보면 다음과 같다(Norlin & Chess, 1997).

(1) 집단의 크기

집단의 크기는 최소 2인 이상이고, 집단구성원 간 상호작용이 이루어져야 한다는 점에서 최대 크기는 제한된다. 한편, 구성원 간 상호작용이 이루어지지 않으면, 더 이상 그 집단은 집단이라고 말할 수 없다.

(2) 공통된 목적을 공유

모든 사회적 집단구성원은 하나 또는 그 이상의 공통된 목적을 공유한다. 집단에는 구성원들이 함께 공유하고, 실제로 달성할 수 있는 목적이 있어야 한다. 체계론적 시각에서 목적은 체계를 유지하고 과업을 성취하는 기능을 한다.

(3) 집단의 정체성

모든 집단구성원은 대면적 의사소통과 상호작용을 통하여 집단 정체성을 공유하며, 집단을 하나의 실제로 지각한다. 집단은 다양한 집단활동을 통해서 소속감, 정체성과 결속력을 형성하는 '우리 의식'이라 할 수 있다.

(4) 개인의 행동에 대한 영향

집단은 개인의 행동에 영향을 미친다. 집단은 구성원들에게 사회통제의 기능뿐 아니라 중요한 사회화의 기능을 수행한다. 즉, 각 집단은 독특한 하위문화를 형성하는데, 이것은 구성원들의 집단 관련 행동에 영향을 미치는 규범이 된다. 집단규범이 형성되면, 이 규범은 구성원 각자의 자아인식으로 내면화 되며, 개인의 가치체계의 일부분이 된다.

(5) 내적 · 자연적 상호작용

집단 내 상호작용은 구성원들의 내적 또는 자연적인 상태를 기반으로 한다. 즉, 집단구성원들은 집단활동에서 이성적이고 합리적으로 판단하기보다는, 일차적으로 집단구성원들이 지닌 정서적 맥락에서 상호작용이 이루어진다. 이러한 의미에서 집단 관련 활동들은 일차적으로 이성적이기보다 정서적 부분에 의해 유발된다.

(6) 집단참여의 한계

집단참여에는 일정한 제한이 있다. 한 개인이 가족 이외의 다양한 집단에 참여하는 것은 일정한 관심과 흥미에 기초하여 자발적으로 결정된다. 그리고 각 집단은 구성원들에게 상호작용을 요구하고, 이는 결과적으로 구성원들의 힘과 에너지를 필요로 한다. 따라서 자연적으로 한 개인이 집단에 참여하는 정도와 수는 제한적이기 마련이다.

3) 집단의 유형

집단의 유형은 집단의 크기, 목적, 활동범위 등에 따라 다양하게 구분되는데, 개인이 경험하게 되는 집단의 유형에 따라 집단은 개인에게 상이한 영향을 미치는 사회환경이 된다. 여기에서는 집단을 사회적 관계의 측면에서 유형화하면 일차 집단과 이차 집단, 자연집단, 형성집단으로 분류되고, 구성원의 가입 · 탈퇴의 자율성에 따라 개방집단과 폐쇄집단으로 분류된다. 또한 토슬랜드와 리바스Toseland & Livas, 1995의 분류를 참조하여 실천현장에서 이루어지는 집단의 유형은 지지집단, 교육집단, 성장집단, 치료집단, 사회화집단으로 나뉘어진다.

(1) 일차 집단과 이차 집단

집단을 분류하는 가장 흔한 방법은 일차 집단과 이차 집단으로의 분류이다. 미국의 사회학자 쿨리Cooley, 1999는 개인의 사회화 과정에 있어 집단적 분위기가 인성 형성과정에 어떤 영향을 미치는가를 설명하기 위한 개념으로 유형화하였다. 일차 집단primary group은 혈연과 지연을 바탕으로 자연발생적으로 이루어진 집단으로서 가족이나 친구, 이웃 등을 대표적인 예로 들 수 있으며, 이 집단에서의 인간관계는 정서적이다.

이차 집단secondary group은 정서적 결속이 미약하고, 목적달성을 위해 인위적 계약에 의해 형성된 집단으로서 전문단체나 군대 등을 대표적인 예로 들 수 있으며, 이 집단에서의 인간관계는 작업활동이 노동활동에 근거를 두고 이루어지며 합리성이 강조된다.

(2) 자연집단과 인위적 집단

자연집단natural group과 인위적 집단formal group은 집단의 구성 동기에 기초한 분류이다(권중돈, 2014). 자연집단은 외부의 개입 없이 자연발생적으로 만들어진 집단으로 공식적인 지원체계가 없는 것이 특징이다. 이 유형에는 또래집단, 갱집단 등을 대표적인 예로 들 수 있으며, 일차 집단과 매우 유사한 속성을 갖는다.

인위적 집단은 특정위원회나 팀처럼 일정한 목적을 갖는 것이 특징이다. 이 집단은 공식적 규칙과 일련의 과업을 갖고, 설정된 목적을 달성하기 위하여 역할에 의해 구조화되고 지위에 의해 층화된다. 인위적 집단은 집단이 추구하는 목적에 따라 치료집단treatment group과 과업집단task group으로 분류되기도 한다. 치료집단의 경우 구성원의 교육과 성장, 행동 변화, 사회화에 대한 욕구를 충족시키기 위해 구성되는 반면에 과업집단은 특정한 과업을 성취하기 위해 구성된다.

(3) 개방집단과 폐쇄집단

개방집단open-ended group과 폐쇄집단close-ended group은 구성원의 가입과 탈퇴의 자율성 여부에 따른 구분이다. 개방집단은 집단이 진행되는 동안 구성원들의 가입과 탈퇴가 자유롭다. 이 집단에서는 구성원이 바뀌면서 새로운 생각과 신념, 가치관이 유입될 수 있는 장점이 있다. 그러나 구성원의 유입과 탈퇴가 너무 자주 발생하면 지금까지의 일정한 목표를 향해 노력해 온 구성원들의 성장을 정체시키거나 불안을 유발할 수 있다. 또한 개방집단에서는 일정 수준 이상의 심도 깊은 목적을 달성하거나 구성원에 대한 개별화를 이루는 데 한계가 있다.

폐쇄집단은 구성원의 자격을 먼저 분명하게 설정한 후, 집단구성원들이 처음부터 동시에 들어와 집단이 운영된다. 집단이 운영되는 동안에는 처음부터 새로운 구성원의 유입 없이 끝까지 일정하게 운영되는 집단으로서, 폐쇄집단은 집단에 대한 응집력이 높고, 집단의 공동목표와 개별목표를 모두 효과적으로 달성할 수 있는 가능성이 높으며, 구성원들에게 안정감을 제공할 수 있다는 장점이 있다. 반면에 집단구성원 선정이나 목표 설정이 처음부터 잘못된 경우에는 수정할 수 있는 여지가 적으며, 여러 가지 이유로 구성원들이 중도 탈락을 하는 경우에는 집단이 소수화되어 집단역동을 기대하기 어렵거나 집단 운영이 어려워지는 경우가 발생할 수 있다는 단점이 있다.

(4) 성장집단

성장집단growth group은 구성원들의 능력과 자아개념을 넓히고 개인적 변화로 기회를 제공하면서 자아향상을 강조하는 가치명료화 집단이다. 구성원들에게 자신과 타인에 대해서 그들의 생각, 감정, 행동을 인식하고 확장하며, 변화할 수 있는 기회를 통하여 자신의 잠재력을 최대한 발휘할 수 있도록 돕는 데 목적이 있다. 성장집단은 개인의 내적 병리를 치료하기보다는 심리사회적 건강을 향상시키는 데 초점을 두며, 집단을 자신의 성장기회로 활용하려는 사람들로 구성된다. 성장집단의 예로는 부부의 결혼생활 향상집단, 청소년을 위한 가치명료화집단, 여성을 위한 의식고양집단, 은퇴 후의 삶에 대해 초점을 맞추는 노인집단, 잠재력 개발집단 등이다.

(5) 지지집단

지지집단support group은 구성원들이 삶에서 장차 일어날 스트레스를 주는 생활사의 사건에 잘 대처하고, 효과적으로 적응할 수 있도록 원조하는 데 목적을 둔다. 지지집단에서 집단지도자의 역할은 자조와 상호원조를 통해서 대처기술을 향상시키도록 동기화시키며, 미래에 대한 희망을 촉진시키는 것이다. 지지집단의 구성원은 대개 유사한 문제나 경험을 가지고 있어서 유대가 빨리 형성되며, 자기개방의 수준도 매우 높다. 경우에 따라서 집단지도자는 직접 지도하지 않으면서 비전문가가 이끄는 자조집단에 자문을 주는 형태의 간접적인 원조를 제공한다. 지지집단의 예는 이혼한 부부의 자녀집단, 암환자와 그 가족으로 구성되어 질병의 영향과 대처방법을 의논하는 집단, 자녀양육의 어려움을 함께 나누는 한부모집단, 정신병원에서 퇴원하여 지역사회에서의 적응을 다루는 정신장애인집단 등이 있다.

(6) 교육집단

교육집단educational group의 목적은 구성원들에게 지식, 정보 또는 기술의 학습과 교육의 향상을 목적으로 한다. 정보의 제공은 주로 전문가에 의해서 강의 형태로 이루어지며 구성원 간의 토의를 통해서 학습이 이루어진다. 또한 전문가가 직접적 교육활동을 통해 기술을 가르치고 정보를 제공하며, 지식을 습득할 수 있도록 도움을 준다. 집단구성원은 학습에 대한 공통의 관심사를 가진 사람들로 구성된다. 집단지도자는 구성원의 지식, 기술, 경험 등을 고려하여 모든 구성원이 최상의 학습효과를 얻도록 해야 한다. 교육집단은 주로 강의를 중심으로 이루어지므로 구성원의 자기개방은 비교적 낮은 편이다. 교육집단의 예는 성교육을 받는 청소년집단, 예비부부교육을 받는 미혼 성인집단, 위탁가정의 부모가 되려는 집단, 특정 약물이나 질환에 대해 정보를 획득하려는 집단, 부모역할 훈련집단 등이다.

(7) 치유집단

치유집단remedial group은 구성원들이 스스로 자신의 행동을 변화시키고, 개인적인 문제를 개선하며 해결하고, 사회적 외상이나 건강상의 외상 이후에 스스로 상실된 기능의 회복을 원상 복귀할 수 있도록 돕는 것을 목적으로 한다. 대개 집단구성원은 전문가에 의해 치료집단이 적합한지를 사정한 후에 공통적인 문제를 겪고 있는 사람들로 구성된다. 치료집단에서 집단지도자는 권위적 인물로, 인간행동에 대한 지식을 가지고 있어야 하며, 집단역동, 집단상담능력과 행동 변화를 가져올 수 있도록 집단을 활용할 수 있는 능력, 또는 변화 매개인으로서의 역할을 수행하며, 집단의 공동목적 내에서 개별 구성원의 목적을 구체적으로 수립하여 이를 달성할 수 있는 전문가이어야 한다. 치료집단에서 구성원은 다소 심한 정서적 · 개인적 문제를 가진 성원들로 구성되며, 자기개방의 정도는 비교적 높은 편이나 구성원들이 겪는 문제에 따라 차이를 보일 수 있다. 치료집단의 예로는 보호관찰 대상 청소년집단, 약물의존 및 약물중독자, 사회재활을 위한 정신질환자집단, 금연집단, 공황장애 치료집단 등이 있다.

(8) 사회화집단

사회화집단socialization group은 사회적 관계에 어려움을 가지고 있는 사람을 중심으로 사회생활에 효과적으로 기능하기 위해 필요한 사회적 기술을 학습하거나 사회적으로 수용되는 행동을 익히는 데 목적을 둔다. 사회화집단은 게임, 역할연습, 레크리에이션, 여가활동 등의 특정 프로그램 활동에 참여하여 결속력을 발전시키며, 대인관계기술을 향상시킨다. 사회화집단은 사회기술 훈련집단, 자치집단 그리고 여가집단으로 구분된다. 사회기술 훈련집단은 의사소통에 어려움이 있거나 만족할 만한 사회적 관계를 맺지 못하는 사람들을 대상으로 하는 자기주장 훈련집단, 주의력결핍과잉행동 아동집단을 들 수 있다. 자치집단은 정신병동이나 시설 거주자들이 전문가로부터 부당한 처우를 받을 때 자신들의 욕구를 해결하거나 권리를 주장하기 위해 집단을 형성하고 토론하여 결정하는 과정에서 의사소통능력을 향상시키고 사회적 기술을 배운다. 여가집단은 여가활동에 초점을 두는 집단으로 스카우트 활동, 캠핑, 스포츠 활동 등을 들 수 있다.

(9) 자조집단

자조집단self-help-group은 공통된 쟁점에 대해 개인 또는 환경에 바람직한 변화를 가져오기 위해 뜻을 함께 하는 사람들로 구성된 자발적 집단이다. 집단구성원들은 비슷한 환경에 있으면서 공통의 이익을 도모하기 위해 서로 돕거나 공통적인 욕구나 문제를 함께 해결하려는 사람들이다. 자조집단은 사회복지사의 전문적인 지식과 기술을 바탕으로 한 적극적인 지지와 개입은 필요하지 않다. 집단구성원인 비전문가가 리더로 활동하면서 구성원들의 경험에 기초한 것들을 바탕으로 상호 간에 원조를 제공한다. 자조집단에는 결혼이주여성모임, 자폐아동부모모임, 이혼자모임, 치매노인가족모임 등이 있다.

4) 집단의 역동성

집단의 역동성은 구성원들이 상호작용하는 힘으로 하나의 장면 또는 환경 내에서 일어나는 복합적이고 상호작용적인 힘을 지칭하는 것이다. 집단은 구성원들의 상호작용을 통해서 구성원 각자에게는 물론 집단 전체에 영향을 미치게 되며, 이러한 상호작용에 의해 집단 변화에 미치는 힘을 집단의 역동성이라 한다. 집단의 역동성은 구성원들의 의사소통 및 상호작용, 목적, 사회적 통제, 정서적 유대 등 다양한 요소들에 의해서 영향을 받으며, 이러한 요소들을 적절히 활용하면 집단의 발전은 물론 구성원들에게 긍정적 결과를 가져올 수 있다.

(1) 의사소통

사회적 상호작용은 역동적인 힘의 작용을 일컫는 것으로, 사람들 간의 접촉이 태도와 행동을 변화시킨다는 것을 의미한다. 사회적 상호작용의 핵심인 의사소통은 정보, 느낌, 태도 등이 전달, 수신, 해석, 반응하는 사회적 과정이다.

집단 내에서 구성원들의 의사소통은 정보, 감정, 태도 등의 의미를 전달하기 위하여 상징을 사용하는 과정이다. 의사소통은 언어를 통해서 분명하게 전달되는 언어적 의사소통과 몸짓, 표정 등에 의해서 전달되는 비언어적 의사소통이 있으며, 공식적 또는 비공식적으로 이루어진다. 집단구성원들은 의사소통을 통해서 상호 간에 영향을 주고받으며, 집단 내에서 이루어지는 사회적 상호작용은 힘의 역동적 교환행동이다. 또한 의사소통은 집단구성원의 유대를 강화시키거나 약화시킬 수 있으며 집단의 발전에 영향을 미치므로, 구성원들 간에 효과적으로 의사소통을 할 수 있게 해야 한다(이근홍, 2014).

(2) 목적

모든 집단은 목적을 가지고 있으며, 목적은 집단의 활동, 의사소통의 양상, 구성원의 태도 등에 영향을 미친다. 집단의 목적은 구성원들이 가지고 있는 필요성과 욕구가 사회적 상호작용을 통해서 발전된 것이며, 정적이라기보다는 동적이다. 집단구성원은 각자가 목적을 가지고 있으며, 이것은 알려질 수도 있고 그렇지 않을 수도 있으며, 의식적일 수도 있고 무의식적일 수도 있다.

집단구성원 각자의 목적이 집단의 목적과 일치될 때도 있지만, 일치하지 않아 갈등관계에 놓일 때도 있다. 따라서 집단구성원 각자의 목적을 분석하여 개인의 목적과 집단목적의 일치성, 집단목적의 구속력, 목적달성에 따른 갈등을 파악할 필요가 있다. 집단의 효율성과 구성원의 만족도는 구성원 각자의 개인적 목적이 집단의 목적에 의해서 발전된다고 느끼거나 두 가지의 목적이 조화를 이룰 때 높아진다(남세진, 1990 ; 이근홍 외, 2014).

(3) 사회적 통제

사회적 통제는 집단구성원들로 하여금 일정한 방식을 따르도록 하는 과정에서 사용한다. 사회적 통제에는 규범과 역할, 지위가 있다.

① 규범

규범은 집단구성원들이 지켜야 할 규칙이나 기준을 말한다. 이것은 집단 속에서 허용되는 행동상의 법규를 규정하고 있으며 집단의 중요한 통제수단이 된다. 규범은 집단구성원들의 상호작용과정을 통해서 형성되며, 구성원 전체에게 동일한 구속력을 가지게 된다. 규범은 집단구성원의 행동을 규제하기 때문에 규범의 발달과 수용은 집단의 생존에 영향을 미치며, 구성원들을 집단에 순응하도록 압력을 가한다.

② 지위

지위란 집단 내에서 구성원 각자가 차지하고 있는 위치를 말한다. 이것은 집단 내에서의 평가과정을 통해서 개인에게 부여되며, 고정적이지 않고 유동적이다. 지위는 집단구성원 각자의 전문적 지식, 집단에 대한 책임, 개인적 매력 등에 따라 달라지며, 구성원들의 행동, 책임, 통제 등에 영향을 미친다.

③ 역할

역할은 집단 내에서 개인의 위치에 맞는 행동 유형을 말한다. 이것은 집단 내에서 개인의 행동을 이해하고 예측할 수 있으며, 기대된 역할, 지각된 역할 및 실행된 역할로 구분할 수 있다. 기대된 역할은 집단 내에서 일정한 위치를 차지하고 있는 사람으로서 기대에 부응하는 행동이다. 지각된 역할은 지위를 차지하고 있는 사람이 반드시 해야 한다고 믿는 행동이며, 실행된 역할은 지위를 차지하고 있는 사람이 실제로 수행한 역할을 말한다. 집단에서 구성원 각자가 자신의 역할을 잘 수행할 수 있도록 하기 위해서는 각자의 역할에 대해 토의하고 협상하며, 현재의 역할에 따르는 책임과 권리를 명료화하고, 구성원의 역할을 적절하게 변화시켜야 한다.

(4) 정서적 유대감

집단구성원들은 서로에게 매력이나 반감을 갖게 되므로, 구성원들 간의 정서적 유대에 대해 관심을 가져야 한다. 집단 내에서의 의사소통을 통해서 정보와 의견이 전달되기도 하지만, 긍정적 · 부정적 감정이 교환되기도 한다. 집단 내에서 매력과 같은 긍정적인 정서적 유대는 구성원들 간의 상호작용을 증진시키지만, 반감과 같은 부정적인 유대는 구성원들 간의 결속과 상호작용에 방해가 된다.

정서적 유대를 통해 집단구성원들은 소속감을 갖는다. 정서적 유대가 높은 집단은 갈등과 긴장을 잘 극복하며, 구성원의 욕구를 충족시킬 수 있고, 집단의 목적을 효과적으로 실현시킬 수 있다. 그러나 정서적 유대는 집단 전체에 동일하게 작용하는 것은 아니며, 구성원들은 긍정적 또는 부정적 유대를 갖기도 하고, 이러한 과정에서 집단 내에 하위집단이 형성되기도 한다.

(5) 하위집단

집단구성원들이 서로 간에 공통점을 발견하게 되면 다양한 하위집단이 형성되기 시작한다. 하위집단은 두 명에서부터 구성원 다수들이 참여하면서 형성된다. 하위집단은 집단의 규모가 커지게 되면 모든 집단에서 나타나며, 유사성, 공통의 속성, 공통의 관심사, 상호 간의 매력 등에 의해서 형성된다. 하위집단은 소수의 구성원으로 이루어지며, 그들 간에는 정서적 유대와 조화가 나타난다. 하위집단은 전체집단에 참여하는 데 보람을 느끼게 하며, 집단의 응집력을 향상시킨다. 그러나 하위집단은 집단의 발전에 기여하기도 하지만, 집단의 응집력을 약화시키는 경우도 있다. 하위집단의 존재는 자연스러운 결과이기 때문에 이를 받아들여야 하며, 하위집단이 전체집단에 유리하게 작용할 수 있도록 원조해야 한다.

(6) 집단의 응집력

응집력은 집단구성원들이 상호 간에 끌리는 힘을 말하는 것으로 집단의 응집력이 강할수록 집단구성원에게 긍정적인 영향을 미치게 된다. 집단응집력은 집단의 목적달성에 중요한 요소가 되며, 응집력이 강할 때 구성원은 집단의 구조와 규범을 받아들인다. 이것은 구성원들이 집단에 대해 긍정적인 면을 부정적인 면보다 더 많이 가지고 있을 때 생긴다. 그러나 집단응집력이 강하면 집단의 부정적 측면을 알아채지 못하거나 다른 집단구성원에게 부적절한 영향을 받을 수 있고, 외부환경으로부터 새로운 정보에 폐쇄적일 수 있다.

집단응집력은 구성원의 특성, 집단의 활동내용, 집단의 목적, 집단의 크기, 집단의 분위기, 집단참여의 필요성 등과 같은 다양한 요소들에 의해 결정되는 복합적인 현상이다. 응집력은 집단활동에 광범위하게 영향을 미치며, 집단을 유지하는 결정적인 요소가 된다. 집단응집력을 높이기 위해서는 구성원들의 상호작용, 집단의 생산성, 만족도 등을 향상시키는 것이 필요하다(남세진, 1990).

3. 사회복지실천에 대한 적용

가족과 집단은 환경체계 가운데 가장 일차적이고 직접적인 환경으로 사회복지실천의 고유한 대상으로 인식되었다. 가족과 집단을 대상으로 이루어지는 가족사회사업과 집단사회사업은 사회복지실천의 고유한 방법론으로 사용되었다. 사회복지실천에서 '환경environment'은 개인을 둘러싸고 있는 다양한 체계들을 말한다. 이 체계들은 개인에게 긍정적 영향을 미치기도 하지만 부정적으로 영향을 미치기도 한다. 또한 개인은 주변체계로부터 영향을 받을 뿐 아니라 영향을 미치기도 한다. 이렇듯 영향을 주고받는 환경체계 가운데 가장 일차적이고 직접적인 환경이 가족과 집단이다. 인간의 성장과 발달에 있어 가족의 영향력은 매우 중요하게 다루어 왔다. 또한 개인은 유아기를 거쳐 성장해 가능 동안에 또래, 학급, 학교, 동아리, 사회단체, 직장 그리고 지역사회에 존재하는 다양한 소집단을 경험하게 되는데, 이러한 집단들은 개인의 성격형성과 사회적 관계형성에 직접적 또는 간접적으로 영향을 미친다.

가족과 집단을 클라이언트 개인의 일차적이고 직접적인 환경체계로서 이해하고 바라보는 것이 필요하다. 특히, 가족과 집단을 체계적 관점에서 접근하는 것은 그들이 처한 상황을 다양한 환경체계 수준에서 이해할 수 있기 때문이다. 또한 하나의 체계로서 구조적 속성과 행동적 속성의 역동성을 이해할 수 있기 때문에 더욱 중요하다.

사회복지사는 건강하고 기능을 잘하는 가족과 집단만을 만나는 것이 아니라 때로는 건강하지 못한 역기능적인 가족과 집단을 만난다. 가족사회복지사는 실천의 대상인 가족이 갖는 다양한 유형과 특징에 대해서 충분히 파악할 수 있어야 하며, 그 대상이 직면하고 있는 복잡한 문제와 상황을 체계적인 관점에서 사정할 수 있어야 한다. 이를 위해서는 가족과 집단의 문제를 효과적으로 해결할 수 있는 구체적인 전문적 지식과 기술을 충분히 갖추고 있어야 한다.

CHAPTER 14

조직과 지역사회 및 문화

CHAPTER 14

인간은 가족이나 집단과 더불어 조직과 지역사회와의 밀접한 관계 속에서 공동체적 삶을 영위해 나간다. 또한 인간은 자신이 속한 사회의 문화를 내면화하여 사회의 구성원으로서 사회화되어 가며, 사회적 관계나 상호작용을 통하여 새로운 문화를 만들어 내기도 한다. 컴퓨터 기술의 발달로 새로이 형성된 사이버공간 문화는 인간의 행동에 점점 더 큰 영향을 미치고 있다. 이처럼 조직, 지역사회, 문화는 인간과 상호적인 관계를 맺고 서로의 생존, 안정 그리고 변화에 지대한 영향을 미치는 거시체계이다. 그러므로 사회복지실천에서는 조직, 지역사회, 문화가 인간에게 미치는 영향을 정확히 이해하고, 내담자의 문제를 해결할 수 있는 전략을 고안, 실행하는 과정에서 이러한 요인들을 중요하게 고려해야 한다.

1. 조직

인간은 가족, 집단뿐만 아니라 조직과의 밀접한 관계 속에서 삶을 영위해 나간다. 인간은 조직 내에서 태어나서, 배우고, 일하면서 생존과 욕구충족에 필요한 자원을 획득하고, 조직 속에서 생을 마감한다(권중돈 · 김동배, 2013). 이와 같이 인간의 전 생애에 걸친 삶은 조직과 밀접한 관련이 있으며, 조직으로부터 강한 영향을 받는다. 따라서 사회복지실천현장에서는 클라이언트를 둘러싼 조직의 영향을 정확히 이해하고, 클라이언트뿐만 아니라 클라이언트가 관계를 맺고 있는 조직의 변화를 도모할 수 있는 사회복지실천의 개입방법과 지식 및 기술을 습득하여야 한다.

1) 조직의 개념

조직은 인간행동에 중요한 영향을 미치는 거시체계 중 하나이다. 파슨스Parsons, 1960와 에치오니Elzioni, 1964는 조직을 '특정한 목적을 달성하기 위해서 의도적으로 설립한 사회체계 또는 인간집단'으로 정의하고 있다. 특정 목표달성을 위한 지위와 역할체계로서의 조직은 공식조직체를 의미하는데, 공식조직은 정부조직, 회사, 군대, 학교, 병원, 교회, 조합 등과 같이 의도적으로 설립한 집단을 의미한다. 또한 조직은 '일정한 형태를 가지고 있으며, 구성원들의 분업적인 업무를 통해서 특정한 목적'을 수행한다고 하였다. 놀린과 체스Norlin & Chess, 1997는 이러한 조직은 개인적인 노력으로 해결할 수 없는 기능수행이나 문제해결을 할 수 있도록 결합시킨 사회체계로 정의하고 있다. 따라서 조직이란 일정한 크기와 형태를 가지고 있으며, 구체적이고 명백한 목표달성을 목적으로 하는 하나의 사회체계라고 정의할 수 있다. 여기에서 사용하는 조직은 집단과 구분이 쉽지 않다. 조직은 집단에 비해 공식적인 지위와 역할, 위계적 구조와 업무의 배분으로 특정한 목적을 수행할 수 있다. 또한 조직구성원 개개인들의 목적달성보다는 조직 전체로서의 목적을 더욱 중요시한다.

2) 조직의 특성

사회복지사가 사회복지실천에서 조직을 효과적으로 활용하기 위해서는 조직의 특성에 관한 충분한 이해가 필요하다. 조직에 관한 특성은 보는 이의 시각에 따라 매우 다양하게 언급될 수 있다. 사회복지실천과 관련하여 정리하면 다음과 같다(최옥채 외, 2013).

첫째, 조직은 특정 목적을 갖는다. 조직은 오로지 특정 목적을 실현하기 위해 설립된 것이고, 그 목적을 실현하는 그 자체가 조직의 존재 이유가 된다. 대체로 조직의 목적은 조직의 정관이나 규정에 서술되어 있다.

둘째, 조직은 그 조직의 특성에 맞는 일정한 규범을 지닌다. 이 규범은 조직을 구성하는 구성원들의 행동을 통제하고, 이들 구성원에게 조직에 필요한 지위와 역할을 부여함으로써 권한을 보장하기도 한다. 또한 조직의 규범은 조직을 운영하고 유지하는 데 중요한 수단이 된다. 조직의 규범을 수용하는 자만이 그 조직의 구성원이 된다. 한편, 조직의 규범은 조직구성원의 합의에 의해 변경할 수 있다.

셋째, 조직의 운영과 유지를 위해 조직 외부로부터 합당한 투입이 있어야 한다. 이 투입과 함께 조직은 내·외부적으로 권력 배분, 적응, 변화, 결속, 정체 부여 등의 기능을 한다. 조직은 국가 권력에 정면으로 대치하지 않고도 비정치적인 활동을 통해 국가 권력을 견제할 수 있다. 또한 조직구성원에게 필요한 정보를 제공하여 복잡한 사회에 적응을 도모한다.

넷째, 권위 수준이 다양한 조직은 반드시 권위의 수준을 계급화하는 위계구조를 형성한다. 이 권위 수준은 조직 내의 협동적 노력을 강화하고 조직 내의 움직임을 통제하며 효율을 올리기 위한 제반 조치를 강구한다.

다섯째, 조직은 상위조직 또는 하위조직과 상호 의존적 관계를 형성한다. 상하체계가 있는 조직은 서로 영향을 주고받으면서 서로 의지한다.

여섯째, 조직은 독특한 문화를 지닌다. 조직의 기풍과 같은 의미로서 조직의 문화는 다른 조직의 구성원과 구분되는 조직구성원의 공통된 문화이기도 하다. 조직구성원은 성, 성장환경, 나이, 직업, 경험 등에 의해 만들어지며 조직 고유의 경향을 지향한다.

3) 조직의 유형

조직의 유형이란 조직의 여러 속성이나 측면들이 갖는 유사점과 차이점에 따라 분류된 조직의 범주를 의미한다. 조직을 유형화함으로써 조직현상을 좀 더 잘 이해할 수 있을 뿐만 아니라 조직 내의 문제해결을 용이하게 할 수 있다. 현대사회에서는 조직의 종류가 다양하게 출현되고 있으며, 비교론적 · 상황론적 접근방법이 강조되고 있어 적절한 기준에 따라서 조직을 유형화한다. 학자들은 조직의 유형을 분류함에 있어서 다양한 기준을 활용하고 있다.

(1) 사회적 기능에 따른 유형

파슨즈는 조직이 사회적 필요성을 충족시키기 위해서 어떠한 기능을 수행하느냐에 따라 경제조직, 정치조직, 통제조직 및 사회조직으로 구분될 수 있다고 하였다. 경제조직은 생산활동을 하는 산업체를 말하며, 정치조직은 정당, 국회, 행정기관 등을 뜻한다. 통제조식은 안정을 유지하고 일탈을 막는 사법기관, 경찰, 군대, 정신병원 등을 말하며, 사회조직은 종교단체, 교육기관 등을 가리킨다. 한편, 여기에서 말하는 사회적 필요성이란 환경의 문제를 해결하는 활동과 같은 적응, 사회적 목표달성, 사회적 통합 및 사회의 문화 형태를 전승하는 것과 같은 형태유지를 말한다.

(2) 통제형식에 따른 유형

에치오니Etzioni, 1964는 조직성원을 통제하기 위해 상급자가 동원하는 권한과 조직구성원의 태도 사이에 형성되는 관계를 통제의 유형에 따라 분류하였다. 그는 조직의 통제형식에는 강압적 통제, 보수적 통제 및 규범적 통제 세 가지가 있다고 보고, 조직을 강제적 조직, 공리적 조직 및 규범적 조직으로 분류하였다(유종해, 1995 ; 이근홍, 2014).

① 강제적 조직

강제적 조직coercive organization은 조직구성원들의 의사와 관계없이 조직의 목적을 달성하기 위해 강제적으로 통제하는 조직이다. 대부분의 조직구성원들은 음식이나 주거를 박탈함으로써 높은 소외감을 느끼게 되며, 행동에 제약을 받는다. 강제적 조직에는 교도소, 군대 등이 있으며, 통제방법으로 물리적 힘을 사용하기도 한다.

② 공리적 조직

공리적 조직utilitarian organization은 조직구성원들이 실리적인 목적을 위해서 소속되는 것으로, 보수를 주된 통제의 수단으로 활용한다. 대부분의 조직구성원들은 자신의 이익을 위해서 조직에 가입하기 때문에 이해 타산적인 성향을 지니고 있다. 공리적 조직에는 회사, 경제단체 등이 있으며, 가입과 탈퇴가 비교적 자유롭다.

③ 규범적 조직

규범적 조직normative organization은 조직구성원들이 자유롭게 가입할 수 있고, 자유롭게 탈퇴할 수 있는 조직을 의미한다. 대부분의 조직구성원들은 조직에 대해 높은 귀속감을 가지고 있으며, 구성원이 조직에서 바라는 행위를 할 경우 존경, 명예와 같은 보상이 주어지는 특징이 있다. 규범적 조직으로는 종교단체, 정당, 자원봉사단체 등이 있다.

2. 지역사회

1) 지역사회의 개념

지역사회로 번역되는 'community'라는 용어는 이중적 의미를 공유하고 있는데, 인간생활의 지역성과 공간성을 강조하는 의미와 공동의 가치, 문화 등을 공유하는 공동체로서의 속성이 있다. 로스Ross, 1967는 지역사회를 지리적 지역사회와 기능적 지역사회로 구분하고 있고, 워렌Warren, 1978은 심리적 측면에서의 지역사회는 사람들이 공동감정, 공동이익을 추구하는 생활양식을 의미하고 지리적 측면에서는 사람들이 함께 모여 생활하는 특정 지역을 의미하며, 사회적으로는 이 두 가지 면이 결합된 것이라고 본다. 이러한 정의를 종합해 보면 지역사회란 다른 지역과 구별될 수 있는 경계를 갖는 독립적인 일정한 지리적 영역에 모여 살면서 상호작용을 통해 서로의 생활에 도움을 주며, 같은 전통, 관습 및 규범 그리고 가치 등을 공유하는 공동체라고 정의할 수 있다(권중돈, 2014).

2) 지역사회의 특성

지역사회는 사회복지실천의 장으로서 뿐만 아니라 클라이언트로서 지역사회 고유의 특성을 지닌다. 이 고유의 특성은 사회복지사가 지역사회를 보는 '지역사회관'이라고 할 수 있다. 이 지역사회관은 사회복지사가 지역사회를 이해하는 틀을 제공하고, 나아가 이 관점에 따라 사회복지사의 개입방향과 전략을 결정하기도 한다(최옥채 외, 2014).

(1) 역동성

지역사회는 역동성을 가지고 있다. 역동성은 지역사회를 구성하고 있는 지리적 공간, 생활공간, 주민, 조직, 상호작용 등이 지역사회가 추구하는 목표를 달성하기 위해 움직이는 상태를 의미한다. 지역사회주민은 일정한 지리적 공간 안에서 생활공간을 터전삼아 지속적으로 상호작용한다. 그러므로 모든 지역사회는 지역사회의 구성요소들이 서로 다양한 수준과 방법으로 순환하면서 주고받는다. 이러한 역동성은 지역사회의 변화를 촉진하는 원동력이 된다.

(2) 변화성

지역사회는 끊임없이 변화를 거듭한다. 지역사회의 변화성은 인간이 지역사회의 형성과 변화과정을 주도하며, 지역사회 역시 스스로 변화할 수 있는 능력을 지니고 있다. 지역사회는 정지된 채로 남아 있거나 변화 없이 존재하지 않는다. 지역사회의 변화성은 지역사회가 자기 변화를 꾀하기 위해 외부환경과 대처하는 상황에 중점을 두고 있다. 예를 들면, 도시의 낙후된 주변 지역사회가 새로 유입된 지역사회 주민에 의해 형성된 신시가지, 젊은 층이 대거 빠져나가고 성인 후기와 노년기의 주민이 주를 이루고 있는 농촌 등에서 지역사회의 변화성을 찾아볼 수 있다.

(3) 서비스 요구성

지역사회는 그 상황에 따라 적절한 서비스를 요구하고 변화한다. 이는 지역사회가 욕구나 문제를 지닌다는 측면에서 강조할 수 있는 지역사회의 특성이다. 모든 지역사회는 나름대로 욕구나 지역사회문제를 가지고 있으나 계속적인 발전을 거듭하고 있기 때문에 적당한 시기에 욕구문제 상황에 알맞은 도움을 제공하고 도와야 한다.

(4) 변화능력(일을 감당할 수 있는 힘)

지역사회는 변화의 능력을 가지고 있다. 지역사회의 형성과 변화과정을 인간이 주도하기 때문에 인간이 변화능력을 인정한다면, 지역사회 역시 스스로 변화할 수 있는 능력이 있다고 보아야 한다. 지역사회는 여러 유형과 수준의 자원을 가지고 있다. 예를 들어, 모든 여건이 열악한 영구임대아파트단지 주민들의 '끈끈한 정'은 지역사회 주민이 결집할 수 있는 중요한 자원이 될 수 있다. 지역사회 주민이 스스로 변화할 수 있는 능력을 가지고 있다면 지역사회도 무궁무진하게 변화시킬 수 있다. 따라서 특정 지역사회를 변화의 가능성이 없다는 선입견으로 그 지역사회의 낙인은 삼가야 한다. 예를 들어, 지속 가능sustainable한 도시는 변화를 통해 성장하는 것을 말한다.

(5) 다양성

지역사회는 다양성을 가지고 있다. 존스Jones, 1979가 지역사회를 설명하면서 '규격화 되지 않은 상태'를 강조한 맥락에서 지역사회의 다양성을 엿볼 수 있다. 인간의 개별성과 독특성을 인정하고 있는 측면에서 살펴보면, 여러 사람으로 구성된 지역사회의 다양성은 지역성원의 욕구를 인정한다는 측면에서 강조되어야 한다. 실제로 모든 지역사회는 그 구성요소의 특성이 달라 다양한 유형으로 존재한다. 인간의 욕구는 다양하기 때문에 삶의 양식 속에서 다양성은 삶의 또 다른 모델이다. 예를 들면, 지리적 여건에 따라 도시지역사회와 농촌지역사회로, 주민의 경제적 상황에 따라 빈곤지역사회와 여유 있는 잠재적 지역사회로 구분할 수 있다.

(6) 시민의 변화를 위한 최적단위

지역사회는 시민의 변화를 위한 개입활동에 최고 적합한 규모의 공간이라고 할 수 있다. 사회복지실천에서 뿐만 아니라 좋은 사회를 만들기 위해서는 시민들의 성숙한 시민의식과 변화를 강조한다. 이때 시민의 변화는 지역사회 단위로 이루어지는 것이 바람직하다. 그 이유는 대상의 규모가 지나치게 크거나 작지 않은 적절한 규모라야 시민을 효율적으로 변화시킬 수 있고 효과적으로 개입할 수 있다. 그리고 개입활동에 역동성과 변화능력을 스스로 갖추고 있는 지역사회를 최적단위로 볼 수 있기 때문이다.

3) 지역사회의 유형

지역사회는 관점에 따라 다양하게 유형화할 수 있다. 독일의 사회학자 토니스Tonnies, 1887는 지역사회를 유대관계에 따라 공동사회와 이익사회로 구분하였으며, 로스Ross, 1967는 지역사회를 지리적 지역사회와 기능적 지역사회로 구분했다. 또한 지역사회는 크기와 기능에 따라 농촌사회와 도시사회로 구분할 수 있다.

(1) 공동사회와 이익사회

공동사회gemeinschaft는 지역주민들이 서로 친밀하고 사적인 유대관계를 맺는 곳으로, 공통적인 가치와 신념, 상호의존, 존경 및 지위의 위계의식을 가지고 있다. 주민 간의 관계는 법규나 계약으로 이루어지는 것이 아니라 자연적으로 형성된 정의적 관계로 문화적 전통과 사회적 역할기대에 기초를 두고 있다(Anderson & Carter, 1984).

이익사회gesellschaft는 지역주민들이 공식적이고 전문적인 유대관계를 맺는 곳으로, 직업이나 조직과 같은 지역사회의 제도 내에서 공식적으로 구조화된 관계를 통해 관련을 맺고 있다. 이익사회는 자연적으로 이루어진 것이 아니라 인위적으로 이루어지며 주민들 간의 인간관계는 계약에 기초하고 있고, 개인의 능력과 업적에 따라 생산을 배분하며, 능률과 효율성을 강조한다. 우리나라에서 공동사회의 특성은 농촌지역에서 잘 나타나고, 이익사회의 특성은 도시지역에서 잘 나타난다.

(2) 지리적 지역사회와 기능적 지역사회

지리적 지역사회는 주민들이 일정한 지리적 영역 내에서 살고 있는 공간을 말한다. 이것은 주민들의 공통적인 거주지역과 그 주변에 그들이 소유하고 있는 재산으로 이루어진다. 지리적 지역사회에서는 부락, 근린지역, 읍 · 면 · 동, 시 · 군 · 구 등이 있으며, 최근에는 지역사회의 범위가 점차 확대되고 있다.

기능적 지역사회는 동일한 관심을 가진 주민들로 구성된 공동체로, 공동의 목표를 위해 결합된 공간을 말한다. 기능적 지역사회는 주민들 간의 합의, 일체감, 공동생활양식, 가치 및 공동노력이 강조되며, 정당, 종교단체, 전문적 단체 등이 여기에 속한다(최덕경 외, 2014).

(3) 농촌사회와 도시사회

지역사회는 인구수, 산업구조 등에 따라 농촌과 도시로 구분할 수 있다. 그러나 지역사회의 성장과정에서 농촌이 도시로 변화되고 있으며, 도시와 농촌을 통합하는 경향이 있기 때문에 농촌과 도시를 구분하기가 점점 어려워지고 있다. 또한 교통과 통신의 발달로 농촌과 도시 간의 교류가 빈번하여 기능상으로 구분하기가 어렵다.

농촌사회는 인구가 적고 공간이 넓으며, 지역주민 간에 긴밀한 인간관계를 맺고 있다. 농촌사회는 전통이 계승되고 권위에 대한 예의와 행동규범이 발달해 스스로 사회통제기능을 가지고 있다. 그러나 산업화로 인해서 농업인구가 점점 줄어 농촌 공동화현상이 일어나고 있으며, 공동체적 사회에서 볼 수 있는 특성들이 사라지고 있다.

도시사회는 인구밀도가 높고 복잡하며, 지역주민 간에 사회적 상호작용이 적은 공간이다. 도시사회는 개인 간의 접촉과 관계가 일시적이고 부분적이다. 그러나 도시사회는 풍요롭고 생활이 편리하며, 개인의 익명성이 보장되고 각종 시설이 비교적 잘 갖추어져 있다.

4) 지역사회의 기능

지역사회란 사람들이 서로의 이익을 위해 상호작용하면서 생활하는 공동체이다. 그러므로 지역사회가 유지되고 발전하기 위해서 지역사회는 여러 가지 기능을 수행해야 한다. 이러한 기능은 지리적으로 동일한 사회적 단위들과 사회체계에 의해서 수행되며, 상호의존적으로 이루어진다는 것이다(Norlin & Chess, 1997 ; Pillari & Newsomes, 1998). 길버트와 스펙트Gilbert & Specht, 1977는 존슨Johnson, 1960과 워렌Warren, 1963의 이론을 생산 · 분배 · 소비, 사회화, 사회통제, 사회참여 및 상호원조의 기능으로 나누어 설명하였다.

(1) 생산 · 분배 · 소비의 기능

생산 · 분배 · 소비는 지역주민들이 일상생활에 필요한 재화와 서비스를 생산하고 분배하며 소비하는 과정과 관련된 기능이다. 이것은 지역주민들이 필요로 하는 재화와 서비스를 만들고, 주민들에게 적절히 나누어 주며, 주민들의 욕구충족을 위해서 재화와 시비스를 활용하는 과정이다. 이러한 기능은 지역사회의 산업체를 비롯하여 다른 다양한 전문기관을 통해서 이루어진다.

(2) 사회화

사회화socialization는 지역사회에 거주하는 개인이나 가족에게 사회의 가치, 지식, 기술, 바람직한 행동 등을 전달하는 기능이다. 즉, 이것은 지역주민들에게 사회에 잘 적응할 수 있도록 지역사회의 문화와 가치를 내면화시키는 과정이며, 다른 지역사회의 구성원들과 구별된다. 이러한 기능은 태어나면서부터 일생 동안 지속되며, 지역사회의 다양한 생활양식을 습득하게 하여 사회의 구성원으로 적절히 생활할 수 있게 한다.

(3) 사회통제

사회통제social control는 지역사회가 주민들에게 사회규범에 순응하도록 행동을 규제하는 기능이다. 즉, 이것은 사회화 기능의 한 측면으로서 지역사회의 가치와 규범적 행동기대에 최소한 순응하도록 하는 것이다. 지역사회로 하여금 사회규범의 위반을 예방하고 사회통합을 유도하기 위하여 사회규범을 집행하려는 노력이 사회통제이다. 또한 범법자를 재사회화시키는 사회적 노력이 통제라는 기제를 통해 이루어진다. 사회통제는 다양한 사회적 단위들에 의해서 공식적 · 비공식적으로 수행된다. 비공식적 사회통제는 사람들의 행동에 대해서 법이나 제도로서 다스리지 않으며, 가족, 종교단체 등이 기능을 수행한다. 공식적 사회통제는 범법자를 고립시키거나 처벌하는 것과 범법자를 재사회 내지 갱생시켜 사회에 복귀시키는 것이며, 경찰이나 법원과 같은 지역사회의 사법기관이 기능을 수행한다.

(4) 사회참여

사회참여social participation는 지역사회가 사회적 목적을 성취하기 위해서 또는 주민들의 개인적인 발전을 위해서 그들에게 제반활동에 참여할 수 있도록 기회를 제공하는 것이다. 인간은 본질적으로 사회적이기 때문에 사회참여의 기회를 계속적으로 요구하며, 사회참여는 개인의 성장과 발전에 기여한다. 사회참여는 가족생활이나 종교생활뿐만 아니라 다른 다양한 지역사회의 단위들인 시민단체, 전문단체, 문화단체, 여가활동단체 등에 참여하는 것을 말한다.

(5) 상호부조

상호부조mutual support는 주요 사회제도에 의해서 지역주민들이 자신들의 욕구를 스스로 충족할 수 없는 경우에 필요한 사회적 기능을 말한다. 이 기능은 공식 · 비공식 지원체제로부터 필요한 서비스를 제공받는 기능이다. 공식지원체계로는 지역사회의 병원, 보건소, 사회복지기관, 사회단체, 복지기업, 회원조직 등이 있고 비공식적 지원체계로는 가족, 친구, 이웃, 동료, 종교단체, 자조집단, 자원봉사자 등이 있다. 이러한 공식적, 비공식적 지원체계로 인간이 겪고 있는 다양한 문제를 해결하고, 서로서로 도와가며 생활하는 사회적 분위기를 조성해야 한다.

3. 문화

1) 문화의 개념

문화라는 용어는 라틴어 'cultura'에서 유래된 것으로서 사람들이 어떻게 생활하느냐와 관련된 생활방식이며, 이것은 의식주를 포함하여 사회생활, 경제생활, 종교생활 등을 어떤 방식으로 해나가느냐는 것과 관련된 생활양식이기도 하다. 타일러 Tylor, 1871에 의하면 문화는 '사회성원으로서 인간이 습득하는 지식, 신앙, 예술, 도덕, 법률, 관습 등 인간이 사회의 구성원으로서 획득한 모든 능력과 습관의 복합적 총체'라고 규정하고 있다. 이와 같이 문화는 사람들이 살아가면서 파생되는 모든 것들을 의미한다. 즉, 지식, 믿음, 가치관, 의식, 행위 규범 등을 포함한 인간의 삶에 필요한 물질적, 정신적인 것을 모두 총칭한다고 볼 수 있다.

문화는 특정한 인간집단이나 지역에서 특징적으로 나타나는 생활양식으로써, 선천적으로 가지고 태어나는 것이라기보다는 후천적으로 특정한 사회에서 성장하는 과정 속에서 학습된 것이다. 이것은 인간의 생존을 위한 필수적인 요소이면서 거의 무의식적으로 인간의 행동과 사고에 영향을 미친다. 또한 문화는 어떤 사회의 전체 생활양식으로써, 특정한 민족이나 사회가 오랫동안 수많은 시행착오를 거듭하면서 이룩한 역사적 산물로서의 생활의 지혜라는 것이다(이근홍, 2015).

종합해보면 문화란 인간의 생활양식으로 특정한 민족이나 사회가 지속적으로 간직해 온 다양한 분야의 생활 모습이며 인간의 생존에 필수적인 요소로서 사회구성원들에게 내면화되어 인간행동에 영향을 미치는 거시체계 중 하나로서 존재한다.

2) 문화의 특성

사회는 문화를 공유하는 사람들의 공동체이다. 문화는 사회의 성원들이 학습한 행동양식, 전통, 의식 그리고 믿음의 총체이다. 그러므로 문화는 개인적인 것이 아니라 사회구성원들 간에 공유되며, 생득적이라기보다는 인간이 사회 속에서 성장하면서 학습을 통해 습득된다.

또한 문화는 한 세대에서 다음 세대로 전승되어 시대에 따라 누적적으로도 나타나며, 모든 영역에 걸쳐 전체적으로 영향을 미치면서 계속적으로 변화되고 있다(이근홍, 2014 ; 한상복 · 이문웅 · 김광억, 1997).

(1) 학습성

문화는 학습성을 지닌다. 문화는 사회생활을 통해 성장하면서 창조된 것으로 개인에게 학습되는 것이다. 즉, 인간은 생득적으로 특정의 문화를 가지고 태어나는 것이 아니라 성장과정에서 학습을 통해 문화를 습득한다. 인간이 공유하고 있다고 해서 모두 문화가 되는 것은 아니다. 어떤 것이 문화적인 것으로 간주되기 위해서는 지속적으로 학습된 것이어야 한다. 이러한 맥락에서 문화는 일시적으로 나타나는 현상이 아니라 언제나 특정한 부류에 의한 '사회적 상속'으로서 전승되어 온 전통이나 유산이 되어 내려 온 것으로 강조된다(최옥채 외, 2013). 인간의 삶과 생활의 형태와 의미와 내용을 부여해주고, 문화의 보존과 계승의 도구로 사용되는 언어문화도 후천적으로 학습된 것이다.

(2) 공유성

문화는 공유성을 지니고 있다. 문화의 공유성이란 한 사회의 구성원들 개개인의 독특한 취향이나 버릇이 아니라 다른 사회의 구성원들과 구별되는 어떤 공통적인 문화 형태가 있음을 말한다. 모든 사회에 존재하는 복잡한 체계의 언어, 부부와 자녀 사이에 관련된 가치와 신념이 포함된 가족체계, 혼인제도, 종교 등은 각 나라가 형성하고 있는 독특한 문화 형태다. 이러한 문화의 특성으로 인간행동의 많은 부분들은 개인이 소속되어 있는 집단의 행동양식을 따르는 것이며, 집단구성원들끼리 서로가 공유하는 행동이다. 공유하는 문화의 속성은 집단의 구성원들에게 공동의 장을 만들어 주며, 언어와 같이 공유하는 문화를 통하여 상대방의 행동과 기대를 예측할 수 있게 함으로써 사회생활을 가능하게 한다.

(3) 누적성

문화는 상징적 수단인 언어를 통해서 세대 간에 전승되며 누적되어 나간다. 즉, 전 세대에서 물려받은 문화를 당 세대는 학습하고 학습한 문화내용에 그 세대가 만든 새로운 문화내용을 첨가하여 다음 세대에게 물려준다. 문화는 주로 언어를 통해서 세대에서 세대로 전해져 왔으며, 문자를 통해 문서의 형태로 저장되고 축적되었다.

(4) 전체성

문화란 사회집단이 가진 지식, 신앙, 예술, 도덕, 법률 등과 같은 수많은 부분이 각기 독립적으로 존재하는 것이 아니다. 문화는 상호 긴밀한 관계를 유지하면서 하나의 전체를 이룬 통합체이다. 문화는 하나의 영역이 고립된 현상을 보이지 않고, 조화를 이루면서 거의 모든 영역에 부수적 영향을 미치고 있다. 즉, 한 사회의 문화를 구성하는 각각의 부분은 상호 밀접한 관련을 맺고, 한 영역에서의 변화는 그 영역을 포함해 다른 영역에도 변화를 가져온다.

(5) 가변성

문화는 시간적 차원에서 볼 때 정체되어 있지 않고 항상 변화하고 있다. 즉, 문화는 계속적으로 누적되는 성격을 띠지만, 장기간에 걸쳐 항상 똑같은 형태를 지니지 않고 점진적으로 변화되어 간다. 사람들은 일상생활에서 그들이 직면한 문제를 새로운 방법으로 해결하려고 하며, 그 과정에서 새로운 방법이 효과적이면 다른 사람에게 학습되고, 점차 전체 사회로 확산되어 문화의 한 부분이 된다. 즉, 한 부분의 변화는 다른 부분으로 연쇄적 변화를 일으켜 전체로서의 문화변동이 일어나게 된다. 한편, 계속적으로 변화하는 과정 속에서도 문화는 그 속에 소속된 사람들의 사회적 안정과 균형상태의 유지에 기여한다.

3) 문화의 형태

인간은 사회 속에서 태어나 그 사회가 가지고 있는 문화를 배우며, 그 사회구성원으로 사회화된다. 그러나 인간은 기존의 문화에 영향을 받기만 하는 존재는 아니다. 인간은 다른 개인과의 관계를 통하여 집단이나 조직, 그리고 하나의 지역공동체를 만들고, 그에 따른 독특한 문화를 형성하기도 한다. 문화와 개인은 서로가 영향을 주고받으면서 변화해 나가는 상호의존적인 관계로 다양한 문화 형태를 형성한다.

(1) 은둔문화

은둔문화cover culture는 외부에서 손쉽게 파악할 수 없는 감추어진 문화를 말한다. 즉, 이것은 인간의 행동이나 사물을 통해서 나타나지 않는 것으로 문화의 내부나 하부에 존재하는 가치관, 내세관 등을 말한다. 은둔문화는 내재된 문화implicit culture라고도 하며, 나타내 보이지 않지만 인간의 행동과 사고에 크게 영향을 미친다. 이 문화는 외적으로 나타난 문화와 서로 관련되어 기능하고 있으며, 전체 문화의 일부분을 차지하고 있다(이광규, 1994).

(2) 하위문화

하위문화subculture는 전체 문화의 일부분을 이루는 문화를 말한다. 즉, 이것은 한 사회집단 내에서 다른 것과 구분될 수 있도록 다르게 나타나는 생활양식을 말한다. 하위문화는 한 사회집단의 각 부분에서 특징적으로 나타나는 행위양식이나 사고방식을 포함한 생활양식의 차이를 나타내며, 그러한 차이를 통해서 사회의 각 부분에 대한 이해를 촉진하고 변화에 적절히 대처할 수 있게 한다. 예를 들면, 빈민지역에서 나타나는 특유의 생활양식이나 빈곤문화는 빈민들의 하위문화이고, 청소년집단에게서 나타나는 특유의 사고방식이나 행위도 하위문화의 한 유형이다.

(3) 절반문화

절반문화half culture는 어느 한 문화가 완전한 의미의 독자적인 형태를 이루지 못하고 다른 문화에 의존하는 것을 말한다. 즉, 이것은 한 민족이나 지역의 문화가 다른 문화나 지역의 문화에 의존하여 살아가는 것을 말한다. 예를 들면, 어느 한 민족이 독자적인 생활양식을 가지고 있으나, 자신들의 문화만을 가지고는 계속적으로 살아갈 수 없기 때문에 어느 경우에 있어서는 다른 민족의 문화에 의존해야만 존재할 수 있는 것을 말한다.

(4) 민속문화

민속문화folk culture는 어느 한 민족에서 오랫동안 일반 대중들에게 전승되어온 전통적인 문화를 말한다. 즉, 이것은 전승된 신앙, 풍습, 의례 등의 형태로 서민생활에 남아 있는 문화이다. 민속문화는 도시문화에 대비하여 농촌문화와 비슷한 의미로 쓰이기도 하며, 변화에 따른 적응이 늦고, 친족 중심적이면서 인간관계가 지적 · 정서적 측면을 모두 포함하는 전인적인 형태를 띤다. 또한 민속문화는 성스럽고 종교적인 색채가 강하며, 자연과 관련되어 있는 경우가 많고, 고립적이며 관습화된 생활양식을 가지고 있다.

4) 문화의 기능

개인은 사회에서 문화를 습득하면서 성장하고 발전한다. 문화는 개인의 사회적응에 기여할 뿐만 아니라 생리적 · 심리적 욕구를 충족시켜 준다. 또한 문화는 개인의 행동을 규제하고 사회악을 제거시키며, 사회를 유지하고 존속시킨다.

(1) 사회화

문화의 사회화 기능은 인간에게 세상을 인식하는 지침을 제공한다. 즉, 개인이 사회에서 어떻게 행동하고 어떻게 말하며 어떻게 세상을 인식할 것인가를 제시해준다. 개인은 문화가 만들어 낸 산물로서 사회에서 문화를 습득하고 성장하면서, 문화를 변동시키며 문화를 이끌어 나간다. 문화는 개인의 성격을 형성하고 변화시키며, 개인에게 다양한 생활양식을 내면화시켜 개인이 사회에 적응하며 살아갈 수 있게 한다.

(2) 욕구충족

문화는 개인의 생리적 욕구와 심리적 욕구를 충족시켜 준다. 즉, 문화는 다양한 생활양식을 통해서 의식주와 같은 개인의 기본적인 욕구를 충족시켜 주며 개인이 다양한 문화와 접하면서 사회적으로 안정감을 가지고 살아갈 수 있게 한다. 예를 들면, 문화는 혼인제도를 통하여 개인의 성적, 경제적, 정서적 욕구를 충족시켜 주고, 개인의 심리적 안정은 물론 사회의 혼란을 방지하며 사회질서를 유지하게 한다.

(3) 사회통제

문화는 개인의 행동에 대한 규제와 사회악을 일소하기 위해서 사회통제의 기능을 수행한다. 즉, 문화는 개인의 행동양식을 규정하기 때문에 대인관계와 사회생활에서 자기의 행동이 상대방에게 어떤 영향을 주고 상대방이 어떠한 반응을 보일 것인가를 인식하고 적절히 행동할 수 있게 한다. 또한 문화는 도덕, 관습, 신앙 등을 통해서 사회에서 필연적으로 발생하는 사회의 안정과 질서에 부정적인 영향을 미치는 문제들을 제거하거나 조절하는 기능을 수행한다.

(4) 사회존속

문화는 사회를 유지하고 존속시키며 기능하는 필수 불가결한 요소이다. 즉, 문화가 없이는 사회가 존재할 수 없으며, 사회가 없이는 문화도 존재할 수 없다. 사회가 계속해서 존재하는 것은 문화의 학습과 전승을 통해서 새로운 구성원들에게 필요한 생활양식을 전해 주기 때문이다. 문화는 사회의 다양한 분야에 대한 영향을 통하여 사회의 존재를 유지시키며, 사회의 존속을 위해 기여한다.

5) 우리나라 문화의 특성

우리나라 사람에게 뿌리 깊이 내재한 고유의 문화적 특성을 살펴보면 다음과 같다.

(1) 정

인간의 정情이란 희喜, 노怒, 애哀, 락樂, 애愛, 오惡, 욕慾과 같은 모든 감정을 통틀어 일컫는 것으로 주어진 대상에 직접 및 간접 접촉과 공동경험을 통하여 무의식적으로 형성된 일종의 정신적 유대감이라고 할 수 있다. 정은 '사귐이 깊어 감에 따라 더해 가는 친근한 마음'으로 정의할 수 있다. 정은 사랑의 감정 같은 낭만적이고 열정적인 감정상태라기보다는 뚜렷한 목적 없이 장기간 함께하는 과정에서 잔잔하게 쌓여져 느껴지는 누적적 감정상태이다. 또한 정은 대인관계에서 정든 사람들 간의 가까움과 밀착의 정도를 나타내는 한국인의 가장 대표적인 심리 내적 경험속성이며, 동시에 관여된 두 사람 또는 사람들 간의 친밀감과 밀착의 정도를 기술하는 준거척도가 되기도 한다. 이처럼 정은 한국인의 인간관계에서 나타나는 하나의 대표적인 심리특성이라고 할 수 있다. 정을 바탕으로 한 행동은 의도성이 약하고, 규범에 의한 책임이나 의무를 지니지 않기 때문에 정으로 맺어진 사이에서는 사회정의나 원칙주의가 지켜지지 않는다(최인재 · 최상진, 2002).

정은 한국인의 가족관계에서 가장 두드러지게 형성되어 있는 것으로 사적인 인간관계는 물론 공적인 관계에까지 크게 영향을 미친다. 한국문화의 가족관계는 개인보다는 '우리 식구'라는 것이 강조되고, 가족구성원 간에는 끊임없이 동질성, 하나 됨, 상호의존, 상호수용을 이상적 관계와 교류의 양식으로 삼는다. 이와 같은 가족관계에서의 인간관계 형태가 가정 밖에서의 사회관계로 확대된 것이 '한국적 정情 인간관계'라고 할 수 있다(최상진, 1997).

(2) 한

한恨은 의지나 욕구 좌절에 따르는 삶의 파국에 대처하는 마음의 자세와 상처가 의식적 또는 무의식적으로 얽힌 복합체를 말한다. 한은 자신의 불행에 대해 후회하는 억누를 수 없는 생각과 부당하다는 엇갈린 심리가 결합한 감정상태라고 할 수 있다. 인간은 세상에 혼자 사는 것이 아니라 항상 다른 사람들과 함께 조직을 이루며 산다. 이러한 인생 여정에서 부당한 차별대우를 받았을 때, 타인에 비해 현저히 결핍되어 고통을 당할 때, 돌이킬 수 없는 큰 실수를 범했을 때 발생하는 것을 한으로 인식한다(한석규, 1995).

한을 우리 민족 고유의 정서로 여기게 된 시대적 배경에는 잦은 내란과 외침으로부터의 불안한 생활, 반상班常의식으로부터의 사대부 수탈, 남성은 하늘이요 여성은 땅이라는 남존여비사상 등으로 설명할 수 있다. 이렇게 한국인에게 뿌리 깊이 박혀 있는 한의 문화는 '한스럽다', '한을 풀어라', '한 맺힌 이 세상' 등과 같은 일상 언어나 노랫말에서 잘 나타나 있다. 황석영의 《장길산》, 조정래의 《아리랑》, 박경리의 《토지》 등은 우리나라의 시대적 비극 상황과 개인의 삶의 역경 속에서의 한을 다루고 있다.

(3) 체면

체면體面은 몸을 뜻하는 체體와 얼굴을 뜻하는 면面의 합성어로 '남을 대하기에 떳떳한 도리나 얼굴'로 정의되어 있다(우리말 큰 사전, 1994). 즉, 체면은 보통 사람들이 다른 사람에게 보여 주길 원하는 공적으로 드러난 겉모습으로서 사회적으로 바람직하다고 생각하는 가치로 구성된 이미지를 말한다(임태섭, 1997). 체면은 개인이 가지고 있는 본질과 다르게 나타날 수 있으며, 남들이 자기를 받아들여 주기를 바라고 드러내는 겉모습, 그 사람이 사회적으로 바람직한 정도를 나타내는 가치로 구성되어 있고, 타인의 인정을 받고자 공적으로 내세워지는 기술로 한국인의 독특한 문화적 정서다. 이와 같이 우리나라 사람들의 체면의식은 개인이 가진 속마음과 다르게 나타날 수 있고, 상황에 따라 자신의 참모습이나 사실과 다르게 행동함으로써 자신이나 상대의 지위나 명분을 높이거나 유지하려는 현상으로 볼 수 있다(최상진 · 유승엽, 1992). 또한 체면은 개인에게만 국한된 것이 아니라 자신의 소속된 집단에까지 적용되고 있는 것을 볼 수 있다. 예를 들어, 자식이 어느 대학에 갔느냐는 대학입시를 치른 당사자의 체면뿐 아니라 그 부모의 체면에까지도 영향을 미친다. 자녀가 기대에 부응하지 못해 부모의 체면에 손상이 갔을 경우에 자녀는 재수를 택하기도 한다. 지방 학교의 학생이 명문대학에 진학할 경우에 학교는 그 사실을 알리기 위해 학교 앞에 현수막을 걸어 학교의 체면을 세우고자 한다. 이처럼 한국인은 개인관계에서 뿐만 아니라 보이지 않는 사회적 청중을 대상으로 생활 전반에 걸쳐 체면에 신경을 쓰고 있으며, 사회에서 체면은 공유된다는 점에서 집단주의적 성격을 가지고 있다고 볼 수 있다(김영욱 · 양정은, 2011).

(4) 눈치

우리 속담에 '눈치가 빠르면 절에 가도 젓갈을 얻어 먹는다'는 말이 있다. 눈치가 빠른 사람은 어디에서도, 어떤 어려운 일이 있더라도 궁색을 면할 수 있다는 말이다. 한국사회에서 눈치는 어렵지 않게 접할 수 있는 단어이며 '눈치를 살피다', '눈치를 채다', '눈치를 보이다'와 같이 여러 상황에서 쉽게 접할 수 있는 말이다. 눈치는 상호작용하는 두 사람 또는 타자 간에 서로 자신의 의중이나 감정, 욕구, 이해관계 등을 상대방에게 직접 노출하지 않을 때 간접적 단서나 상황으로 미루어 상대의 마음을 추론하거나 짐작하는 상황이다(최상진, 2011). 즉, 눈치는 사람과 사람 간의 관계를 알아차리는 직관적이고 비언어적인 방법으로 대인관계와 사회적 맥락에서 발생한다.

눈치가 발달하는 이유는 상호작용하는 사람들이 서로의 감정이나 기분, 입장 등을 고려하고, 자신의 이익과 관련되어 있어 손해를 보지 않기 위한 것이다. 또한 앞으로 관계가 지속될 가능성이 있어 상대방과 부드럽고 원만한 대인관계를 유지하고자 할 때, 상대방에 대한 정보가 부족하여 자신의 행동이나 반응에 자신이 없을 때 하는 것으로 본다. 눈치는 우리 문화권에서 관계를 해치지 않으려는 염원에서 발달한 의사소통 이상의 것으로 생활의 지혜와 겸손한 행위로 받아들여지고 있다(한규석, 1995). 즉, 눈치를 적절히 주고 눈치를 챔으로써 재치를 발휘할 수 있고, 상대의 의도를 파악하여 편안하게 함으로써 좋은 관계를 형성하는 데 이바지할 수 있다.

(5) 가족주의

가족주의familism란 일체의 가치가 가족집단의 유지 및 지속기능과 관련을 맺어 결정되는 사회의 조직 형태를 말한다. 가족주의는 개인이 가족에서 독립하지 못하고, 개개의 가족성원보다 가정이 중시되는 경우와 가족적 인간관계가 가족 외의 모든 사회까지 확대되는 경우에 보이는 행동양식, 사회관계, 가치체계를 의미한다(최재석, 1983). 즉, 가족주의는 사회의 최소 구성단위가 개인이 아니라 가족이며, 개인이 가족을 통해서만 사회와 관계를 맺을 수 있는 존재방식을 의미한다. 개인이 가족을 떠나서는 사회구성원으로서의 지위와 역할을 점유할 수 없기 때문에 삶의 목표는 개인의 성취가 아니라 가족의 존속과 성취이다. 더불어 가족주의에는 가족구성원 사이의 애정과 결속력을 추구하는 사람들의 기본적인 욕구도 포함되어 있다.

가족주의는 조선시대 유교가 우리나라에 전래된 이래 유교적 가치관을 바탕으로 형성되어 왔으며, 사회문화 전반에 걸쳐 가장 많은 영향을 미쳤다. 특히, 한국인의 가족주의는 '우리'라는 표현을 자연스럽게 사용하게 하였고, 감정적 연대감, 정, 친밀감, 동질성, 유대감을 강조하고 있다. 이러한 가족주의가 발전하여 '동류의식'으로 발전하기도 한다.

한국인은 전통적으로 대를 이어 아들을 낳고, 부모들은 그 아들이 출세하는 것을 가문의 영광으로 생각함으로써 가족의 관심은 자녀의 양육과 교육에 집중되어 왔다. 또한 부모세대의 죽음은 손자 세대의 탄생으로 자연스럽게 이어진다고 여겼다. 그러나 최근에는 저출산과 고령화, 수명연장 등의 인구학적 변화와 성인기 지연이라는 생애과정의 구조 변화가 세대관계의 중복과 연장의 원인이 되고 있다. 또한 전통적인 가족의 결속력도 약화되고, 때가 되면 분가하고 취업하고 결혼하여 자녀를 양육하던 생애과정도 불안정화되면서 부모를 당연히 모시던 부양기능이 선택과 협상의 문제가 되고 있다.

(6) 연고의식과 동류의식

우리나라는 전통적으로 유교의 영향을 받아 인간관계에 있어서 강한 위계서열의식이 존재하고, 개인보다는 혈연을 중심으로 하는 사상이 강하게 나타나고 있다. 이러한 혈연 중심의 가치관은 지연, 학연 등의 형태로 확대되고, 같은 연고적 속성에 기반하여 독특한 인간관계를 형성하는 네트워크 구조를 말한다. 연고주의적 네트워크는 종친회, 동창회, 동문회, 기별모임 등이 그 예가 되고, 집단들끼리는 강한 응집력과 함께 '우리'라는 온정주의를 싹트게 하는 원인이 되었다. 이러한 인적 사회관계망은 매우 사적이어서 현대사회의 삶의 방식과 마찰을 일으키고 있다. 사회의 공적 질서를 어지럽히고 부정부패를 낳아 투명성과 능률을 떨어뜨리고 있다. 이것은 잘못된 가족주의, 즉 가족 이기주의에서 기인된 것으로 볼 수 있다.

또한 우리나라 동류의식은 연줄을 바탕으로 더욱 확대되어 나타나고 있으며, 상대방과 나를 동질화하려는 의식이다. 동류의식은 상대방에게 호의를 표하는 것으로 간주하며, 주위 사람들이 하는 것을 자발적으로 따라 하는 동조행위를 일으킨다. 예를 들어, '친구 따라 강남가기'는 뚜렷한 목적의식 없는 동호회활동의 동류의식을 잘 반영해 주고 있다.

6) 문화적응이론

전 세계가 점차 세계화, 국제화되어감에 따라 문화 간 접촉의 양이 증가하고 있다. 한국사회도 외국인 이주노동자, 국제결혼 이주여성, 탈북자 등 문화적 배경이 다양한 민족이 유입되면서 다양한 문화적 접촉을 경험하고 있다. 그 과정에서 성공적인 문화적 적응의 중요성이 대두되고 있다. 문화 간 이동과 접촉의 과정에서 발생하는 적응문제와 한국에 온 이주민들의 문화적응은 국가의 지속적 성장과 안녕을 위해 매우 중요한 문제가 아닐 수 없다.

(1) 문화적응의 개념

문화적응acculturation이란 새로운 문화적 환경에 노출되거나 적응해야 하는 사람들 모두에게 적용되는 것으로, 문화 간 접촉의 결과 사회문화적이고 심리적인 변화가 발생하는 현상을 말한다.

(2) 문화적응상태의 범주화

문화적응상태를 베리Berry, 1974는 두 가지 차원의 네 가지 결과로 범주화하였다. 구체적으로 새로운 사회에 정착하는 이주자들은 문화적응의 과정에서 두 가지 주요한 문제에 직면하게 되는데, 첫째, 자신의 문화적 가치와 특성을 유지할 것인가, 둘째, 주류사회와 관계를 유지할 것인가의 문제이다. 이 두 가지 질문에 대한 대답에 따라 네 가지의 문화적응상태가 나타난다.

① 동화

동화assimilation는 고유한 문화와 정체성의 유지에는 관심이 없으며, 새롭게 속한 주류사회와 긍정적인 관계를 유지하고자 하는 것이다.

② 분리

분리separation는 고유한 문화와 정체성을 유지하고자 하지만, 주류사회와의 친밀한 상호작용을 거부하는 것이다.

③ 통합

통합integration은 고유한 문화와 정체성을 유지하는 동시에 주류사회에 대한 관여도 지속하는 것이다.

④ 주변화

주변화marginalization는 고유한 문화와 정체성도 부정하고 주류사회와의 상호작용도 거부하는 것이다.

새로운 사회에서 이주민들은 자신의 선택에 따라 문화적응의 과정에 네 가지 태도 중 하나를 선택하게 되고, 이는 그 사람들의 적응에 영향을 미치게 된다.

표 14-1 베리(1997)의 문화적응 전략 2차원 모델

구분		문화적 정체감과 특성을 유지할 것인가?	
		그렇다	그렇지 않다
주류사회와 관계를 유지할 것인가?	그렇다	통합(integration)	동화(assimilation)
	그렇지 않다	분리(separation)	주변화(marginalization)

출처 : 정신경 · 양계민(2004).

4. 사이버문화

1990년대 컴퓨터의 보급과 함께 개막된 디지털시대는 2010년대로 접어들어 스

마트 폰이 대중화되면서 사이버공간이라는 새로운 삶의 공간 문화를 창출해 냈다. 우리의 일상적인 삶에 영향을 미치는 다양한 정치 · 경제 · 교육 · 예술적 행위 등이 사이버공간에서 펼쳐지면서 사람들이 개인적으로 경험하고 구성하는 생활양식을 인터넷으로 상호 공유하게 되었다. 인터넷 기술의 발달로 생성된 뉴미디어는 집단 사고와 집단행동을 조장시키기 시작했으며, 그 진척도가 놀라울 정도로 우리 생활에 깊숙이 파고들어와 사이버공간이라는 문화를 만들어 가고 있다. 즉, 사이버공간이라는 미디어를 통해 커뮤니케이션하고 상호작용하는 과정에서 독특한 문화가 형성되고 발현되고 있다.

1) 사이버문화의 개념

인간은 21세기 정보통신기술의 발달로 생활의 모든 측면에 깊숙이 자리 잡은 사이버공간 속에서 살고 있다. 사이버공간은 개인화된 컴퓨터 통신의 의사소통의 체계를 경유하여 상호작용하는 새로운 문화경험을 제공하고 있다. 이러한 사이버문화는 이메일이나 채팅을 주로 하는 사이버공간 속의 집단이 있으며, 오락게임집단, 카페나 미니홈피 등을 통해 서로를 알리고 일정한 공동체를 형성하는 집단, 자신이 가진 정보를 함께 공유하는 집단으로 개별적인 활동들의 집합체들이 있다.

사이버공간cyberspace이라는 용어는 윌리엄 깁슨William Gibson이 1984년에 발간한 과학소설 《뉴로맨서Neuromancer》에서 처음으로 사용되었다. 피에르 레비Pierre Levy, 1997는 사이버공간을 컴퓨터와 정보, 기억 장치들의 전 지구적 상호 연결에 의해 펼쳐지는 의사소통공간으로 정의하였고, 인터넷을 구성하는 컴퓨터와 스마트 폰 등의 글로벌 연결망으로 형성된 상호작용공간으로 정의하고 있다(Giddens, 2009). 이러한 사이버공간은 사람과 사람 간의 연결은 물론, 전자상거래, 회의 및 토의, 항공 예약이나 은행 입무 등 우리의 일상생활과 밀접하게 관련되어 활발하게 이루어지는 곳으로 우리가 일상생활에서 경험하는 물리적 공간과는 다른 새로운 사회환경이다. 그러므로 사이버공간은 컴퓨터상에 구현된 생활공간이라고 할 수 있다.

사이버공간과 혼용되어 사용되고 있는 가상현실은 20세기 후반 문화의 한 부분으로 인간과 컴퓨터를 연결하고 상호작용하게 하는 첨단 테크놀로지이다. 가상현실은 컴퓨터 시뮬레이션을 통하여 인간에게 마치 현실처럼 오감의 자극을 주도록 구성된 가상적인 환경을 만들어, 그 환경 내에서 3차원의 체험을 가능하게 하는 여러 종류의 기술들을 말한다. 가상환경의 중요한 특징은 인간으로 하여금 조작된 환경 속에 있다는 느낌을 넘어서 실재로 그 가상공간 안에 존재하고 있다는 느낌을 갖게 해준다. 현재 가상현실 기술은 컴퓨터 그래픽, 멀티미디어, 의학, 심리학고소공포증, 폐쇄공포증, 광장공포증 등, 정신건강, 게임 같은 많은 분야에 적용되어 실용화되고 있다. 이러한 맥락에서 사이버문화는 사이버공간의 팽창에 따라 발달하고 변화하는 새로운 정보통신 개발 및 이용과 관련하여 나타나는 다양한 문화적 현상으로, 가상공간에서의 다양한 인터넷 커뮤니케이션을 통해 형성되는 디지털 콘텐츠로 이루어진 문화를 말한다.

2) 사이버문화의 특성

사이버문화는 컴퓨터와 네트워크 속에 존재하는 공간으로서 현실공간과는 다른 몇 가지 특징을 나타낸다(조동기 · 김병준 · 조희경, 2001). 첫째, 사이버문화는 자신이 누구인지 드러나지 않는 익명성의 문화이다. 익명성은 온라인공간에서 자신의 정체성별, 나이, 학력, 직업 등의 일부 또는 전부를 공개하지 않음으로써 자기의 표정이나 태도, 행동을 자유롭게 표현할 수 있다. 사이버공간은 '나'를 감추고 있기 때문에 자신의 의견을 자유롭게 표현할 수 있고, 때로는 옳지 못한 일에 대해 적극적으로 대항하는 것을 가능하게 해준다. 이러한 점에서 익명성은 사이버공간에서 고정관념이나 편견이 없는 공개적이고 자유로운 논의가 가능하며, 대인관계에서 나타나는 사실 직면의 어려움을 감출 수 있다는 긍정적인 측면을 가지고 있다. 그러나 어떤 사람들은 익명성을 이용하여 다른 사람들을 비방하거나 조롱하는 등 해로움을 주기도 하는 부정적인 측면도 있다.

둘째, 사이버문화는 개방성의 문화이다. 사이버공간은 연령 수준이나 지위 및 자격에 제한 없이 누구에게나 열려 있는 공간이다. 정보의 개방성으로 사이버공간에서의 정보교환은 정보의 질적 · 양적인 측면에서 많은 사람들에게 유익한 의사소통의 광장을 제공해 주고, 유용한 정보를 획득하거나 창출할 수 있는 기회와 능력을 신장시켜 준다. 그러나 정보의 선별능력이 없는 아동과 청소년은 음란물과 같은 유해한 정보에 노출될 위험성이 있다.

셋째, 사이버문화는 비면대성의 문화이다. 현실 세계에서의 대면성은 인간 중심으로 상호연결되어 있기 때문에 사회조직에서 탈퇴가 어렵지만, 사이버공간의 비면대성은 인간 중심의 상호연결보다는 정보를 통한 연결과 자발적인 참여가 요구된다. 비면대성은 상대의 존재를 덜 의식하게 되고 주위 사람들의 영향 및 통제로부터 자유로우며 긴장도 낮아 자신을 솔직하게 드러내게 하는 반면, 폭력이나 화를 악성 댓글로 표출하기도 쉽다(손민지, 2013).

넷째, 사이버문화는 시간과 공간의 초월성 문화이다. 사이버공간의 의사소통은 현실 세계에서와는 다르게 정보를 송・수신하게 되므로 참여자들은 시간과 장소에 제약을 받지 않고 정보를 주고받을 수 있다. 또한 만나는 대상도 한 사람이 일대일에서 수천 명이 될 수 있으며, 자신의 메시지를 보내고 받는 것도 물리적인 위치나 한계에 좌우되지 않는다. 언제라도 원하는 시간대에 원하는 정보에 접속할 수 있다.

다섯째, 사이버문화는 중독과 몰입의 문화이다. 사이버문화는 쉽게 빠져들 수 있지만 그곳으로부터 나오기가 매우 어렵다. 몰입도 쉽게 이루어지고 중독도 쉽게 진행되기 때문에 중독의 경우에는 벗어나기 위해서 많은 노력이 필요하다. 사이버공간에서의 중독은 확인하기가 어렵고, 법적 제재를 받지 않아 더 벗어나기가 어렵다.

3) 사이버문화가 인간행동에 미치는 영향

사이버공간에서 나타는 문화는 인터넷이라는 기술적 특성뿐 아니라 그것을 이용하는 사용자에 의해서도 영향을 받기 때문에 사이버문화가 인간행동에 미치는 영향은 긍정적인 면과 부정적인 면이 나타날 수 있다. 사이버문화의 긍정적인 면은 정보와 지식의 공유, 인지적 변화, 사회적 관계의 확장 등을 들 수 있다. 먼저 현실 세계와 구별되는 사이버공간을 통해 쌍방향 커뮤니케이션이 가능하다는 점, 시간과 공간적 제약이 줄어듦으로써 정보 교환과 공유 촉진은 지식기반사회에서 가장 큰 변화라고 할 수 있다. 책을 통하지 않고 정보와 지식이 공유될 수 있다는 사실과 그러한 정보 전파가 단시간 내 동시적으로 여러 장소에서 이루어질 수 있다는 것은 획기적인 변화라고 할 수 있다. 그리고 유아도 컴퓨터를 통해서 학습자료를 찾아서 문제를 해결하고, 컴퓨터 게임을 이용해서 공간지각력과 정신적 조작능력 등 인지적 발달을 이룰 수 있다. 또한 가상공간에서의 동아리활동은 다양한 형태의 사이버공동체로서 기능하며, 많은 사람들에게 소속감을 줄 수 있으므로 사회적 관계를 확장할 수 있다. 이 외에도 사이버공간의 긍정적인 측면은 시공간의 축소로 인한 재택근무, 인터넷뱅킹 이용, 전자상거래의 활성화, 다양한 역할 참여가 가능하다.

반면, 사이버문화의 부정적인 면은 사이버범죄와 불건전한 정보 유통 등을 들 수 있다. 이는 인터넷의 익명성을 기반으로 한 정체성 기만과 은폐의 수단 등을 바탕으로 나타난 가상공간상의 일탈행위이다. 컴퓨터 시스템 파괴 행위, 디지털 재산의 절도, 개인정보 유출, 불법 음란물 유포 등의 사이버범죄는 인간의 행동에 부정적인 영향을 미친다. 또한 인터넷 중독이나 게임 중독이 되어 정상적으로 사회적응을 하기 어려운 사람들도 점점 증가하고 있다. 사이버 중독은 '인터넷 정보 이용자가 인터넷 사용에 대한 강박적 집착으로 과도하게 접속하여 일상생활에서 사회적, 정신적, 육체적 및 금전적으로 심각한 지장을 받고 있는 중독상태'라고 볼 수 있다. 또한 인터넷과 과도한 온라인 게임의 몰입은 학업과 가정 및 대인관계에 지대한 영향을 미치면서 현실과 가상공간을 구분하지 못하게 되는 등의 문제를 발생시키고 있다.

컴퓨터와 네트워크의 발달로 사회복지실천에서도 많은 변화가 발생하고 있다. 사회복지사는 클라이언트가 요구하는 정보를 시간과 공간에 제한 없이 제공할 수 있고, 클라이언트의 욕구와 정보를 효율적으로 처리하고 기록할 수 있게 되었다. 또한 인터넷 기술의 발달로 복지기관이나 시설운영과 관리의 효율성이 제고되었으며, 클라이언트의 서비스 접근성이 증진되어 보다 많은 정보를 확보할 수 있게 되었다. 또한 가상공간을 통한 가상시설을 활용하여 상담과 치료도 이루어질 수 있으며, 사회복지정책에 대한 다양한 의견수립과 대안모색이 가능해지도록 사이버공간을 활용하는 등의 긍정적인 변화가 나타나고 있다.

그러나 사이버공간 사용으로 부정적인 영향을 받는 클라이언트의 개입 방안이 일관적이지 않아 인터넷 중독이나 몰입의 개입에 어려움이 있다. 인터넷 사용에 대한 제한이나 규율을 제시해주는 사람은 자신 이외에는 아무도 없기 때문에 취약한 사람들은 과다 사용이나 중독에 빠져들기 쉽다. 특히, 스트레스를 해소하기 위해 인터넷을 사용하는 사람들은 일이나 학습에 많은 문제점을 보이고, 사람을 대면하기 어려운 사람들이 인터넷 접촉을 과다하게 한다고 알려져 있어 이에 대한 개입 방안이 시급한 실정이다. 그러므로 인간과 사회가 건강하기 위해서는 인터넷상에서 형성되고 표현되는 사이버문화에 대한 역기능적인 해소뿐만 아니라 사이버공간의 활성화와 건강한 사이버문화의 형성을 위한 사회정책적 보호 방안의 모색이 필요하다.

5. 사회복지실천에 대한 적용

모든 인간은 살아가는 동안 다양한 조직과 긴밀한 관계를 유지하면서 살아간다. 사회복지실천에서 제공되는 서비스는 주로 조직이라는 실천현장을 기본으로 하여 제공되며, 서비스가 이루어지는 조직에 따라 사회복지실천의 분야를 구분하기도 한다. 즉, 의료사회복지, 산업복지, 교정사회복지, 학교사회복지 등으로 실천현장인 조직의 특성을 근거로 사회복지실천의 분야를 제공한다. 그러므로 사회복지사는 클라이언트의 욕구를 충족시키고 클라이언트의 문제를 해결해 주기 위해서 클라이언트에게 영향을 주고받는 공공기관, 사회복지기관, 사회단체, 기업 조직 등 다양한 형태의 조직들과의 관계를 파악해야 한다. 그 이유는 사회복지실천에서 영향을 주고받는 모든 조직들은 중요한 개입 대상인 동시에 자원으로 활용된다는 점에서 중요한 의미가 있기 때문이다. 사회복지실천에 동원되는 자원은 개인, 단체, 기관 등에 의한 근로, 물품, 현금 등으로 구체화할 수 있다. 사회복지실천은 조직으로부터 특정 유형의 자원을 지원받으며, 특별히 단체가 근로봉사로 사회복지실천을 했다면 한 조직을 자원으로 활용한 셈이다. 아울러 사회복지사가 특정 사례를 위해 자원봉사자를 조직하거나 필요한 개인, 기관, 단체 등을 중심으로 연결망을 구축해 이들 조직을 주요 자원으로 활용할 수 있다.

지역사회는 중요한 사회복지실천현장인 동시에 자원이며, 사회복지실천의 주요 개입 대상이다. 사회복지실천에서 클라이언트의 문제를 해결하기 위해서는 다양한 조직과 사람의 참여가 필수적인데, 이들 조직과 사람들의 원조활동은 주로 지역사회를 기반으로 이루어지기 때문에 지역사회는 사회복지실천의 중요한 현장이 된다. 클라이언트는 어떤 욕구가 충족되지 않거나 해결되지 않을 경우 가족이나 친구 등의 비공식적인 사회관계망에게 원조를 요청하지만 해결되지 못했을 때 사회복지조직에게 원조를 요청하게 된다. 그러나 사회복지사의 개입과 원조만으로는 클라이언트의 문제를 해결하는 데 한계가 있을 수 있다. 그렇기 때문에 사회복지사는 지역사회 내에 존재하는 내담자의 사회관계망을 연계하고 조직화하며, 그 역량을 강화하고, 사회관계망의 물질적 · 도구적 · 정서적 지지를 강화해야만 내담자의 문제를 더욱 효율적으로 해결할 수 있다.

사회복지실천에서 문화는 인간의 환경으로서 중요한 의미를 가진다. 문화는 인간에게 중요한 환경으로 작용하면서 이는 인간의 고유한 특성으로서 또 다른 문화를 형성한다. 문화가 개인의 행동과 삶 속에 내재되어 있는 관계로 클라이언트나 그를 둘러싼 사회체계의 문화를 이해하지 않고서는 적절한 문제해결을 위한 방안을 제시하기가 어렵다. 사회복지실천에서 접촉하게 되는 개인, 가족, 집단, 지역사회 등은 다양한 문화를 지니고 있으며, 문화는 세대 간에 전승되면서 직 · 간접적으로 사회의 모든 구성원에게 영향을 미친다. 사회복지사는 실천현장에서 자신과 다른 문화적 배경을 가진 클라이언트들을 만나게 된다. 같은 사회에서 살아오고 있어도 개인적인 문화적 차이가 생기게 마련이다. 최근에는 국내에 베트남, 필리핀, 몽골 등과 같은 다양한 민족적 배경을 가진 사람들이 유입되고 있고, 이들의 한국에서의 적응을 돕기 위해 사회복지사들이 문제에 개입하고 있다. 그러므로 사회복지사는 자신이 경험하고 자신에게 내재되어 있는 문화를 정확히 이해하고 자신의 문화와 다른 문화에 대해서도 수용적 태도를 취할 수 있어야 한다.

컴퓨터와 네트워크의 발달로 사회복지실천에서도 많은 변화가 발생하고 있다. 사회복지사는 클라이언트가 요구하는 정보를 시간과 공간에 제한 없이 제공할 수 있고, 클라이언트의 욕구와 정보를 효율적으로 처리하며 기록할 수 있게 되었다. 또한 인터넷 기술의 발달로 복지기관이나 시설운영과 관리의 효율성이 제고되었으며, 클라이언트의 서비스 접근성이 증진되어 보다 많은 정보를 확보할 수 있게 되었다. 또한 가상공간을 통한 가상시설을 활용하여 상담과 치료도 이루어질 수 있으며, 사회복지정책에 대한 다양한 의견수립과 대안모색이 가능해지도록 사이버공간을 활용하는 등의 긍정적인 변화가 나타나고 있다.

그러나 사이버 공간 사용으로 부정적인 영향을 받는 클라이언트의 개입 방안이 일관적이지 않아 인터넷 중독이나 몰입의 개입에 어려움이 있다. 인터넷 사용에 대한 제한이나 규율을 제시해주는 사람은 자신 이외에는 아무도 없기 때문에 취약한 사람들은 과다 사용이나 중독에 빠져들기 쉽다. 특히, 스트레스를 해소하기 위해 인터넷을 사용하는 사람들은 일이나 학습에 많은 문제점을 보이고, 사람을 대면하기 어려운 사람들이 인터넷 접촉을 과다하게 한다고 알려져 있어 이에 대한 개입 방안이 시급한 실정이다. 그러므로 인간과 사회가 건강하기 위해서는 인터넷상에서 형성되고 표현되는 사이버문화에 대한 역기능적인 해소뿐만 아니라 사이버공간의 활성화와 건강한 사이버문화의 형성을 위한 사회정책적 보호 방안의 모색이 필요하다.

참고문헌

국내문헌

권석만(2014). **현대이상심리학**. 학지사.

권재기 · 김진호(2011). 청년기 직업결정의 변화양상에 따른 진로특성 변화 및 예측 : 대학 4년간의 진로고민 · 고등학교 3학년 때의 진로특성. **고용직업능력개발연구,** 14(1), 49–74.

권중돈(2014). **인간행동과 사회환경**. 학지사.

김경희(2001). **발달심리학**. 학지사.

김영욱 · 양정은(2011). 체면, 소통 그리고 갈등해소. 체면–소통 모델과 소통의 가능성 모색. 한국언론학회 심포지엄 및 세미나, 5, 315–345.

김영희 · 김경미 · 조주영 · 황종귀(2013). **결혼과 가족**. 양서원.

김영희 · 이현섭(2012). **부모교육**. (사)한국보육교사교육연합회 편, 양서원.

김영희 · 최규련 · 홍숙자(2005). **부부치료**. 박학사.

김예성 · 안재진(2015). 사춘기 성숙시기에 따른 여자청소년들의 적응에 관한 연구. **청소년문화포럼,** 41, 39–63.

김재엽(2014). **TSL 가족치료와 가족복지**. 학지사.

김현국 · 박영순 · 송영명(2012). 노인의 대인 관계 정도 및 여가활동 참여가 노년기 우울과 노후생활 만족도에 미치는 영향. **한국여가레크리에이션학회,** 30(1), 1–15.

노안영 · 김신영(2003). **성격심리학**. 학지사.

박문호(2013). **그림으로 읽는 뇌과학의 모든 것**. 휴머니스트.

박미진 · 김광웅(2015). 아동, 청소년의 스마트폰 중독 개념과 개인 심리적 요인 및 임상적 개입. **한국놀이치료학회,** 18(2), 97–113.

박진희 · 이상희(2013). 대학생의 자아정체감 지위와 자아정체감 유형에 따른 심리사회적 성숙의 차이. **상담학연구,** 14(2), 1015–1032.

서봉연 · 이순형(1983). **발달심리학 : 아동발달**. 중앙적성출판사.

손병덕 · 성문주 · 백은령 · 이은미 · 최인화 · 정성호 · 송현아(2015). **인간행동과 사회환경**. 학지사.

손진희(2014). 청소년기와 청년기의 희망직업 결정과 첫 직업. **진로교육연구,** 27(3), 117–134.

송길연(2005). **발달심리학**. 시그마프레스.

송명자(1994). **발달심리학**. 학지사.

신명희 · 서은희 · 송수지 · 김은경 · 원영실 · 노원경 · 김정민 · 강소연 · 임호용(2013). **발달심리학**. 학지사.

심의보 · 이민표(2012). **노인복지론**. 양서원.

오미경(2011). 성공적 노화와 사회적 관계. 뇌교육연구, 특별호.

오창순 · 신선인 · 장수미 · 김수정(2015). **인간행동과 사회환경**. 학지사.

유계숙 · 최연실 · 성미애(2003). **가족학이론 : 관점과 쟁점**. 하우.

유효순 · 원혜경 · 김정희(2015). **영아발달**. 창지사.

윤진(1996). **성공적인 노화와 삶의 질**.

융 · 칼 구스타프(1996). **무의식의 접근, 인간과 상징**. 이윤기 역, 열린 책들.

이근홍(2013). **인간행동과 사회환경**. 공동체.

이무석(2006). **정신분석에로의 초대**. 도서출판 이유.

이부영(2005). **분석심리학**. 일조각.

이숙 · 정미자 · 최진아 · 유우영 · 김미란(2004). **아동상담**. 양서원.

이은희(2014). **新노인복지론**. 학지사.

임태섭(1994). 채널의 구조와 채널욕구의 결정요인에 대한 연구. **한국언론학보**, 32, 205-247.

정진경 · 김고은(2012). 노년기 부모-성인자녀 간 지원 유형에 관한 연구. **한국노년학**, 32, 895-912.

장수진(2013). 노년기 배우자 사별 후 적응과정에서의 개인적 성장. **한국사회복지학**, 65(4), 165-193.

장수한 · 김현주 · 임혁(2014). **인간행동과 사회환경**. 공동체.

정영숙 · 김영희 · 박범혁(2001). **아동발달과 부모교육**. 시그마프레스.

정옥분(2000). **성인발달의 이해 -성인 · 노인심리학 -**. 학지사.

정옥분(2006). **사회정서발달**. 학지사.

정옥분(2007). **영유아발달의 이해**. 학지사.

정옥분(2008). **청년발달의 이해**. 학지사.

조동기 · 김병준 · 조희경(2001). 사이버문화의 특성과 사회적 영향. 정보통신정책연구원, 연구보고, 1-39.

조흥식 · 김혜래 · 신은주 · 우국희 · 오승환 · 성정현 · 이지수(2013). **인간행동과 사회환경**. 학지사.

진영선 · 조아미(2016). 잠재계층분석(LCA)을 이용한 청소년의 진로준비행동 유형에 관한 연구. **한국청소년학회,** 23(3), 315-339.

최덕경 · 서의정 · 배은숙 · 이금옥 · 박주현 · 정유란(2014). **인간행동과 사회환경**. 양서원.

최상진(1997). **한국인의 심리특성**. 학문사.

최상진 · 유승엽(1992). 한국인의 체면에 대한 사회심리학적 분석. **한국심리학회지: 사회학,** 6(2), 137-157.

최상진 · 최인재(2002). 한국인의 문화 심리적 특성이 문제대응방식, 스트레스, 생활만족도에 미치는 영향. **한국심리학회지 : 상담 및 심리치료,** 14(1), 55-71.

최영희 · 김영희 · 심희옥 · 심미경(2009). **아동상담**. 창지사.

최옥채 · 박미은 · 서미경 · 전석균(2013). **인간행동과 사회환경**. 양서원.

최재석(1983). **한국가족제도사 연구**. 일지사.

한석규(1995). **사회심리학의 이해**. 학지사.

한창훈 · 조영아(2016). 고등학생의 부모진로지지와 진로준비행동 간의 관계. 자기격려의 매개효과를 중심으로. **한국청소년연구,** 23(4), 79-107.

국외문헌

Adams, G. R., Shea, J., & Fitch, S. A.(1979). Toward the development of an objective assessment of ego-identity status. *Journal of Youth and Adolescence, 8*(2), 223-237.

Adler, A., &Greene, R. R. Ephross(1991). Human Behavior Theory and Social Work Practice. Orgler, H.(1987). **아들러 심리학 해설**. 설영환 역, 선영사.

Allgeier, E., & Allgeier, A. R.(2000). *Sexual interactions*. Lexington, MA: D. C. Health.

Anderson, R. E., & Carter, I.(1984). *Human behavior in the social enviroment : A social systems approach*(3rd ed.). New York : Aldine de Gruyter, 장인협 회 역(196). **인간행동과 사회환경-사회체계접근법을 중심으로**. 집문당.

Back, A. T.(197). **우울증의 인지치료**. 원호택 외 공역. 학지사.

Barker, L. M.(1994). *Learning and behavio*r. A psychobiological approach. New York: Macmillan.

Bee, H. L., & Mitchell, S. K.(1980). *The developing person: A life-span approach*. New York: Harper and Row.

Berk, I. E.(2011). *Infants and children*(7th ed.). Boston: Allyn & Bacon.

Bertalanffy, L.(1968). General system theory: Foundations, development, applications. New York: George Braziller.

Brenner, C.(1987). **정신분석학**. 이근후 · 박영숙 역, 하나출판사.

Bretschneider, J. G., & McCoy, N. L.(1988). Sexual interest and behavior in healthy 80- to 102-year-olds. *Archives of sexual behavior, 17*(2), 109-129.

Berzonsky, M., Cieciuch, J., Duriez. B., & Soenens, B.(2011). The how and what of identity formation: Associations between identity styles and value orientations. *Personality and individual differences, 50*(2), 195-204.

Bryant, C., & Conger, D.(1999). Marital success and domains of social support in long-term relationships: Does the influence of network members ever end? *Journal of Marriage and Famil, 61*(3), 437-450.

Bühler, C. (1933). Der menschliche Lebenslauf als psychologisches Problem.

Caserta. M., Lund, D., Utz, R., & Vries, B.(2009). "Stress-related growth among the recently bereaved", *Aging & Mental Health, 13*(3), 463-476.

Cavanaugh, J. C., & Blanchard-Fields, F.(2010). *Adult development and aging*(6th ed.). New York: Wadsworth Publishing Company.

Cicirelli, V. G. (1983). Adult children's attachment and helping behavior to elderly parents: A path model. *Journal of Marriage and the Family*, 815-825.

Cochrane C. E.(2005). Eating regulation responses and eating disorders. In C. W. Stuart, and M. T. Laraia(Eds.). *Principles and practice of psychiatric nursing*(pp. 517-537). St. Louse Missouri: Elsevier Mosby.

Compton, B. R., Galaway, B., & Cournoyer, B.(1989). *Social work processes*(4th ed.). Belmont, CA: Wadsworth.

Costa, P. T., & McCrae, R. R.(1984). Personality as a lifelong determinant of well-being. In C. Malatesta & C. Izard(Eds.), *Affective process in adultdevelopment and aging*(pp. 141-157). Beverly Hills, CA: Sage.

Craig, G. J.(1999). *Human Development*(8th ed.). Englewood Cliffs, NJ : Prentice-Hall.

Crain, W. C.(1983). **발달심리**. 서봉연 역(2007). 중아출판사.

Crain, W. C.(1983). **발달의 이론**. 서봉연 역(2007). 중앙적성출판사.

Davis, K. (1949). *Human society*. NJ : The Macmillan Company.

De Hoyos, G., & Jensen, C.(1985). *The systems approach in American social work*. Social casework.

Erickson, E. H.(1992). **아동기와 사회 : 인간발달 8단계 이론**. 윤진 · 김인경 역. 중앙적성출판사.

Erikson, E. H.(1959). *A study in psychoanalysis and history*. Faber.

Etzioni, A.(1964). *Modem Organization*. Englewood Clifis: Prentice Hall.

Evans, A. M.(2008). Growing Pains: Contemporary knowledge and recommended practice. *Journal of Foot and Ankle Research*, 1−4.

Flavell, J. H., Miller, P. H., & Miller, S. A.(2003). **인지발달**. 정명숙 역. 시그마프레스.

Freud, S.(1966). *Introductory Lectures on Psychoanalysis*. N.Y.: Norton.

Germain, C. B., & Gitterman, A.(1986). Ecological social work research in the United States. *Brennpunkta Sozalier Arbeit*, 60−76.

Giddens, A.(2009). Sociology(th edition).

Giddens, A.(2009). **현대사회학**. 김미숙 · 김용학 · 박길설 · 신광영 · 유홍준 · 정성호 공역(2011). 을유문화사.

Gilbert, N.(1977). *Planning for social welfare: Issues, models, and tasks*. Englewood Cliffs, NJ: Prentice-Hall.

Ginsberg, L., Nackerud, L., & Larrison, C.(2004). *Human biology for social workers: Develop−ment, ecology, genetics, and health*. Boston:Allyn & Bacon.

Gould, J. D.(1978). How experts dictate. *Journal of Experimental Psychology: Human Perception and Performance, 4*(4), 648.

Greene , R. R., & Ephross, P. H.(1991). *Human Behavior Theory and Social Work Practice*, N.Y.: Aldine de Gruyter.

Greene, R. R.(Ed.).(1999). *Human behavior theory and social work practice*. Transaction Publishers.

Hall , C. S., & Nordby, V. J.(1985). **융 심리학 입문**. 최현 역. 범우사.

Hall, C. S., & Lindzey, G.(1978). *Theory of personality*. Now York: John Wiley & Sons.

Hall, C. S., & Lindzey, G.(1991). **성격의 이론**. 이상로 · 이관용 역. 중앙적성출판사.

Hall, C., & Nordby, V.(1973). *A Princer of Jungian Psychology*. New York: Aldine De Gruyter.

Harter, S. (1990). *Self and identity development*.

Hepworth, D. H., & Larsen, J. A.(1993). *Direct Social Work Practice*. Pacific Grove: Brooks/Cole Publishing Company.

Hepworth, D. H., Rooney, R. H., &Larsen, J. A.(1997). Assessing family functioning in diverse family and cultural contexts. *Direct social work practice: Theory and skills*, 276–316.

Hjelle, L. A., & Ziegler, D. J.(1992). *Personality theories: Basic assumptions, research, and applications*. McGraw-Hill Humanities, Social Sciences & World Languages.

Horn, J. L., & Cattell, R.(1966). Refinement and test of the theory of fluid and crystallized general intelligences.*Journal of Educational Psychology, 57*, 253–270.

Horn, J. L., & Donaldson, G.(1980). 10 Cognitive Development in Adulthood. *Constancy and change in human development*, 445.

Horn, J. L., & Donaldson, G.(1980). Cognitive Development in Adulthood. *Constancy and change in human development*, 445.

Hyde, J. S., & DeLamater, J. D.(2000). *Understanding human sexuality*(7th ed). Boston: McGraw Hill.

Johnson, H. M.(1960). *Sociology: a systematic introduction*. Allied Publishers.

Jung, C. G.(1933). *Modem man in search of a soul*. New York: Hartcourt, Brace and World.

Kail, R. V., & Cavanaugh, J. C.(1996). *Human Development*. Pacific Grove, CA: Brooks/ Cole Publishing Company.

Kalish, R. A., & Reynolds, D. K.(1976). *Death and ethnicity*: A psychocultural study.

Keating, D. P.(1990). *Adolescent thinking*.

Klineberg, O.(1938). Emotional expression in Chinese literature. *The Journal of Abnormal and Social Psychology, 33*(4), 517.

Kubler–Ross, E.(1969). *On death and dying*. New York: Macmilan.

Levinson, D. J.(1978). *The seasons of a man's life*. Random House Digital, Inc.

Lévy, P.(1997). *Collective intelligence*. Plenum/Harper Collins.

Loevinger, J., & Loevinger, J.(1976). *Ego development: Conceptions and theories*(No. 04; BF175, L6.).

Marcia, J. E.(1966). Development and validation of ego–identity status. *Journal of Personality and Social Psychology, 3*, 551–558.

Maricia, J. E.(1994). Identity and psychotherapy. In S. L., Archer(ED.), *Intervention for adolescent identity development*(pp. 29–46). Thousand Oaks, CA:Sage.

Merz, E. M., Consedine, N. S., Schulze, H. J., & Schuengel, C. (2009). Wellbeing of adult children and ageing parents: Associations with intergenerational support and relationship quality. *Ageing and society, 29*(05), 783–802.

Miley, K. O. 'Melia, M. &Dubois, B.(2004). *Generalist social work practice: An empowering approach*(4th ed.). Buston: Allyn and Bacon.

Muckenhoupt, M.(1997). **정신분석과 프로이트**. 김문영 역. 바다출판사.

Newman, B. M., & Newman, P. R.(2006). *Development through life: A psychosocial approach*(9th ed). Belmont, CA: Wadsworth Publishing Co.

Newman, B., & Newman, P. R.(1987). *Development Through Life: A Psychocial Approach*. III: Dorsey Press.

Nichols, M. P.(2013). *Family therapy: Concepts and methods*(9th ed.). Allyn: Bacon.

Norlin, J. M. Chess.(1997) *Human behavior and the social environment: Social systems theory*. Boston: Allyn and Bacon.

Papalia, D. E., & Olds, S. W., Feldman, R. D.(1998). *Human development*(7th ed.). New York: McGraw-Hill.

Parson, T.(1960). Structure and process among preschool children. *Journal of Abnormal and Social Psychology, 28*(3), 136-147.

Payne, M.(2001). **현대사회복지실천이론**. 서진환 역. 나남출판사.

Piaget, J.(1952). **피아제의 아동심리학**. 김재은 역. 교육과학사.

Piaget, J.(1983). Piaget's theory. In P. H. Mussen(Ed.). *Handbook of child psychology*(Vol. 1). New York : John Wiley & Sons, 103-128.

Pillari, V., & Newsome, M.(1998). *Human behavior in the social environment: Families, groups, organizations, and communities*. Pacific Grove, CA: Brooks/Cole Publishing Company.

Rauch, J. B.(1997). Should the HBSE corecurriculum include genetics and sociobiology?Yes. In M. Bloom & W. C. Klein(Eds.), *Controversial issues in human behavior in thesocial environment* (pp. 130-35). Boston: Allyn & Bacon.

Riley, L. D.(2005). The sandwich generation: Challenges and coping strategies of multigenerational families. *The Family Journal, 13*(1), 52-58.

Roberto, K. A., & Jarrott, S. E.(2008). Family caregivers of older adults: A Lifespan perspective. *Family Relaltions 57*, 100-111.

Rogers, A.(2010). *Human behavior in the social environment*. New York : Routledge.

Ross, M. G.(1967). *Community organization : Theory, Principles, and Practice*(2nd ed.). New York : Harper & Row.

Rovio, S., Kåreholt, I., Helkala, E. L., Viitanen, M., Winblad, B., Tuomilehto, J. & Kivipelto, M. (2005). Leisure-time physical activity at midlife and the risk of dementia and Alzheimer's disease. *The Lancet Neurology, 4*(11), 705–711.

Salthouse, T. A.(1993). Speed and knowledge as determinants of adult age differences in verbal tasks. *Journal of Gerontology: Psychological Sciences, 48*, 29–36.

Santrock, J. W.(1997). *Life Span Development*. Dubuque, IA: Brown and Benchmark.

Santrock, J. W., & Personal name (added entry).(1995). *Life–span development*. WCB Brown & Benchmark Publishers.

Schiamberg, L. B., &Smith, K. U.(1985). *Human development*. New York: Macmillan.

Shaffer, D.(2008). *Social and personality development*. 송길연 · 이지연 역(2008). 시그마프레스.

Specht, R., &Craig, G. J.(1982). *Human development: A social work perspective*. Prentice Hall.

Sternberg, R. J.(1988). *The triangle of love: Intimacy, passion, commitment*. New York: Basic Books.

Sternberg, R. J., & Graik, S.(1984). The Nature of Love. *Journal of Personality and Social Psychology. 47*. 312–329.

Tönnies, F.(1887). 1957. *Community and society*.

Trafford, A.(2004). *My Time: Making the most of the rest of your life*. New York: Basic Books.

Trout, A. L., Nordness, P. D., Pierce, C. D., & Epstein, M. H.(2003). Research on the Academic Status of Children with Emotional and Behavioral Disorders A Review of the Literature From 1961 to 2000. *Journal of Emotional and Behavioral Disorders, 11*(4), 198–210.

Turk, D. C., Ruby, T. e., & Salovey, P.(1984). Health Protection : Attitudes and Behavior of LDN Steachers and College Students. *Health Psychology, 3*, 189–210.

Tylor, E. B.(1871). Primitive culture: researches into the development of mythology, philosophy, religion, art, and custom (Vol. 2). Murray.

Tylor, E. B.(1958). *The origin of culture*. New York : Harper & Row

Urdang, E.(2008). *Human Behavior in the Social Environment*(2nd ed.). New York: Routledge.

Urdy, J. R.(1971). *The social context of marriage*(2nd ed.). New York: Lipincott.

Warren, R. L.(1963). *The community in America*(p. 347). Chicago: Rand McNally.

Weiss, J. O.(2004). What social workersneed to know about genetics. *Inter–Sections inPractice: NASW Specialty Practice Sections Annual Bulletin, 3*(1), 17–20.

White, P., Mascalo, A., Thomas, S., & Shoun, S.(1986). Husbands' and wives' perceptions of marital intimacy and wives' stresses in dual–career marriages. *Family Perspective, 20*, 27–35.

White, R. W.(1959). Motivation reconsidered: the concept of competence. *Psychological review, 66*(5), 297.6(8), 490–497.

Zastrow, C., & Kirst–Ashman, K.(1997). *Understanding human behavior and the social environment* . Chicago: Nelson-Hall. Name Index.

Zastrow, C., & Kirst-Ashman, K. K.(2001). *Understanding human behavior and the social environment*. 김규수 · 김인숙 · 박은미 · 박정미 · 설진화 · 우국희 · 홍선미 공역(2002). 나눔의 집.

Zastrow, C., & Kirst-Ashman, K. K.(2004). *Understanding human behavior and the social environment*. Belmont, CA: Thomson Learning.

찾아보기

인명

용어

ㅇ

ㅈ

| 저자소개 |

심의보 충청대학교 아동보육과 교수

김영희 충북대학교 아동복지학과 교수

신성일 충청대학교 사회복지과 교수

정혜숙 충북대학교 아동복지학과 강사

인간행동과 사회환경

2016년 10월 5일 초판 인쇄
2016년 10월 10일 초판 발행

지은이 | 심의보 김영희 신성일 정혜숙
발행인 | 유제구
발행처 | 파워북
주 소 | 경기도 고양시 일산동구 호수로 358-25
동문굿모닝타워2차 529호
전 화 | (02) 730-1412
F A X | (031) 908-1410
등 록 | 1997. 1. 1 제 300-1997-13
편 집 | 북스북스(hynho3196@nate.com)

정가 19,000원
ISBN 978-89-8160-277-2 (93330)

잘못된 책은 바꿔드립니다.